한국의 통일 NGO론

한국의 통일 NGO론

배한동 지음

경북대학교출판부

배한동

• 약력
경북대학교 명예교수, 정치학 박사
6·15공동선언실천 남측학술본부 공동대표
대한정치학회 회장 역임
전국 국공립대학 교수협의회 상임회장 역임
한국연구재단 남북학술교류협력위원장 역임
경북대학교 한국교민연구소 소장 역임
경북대학교 사범대학 윤리교육과 교수 역임

• 주요 저서
『유로콤뮤니즘 연구』(형설출판사, 1987)
『한국 대학생의 정치의식』(아산재단 연구총서, 집문당, 2001)
『새로운 북한 이해』(공저, 경북대학교출판부, 2003)
『민주 시민 교육론』(경북대학교출판부, 2006, 대한민국학술원 우수학술도서)
『새로운 통일교육론』(경북대학교출판부, 2009, 대한민국학술원 우수학술도서) 외 다수

한국의 통일 NGO론

찍은 날 2014년 2월 21일 | **펴낸 날** 2014년 2월 27일
지은이 배한동 | **펴낸이** 함인석 | **펴낸 곳** 경북대학교출판부
출판등록 1973년 10월 10일 ㉑97호 | **주소** 대구광역시 북구 대학로 80
전화 053-950-6741~3 | **팩스** 053-953-4692 | **E-mail** press@knu.ac.kr

ISBN 978-89-7180-392-9 93330

값은 뒤표지에 있습니다.
파본은 바꾸어 드립니다.

| 머리말 |

우리나라의 통일 관련 비정부단체(NGO)는 사회 민주화 공간에서 우후죽순처럼 탄생하여 오늘날 많은 활동을 전개하고 있다. 2013년 4월 현재 통일부에 등록된 통일 NGO만 해도 296개에 이르고, 비등록 재야 단체를 포함하면 그것보다 훨씬 많을 것이다. 저자는 오래전부터 한반도 통일에 있어서 통일 관련 NGO 역할의 중요성을 인식하고, 이 분야에 대한 연구 논문을 학술지에 여러 편 발표한 바 있다. 이 저서는 저자의 통일 NGO 관련 연구 업적을 정리하면서 제한된 연구보고서에서 다루지 못한 부문을 보충·심화하여 만든 단행본이다.

민족의 통일은 정부의 정책적 노력만으로 결코 성취될 수 없다. 통일은 민간의 만남과 교류가 전제된 장기적 과업이다. 독일의 경우, 동·서독 민간인들의 지속적인 상호방문과 교류는 1990년 역사적인 독일 통일을 가능하게 하였다. 통일된 독일은 정치적·경제적 발전을 통해 오늘날 EU의 중심국으로 우뚝 서 그들의 자존심을 회복해 가고 있다. 우리는 분단의 상처를 극복하고 세계적 강국으로 부상한 독일을 부러워하지 않을 수 없다. 독일 통일의 역사적 교훈을 타산지석으로 삼아 통일 NGO의 활동이나 운동에 보다 많은 관심을 가져야 할 시점이다.

저자는 남북 교류가 활성화되던 시기에 몇 차례 북한을 방문했고, 독일 등 제3국에서 열린 학술회의에서 북한의 학자들과 만남의 기회를 가진 적이 있다. 이 같은 저자의 NGO 활동과 직접적인 대북 교류·협력 활동의 경험이 이 책을 쓰는 데에 많은 도움이 되었다. 그러나 이 책이 아직도 완벽한 한국의 통일 NGO론에는 미치지 못하고 있음을 자인하지 않을 수 없다. 이 분야에 관한 선행 연구가 부족할 뿐만 아니라, 통일 NGO 활동의 객관적이고 실증적인 자료를 확보하는 데에는 많은 한계가 따르기 때문이다. 우리나라에 통일 NGO에 관한 전문 학술 서적이 부족한 현실에서 저자는 이 책이 이 분야 연구자에게 다소라도 도움이 되길 바라는 심정에서 출판을 결심하게 된 것이다.

김대중·노무현 정부 시기에 활발하던 통일 NGO 활동이 이명박 정부 시기에는 남북관계의 단절로 전면 중단되어 버렸다. 게다가 이 분야 연구의 중요성까지 희석되어 안타까울 뿐이다.

저자는 이 책의 출간으로 통일 NGO 연구의 중요성이 재인식되어 이 분야 연구의 지평이 넓어지는 계기가 되고, 경색된 남북관계가 해빙되어 통일 NGO들의 활동이 다시 활성화되기를 간절히 바란다. 그리하여 이 책이 통일 NGO의 운동이나 활동에 직간접적으로 참여하는 사람들의 안내서로 활용되기를 간절히 소망해 본다. 남북 대화가 재개되고 교류와 협력이 활성화될 때 통일 NGO의 바람직한 활동과 역할 설정에 이 책이 크게 기여하기를 기대해 본다.

이 책은 통일 NGO의 개관에 이어 운동론, 조직론, 활동론, 역할론이라는 5개 장으로 구성되어 있다. 원래 통일 NGO에 관한 평면적 분석틀을 탈피하여 5개의 장을 상호 연관된 구도에서 분석하려고 노력하였다. 한국의 통일 NGO는 역할 면에서 한반도의 긴장 완화와 남북의 교류·협력에 긍정적인 역할도 하였지만, 이념의 과잉, 경쟁적 실적주의, 퍼주기 논쟁 등 부정적인 그림자도 지울 수 없다. 다만 이 책에서 한국의 통일 NGO의 활동과 역할을 객관적으로 평가하고 새로운 과제를 설정하려고 노력하였다. 이 분야 연구자들의 많은 충고와 비판을 바라마지 않는다.

이 저서는 2010년도 한국연구재단의 인문저술 지원(NRF-2010-812-B00088) 사업의 연구비 지원에 의하여 이루어졌음을 밝혀 둔다. 이 책을 집필하는 과정에서 자료 정리를 도와준 박사과정의 제자들과 이 저서의 중간평가 과정에서 조언을 해주신 익명의 심사위원들께도 감사드린다. 나의 교수 생활 30여 년을 곁에서 묵묵히 지켜보면서 이 저서의 집필 과정에서 나의 건강을 보살펴 준 아내와 아들, 딸에게도 진심으로 감사의 마음을 표한다.

앞산 고산골이 보이는 서재에서
배한동 씀

목차

부록

| 제1장 |

한국의 통일 NGO 개관

제1절 NGO의 기본 이해

시민사회에는 다양한 결사체가 존재한다. 그중에서 비정부단체인 NGO는 다른 사회단체나 이익단체에 비해 공익적 성격이 강하고, 시민사회의 여론을 집약 표출하는 단체라고 할 수 있다. 우리는 통일 NGO의 이해에 앞서 우리 사회에서 다양한 활동을 전개하고 있는 NGO의 의미부터 살펴보기로 한다.

1. NGO의 정의

비정부단체(NGO: Non-Governmental Organization)라는 용어는 1949년 유엔(UN: United Nations)에서 처음으로 사용하였다. 국제연합이라고 번역되는 유엔은 말 그대로 '정부의 연합'이라는 뜻이다. 유엔기구 내에는 다양한 부속기구들이 생겨나고, 동시에 그 기구는 국제사회에서 많은 민간단체들과 함께 다양한 활동을 펼치게 되었다. 이때 유엔기구들은 정부기구가 아닌 비정부기구인 민간단체들과도 파트너십을 형성하게 되었는데, 이때 처음으로 사용된 용어가 NGO이다. 이때 NGO라는 말은 기존의 국가 간 정부기구가 아닌 민간단체 기구라는 뜻으로 사용되었던 것이다.

이처럼 'NGO'라는 용어는 유엔에서 정부 이외의 기구로서 사회적 연대와 공공목적을 실현하기 위해 활동하는 자발적인 조직을 의미하는 용어로 사용되었다. 이때 국제적인 NGO 조직들에 대해서는 INGO 또는 global NGO라는 용어를 사용하기도 하였다. 유엔은 1950년 2월 경제사회이사회에서 NGO의 지위에 관한 결의안 288조를 통과시켰다. 나아가 유엔은 1968년 유엔헌장 제71조의 개정을 통해 NGO의 협의적 지위(Consultative Status)를 인정하고, 국제기구에 자문을 해줄 것을 요청하였다. 이후 우리나라의 상당수의 NGO도 유엔이 인정하는 지위를 획득하게 되었다.

NGO를 정의하는 데 있어서 직면하는 문제 중의 하나는 바로 용어 사용의 혼란이다. 오늘날 나라마다, 지역마다 광범위하게 사용하는 NGO란 용어는 개념상 다소 차이가 있다. NGO란 용어가 아직까지 완전히 정립되지 않았고, 나라와 학자들에 따라 다양하게 사용되고 있기 때문이다.[1] 이처럼 한 나라에서 사용하는 용어도 통일되지 못한 상태를 감안한다면 전 세계적으로 사용되는 NGO의 용어상의 혼란은 더욱 크다고 볼 수 있다.

현실적으로 NGO와 비슷한 개념으로 사용하는 용어는 다음과 같다. 민간자원조직(PVO: Private Voluntary Organization), 자원조직(VO: Voluntary Organization), 비영리조직(NPO: Non-Profit Organization), 제3영역(The Third Sector) 등이 그것이다.[2] 고만(Gorman)은 일찍이 민간자원조직의 특징을 '비정부, 면세, 비영리, 해외원조기구'로 정의한 바 있다. 그러나 이 정의는 NGO의 일반적 개념에 포함하여 사용하는 데는 문제가 있다. 왜냐하면 국가마다 세금체계가 달라 그 개념을 명확하게 규정하기 어렵기 때문이다.

고덴커(Leon Gordenker)와 바이스(Thomas Weiss)는 NGO의 정의를 보다 분명히 하고 있다.[3] 그들은 NGO를 공식적(formal) 조직이면서도 비정부(non-government) 조직이고, 이익을 분배하지 않고(non-profit) 공익을 추구하는 조직이며, 자치적이고(self-governing), 자발적인(voluntary) 조직이라고 정의하고 있다.

그러므로 NGO의 국제조직도 주권국가들로 이루어진 국제정부조직(IGO: Inter-Governmental Organization)이나 기업이 중심이 되어 이윤추구를 목적으로 하는 다국적기업(MNF: Multi-National Firm)과는 질적으로 다른 순수 민간 비정부조직이다. 뿐만 아니라, 특정 재원 기부자에 의해 조직된 기부금 비정부조직(DONGO: Donor-Organized Non-Governmental Organization)이나 권위주의 내지 사회주의 국가에서 흔히 볼 수 있는, 정부에 의한 비정부조직(GONGO: Governmental-Organized Non-Governmental Organization)과도 구분된다. 이러한 다양한 정의 때문에 NGO를 명료하게 개념 규정하는 데에는 어려움이 많다.[4]

2. NGO의 개념

비정부단체(NGO)의 개념은 학자들에 따라 다양하게 규정되고 있다. 한국사회에서는 아직도 NGO의 개념에 대해 논쟁이 여전한데 이러한 논쟁을 정리해 보면 학자들이 공통적으로 동의하는

1) NGO는 준정부조직, 중간조직, 중간정부, 병합조직, 공사혼합조직, 변경조직, 비정부부처 공공조직, 제3자 정부, 비영리조직, 그리고 제3영역 등 다양·다의하게 사용된다.

2) 이 다양한 용어들은 서구의 복지국가에서 자주 사용되는 것으로 정부의 재정지원을 받아 공공서비스를 전달하는 비영리단체들을 지칭한다. 자원조직(VO)은 사실상 비영리조직이나 제3영역과 교환될 수 있는 용어이다.

3) Leon Gordenker and Thomas G. Weiss, eds., *NGOs, the UN and Global Governance.* Boulder, CO: Lynne Reinner, 1996, pp. 7~8.

4) 김인춘, 「비영리영역과 NGOs: 정의, 분류 및 연구방법」, 『동서연구』 제9집 제2호, 1997, 5~35쪽. NGO의 개념의 불명확성으로 인한 학술적·경험적 폐해와 올바른 개념 정의의 필요성에 대한 상세한 논의를 참고할 수 있다.

개념이 성립될 수 있다. NGO는 '비정부·비정파·비영리 결사체로서 시민들의 자발적 참여로 결성되고, 회원 가입의 배타성이 없으며 주로 자원 활동에 의하여 공익을 추구하는 단체'[5]라고 규정된다. 따라서 NGO는 개별 시민사회에서 제기되는 이슈들을 집약·표출하고 이를 관철하기 위하여 조직적인 활동을 전개하는 시민단체라고 할 수 있다.

NGO는 시민사회의 다양한 이해를 반영하고 대표하는 조직들로서 권력이나 이윤을 추구하지 않고 인간적 가치를 옹호하며 시민사회의 공공선(公共善)을 지향하는 단체라고 볼 수 있다. 그러므로 NGO의 개념 규정에는 자율성, 공공성, 자원성, 다원성, 연대성, 수평성, 국제성 등의 특성이 포함될 수 있다. 여기에 더하여 NGO는 비당파적·비종교적·공익적 성격과 자발성을 내포한다고 볼 수 있다.[6]

NGO는 일반적으로 조직, 활동, 구조라는 측면에서 그 개념을 다음과 같이 명료화할 수 있을 것이다.[7] 첫째, 조직적 측면에서 NGO는 정부기관이나 단체가 아닌 비정부 또는 비국가 조직체로서 자발성(voluntarism)을 바탕으로 한 결사체이다. 그러므로 NGO는 비정부적인 민간의 시민사회 기구나 단체, 그리고 그 운동세력을 포괄하는 개념이다. 그로 인해 NGO는 종종 시민단체(CSO: Civil Society Organization)나 사회단체로 지칭되기도 한다.[8]

둘째, 활동적 측면에서 NGO는 비영리기구로서 권력이나 경제적 이익을 추구하지 않고 인간의 기본 가치를 옹호하며 시민사회의 공공선을 지향하여 활동하는 단체이다.[9] 그러므로 NGO는 궁극적으로 공적인 이익을 추구하는 조직이다. 그에 반해 일반 민간단체는 사적·특수적 이익 추구를 일차적 목적으로 하며 공익 추구를 부차적 활동 영역으로 삼고 있다. 그러므로 NGO란 비영리적인(non-profit) 공익을 추구하는 사적인 민간 활동단체라고 할 수 있다.

셋째, 구조적인 측면에서 NGO는 공식적 기구(formal organization)라는 속성을 지녀야 한다. 다시 말해서 비정부단체는 일회성 시민사회운동과는 달리 특정 목적(goal specificity)을 공유하면서도 그들 간의 관계를 유지·발전시키기 위한 규칙과 구조를 가져야 한다는 뜻이다. 그로 인해

5) 박상필, 『NGO학: 자율·참여·연대의 동학』, 아르케, 2011, 138쪽.
6) 이우영, 최수영, 「한국 NGO 통일운동의 실태와 한계」, 한국행정연구원, 인문사회연구회 협동연구총서, 2002, 4쪽.
7) 박덕기, 『NGO와 남북한 평화통일론』, 청문각, 2002, 21~22쪽.
8) 우리 사회에는 민간단체, 시민단체, 사회단체, 비정부단체(NGO)라는 용어가 구분 없이 사용되는 경우가 많다. 시민단체(CSO)는 시민사회의 각종 단체를 지칭하는데 시민들의 자발적인 참여에 의하여 결성되고, 회원의 직접적인 수혜와 관계없이 공공의 이익을 위해서 활동하는 단체를 말한다. 이에 비해 사회단체는 넓은 의미로는 시민사회 내에서 일정한 사회적 목적을 가지고 결성된 자발적 결사체를 말하고, 좁은 의미로는 국가를 상대로 국가 권력에 대한 견제와 비판 활동을 통하여 사회변혁을 지향하는 단체를 말한다.
9) 김인춘, 앞의 논문, 35쪽.

현대의 NGO는 입법, 사법, 행정, 언론에 이은 제5부라고 지칭되기도 한다.

결국 NGO란 시민사회를 대표하는 민간조직으로서 권력이나 이윤을 추구하지 않고, 다양한 시민사회의 이해를 반영하며 시민사회의 공공선을 지향하는 자발적인 조직이라고 규정할 수 있다.[10] 그러므로 NGO는 시민사회의 각종 의사소통을 담당하는 공적 조직으로서, 그 역할이 크고 책임이 막중한 조직이다. 따라서 우리는 NGO의 출현 배경을 통해 그 위상을 살펴볼 필요가 있다.

3. NGO의 위상

현대는 'NGO의 르네상스 시대'라고 해도 과언이 아닐 만큼 국내외적으로 NGO의 수와 활동 범위가 확대되고 있다. NGO들이 현대사회에서 행위주체로서 관여하고 있는 사안의 중요성과 다양성을 감안한다면 그 위상과 역할은 더욱 막중하다고 할 수 있다. 그렇다면 우리가 일상적으로 접하는 이들 NGO는 어떤 계기로 탄생되어 오늘의 위상을 가지게 되었을까? 우리는 정부와 시장과 시민사회라는 3각 구도를 통해 이에 관한 이론적 논의를 시작할 필요가 있다.

1) 정부·시장·시민사회의 3각 구도

우리는 NGO의 탄생 과정을 국가의 공적 권력인 정부, 자본 영역인 시장, 시민사회 영역인 결사체라는 3각 구도에서 분석해 보아야 한다. NGO의 위상은 정부와 시장, 정부와 NGO, 시장과 NGO의 상관관계를 통해 사회구성체론적 입장에서 분석할 필요가 있다.[11] 그러므로 우리의 주된 관심 영역인 통일 NGO의 역할도 정부, 시장이라는 연관 구도에서 파악해야 할 것이다.

샐러먼(Lester Salamon)은 현대 국가의 네 가지 위기를 복지국가의 위기, 개발도상국의 발전 위기, 환경의 위기, 사회주의의 위기로 보았다.[12] 그는 현대 시민사회의 급속한 성장에 따른 국가 위기를 전통적인 '시장의 실패(market failure)'에 이은 1980년대의 '정부의 실패(government failure)'에서 찾고 있다. 이 와중에 정부도 시장도 아닌 제3세력, 제3영역인 시민사회론이 새로운

---

10) Cohen, Jean L. & Andrew Arato, *Civil Society and Political Theory,* Cambridge, M. A.: MIT Press, 1992, p. 284. 정연정, 「남북관계와 통일 NGO: NGO의 활동 유형과 발전 방향」, 『국제정치논총』 제40집 제4호, 2000, 344쪽 재인용.

11) 박덕기, 앞의 책, 22~23쪽.

12) Lester Salamon, *Partners in Public Service,* Baltimore, The Johns Hopkins University Press, 1995, p. 255.

대안으로 등장하여 NGO는 급속도로 확산되었다. 그는 일찍부터 NGO의 역할 증대를 커뮤니케이션 혁명, 경제성장의 혁명이라는 2대 혁명에 따른 '복지국가 위기의 산물'이라고 보았다.

민주주의의 세계적 확산과 복지국가의 보편화는 개인적 욕구를 점차 다양화시키고, 사회의 다양한 욕구 불만이 교통·통신기술의 발달로 더욱 조직적으로 분출·전파되기에 이른다. 이로 인한 NGO의 역할 증대는 공공 서비스의 생산과 제공, 후기 산업 사회의 다양한 문제 해결, 대의 민주주의의 한계 극복을 위한 패러다임 전환 요청의 결과라고 볼 수 있다.[13)]

슈미터(P. Schmitter)는 NGO의 토대인 시민사회를 '국가와 자본 영역으로부터 이중적 자율성을 확보하여, 공동의 이익과 가치를 보호하고 추구할 수 있는 집단행동이 가능한 사회'로 보았다. 그는 시민사회를 '국가 기구나 사적 생산자를 대체하려고 하지 않고, 시민적·법적 규칙의 틀 속에서 행동하는 시민성(civility)이 전제된 사회'라고 규정하였다.[14)] 결국 시민사회의 성숙과 활성화가 시민단체나 NGO 탄생의 배경이 된 것이다.

린츠(Linz)와 스테판(Stepan)도 시민사회의 성장이 결국 민주주의 공고화의 배경이 되었다고 보았다. 그들은 국가 공동체의 부분 체제(partial regimes)인 정치, 경제, 사회, 문화 등 각 부문의 발전 정도를 민주주의 공고화의 수준으로 보았다. 즉 민주사회의 공고화 수준은 민주적 절차와 제도가 원활히 기능하는 정치 사회, 개인과 소수의 권리가 보호받는 법치 사회, 군부 관료가 민주적으로 선출된 정부의 권위를 존중하는 사회, 시장의 자율성과 다양한 소유권이 보장되는 사회에 달려 있다고 보았다. 그들은 경제적, 사회적, 법적 보호를 받는 자유롭고 다원화된 시민사회를 민주주의 공고화의 기본적 토양이라고 보았던 것이다.[15)]

그러므로 정치·경제·시민사회가 자율적으로 활성화되고, 영역 간의 견제와 균형이 보장될 때 민주주의의 공고화 수준은 더욱 촉진된다. 우리는 국가 권력 의지를 표출하는 정치사회나 자본의 이익을 대변하는 경제사회에 대항하여 시민들의 자발적인 결사체를 가능케 하는 자율성이 확보된 시민사회의 역할을 재인식할 필요가 있다. 그러므로 시민사회의 이익을 대변하는 자율적 결사체인 NGO의 위상은 3자 간의 견제 구도를 통해 분명히 이해할 수 있는 것이다.

이러한 기준에서 보면, 우리나라의 시민사회와 시민단체의 역할과 기능은 아직도 제대로 발휘되지 못하고 있다. 우리나라의 시민단체는 국가 중심의 경제성장을 주도해 온 관료집단과 국가의

13) 이현출, 「거버넌스와 NGOs: 의약분업 사례를 중심으로」, 『한국정치학회보』 제35집 제3호, 2001, 218쪽.
14) Philippe Schmitter, "Dangers and Dilemmas of Democracy", *Journal of Democracy,* Vol. 5, 1994, p. 125.
15) Juan Linz and Alfred Stepan, "Consolidating New Democracies", *Journal of Democracy,* Vol. 7, No. 2, 1996, pp. 7~15.

규제와 간섭을 풀려는 자본가나 기업의 중간 영역에서 바람직한 제3의 역할을 더욱 강화하여야 한다. 우리나라의 NGO는 지금까지의 경제성장이 초래한 누적된 문제들을 해결하는 과정에서 새로운 사회 발전을 모색하기 위하여 양자 사이에서 자기 성찰적 능력과 역할을 더욱 키워야 할 것이다.

그러므로 우리나라의 시민단체는 정부와 기업의 입장과는 다른 독자적이고 자율적인 제3영역의 목소리를 더욱 분명히 내어야 한다. NGO는 자발적으로 참여한 시민들의 호혜적 관계를 통해 국가권력과 시장권력을 제어하고, 시민들의 각종 권리를 옹호하며, 필수적인 서비스를 제공하기 위하여 탄생한 조직이기 때문이다. 그러므로 NGO는 정부가 부패하거나 기업이 자본 편에서 부당한 행동을 할 때 이에 대한 시정을 요구하고 때로는 행동으로 나서야 한다. 이처럼 NGO는 자발적이고 자율적인 단체로 성장하여 복지 사회와 민주주의 공고화에 더욱 기여하여야 할 것이다. 결론적으로 시민사회의 성숙이 민주주의 공고화의 토대가 되고, 민주사회의 발전이 NGO 성장의 거름이 되었음은 분명한 사실이다.

2) 3각 구도에서 NGO의 역할

현대사회의 권력의 실체인 정치사회, 자본의 이익을 대변하는 경제사회, 시민들의 권익이 표출되는 시민사회는 상호 견제와 균형을 통해 국가 공동체의 안전망을 구축한다. 시민사회의 욕구를 대변하는 비정부조직인 NGO는 정부·시장·시민사회라는 3자의 역학 구도에서 다음과 같은 역할을 수행해야 할 것이다.

첫째, NGO는 거대국가의 과부하 상태를 조정·해결하는 역할을 수행해야 한다. NGO는 국가권력이나 자본에 의해서 희생될 수 있는 시민들의 권리, 평등, 자유를 보호하기 위한 장치로 탄생하였기 때문이다. 한국 사회에서 NGO가 성차별의 불평등 구조에 저항하고, 환경 파괴를 막기 위해 노력하고, 교육의 불평등을 시정하고, 소비자의 권익을 보호하고, 유권자의 참정권을 고양하고, 민족의 재통일에 앞장서는 등 다양한 역할을 수행하는 이유도 여기에 있다. 오늘날 NGO는 정부나 국가의 고유 책무까지 서서히 대행하고 있다. 결국 NGO는 복지국가 정부의 복잡다단한 사업에 대해 자발적·조직적으로 참여하여 일정 부분의 문제를 줄이거나 해소하고 상쇄시킬 수 있는 역할을 수행하여야 한다.

둘째, NGO는 다원화, 분권화, 지방화되는 현대 국가에서 다양한 행정 업무를 더 이상 행정의 효율성에만 맡기지 않고 상호 보완적인 역할을 수행해야 한다. 정부도 시민사회의 요구를 이익단체의 이익이나 영리단체의 이윤 추구와는 달리 공공의 성격을 띤 보편이익의 추구행위로 그 정당성을 인정해야 한다. 정부도 시민단체의 아래로부터의 요구를 받아들이는 것이 국가와 시민사회의 갈등을 최소화하는 메커니즘이라고 인식해야 한다. NGO 역시 자신들의 활동에 대해 정부의 통제 및 간섭을 배제해야 하지만, 정부와 반드시 대립적일 필요는 없고 협조적이어야 한다는 사실을 인정해야 된다.

셋째, NGO는 시장과 정부의 갈등을 해결하기 위한 중재 역할을 수행해야 한다. NGO는 국가기관인 정부와 자본의 중간에서 생산자이면서 소비자 역할을 통하여 소기의 목적을 달성하려는 것이다. 그러므로 국가의 능력이 미치지 못하는 사회문제나 중앙집권적 관료제가 인식하지 못하는 사안을 NGO가 대처해야 할 필요성은 더욱 증대되는 것이다. 정부의 활동 영역이 무한대가 아니라는 점은 곧 비정부조직의 자발적 참여를 통한 활동 영역의 확대를 의미한다. 결국 NGO는 자본과 시장을 향하여 시민사회의 다양한 요구를 대변하면서 양자나 다자간의 갈등을 중재하려고 노력해야 한다.

결국 NGO는 국가나 시장의 요구에 따라 행동하기보다는 시민사회 스스로의 요구를 관철시킬 목적으로 행동하는데, 이러한 행위가 공익적인 성격을 띠기 때문에 여론의 많은 지지를 받는 것이다.[16] 이처럼 NGO는 오늘날 정부, 시장, 시민사회 3자 간에 견제, 균형, 보완이라는 원리가 작동할 수 있도록 협동과 연대의 역할을 충실히 수행해야 하는 것이다.

4. NGO의 기능

오늘날 NGO는 어떤 기능을 수행하고 있는가? NGO는 우선 사회적 약자인 시민들의 이익을 대변하고, 시민사회와 국가 및 시장 간의 갈등을 조정함으로써 사회발전에 기여하고 있다.[17] 현대사회의 각종 복잡한 사회문제는 권력과 자본의 힘만으로 해결할 수 없는 부분이 너무 많기 때문이다.

현대사회에는 법으로 해결할 수 없거나 돈으로 해결할 수 없는 무수한 사회 문제가 도사리고 있어 국가와 시장이 자력으로 복잡한 문제를 해결하는 데에는 한계가 있다. NGO는 복잡다단한 사회문제에 관해서 가치를 공유한 시민들이 조직을 결성해 사회적 소수자의 의견을 반영하고

16) 박덕기, 앞의 책, 23~28쪽.
17) www.ngo.or.kr, 2011. 6. 10. 검색.

다수의 횡포를 견제할 수 있다. 그러므로 사회적 공익을 추구하는 NGO는 개방적이고 역동적인 사회를 구축하는 데 도움이 될 뿐만 아니라 사회적 안정과 평화를 구축하는 데 크게 기여할 수 있다.

오늘날 NGO는 시민들의 요구를 수렴하여 정책 결정 과정에도 참여하는 중요한 정책 제안자 역할도 수행한다. 정부 입장에서도 NGO의 정책 참여는 정책 결정의 정당성을 획득하고 정책 집행의 효율성을 높이는 데 기여한다고 인정한다. 우리나라에서는 1987년 6월 항쟁 이후 다양한 NGO가 급속하게 성장하여 공적 업무에 적극적으로 참여하게 되었다. 특히 정보화 시대가 도래하고 NGO의 전문능력이 향상되면서 이제 NGO는 우리 사회에서 경시될 수 없는 정책 결정의 주체로 자리매김하게 된 것이다.

고덴커(Leon Gordenker)는 NGO가 정치 견제, 정책 비판, 공익 옹호, 시민 교육이라는 네 가지 기능을 수행한다고 분류한 바 있다.[18] 세계은행도 NGO의 기능을 구호 활동, 가난한 자의 이익 도모, 환경보호, 기본적 사회 서비스 제공, 커뮤니티 개발이라고 분류한 바 있다. 이를 종합해서 NGO의 주요 기능을 정리하면 다음과 같다.[19]

1) 감시·비판 기능

NGO의 기본 기능 중 하나는 바로 정부와 시장을 감시하고 비판하고 견제하는 기능이다. 국가는 강제력과 독점력을 통해 시민사회의 불만을 억압하고 강제하려는 경향이 강하다. 시장은 이윤 추구를 지상 목표로 하여 기회주의적으로 행동하고, 환경 파괴 등 사회 문제를 초래할 개연성도 높다. 그러므로 NGO는 정부와 시장의 횡포를 감시·비판·견제하면서 시민의 권리를 보호하기 위한 정치·사회적 개혁 기능을 수행한다.

NGO는 이러한 활동을 통해 정부의 책무성과 투명성을 높이고, 국가 관료제의 경직성을 완화하려고 노력한다. NGO는 기업의 소비자 권리 침해, 불공정 거래, 환경 파괴 등을 감시하고 부도덕한 기업의 상품 불매운동을 전개하기도 한다. 이들은 시위, 집회, 캠페인, 공청회, 성명서 발표, 서명운동, 현장 감시, 로비활동, 입법청원, 정책참여 등 다양한 제도적·비제도적 방법을 활용하여 권력과 시장을 감시하고 견제하는 기능을 수행한다.

---

18) Leon Gordenker and Thomas G. Weiss, "Pluralizing Global Governance: Analytic Approaches and Dimensions", Leon Gordenker and Thomas G. Weiss, eds., *NGOs, the UN and Global Governance,* Boulder, CO: Lynne Reinner, 1996, p. 7.

19) 박상필, 앞의 책, 176~179쪽.

2) 시민 권익 대변 기능

현대의 다원주의 사회에서는 다양한 가치가 표출되고 여러 가치가 공존하지만, 세력이 강한 거대조직의 주장이 정책과정에 결정적인 영향력을 행사한다. 여기에 소위 다수의 횡포가 항상 문제가 될 수 있다. 이러한 문제를 해결하기 위해 NGO는 사회적 약자인 소수자의 권익을 대변하고, 권리를 옹호(advocacy)하는 기능을 수행해야 한다. 이를 위해 NGO는 정부위원회나 공청회에서 사회적 약자에게 유리한 정책 결정을 위해 로비를 하거나 입법 청원을 시도하고 공정한 집행이 되도록 노력한다.

우리나라에도 여성, 장애인, 노인, 청소년, 아동, 동성애자, 에이즈 환자, 알코올 의존자, 병역 거부자, 재소자, 탈북자 등 사회적 약자가 많다. NGO는 오늘도 이들 소수자의 권익을 대변하기 위하여 활발한 활동을 전개하고 있다.

3) 사회 갈등 조정 기능

현대사회가 분화되고 전문화되면서 개인의 욕구도 다양해지고, 개인과 집단, 집단 상호간의 갈등도 빈번하게 발생한다. 집단 간의 갈등을 조정하거나 중재하기 위해서는 시민사회의 자율적인 조정 장치나 정부의 효과적인 중재제도가 구비되어야 한다. 그러나 정부나 시장은 업무의 폭증으로 이러한 기능을 행사하는 데 한계가 있다. NGO는 민주주의 이념과 보편적 평등의 가치를 사회 구성원들에게 전파함으로써 사회적 갈등을 완화시키는 기능을 수행해야 한다.

NGO는 중앙정부와 지방정부, 정부와 이익집단, 이익집단과 이익집단 간에 분쟁이 발생할 시 조정자로서 대화의 통로 제공, 협상규범 설정, 해결방안 제시, 합의 형성 등과 같은 직접적인 조정 기능을 수행할 수도 있다. 우리나라의 NGO는 그동안 환경 파괴 문제, 타이완 핵폐기물의 북한 반입, 의약분업 분쟁, 공공시설물 건설, 기업의 구조조정 문제 등에서 분쟁의 조정자 역할을 수행했다. 이러한 NGO의 조정 활동이 사회 분쟁을 조장하는 측면도 있었지만, 공익 수호를 위한 갈등의 완화와 합의라는 기능을 수행하였음은 인정하지 않을 수 없다.

4) 시민 복지 기능

NGO는 정부가 무시하거나 제공할 수 없는 각종 사회서비스를 제공(service provision)하는 복지 기능도 수행한다. 즉 이들은 정부와 일정한 계약을 맺어 재정지원을 받거나, 자체적으로 재정과 인력을 확보하여 다양한 복지 기능을 수행한다. NGO는 신자유주의 정책 이후 악의적 경쟁으로 소외되고 낙후된 시민의 복지 증진을 위해 노력하고 있다. 지역사회에 기반을 둔 NGO도 소규모의 유연한 조직으로 지역민의 구체적인 욕구를 파악하여 직접적인 서비스를 제공하고 있다.

NGO는 시민들의 복지 문제와 관련하여 선거를 의식하는 정부의 단기 처방이나 시각과는 달리 장기적인 시각에서 복지계획을 수립할 수 있다. NGO는 재난 구호, 빈곤 구제, 청소년 지원, 미혼모 상담, 다문화 가정 보호, 탈북 이주민 지원 등 다양한 복지 기능을 수행할 수 있다.

5) 시민 교육 기능

NGO는 시민들의 자발적 참여와 연대를 통해 사회 문제를 해결하려는 교육적 기능도 수행할 수 있다. 시민들은 NGO 활동을 통해 정부의 정책과정에 참여할 수 있고, 공동체의 문제를 인식하게 되며, 비판적인 시각을 배우게 된다. 이 과정에서 시민들은 평등의식, 참여의식, 비판의식, 공익정신 등과 같은 시민성을 학습한다. 그리고 집단 활동을 통해서 서로 의사를 소통하고 협력하는 연대의 문화를 배우며, 개인의 권리를 인식하고 공익에 대한 봉사정신을 배우게 된다. NGO는 이러한 활동이나 체험을 통한 간접적인 시민의식 함양 외에도 직접적인 시민의식 교육을 통해 학습 기회를 제공한다. NGO는 시민대학, 청소년 학교, 청년 포럼, 여성 아카데미, 환경 캠프 등의 각종 기획 프로그램을 통해 체계적으로 다양한 민주 시민교육(civic education)을 실시할 수 있다.

6) 대안 사회 탐색 기능

NGO는 이상적인 가치와 유토피아적 사고를 가지고 항상 끊임없이 기존 가치와 체제를 비판하면서 새로운 대안 세계를 모색하는 기능도 가진다. NGO는 창조적 발상을 통해 새로운 대안사회의 모델을 탐색할 뿐만 아니라, 이를 달성하기 위한 자구적 노력과 함께 집단행동을 통해 일상 속에서 이를 직접 체험하기도 한다.

NGO가 수행하는 여러 대안적 활동은 국민 국가와 자본주의 체제에 의존하는 근대적 삶을 넘어 개개인의 잠재력을 실현하고, 창의적인 삶을 성취하기 위한 대안 사회 건설이라고 볼 수 있다. 소공동체를 통한 환경 복지 공동체 건설, 국가를 초월한 단일 화폐 공동체 모색, 분단을 뛰어넘는 우리의 민족 재통일운동 등이 이러한 대안 사회의 범주에 속한다.[20]

---

20) 박상필, 앞의 책, 179쪽.

제2절 한국의 NGO 조직 현황

한국 사회의 NGO는 해방 이후 민주화 공간에서 양적으로는 물론 질적으로도 성장을 거듭하였다. 한국의 NGO는 그 조직과 기능 면에서 그동안 많은 변화를 겪었다. 한국의 NGO는 대부분 창립 초기 관변단체적 성격으로 출범하였으나 독재 정권하에서 반정부 재야단체로 활동하다가 오늘날 합법적인 시민단체로 등록되어 다양한 활동을 전개하고 있다. 우선 한국 NGO의 조직 현황부터 살펴보면 다음과 같다.

1. 한국 NGO의 조직 규모

우리나라의 시민단체는 역사적으로 사회개혁을 추진하는 과정에서 창립되었다. 우리나라의 사회개혁 운동은 항일 독립 운동, 반독재 민주화운동에서 시작하여 이제는 노동 운동, 통일운동, 환경 운동, 정치개혁 운동, 부패추방 운동 등 다양한 운동으로 확산되고 있다. 사회운동가들은 역사의 변혁과 사회 민주화 과정에서 사회 문제를 해결하기 위한 수단으로 비정부단체 NGO를 조직하여 그들의 역할을 확대하였다.

한국의 NGO는 대부분 권위주의적 독재 정권하에서는 재야단체로 출범하여 1987년 민중항쟁을 계기로 민주화 공간에서 급속히 확산되었다. 그러므로 우리나라의 시민단체나 사회단체는 우리 사회의 민주화 공간에서 탄생하고 성장하였다고 볼 수 있다. 우리나라의 NGO는 6·29 선언 이후 반독재 민주화 세력과 비판적 지식인들이 합법적인 공간으로 자리를 옮겨 시민운동에 가담하면서 그 활동 범주가 확대되었다.

우리나라 NGO는 그 설립 연혁, 회원 규모, 상근자의 수, 재정 규모 등을 통해 조직규모를 파악할 수 있다. '시민의 신문'은 2000년 초에 『한국 민간단체 총람』에서 한국의 NGO라고 할 수 있는 단체는 846개(지방에 있는 지부를 제외한 수)에 이른다고 발표한 바 있다.[21] NGO를 설립 연도별로 분류하면, 1970년 이전에 설립되어 50년 이상의 역사를 가진 단체는 전체의 9%에 지나지 않았다. 전체의 77%가 1987년 6월 항쟁 이후에 설립되었다. 그 중 문민정부가 출범한 1993년부터 1996년 사이에 설립된 NGO는 29.8%, 1997년 이후 설립된 단체는 26.1%로 조사되었다.

---

21) 시민의 신문, 『한국 민간단체 총람』, 2000, 참조.

2012년 현재 우리나라 NGO는 1000개가 넘는 것으로 추산된다. 회원 규모를 밝힌 631개 NGO를 회원 수에 따라 분류해 보면, 회원이 1만 명이 넘는 단체는 전체의 19%이며, 1001~1만 명의 회원을 가진 NGO는 24.4%를 차지하고, 101~1000명의 회원을 가진 단체는 40.6%로 가장 많았다. 회원이 100명 이하인 단체도 16%나 된다. 결국 한국의 NGO는 조직 규모 면에서 회원이 1000명 이하인 단체가 전체의 56.6%에 달하여 규모 면에서 영세성을 탈피하지 못하고 있다.

조사 대상이 된 한국의 631개 NGO를 상근자 수에 따라 분류하면, 상근자 수가 10명 이하인 단체가 전체의 83%나 되었다. 심지어 상근자 수가 1명밖에 없는 단체도 10%이며, 11~50명이 14%이고, 상근자 수가 50명이 넘는 단체는 전체의 3%에 지나지 않았다. 상근자 수는 NGO의 활동 역량에 영향을 미치는데 대부분의 NGO는 상근자가 부족한 실정이다.

예산 내역을 밝힌 594개의 NGO를 예산 규모에 따라 분석해 보면, 연간 예산이 10억 원을 넘는 단체는 전체의 13%이며, 1억 원 미만인 단체가 전체의 46%, 5000만~1억 원이 16.0%, 1000만~5000만 원이 24.9%를 차지하였다. 심지어 연간 예산이 1000만 원 미만인 단체도 전체의 5%에 달하였다.[22] 이는 우리나라 NGO의 살림살이가 아직도 영세성을 탈피하지 못하고 있음을 입증한다.

2. 한국 NGO의 분류

우리는 NGO를 그 기능과 역할, 조직과 운영 방식 등으로 분류할 수 있다. NGO를 분류하는 작업은 NGO의 조직 점검의 기본 전제이다. 한국의 NGO를 여러 기준에 의해 분류하면 다음과 같다.[23]

1) 기능과 역할

고덴커(Leon Gordenker)와 바이스(Thomas Weiss)는 NGO의 기능을 현장 활동, 교육 상담, 선전과 대변을 중심으로 분류하였다. 이 분류 방식에 따르면 한국 NGO의 기능은 현장 활동(49.6%)이 가장 많고, 교육 상담(29.4%), 선전과 대변(20.9%)이 뒤를 이었다. 또한 NGO의 기능과

22) http://www.ngo.or.kr, 2011. 12. 16. 검색.
23) 박상필, 앞의 책, 159~163쪽.

역할은 정부나 시장에 대한 견제, 복지, 조정, 교육 기능으로 분류할 수도 있다.

최근 NGO는 모금 기능도 수행한다. 이러한 모금 NGO는 직접적인 지원 활동뿐만 아니라 다른 단체의 활동을 돕기 위한 모금 활동을 수행하기도 한다. 선진국에서는 모금 기능을 수행하는 NGO는 수도 많고 활동도 활발하지만, 우리나라에서는 제대로 활동하는 단체는 드물다. 그러나 최근 아름다운재단이나 시민운동기금, 환경운동기금 단체와 같이 모금을 전문으로 하는 NGO도 늘어나고 있다.

2) 조직 형태

NGO는 조직 구성의 성격에 따라 전문가 중심형, 활동가 중심형, 풀뿌리 조직형으로 분류할 수 있다. 전문가 중심형 NGO는 수십, 수백 명의 전문가들로 구성된 단체이다. 교수, 변호사, 의사, 문학인 등 전문가들이 전문 분야의 정책 개발이나 대안 제시와 같은 활동을 하기 위해 결성한 싱크탱크형(think tank type) 조직이다. 물론 싱크탱크형 NGO에도 일반인의 참여를 위한 문호는 개방되어 있다. 활동가 중심형 NGO는 전문가 중심형과 풀뿌리 조직형의 중간 형태로서 수 명 또는 수십 명의 상근 활동가가 시민운동을 조직하고 여기에 회원들이 참여하는 형태를 띤다. 한국의 대부분의 NGO가 이런 형태에 속한다. 풀뿌리 조직형 NGO는 소수 전문가나 활동가가 아니라, 일반시민들이 회원으로 참여하고 단체의 주요한 의사결정에도 직접 관여하는 형태이다. 이 경우는 회원들이 단체의 활동과 운영의 주체가 되지만 우리나라에서 이러한 조직은 수적으로도 적고 취약하다.

3) 운영 방식

NGO는 운영 형식에 있어서 온라인형(on-line type)과 오프라인형(off-line type)으로 나눌 수 있다. 온라인형은 회원 모집, 회의, 활동 등이 주로 인터넷을 통해 이루어지고, 오프라인형은 온라인을 통한 방법도 부분적으로 사용하지만, 주로 일정한 물리적 공간에서 상호 대면하여 회의를 개최하고 활동을 전개하는 단체이다.

또한 현장에서 직접 활동하는 현장 활동형 NGO와 지원이나 중개를 목적으로 하는 중개형 NGO로도 나눌 수 있다. 현장 활동형 NGO는 주창 활동, 서비스 생산 활동 등 주로 현장에서 직접 활동하는 단체를 말한다. 이에 비해 중개형 NGO는 직접 현장 활동을 하지 않고, 시민운동에 필요한 이론을 제공하거나 현장 활동 단체에 자금을 지원하는 등 간접적인 활동을 하는 단체를 말한다. 이 중개형의 경우는 소수의 회원으로 운영이 가능하며 회원을 갖지 않는 단체도 있다.

4) 법적 요건

NGO는 법적 요건에 따라 법인체와 비법인체인 임의단체로 구분할 수 있다. 법인체 NGO는 사단법인이나 재단법인으로 등록된 법인격을 가진 NGO이고, 임의형 NGO는 법인격이 아닌 임의단체를 말한다. 법인체는 정부가 재정을 지원하거나 세금을 면제할 때 공식적으로 인정하는 기준이다. 통일부에 등록된 통일 관련 인허가 법인만 해도 2013년 4월 현재 296개에 이른다. 한국은 민법상 법인 설립 요건이 까다로워 많은 시민단체가 임의단체로 활동하고 있지만, 일본에서는 '특정 비영리활동 촉진법'에 따라 NGO의 법인 설립이 쉬운 편이어서 많은 단체가 법인체로 등록되어 활동하고 있다.

5) 활동의 연대 방식

NGO는 조직 형태에 따라 단독형, 연합형, 협의형 등으로 나눌 수 있다. 단독형 NGO는 단일 조직으로 이루어진 NGO를 말한다. 대부분의 소규모 NGO가 단독형에 속한다. 연합형 NGO는 여러 개의 조직으로 구성되어 있는 하나의 기구나 단체를 말한다. 예를 들어, 경실련과 같이 경제정의연구소, 통일협회, 도시개혁센터, 시민권익센터 등 여러 기구가 느슨하게 연결되어 있는 단체를 말한다. 이에 반해 협의형 NGO는 단독형 NGO나 연합형 NGO를 회원으로 가입시켜 연대하는 단체를 말한다. 즉 여러 NGO들이 각자 자신의 정체성을 유지하면서 공동의 목적을 달성하기 위해 일시적 또는 상시적으로 연대하는 단체이다. 예를 들면, 시민사회단체연대회의나 한국여성단체연합에는 수백 개의 비슷한 성격의 NGO가 회원으로 가입되어 있다.

NGO는 연대 수준이나 그 영향이 미치는 범위에 따라서 국제 NGO, 전국 NGO, 지방 NGO로 구분할 수 있다. 국제 NGO(international NGO)란 환경, 평화, 인권, 난민 구호, 빈민 지원 등과 같이 전 지구적 문제나 여러 국가에 걸친 지역적(regional) 문제를 해결하기 위해 최소 3개국 이상이 회원으로 가입하여 결성된 NGO이다. 예를 들면, 환경단체인 그린피스(Greenpeace), 인권단체인 국제사면위원회(Amnesty International), 구호단체인 국경없는의사회(MSF) 등이 대표적이다. 이러한 국제 NGO의 대부분은 한국에도 지부를 두고 특정 활동을 전개하고 있다.

전국 NGO(national NGO)는 한 국가 내의 전국적인 수준에서 각종 사회문제를 해결하기 위해

결성된 단체이다. 한국의 경우, 경제정의실천시민연합, 참여연대, 환경운동연합, 녹색연합, 평화통일시민연대, 여성민우회 등을 들 수 있다. 전국 NGO는 주로 수도에 본부를 두고, 중앙정부를 상대로 활동하면서 전국적인 이슈를 통해 지역 시민운동을 견인한다.

지방 NGO는 국가 내의 지역 문제를 해결하기 위해 지방 수준에서 결성된 단체이다. 예를 들면, 동대문청년회, 일산시민연대, 전북참여자치연대, 대구평화통일시민연대 등을 들 수 있다. 물론 지방에 있는 전국 NGO의 지부도 여기에 속한다고 볼 수 있다.[24)]

또한 NGO는 설립 지역에 따라 남반구 NGO와 북반구 NGO로 나눌 수 있다. 남반구 NGO는 대체로 남반구에 위치한, 주로 개발도상국에서 활동하는 NGO들이다. 이에 반해 북반구 NGO는 북반구에 위치하고, 주로 선진국에서 활동하는 NGO이다. 대체로 북반구의 선진국 NGO는 남반구 NGO(또는 개발도상국 NGO)를 설립하거나 운영에 필요한 전략, 재정, 인력을 지원한다. 선진국이 민간단체를 통해 개발도상국의 개발을 지원하는 통로로 남반구 NGO를 이용하기도 한다.

이상의 NGO 조직, 기능, 연대, 활동 방식과 범주 등에 따른 분류 방식을 요약하면 〈표 1-1〉과 같다.

〈표 1-1〉 한국 NGO의 분류

기 준	종 류
기능과 역할	견제, 복지, 대변, 조정, 교육, 모금 등
조직 형태	전문가 중심형, 활동가 중심형, 풀뿌리 조직형
운영 방식	온라인형, 오프라인형
	현장 활동형, 중개형
법적 요건	법인체, 임의단체
연대 방식	단독형, 연합형, 협의형
	국제형, 전국형, 지방형
	남반구형, 북반구형
활동 영역	환경, 인권, 평화, 여성, 문화, 복지, 교육, 청소년, 국제원조, 통일, 대안사회 등

24) 박상필, 앞의 책, 160쪽. 지방 NGO보다 더 작은 단위에서 활동하는 NGO를 커뮤니티 NGO(community NGO)라고 한다. 이 NGO는 도시의 아파트 단지나 농촌의 이웃 동네 몇 개가 활동 범위에 속한다. 선진국에서는 이들 단체의 활동이 활발하여 상당한 성과를 거두고 있지만, 한국에서는 최근에 일부 지역에서 활성화되고 있다.

3. 한국 NGO의 활동 영역

NGO는 시민사회에서 공동의 이해관계를 가진 사람들이 공적 목적을 달성하기 위하여 조직한 시민단체이다. 이들은 주로 시민사회의 요구를 반영하여 정부 당국이나 자본이나 기업에 대하여 견제와 비판 기능을 수행한다. NGO는 시민들의 이해관계가 있는 다양한 정보를 제공하여 시민들의 참여를 유도하는 등 다양한 서비스를 제공한다. 한국의 NGO는 다양한 분야에서 자신들이 지향하는 한국 사회의 법적·제도적 환경 개선, 사회 구조와 정치체제 변혁 등의 목표를 달성하기 위하여 공동체적 연대를 결성하여 다양한 활동을 전개하고 있다.[25]

NGO의 활동 영역과 역할은 시대적 상황이나 나라에 따라 다를 수 있다. 이들의 활동 범주는 사회적 약자의 권익 보호, 교육 정상화, 소비자 권리 침해와 불공정 거래, 환경 파괴를 방지하는 데 이르기까지 다양하다. 즉 인권, 환경, 평화, 통일, 여성, 정치·경제, 권력 감시, 언론, 교육, 복지, 문화, 예술, 의료, 소비자, 교통 등 그 영역이 점차 확산되는 추세이다. NGO 활동의 인적 대상은 사회적인 약자인 여성, 장애인, 노인, 청소년, 아동, 동성애자, 에이즈 환자, 알코올 의존자, 병역 거부자, 재소자, 탈북자 등으로 확대되고 있다.

한국의 NGO는 우리 사회의 구조적인 문제, 병리적 문제, 탈선적인 문제 등을 시민사회에서 시민들이 스스로 해결하기 위한 목적으로 출발하였다. 각 단체들은 오늘날도 시민사회의 요구를 반영하여 정부가 소홀하게 취급하거나 정부나 기업이 해결하기 힘든 문제부터 해결하기 위하여 노력하고 있다. 이들은 이를 관철하기 위한 조사, 정보 수집, 문제 제기, 비판, 청원, 항의 등 다양한 방법을 활용하고 있다.

〈표 1-2〉는 한국의 주요 NGO의 활동 영역을 분류한 표이다.[26] 이 표에 포함된 NGO는 그동안 비교적 활동이 많고 조직 기반이 튼튼한 단체들이다. 우리가 특별히 관심을 가지는 통일문제도 시민단체의 여러 가지 활동 영역 중의 하나이다.

---

25) 이우영, 앞의 책, 5쪽.
26) 박상필, 앞의 책, 428쪽.

〈표 1-2〉 한국 NGO의 활동 영역

활동 영역	주요 단체
환경	환경운동연합, 녹색연합, 환경정의시민연대, 생명의숲, 기독교환경운동연대, 한국야생동물보호협회, 한국그린크로스
인권	인권운동사랑방, 민주화실천가족운동협의회, 한국정신대대책협의회, 민주사회를위한변호사모임, 강제동원진상규명시민연대
평화·통일	우리민족서로돕기운동, 평화를만드는여성회, 민족화해협력범국민협의회, 세계평화여성연합, 평화와통일을여는사람들, 평화네트워크
여성	한국여성민우회, 한국여성의전화연합, 대한YWCA연합회, 한국여성단체연합, 한국여성단체협의회, 한국여성정치문화연구소, 원불교여성회
권력 감시	참여연대, 반부패국민연대, 민주언론시민운동연합, 한국시청자연대회의, 행정개혁시민연합, 바른사회시민회의, 전북참여자치연대
정치·경제	공명선거실천시민운동협의회, 정치개혁시민연대, 의회를사랑하는사람들, 경제정의실천시민연합, 함께하는시민행동, 한국납세자연맹
노동·농민	외국인노동자대책협의회, 외국인노동자의집, 한국노동청년연대, 부천노동문화센터, 우리밀살리기운동본부, 전국귀농운동본부
교육·연구	참교육을위한전국학부모회, 인간교육실현학부모연대, 학벌없는사회를위한모임, 민족문제연구소, 한국인간교육원
예술·문화·체육	문화연대, 여성문화예술기획, 두레, 책사랑회, 국민생활체육협의회, 자전거타기운동연합, 범국민자전거생활진흥회
복지	한국백혈병어린이재단, 이웃을돕는사람들, 장애우권익문제연구소, 자비의집
의료·보건	사랑의장기기증운동본부, 새생명찾아주기운동본부, 생명나눔실천회, 한국건강연대, 인도주의실천의사협의회, 한국금연운동협의회
청소년·아동	흥사단, 한국청년연합회, 한국YMCA전국연맹, 청소년폭력예방재단, 색동회, 한국걸스카우트연맹, 한국보이스카우트연맹
소비자 권리	소비자문제를연구하는시민의모임, 한국소비자연맹, 녹색소비자연대
교통안전	녹색교통운동, 어린이교통안전협회, 자동차10년타기운동연합, 교통문화운동본부, 한국교통시민협회, 녹색어머니회
시민계몽	새마을운동중앙회, 신사회공동선운동연합, 기독교윤리실천운동, 성숙한사회가꾸기모임, 한국장묘문화개혁범국민협의회, 정신개혁시민협의회
자원봉사	볼런티어21, 곰두리봉사대, 녹색어머니회, 부름의전화, 생명의전화, 자원봉사애원, 한국자원봉사연합회, 섬기는사람들
국제연대	굿네이버스, 월드비전, 지구촌나눔운동, 글로벌케어, 한국JTS, 세계청년봉사단, 한국국제기아대책기구, 한민족복지재단, 선한사람들
좋은 공동체	열린사회시민연합, 다일공동체, 한살림공동체, 한두레, 인드라망공동체, 야마기시공동체
대안사회	미래사회와종교성연구원, 미내사클럽, 대안연대회의, 새문명아카데미, 우리생협, 공정무역
기타	아름다운재단, 시민운동정보센터, 해비타트한국지부, 전국철거민협의회, 시민운동지원기금, 독도수호대

* 출처: 박상필, 『NGO學: 자율·참여·연대의 동학』, 아르케, 2011, 428쪽을 재배열·보충한 자료임.
* 위의 NGO 중에는 활동 영역이 여러 영역에 중복되는 단체도 있는데 이 표는 주 활동 영역에 따라 분류한 결과임.

4. 한국 NGO의 3대 중심축

우리나라의 현대적 의미의 NGO 역사는 그리 오래되지 않았다. 우리나라의 현대적 의미의 시민운동의 효시로서 대표적인 NGO의 중심축은 경제정의실천시민연합, 환경운동연합, 참여연대이다. 이들 단체의 탄생 배경과 그 활동 범주를 간단히 소개하기로 한다.

경제정의실천시민연합(경실련)은 경제 정의를 실현하려는 취지로 1989년에 창설되었다. 부동산 문제와 주택문제는 노태우 정부에서도 심각하고 절실한 사회 문제이며 급박한 민생 문제로 부상하였다. 이 공간을 빠르게 채워 간 시민운동이 새로이 창립된 경실련이었다. 초기 출범 과정에서 경실련은 정부와 재야를 동시에 비판하고 아우르는 방식의 운동을 전개하였으며, 이들의 언론과 대중에 대한 영향력은 막강하였다.[27] 당시 언론은 관제 어용언론으로 매도되고 있는 상황이어서 민주화운동에 직접 참여하기 어려운 입장이었다. 그런 상황에서 정부를 비판하면서도 과격하지 않은 시민단체의 등장은 언론으로서는 마치 동맹군의 등장과 같이 반가운 일이었다. 게다가 당시에는 세계적으로 탈냉전 프로그램이 진행되고 있어서, 경실련의 활동이 이 나라 시민운동의 토대 마련에 크게 기여하는 계기가 되었다.

환경운동연합은 1990년 환경 문제의 심각성을 시민들에게 홍보하고 그 대책을 촉구하기 위한 '공해추방운동연합'으로부터 출발하였다. 이 단체는 환경 문제에 대한 전문성을 토대로 1980년대부터 서울을 중심으로 환경 문제에 관한 시민들의 관심과 요구를 집약하였으며, 1987년 6월 항쟁 이후 마산, 창원, 울산, 부산, 광주, 목포, 진주 등에서 지역 환경 운동 단체가 조직되자 이를 망라하여 환경운동연합으로 재출범하였다. 오늘날에도 환경 운동 단체는 정부의 환경 정책에 대한 비판뿐만 아니라 정부나 기업의 환경오염에 관하여 그 시정을 촉구하면서 활동의 범주를 확대하면서 전문화되고 있다.

참여민주사회시민연대(참여연대)는 과거 민주화운동에 참여했던 지식인과 전문가 그리고 종교인들이 참여하여 '참여 민주주의'를 새로운 대안으로 내걸고 1994년에 결성한 시민단체이다. 이들은 시민운동의 공간을 보수 세력에게 일임할 수 없다는 취지로 진보적인 세력들이 결집하여 정치 개혁 운동을 표방하면서 출범하였다. 1990년대에 접어들어 진보적인 시민운동 세력들은

27) 그 이유는 다음과 같다. 첫째, 가장 대중적인 이슈를 선점했다는 점이다. 경실련은 바로 부동산 투기로 대표되는 경제적 부정의에 대한 비판과 공격을 운동의 핵심으로 하였기 때문이다. 둘째, 대안을 구체적이고 정책적으로 제시했다는 점이다. 금융실명제의 깃발은 경실련의 이미지를 형성하고 새로운 운동의 상징으로 작동하였다. 셋째, 언론과의 연대 구조를 형성했다는 점이다.

상당수가 참여연대에 가입하였다.[28] 우리가 관심을 가지는 통일 NGO도 사실은 참여연대의 정치 민주화 운동의 연장선에서 추진되었다.

이처럼 1987년 민중항쟁 시기 이전의 정치 민주화 단계에서는 반독재 민주화 운동이 시민운동의 중심축이 되었다. 그러나 민중 항쟁 이후에는 경제 정의를 실천하려는 단체, 경제 개발에 따른 환경 문제를 해결하려는 단체, 지속적인 민주화를 위한 참여 민주주의 연대 단체가 시민운동의 3대 중심축을 형성하였던 것이다. 여기에 더하여 2000년대 이후에는 다문화 관련 단체, 통일운동 단체, 탈북자 보호 단체가 대거 등장하여 고유의 역할뿐만 아니라 그와 관련된 활동을 활발히 전개하였다. 그러므로 사회 민주화 공간의 확대와 사회 환경 변화에 따라 시민사회의 욕구가 분출되면서 소비자 운동, 교육 운동, 인권 운동, 여성 운동, 문화 운동 등 활동 영역이 점차 확대 전문화되면서 새로운 성격의 NGO가 계속 탄생하고 있다.

제3절 통일 NGO의 현황

통일 NGO는 남북이 분단된 상황에서 민족 통일을 위하여 활동하는 비정부 시민단체를 총칭하는 개념이다.[29] 통일 NGO와 유사하게 사용되는 용어로는 '통일 관련 NGO' 혹은 '통일 관련 시민단체'가 있는데, 모두 통일 기반을 조성하기 위하여 남북 교류·협력 활동이나 통일운동을 전개하는 단체를 일컫는 용어이다. 엄격히 구분해 '통일 관련 NGO'는 비정부단체로서 통일에 관련된 광범위한 활동을 하는 단체를 일컫는다면 '통일 NGO'는 통일문제를 전담하는 시민단체라는 의미가 강하다. 가끔 '남북관계 NGO'라는 용어[30]도 사용하는데 이는 남북관계 개선을 위해 노력하는 단체로서 통일 NGO보다 제한된 개념이며, '대북 지원 NGO'[31]는 말 그대로 북한에 대한 지원을 전담하는 시민단체를 가리킨다. '통일운동 단체'라는 용어도 사용되는데 이는 통일을

---

28) 1994년에 이르러서 기존 사회운동 세력의 연대적 조직과 별개로 경실련, 환경련, 흥사단, 녹색교통운동 등 54개 시민단체 대표들이 모여 '시민단체협의회(시민협)'라는 독자적 연대 기구를 결성하였다. 이 구도는 1994년 9월 10일 '참여민주사회시민연대(참여연대)'의 출범으로 시민운동의 지평을 더욱 넓혀 갔다.

29) 이 책에서 주로 사용하는 '통일 NGO'나 '통일 관련 NGO'는 통일 관련 시민단체, 통일운동 단체, 대북 지원 NGO, 통일운동 NGO 등을 통칭하는 용어로, 문맥에 따라 적절히 바꾸어 사용할 것이다.

30) 정영철, 「민주화와 통일의 역동성과 시민사회의 발전」, 이화여자대학교 통일학연구원, 『남북관계에 있어서 시민사회의 역할과 진로 모색 학술 토론회 자료집』, 2008, 8쪽.

31) 안득기, 「대북 지원 NGO의 기능과 역할에 관한 연구」, 『북한연구학회보』 제12권 제2호 겨울, 2008, 179쪽.

촉진하려는 이념지향운동 단체라는 의미가 강하다.

먼저 현재 통일부에 등록된 통일 관련 NGO의 현황부터 알아보고 통일 NGO 조직의 특성과 이념, 이들의 활동 범주를 차례대로 살펴보기로 한다. 이는 다음 장에서 논의할 통일 관련 NGO의 운동, 조직, 활동 및 역할 점검을 위한 기본 전제이기 때문이다. 우리나라에서 활동하고 있는 통일 관련 NGO의 등록 현황부터 살펴보기로 한다.[32)]

1. 통일 NGO의 등록 현황

1987년 민중항쟁 이후 우리나라의 통일 관련 NGO의 수는 매년 증가하는 추세를 보이고 그 활동 영역도 확대되었다. 특히 김대중 정부 출범을 전후하여 남북 정상회담이 성립되고 남북 교류·협력 관계의 진전에 따라 통일 관련 NGO는 수적으로 폭발적으로 증가하는 추세를 보였다. 그것은 당시 정부의 화해·협력이라는 햇볕정책, 포용정책의 영향이 컸으며, 시민사회의 통일문제에 관한 관심이 증폭한 결과이다. 그로 인해 통일 NGO는 남북의 인적·물적 교류 과정에서 그들의 활동과 역할 범주를 더욱 확대하여 갔던 것이다.

〈표 1-3〉은 2012년까지 통일부에 등록된 291개 인허가 단체의 기간별 등록 현황이다. 통일부에 법인으로 등록하지 않은 재야 단체나 비등록 단체도 상당수이기 때문에 이들 단체까지 포함하면 우리나라의 통일 NGO는 이보다 훨씬 많을 것으로 추산된다.[33)] 한국의 통일 관련 NGO 중 등록 단체와 등록하지 않은 단체 비율은 60:40 정도로 추정되지만 비등록 단체는 정확히 파악하기 어렵다.[34)]

〈표 1-3〉 통일 관련 단체의 기간별 등록 현황 (2012년 12월 30일 현재)

기간	1980년 이전	1981~1985년	1986~1990년	1991~1995년	1996~2000년	2001~2005년	2006~2010년	2011~2012년	총계
허가 현황	4	5	7	22	44	82	78	49	291

32) 우리나라는 통일 NGO 현황에 관한 통계자료가 부족한 편이다. 경실련통일협회의 『통일을 준비하는 한국의 민간단체』(1994)와 '시민의 신문'의 『한국 민간단체 총람』(2000)에서 통일 NGO에 관한 현황과 활동이 개설적 수준으로 소개된 적이 있으며, 근년에는 통일부 홈페이지에 통일 NGO에 관한 각종 통계가 비교적 상세히 수록되어 있다.
33) http://www.unikorea.go.kr, 통일부 허가법인 현황, 2013. 1. 20. 검색.
34) 김병로, 「기독교 대북 NGO의 분화와 지형 분석」, 『기독교와 통일』 제2권, 기독교통일학회, 2008. 참조. http://cafe.naver.com/reuini.cafe?iframe_url=/ArticleRead.nhn%3Farticleid=140, 2010. 11. 9. 검색.

이 표에서 보듯이 1980년 이전에는 재야 통일운동 단체를 제외한 정식 등록 단체가 4개에 불과하였지만, 1987년 민중항쟁 이후 한국사회의 민주화 과정을 거치면서 통일 NGO는 기하급수적으로 증가하였음을 알 수 있다. 특히 1996년부터 2010년 사이에 무려 204개 단체가 등록되었다. 이는 김대중 정부와 노무현 정부의 대북 화해·협력 정책에 따른 통일 NGO의 활동과 역할의 증대 결과라고 볼 수 있다. 통일 NGO의 이러한 증가 추세는 일단 통일문제에 대한 시민들의 관심과 참여의 증가 현상으로 보아 긍정적으로 평가할 수 있다.[35]

2. 통일 NGO 조직의 특성

인간은 자원과 기술을 결합하여 조직을 구성하고 여러 가지 사회문제를 해결하려고 노력한다. 그러나 시민사회의 비영리단체인 NGO는 정부 관료조직이나 기업조직과는 다른 구조로 결성되고 다른 원리에 의해서 운영된다. 국내 통일 NGO 조직의 수는 300개가 훨씬 넘을 것으로 추산되는데 통일 관련 활동의 연대 기구에 참여하는 일반 시민단체까지 망라하면 그 수는 훨씬 늘어날 것이다.[36] 통일 NGO는 다음과 같은 조직상의 특징을 지니고 있다.[37]

첫째, 한국의 통일 NGO는 전국 규모에 이르는 큰 단체로부터 지역성을 탈피하지 못한 소규모 단체에 이르기까지 그 규모가 다양하다. 또한 대부분의 통일 관련 NGO는 상근자 수가 1~5명 정도로 조직의 영세성을 탈피하지 못하고 있다. 통일 NGO의 조직 현황은 '제3장 통일 NGO의 조직론'에서 상론할 것이다.

둘째, 한국의 통일 NGO 조직은 수는 많지만 가입 회원 수는 영세한 조직이 많다. 통일 NGO는 우리나라의 다른 사회단체에 비해 소규모 조직이 많은 것이 특징이다.[38] 통일 NGO의 회원 수가 적은 것은 참여자들의 통일문제에 대한 인식과 운동 방식의 차이로 인한 이합집산 등 분파가 심한 데도 그 원인이 있다.

셋째, 우리나라의 통일 NGO는 이념적인 측면에서 극우 보수단체부터 중도 온건단체, 좌익

35) 김선미, 「평화·통일운동과 NGO의 역할」, 홍익문화통일협회, 2001, 19~21쪽.
36) '시민의 신문'이 펴낸 『2003 한국 민간단체 총람』에 수록된 4023개 단체 중 노동조합, 연구 단체, 종교 관련 단체들을 제외한 순수한 시민운동 단체는 730여 개로 추산(지부조직 제외)된다. 이 중 통일운동 단체는 진보단체, 중도단체, 보수단체 등을 망라하면 2003년 230여 개로 추산되었는데 2013년 현재 비등록 단체를 포함하면 300개가 훨씬 넘는다.
37) 박상필, 앞의 책, 232쪽.
38) 조민, 「통일과정에서 민간단체의 역할」, 민족통일연구원 연구보고서, 1996, 62쪽.

진보단체에 이르기까지 이념의 폭이 넓다. 그로 인해 통일 NGO는 이념 면에서 대립과 갈등의 소지를 원천적으로 지니고 있다. 통일 NGO는 대정부 관계에서 반정부적인 활동 단체도 있고 친정부적인 단체도 있다. 일부 재야 진보단체는 아직도 정부의 대북정책이나 통일정책을 부정·불신하지만, 중도 내지 보수적 단체는 정부 정책을 지지하고 거버넌스(governance)로서 정책 결정과정에 참여하고 있다.

넷째, 한국의 통일 NGO는 분단국가에서만 볼 수 있는 특수한 조직이며, 통일이라는 목적 달성을 위하여 활동하는 한시적 단체라고 볼 수 있다. 그러나 한국의 통일 NGO는 통일을 위한 목적 사업만 하는 것이 아니라 통일 관련 여러 사업을 종합적으로 추진하는 단체가 많다.

다섯째, 통일 NGO는 국내외적 연대를 형성하여 공동 과업을 추진하기도 한다. 그러나 한국의 통일 NGO는 민족 통일을 위한 목적 단체이기 때문에 광범한 국제적 연대형성에는 한계가 있다. 다만 북한 인권 문제를 해결하기 위한 NGO 활동은 부분적으로 국제 연대도 가능하다.

여섯째, 통일 NGO 중에는 조직의 구성 면에서 여성평화연구원처럼 여성들만이 참여한 단체도 있고, 한국기독교교회협의회, 한국천주교민족화해위원회 등과 같이 종교인들만이 참여하는 단체도 있다.[39] 또한 법적 요건에 따라 정부의 허가 단체도 있고 비허가 단체나 신고 단체도 있다. 또한 허가 법인체에는 사단법인체도 있고 재단법인체도 있다.[40] 이 부문에 관해서도 제3장 제1절의 조직의 현황이나 활동 단체의 소개에서 상론할 것이다.

3. 통일 NGO의 이념적 특성

한국의 통일 NGO는 통일 조건이나 통일의 과제, 운동 방식에 대한 입장에 따라 단체별 이념 성향을 달리한다. 통일운동 단체들은 이념적인 측면에서 극우 보수단체부터 중도 온건단체, 좌익진보적 단체에 이르기까지 그 이념적 스펙트럼이 다양하다. 그로 인해 통일 NGO는 여타 NGO에 비해 정치적 이념 대립과 갈등이 훨씬 심한 편이다. 근년에는 중도 실용주의적 성향의 NGO가 등장하여 이념의 완충지대를 형성하고, 실용적인 사업과 활동을 전개하려고 하지만

39) 종교 계통의 통일운동 단체에는 기독교북한선교회, 대한불교청년통일추진위원회, 대한예수교장로회총회 남북한선교협력위원회, 민족통일복음화운동본부, 민족통일불교중앙협의회, 전국불교운동연합, 전국목회자정의평화실천협의회 민족통일위원회, 조국평화통일추진불교인협회, 천도교동학민족통일위원회, 천주교북한선교회, 한국기독교교회통일협의회 등 10개가 넘는다.

40) 조민, 앞의 연구 보고서 부록 통일원 유관 단체 현황 참조.

이념갈등은 여전하다.

과거 권위주의 정부하에서는 재야의 반정부적·급진적 이념 성향의 운동이 강력하였다면 오늘날은 중도 보수적 성향을 가진 단체의 활동이 점차 증가하고 있다. 통일운동 단체는 집권 정부의 이념 성향과 정책 방향에 따라 운동의 방식을 달리한다. 보수 정권 아래에서는 보수 성향의 NGO가 활동의 폭이 넓고, 진보적 정권 아래에서는 진보적 NGO의 활동 반경이 넓어진다. 통일 NGO의 운동 방향이 당시 정부의 대북정책이나 통일정책에 합치할 경우 그 기능과 역할은 활성화되고, 그렇지 못할 경우에는 활동 반경에 많은 제약이 따른다.

이러한 통일 NGO의 이념 성향은 대정부 관계 설정에서도 극명하게 드러난다. 통일 NGO는 대정부 관계에 따라 친정부 단체, 중도단체, 반정부적 재야 단체로 분류될 수 있다. 현재 자유총연맹이나 민족통일협의회 등과 같이 정부의 통일정책이나 방안을 지지하고 홍보하는 단체는 친정부적인 단체로 분류된다. 경실련통일협회나 흥사단민족통일운동본부와 같은 단체는 실사구시를 앞세운 중도적 단체로 분류될 수 있고, 범민련이나 평통사는 정부의 통일 방안에 반대함으로써 재야 진보적 통일운동 단체로 분류된다. 통일 NGO는 통일 논의 자체가 금기시되던 과거 권위주의 정부하에서는 재야 단체적 성격이 강했으나, 오늘날에는 사회 민주화의 진전에 따라 정부의 정책 결정 과정이나 활동에 참여하는 거버넌스적 성격이 강하다.

또한 과거의 통일 NGO의 통일 논의가 추상적이고 이념적이었다면 오늘의 통일문제의 논의는 점차 실용적이고 현실적인 방향으로 구체화되고 있다. 과거의 논의가 통일방안을 중심으로 이념적으로 이루어졌다면 오늘의 논의는 남북 교류나 협력, 인도적 지원 부문 등 현실적인 문제에 점차 접근하고 있다. 오늘날 통일 NGO의 이념 성향은 극단을 피하고 점차 약화되거나 희석되어 통일운동의 방향이 실용적 방향으로 나아가고 있는 것이 특징이다.[41)]

4. 통일 NGO의 성장 배경

앞서 본 바와 같이 1980년대 이후 우리 사회의 사회 민주화의 진전에 따라 통일 NGO는 급속하게 성장하게 된다. 과거 군사 독재 시절 재야 운동 단체, 민중 단체로 출범한 통일운동 단체들은 정당 간의 정권 교체기를 거치면서 수적인 증가뿐만 아니라 질적인 변화를 초래하여

41) 김선미, 앞의 논문, 23~24쪽.

오늘에 이르고 있다. 우리는 여기에서 통일운동 단체들이 민주화 공간에서 합법적인 시민단체로 성장하는 배경을 구체적으로 살펴볼 필요가 있다.[42)]

1) 민중항쟁과 정치 민주화

한국의 시민사회는 직선제 개헌 관철을 위한 폭발적 욕구 분출로 1987년 6월 민중 항쟁 시기를 맞게 된다. 신군부 독재에 대한 1980년대 중반 이후 누적된 사회 불만은 직선제 개헌 쟁취를 위한 운동으로 점화되고, 이 공간에서 정치·사회 개혁을 주도하는 NGO는 민주화운동의 견인차 역할을 담당하였다. 6월 항쟁의 직선제 개헌 쟁취의 결실인 6·29 선언에 따라 사회 민주화가 진전되는 과정에서 시민들의 언론·출판·집회·결사의 자유는 더욱 확대되었다. 그동안 권위주의 군사 정권하에서 억압되었던 개인의 권리 의식은 NGO를 통해 조직화되고, 정치 참여 욕구로 증폭되었던 것이다.

이처럼 통일 NGO의 탄생과 성장은 한국 사회의 민주화운동과 불가분의 관계에 있다. 해방 후 이승만, 박정희, 전두환으로 이어지는 권위주의 독재체제의 붕괴는 사회·시민단체의 성장을 촉진시켰다. 사회 민주화 과정에서의 시민사회의 역할 증대는 통일 NGO 성장의 토대가 되었던 것이다. 1980년대 민주화라는 대세 속에서 시민사회의 자율적 공간은 더욱 확대되었으며, 이러한 공간에서 NGO는 시민사회의 요구를 집약하여 권력 견제뿐만 아니라 다양한 사회개혁 운동을 선도하였다. 당시 한국사회는 부정부패가 만연하고, 시민들의 정치에 대한 불신이 강하며, 법에 대한 신뢰도 부족했다.[43)] 당시 정부는 도덕성과 효율성을 상실하고 정당은 대표성이 낮아 개혁의 주체로 인정받지 못하였다.[44)] 1997년 김대중 정권의 정당 간의 정권 교체 성공은 시민사회의 성장과 발전을 촉진시키고, 이와 함께 통일 관련 NGO의 성장에도 크게 기여하였다. 이러한 공간에서 정치 성향의 NGO가 통일운동의 조직 역량을 결속하여 통일운동에 참여함으로써 그들의 위상은 더욱 확고하게 되었다.

또한 본격적인 권력의 수직적 분산장치인 지방자치가 1995년부터 부활하게 된다. 지방자치로 인해 지방의 정체성은 중시되고, 지방 경제와 문화에 대한 관심은 더욱 증대되었다. 따라서 지방정

---

42) 박상필, 앞의 책, 172~175쪽.

43) 국제투명성기구가 2003년에 실시한 세계 투명성 조사에서도 한국은 50위를 차지했다. 이것은 OECD 국가 중에서 가장 낮은 수준이었다.

44) 아름다운재단이 2001년 한국사회의 각 조직에 대한 신뢰도를 조사하였는데, NGO가 가장 높았고(4점 척도에서 2.8점 정도), 정당이 가장 낮았다(4점 척도에서 1.6점 정도).

체성을 강화하기 위한 소규모의 지방이나 지역 NGO가 늘어나고, 통일문제에 관하여서도 중앙조직이 아닌 지방 단위의 통일 NGO도 번창하게 되었다.

김대중 정부 출범 이후 정부 당국이 독점하였던 통일 논의에 통일 NGO의 적극적인 참여가 가능하였고, 정부 또한 통일 NGO를 정책 협력의 파트너로 인정하기에 이른다. 김대중 정부와 노무현 정부의 통일 NGO는 대북 교류·협력·지원 사업의 파트너로서 많은 활동을 하게 된다. 특히 분단 후 최초로 성사된 2000년 남북 정상 회담을 전후하여 통일 관련 NGO의 기능과 역할은 대폭 증대되었다. 남북관계의 경색과 국제관계 등으로 운신의 폭이 제한되어 있는 정부보다는 시민단체의 역할이 남북관계 개선에 유리하다는 인식이 확산되었기 때문이다.

1970, 80년대 민주화운동 과정에서 많은 시민운동 지도자가 배출된 것 또한 통일 NGO의 성장 배경이 된다. 독재체제하에서 민주화운동에 기여한 많은 시민단체 지도자들은 독재정권이 퇴진하자 통일 NGO를 결성하여 통일운동에 적극 참여했다. 과거 독재정권하에서 재야 민주화운동을 주도하던 지도자들이 합법화된 공간에서 통일운동에 참여하게 된 것이다. 간혹 이들 중 상당수가 현실 정치권에 진입함으로써 시민운동이 위기를 맞기도 했지만 한편 이들로 인해 시민운동이 더욱 활성화되는 계기도 마련되었다. 아직도 많은 통일운동 지도자들은 여전히 남아 있는 통일 논의에 관한 국가의 억압과 제도적 장치를 개혁하려고 노력하고 있다. 이러한 과정에서 통일운동 지도자들은 통일을 위한 헌신적인 노력을 아끼지 않고 있다. 이러한 민주화운동 과정이 통일 NGO의 성장 배경이 된 것은 분명한 사실이다.

2) 한국 경제의 성장과 중산층의 증가

한국의 경제 성장과 자본주의 성장은 NGO 성장의 토대인 시민사회의 중산층을 증가시켰다. 권위주의 정권에서 침묵하던 중산층이 각종 NGO 조직에 참여하여 경제 민주화와 경제 정의를 실천하는 활동에 더욱 관심을 가지게 된 것이다. 이처럼 시민사회의 중산층은 부의 분배와 같은 물질적 가치뿐만 아니라 인권, 평화, 환경, 문화 등 탈물질적 가치에도 관심을 갖게 되었다. 그로 인해 1990년대에는 이러한 탈물질적 가치를 추구하는 다양한 NGO가 등장하였고, 한편으로는 자본주의의 모순을 제도적으로 개혁하고 치료하기 위한 NGO도 함께 탄생했던 것이다.

한국의 경제가 급속하게 성장하면서 자본주의적 모순이 사회 곳곳에서 노출되었다. 우리 사회의 자본과 기업은 자본축적 과정에서 공정성과 정당성을 확보하지 못하였다. 우리 사회의 자본주의적 성장은 빈부 격차, 재벌 독점, 경제적 예속이라는 부작용을 초래하였기 때문이다. 이에 대한 시민사회의 반감이 경제 정의를 실현하기 위한 경실련 등 시민단체 출범을 가능케 했다.

이처럼 경제적 부를 바탕으로 한 중산층들은 한반도의 분단과 통일문제에도 관심을 갖고, 이를 성취할 수 있는 수단으로 통일 NGO 활동에도 적극 참여하였던 것이다. 절대적 빈곤에서 해방된 중산층들은 북한의 식량문제를 북한체제의 구조적인 문제로 인식하고, 민족주의적 동포애적 견지에서 북한 지원책을 적극 강구하였다. 이러한 시민사회 중산층의 통일에 관한 욕구 분출이 통일 NGO의 탄생과 성장을 촉진하는 계기가 되었다.

3) 한국 사회의 다원화와 전문화

한국 시민사회의 성장은 통일 NGO가 성장하는 또 다른 배경이 되었다. 한국사회도 1990년대에 후기 산업사회에 진입하면서 사회의 분화와 전문화는 더욱 촉진되었다. 이러한 상황에서 시민사회에는 자신이 지향하는 가치를 표명하고 세력화하기 위한 각종 NGO를 결성하게 된 것이다. 특히 각 분야의 전문직과 사무직, 자영업 종사자가 크게 늘어남에 따라 시민운동은 더욱 다양화되고, 그들이 추구한 다양한 가치 중 통일의 가치도 존중되었다.

한편 한국 사회에는 성, 세대, 직업, 지역에 따른 사회구조의 다원화와 분화에 따라 갈등 현상도 증가하였다. 정부가 이러한 갈등을 제대로 조정하지 못함으로써 NGO는 사회적 통합과 조화를 지향하는 대안 모델로 떠오르게 되었다. 이때 여러 분야에서 창설된 NGO는 자신들의 역량과 전문성에 따라 다시 전문화되고 분화되는데 통일 NGO도 민족 재통일을 위한 노력으로 출범을 서두르게 된 것이다.

한편 한국사회는 IT 기술의 발달로 세계에서 가장 빠른 속도로 정보화 사회의 기반을 구축하기에 이른다. 전화, 팩스, 인터넷, 스마트폰의 발달로 NGO 활동이 용이하게 되었으며, 사이버상에서만 활동하는 사이버 NGO도 급속하게 늘어나고 운영 방식에도 온라인이 활용됨으로써 NGO의 능률은 배가되었다.

과거 독재 정권의 권위주의적이고 폐쇄적인 사회 공간에서 통일문제는 공론화 과정에서 철저히 봉쇄됨으로써 어느 분야보다도 정부와 지배집단의 배타적 독점적 영역이었다. 그러나 사회 민주화의 진전과 IT 기술의 발달은 통일문제를 시민사회의 주요한 이슈로 등장시켰다. 독일의 통일과정에서 보듯이 통일은 정치 통합이라는 일회적 사건이 아니라 하나의 장기적인 체제 통합 과정으로 이해되면서 남북한의 사회문화적 통합에 대한 관심은 더욱 증대되었다. 그 결과 통일 NGO는 다원화되고 전문화된 사회를 배경으로 통일 관련 활동 영역을 더욱 확대하게 되었다.

4) 북한의 경제 위기와 남북 교류

북한의 식량난과 경제 위기는 통일 NGO의 탄생 배경이 된다. 북한은 대외 관계뿐만 아니라 대남 전략을 일시적으로 유화 전술로 변화를 모색하기에 이른다. 북한의 심각한 경제 위기는 그들의 관념적인 우월성에 기초한 '남조선 혁명노선'을 유보하고, 남한과의 대화와 협상을 통한 위기 타개 전술을 구사토록 하였다. 이 과정에서 북한 당국은 정부 당국보다는 민간단체를 대화와 협상의 대상으로 선호하였다. 결국 북한이 통일 전선의 논리에 입각하여 민간단체와의 교류를 우선시하였던 것도 통일 NGO의 활동 범주를 넓히는 계기가 되었다.

북한이 '우리 민족끼리'를 유난히 강조하고 유무상통(有無相通)의 원칙을 주장하면서 남북 교류와 지원을 희망하는 것은 그들 나름의 위기 타개책이라고 볼 수 있다. 북한의 심각한 식량 부족은 남쪽의 지원을 간절히 바라게 하였고, 이것이 역으로 남북의 당국뿐만 아니라 통일 NGO의 대북 교류·협력·지원 활동을 가능케 하였다.

1990년대 이후 북한의 식량난, 에너지난, 외화난 등 총체적 위기는 대량 탈북자 사태를 초래하였으며, 북한의 인권 문제를 국제적으로 확산시키는 계기가 되었다. 이에 대처하기 위하여 국내에서는 대북 물자 지원, 탈북자 지원, 북한 인권 관련 문제를 담당하는 통일 NGO 조직과 활동이 증대되었다. 이처럼 북한의 경제 위기와 대남 전술의 변화는 통일 NGO의 또 다른 성장 배경이 되었다.

5) 국제 정세의 변화

1990년대 초 소비에트연방의 해체와 동구 사회주의권의 붕괴는 국제 정세를 이데올로기보다는 실리를 추구하는 데탕트 환경으로 변모시켰다. 이로써 북한은 전통적인 동맹국들과의 관계 재조정이 불가피하게 되었으며, 대서방 외교나 대미 협상을 적극적으로 추구하게 되었다. 이 같은 국제정세의 변화로 남한 역시 중국과 러시아 등 북방외교를 적극화하게 되었다. 세계적인 긴장 완화는 NGO가 국내뿐만 아니라 국제적으로도 평화나 통일을 위한 활동을 가능케 하였으며 그들 간의 연대를 촉발시키는 계기까지 마련하였다. 이러한 과정에서 통일 관련 NGO는 시민사회의 권익을 대변하여 남북관계 개선의 촉매자로 등장하게 되었고, 그 활동 영역이 확대될 수밖에 없었다.

이러한 국제 정세의 데탕트화는 국가의 개방과 국가 간의 협력 체제가 더욱 강화되는 계기를 마련하였다. 세계화 시대 개방화의 진전에 따라 국제교류는 활발해지고 국제적 이슈에 대한 국제적인 공동대응 능력은 더욱 증가되었다. 한국이 여러 국제 문제에 참여하여 일정한 역할을 수행함에 따라 한국의 NGO 역시 새로운 역할을 추진하는 계기가 마련된 것이다. 한국의 NGO가 아프리카 기아 문제 해결에 동참하고, 국제 환경 문제에 참여한 것은 대표적 사례로 꼽을 수 있다. 또한 통일 NGO가 북한뿐만 아니라 연변, 연해주의 한인동포와 관련된 문제에도 관심을 갖고, 근년에 탈북자 보호와 북한 인권 운동에 국제적 연대를 구축하는 것도 이러한 상황을 반영한 것이다.

5. 통일 NGO의 활동 과제

통일 NGO는 통일 환경의 변화에 따라 활동 범위와 방향을 달리한다. 1987년 민중항쟁 이후, 재야 성격의 통일운동은 국민의 정부와 참여 정부 10년을 거치면서 그 활동이 점차 현실화되고 실용화되었다. 통일 NGO는 그 동안 남북의 문화 교류 활동, 경제 교류나 인도적 지원, 이산가족이나 실향민 지원, 탈북자 문제, 북한의 인권 개선, 통일 교육 등 다양한 영역에 관심을 갖고 그 활동 반경을 확대시켰다. 이들 통일 NGO의 활동 영역과 실적에 관해서는 제3장에서 상론할 것이다.

이명박 정부 등장 이후 통일 NGO의 활동 영역이 과거에 비해 현저히 위축되었다. 그것은 북핵 문제와 한반도의 긴장 조성으로 남북 간에는 교류·협력은 물론 대화까지 중단되었기 때문이다. 과거 김대중·노무현 정부하에서 분단의 고통을 해소하고 궁극적으로 민족의 재통일을 목표로 다양한 활동을 전개해온 통일 NGO의 활동과는 너무 대조적이다. 정부는 한반도 통일이라는 궁극적 목적을 달성하기 위해 현재의 단절된 남북관계를 상호 협력 관계로 복원해야 한다. 통일 NGO도 남북 긴장을 완화하고 교류와 협력 관계를 복원하려는 자체적 노력을 게을리 해서는 안 된다.

한반도의 긴장이 완화되고 남북 당국 간 대화의 여건이 조성된다면 통일 NGO의 교류·협력 지원활동은 속개될 것이다. 경색된 남북관계는 상호 조정기간을 거치면 해빙되고 복원되는 것이 역사적 경험이며 그것이 민족사의 순리일 것이다. 북한이 당면한 경제 위기를 극복하고 그들의 체제를 유지하려면 대외 개방뿐만 아니라 남북 교류와 협력을 활성화하여야 한다. 북한은 사회주의권의 붕괴에 따른 대외 협력 기반의 상실과 북한 내부의 경제 위기 등으로 중국식의 부분적 개방 경제를 선택할 수밖에 없으며 이 과정에서 남북의 교류·협력은 불가피한 현상이기 때문이다.

이러한 시대를 대비하여 통일 NGO는 어떠한 활동을 준비해야 할 것인가? 시민사회의 자발적·비영리적 단체로서 통일 NGO는 통일에 기여하는 어떠한 활동과 역할을 해야 할 것인가? 통일 NGO는 다음과 같은 활동 과제를 설정해야 할 것이다.

첫째, 통일 NGO는 대북 인도주의적 지원도 중요하지만 평화 체제 구축에 보다 많은 노력을 경주하여야 한다. 통일 관련 NGO는 통일 자체의 실현에 급급하기보다 분단 상황을 안정적으로 관리하면서 그 바탕 위에서 통일로 나아가는 선순환적 평화 환경을 구축하여야 할 것이다.[45] 그것은 완전한 남북통일에 앞서 남북한 평화체제(peace regime) 구축 사업에 활동의 우선순위를 두어야 한다는 뜻이다.[46] 이를 위해서 통일 NGO는 냉전체제 해체에 역행하는 한반도의 긴장을 해소하고, 한반도의 정전체제를 평화체제로 변화시키는 활동에 더욱 관심을 두어야 할 것이다.

둘째, 통일 NGO는 민간 차원의 대화, 교류·협력 재개를 통해 통일 기반 조성 활동에 기여하여야 할 것이다. 통일 NGO의 대북 교류·협력 방식은 일시적, 방편적이 아닌 항시적 교류·협력이라는 토대를 구축하여야 한다. 통일 NGO는 체제 위기에 몰린 북한이 충동적인 군사 행동을 하지 않도록 긴장 완화를 위해 노력하고, 남북의 공동 이익을 찾기 위한 다양한 노력을 게을리해서도 안 된다. 통일 NGO는 우선 한반도 통일에 장애가 되는 법제나 장치의 개혁에서부터 북한 민주화와 인권 개선에 이르기까지 통일의 토대 구축사업에 역점을 두어야 한다. 이를 위해 통일 NGO는 교류·협력이나 통일과정에서 남북한이 준수해야 할 공동 규범 및 원칙도 제정하여야 할 것이다.

셋째, 통일 NGO는 정부를 견제·비판하면서도 거버넌스로서 정책 결정에 적극 참여하여야 한다. 통일 NGO는 민족의 숙원인 통일이 정부 당국의 노력만으로 성취될 수 없기에 궁극적으로 통일에 기여하는 거버넌스 역할에 더욱 충실하여야 한다. 남북관계의 정상화의 길은 항시 험난하고 인내가 필요하며 시간이 걸리는 일이다. 통일 NGO는 대북 교류·협력 활동, 인도적 대북 지원 활동을 전개하는 데 있어서 보다 책임 있는 행동을 하여야 할 것이다.

넷째, 통일 NGO는 한반도 분단의 특수한 현실을 극복한다는 차원에서 전쟁 예방, 대북 지원, 북한의 인권 개선, 평화적 민족 통일과 같은 문제를 연계하여 성취하도록 노력하여야 한다. 사실 남북한의 이질감을 해소하기 위한 교류·협력 사업, 식량문제로 어려움을 겪고 있는 북한 동포 돕기, 남북의 긴장 완화 사업, 북한 체제를 이탈한 이주민 돕기 등 여러 사업은 성격상 상호

---

45) 통일교육원, 『통일 교육 지침서』, 통일부, 2011, 44쪽.

46) 평화 체제 구축 사업에는 평화 통일의 이슈 제기, 신뢰 구축, 군비 축소, 평화협정 등이 광범하게 포함된다.

연관되어 있기 때문이다. 통일 NGO는 통일에 대비하여 이러한 연계적인 활동을 통해 당면한 과제를 슬기롭게 해결해야 할 것이다.

제4절 통일 NGO의 성장 과정

현대적 의미의 통일 NGO는 한국사회의 민주화 과정에서 권위주의 정권의 청산과 시민사회의 성숙에 따라 시민들의 통일에 관한 열망을 집약하여 탄생하였다. 해방 후 이승만, 박정희 정권 아래에서는 통일에 관한 논의는 정부의 독점물이었으며, 민간 차원의 통일 논의와 주장은 철저히 금기시되고 억압되었다. 1987년 민중항쟁이라는 한국 사회의 정치적 변혁 과정에서 통일운동은 민주화운동과 결합하여 활성화되기 시작하였다. 통일 NGO는 권위주의 정부 시절 재야 단체로 탄생하였지만, 민주화 공간이 확대됨에 따라 점차 대중적인 시민운동 조직으로 자리매김하게 되었다. 해방 후 이승만 정권하에서 탄생하여 여러 정권을 거치면서 성장하고 발전한 통일 NGO의 성장 과정을 시기별로 살펴보기로 한다.

1. 권위주의 정부 시기

1) 이승만 정권 시기(1948~1960년)

일제의 압제에서 해방된 한반도에서는 미군과 소련군에 의해 남북에서 각기 군정이 실시되었다. 이 시기에는 각계각층의 통일에 관한 논의는 빈번했지만 시민사회의 미성숙으로 통일 관련 시민단체나 통일운동은 기대할 수 없었다. 1948년 정권 수립과정에서도 통일 정부 수립 방안에 관해 남북은 물론 남한 내의 좌와 우, 중도단체에서 여러 방안이 제시되었지만 하나의 안으로 합일하는 데에는 실패하고 말았다.

이승만 정권 탄생 후에도 남북통일에 관한 일부 재야 단체의 급진적인 주장이 제시되었지만 그 과정에서 진보적 통일운동가들은 철저히 탄압받았다. 건국 초기 남한의 이승만 대통령이나 북한의 김일성은 상대 정권의 정통성을 인정하지 않고 공히 무력에 의한 흡수통일론만 주장하였다. 이에 맞서 조봉암을 중심으로 한 소수의 진보적 인사들은 평화적 방법에 의한 통일을 주장하는 소위 '평화통일론'을 제창하였다. 당시 이 주장을 했던 조봉암은 결국 반공법에 의해 사형에 처해지게 된다.[47] 이 사건은 개인 주도의 진보적 통일운동의 한계를 여실히 보여주었으며 민간 주도의 통일운동 세력은 정부 당국의 탄압으로 발붙일 수 없음을 여실히 보여주었다.[48] 북한에서도 정권적 차원의 '남조선 해방'이라는 전략적 목표는 있었지만 민간 중심의 통일 논의나 주장은 생각할 수 없는 불모지와 다름없었다.

그러므로 8·15 해방 공간과 정부 수립 후 한국전쟁 전까지 정치 조직이나 사회단체를 중심으로 한 통일에 관한 논의는 철저히 탄압될 수밖에 없었다. 더구나 한국전쟁 이후 철저한 반공체제하의 이승만 정권에서의 통일운동은 더욱 탄압받음으로써 긴 잠복기에 들어갔다.

2) 박정희 정권 시기(1963~1979년)

1960년 4·19 혁명 후 민주화 공간 확대와 장면 정권의 탄생으로 사회 혁신세력과 학생 운동 세력은 다시 통일논의에 불을 붙였다. 당시 대학생들은 통일문제에 관한 민족 통일 관련 연구회 등을 중심으로 여러 갈래로 조직되고, 학술 토론회를 통해 '남북 학생회담' 개최를 주장하고, 1961년 5월에는 '민족통일전국학생연맹준비위원회'까지 결성하였다. 그러나 1961년 5·16 군사쿠데타로 등장한 박정희 정권은 반공(反共)을 국시로 표방하면서 학생들의 통일운동을 철저히 탄압하였다. 당시 군사혁명위원회는 진보적인 민간단체의 통일 논의를 냉전적 상황과 안보 논리를 내세워 용공(容共)으로 규정하고 일체의 통일 논의를 엄격히 통제하였다.

박정희 정권은 18년 집권기간 중 민간의 통일 논의나 주장은 국가보안법에 의해 철저히 봉쇄하고 사회 혼란 방지와 국론 통일이라는 명분으로 민주화운동까지 철저히 탄압하였다. 더욱이 박정희 정권은 '선 건설 후 통일'의 논리를 내세워 일체의 통일논의 자체를 금기시하고, 서울대의 통일운동 학생 서클인 '민족주의비교연구회'를 반국가단체로 단죄하였다.[49] 그리하여 박정희 정권 시절 민간 재야 단체는 이를 피하여 통일운동보다는 독재 타도, 유신 반대 등 민중민주 운동과

---

47) 당시 진보당 당수였던 죽산 조봉암이 1959년에 사형 선고를 받고 처형된 지 52년 만인 2011년 1월 20일 대법원은 대법관 전원일치 의견으로 그에게 적용되었던 간첩죄와 국가변란죄에 대해 무죄를 선고하였다. 2012년 7월 26일 서울고등법원 역시 같은 취지로, 간첩 누명으로 억울하게 사형된 조봉암 선생의 유족에게 29억여 원의 국가배상 판결을 내렸다.

48) 장영권, 「한반도 통일을 위한 통일 NGO의 역할과 개선방향」, 한국평화미래연구소, 2007, 2쪽.

49) 당시 당국은 민족주의비교연구회(민비연)는 간첩단의 한 공작부서로서 반국가단체이며, 지도교수 황성모(黃性模)는 대남간첩으로 북한의 지령에 따라 서울대 문리대 정치학과 학생들을 모아 민비연을 발족시켰다고 발표했다. 당시 관련 학생 김중태, 박범진, 현승일, 김도현, 이종율, 박지동 등은 한일회담 반대투쟁을 배후 조종하고, 제3공화국의 타도를 기도하는 한편, 각종 선언문의 작성과 '황소식 민족적 민주주의' 장례식, 불법 가두시위를 주도함으로써 북한을 이롭게 하는 이적행위를 했다고 기소되었다.

노동 운동에 치중하였다. 따라서 박정희 정권 18년은 민간 통일운동이 철저히 봉쇄된 암흑기로서 통일과 관련된 합법적인 민간단체의 탄생은 기대할 수 없었다.

3) 전두환 정권 시기(1980~1988년)

박정희 정권에 이어 전두환 군부세력이 1979년 12·12 쿠데타로 등장하면서 소위 '통일이 먼저냐, 민주화가 먼저냐'하는 논쟁이 학생운동과 재야 민중 운동 진영에서 뜨겁게 전개되었다. 1980년대 초 정부 차원에서 '민족 공동체 통일 방안'을 공식적으로 제시하자 민간 차원에서도 대중적 통일 논의가 새롭게 발아되는 계기가 되었다.

당시 민주화운동 추진세력이 반독재 민주화운동을 보다 대중적 사회운동으로 확산하면서 재야 민간 통일운동이 소생하는 계기가 되고, 통일 관련 사회단체도 새롭게 출현하게 된다. 이 과정에서 일부 진보적 학생과 지식인들 사이에서는 한국사회를 바라보는 시각에 관한 사회 구성체 논쟁이 뜨겁게 전개된다. 당시 민주화운동과 통일운동은 사상적 또는 전술적 차이에 따라 크게 민족해방(NL: National Liberation)계와 민중민주(PD: People's Democracy)계로 나누어진다. 이들은 양대 진영을 형성하여 당시의 사회개혁 운동과 통일운동의 주도권 경쟁을 전개하게 된다.

NL계는 통일의 선차적 과제로서 '외세의 축출'을 통한 민족 해방 논리를 주창하였고, PD계는 '파쇼정권을 민주정부'로 대체해야 한다는 민중 민주주의 논리를 전개하였다. 이 논쟁은 결과적으로 민간 통일운동의 이론적 담론을 제공하여 통일 논의 활성화에 일정 부분 기여하였다. 그러나 이 논쟁으로 통일운동 단체들이 하나로 결집하지 못하고 이념이나 가치에 의해 분파주의적 갈등을 야기하는 계기가 되었다.

1980년대 중반 범민주세력은 전열을 정비하여 '군사독재 종식을 위한 민주, 민권, 민족 통일운동에 총력을 기울일 때'라는 데 인식을 같이하고 민간 통일운동의 통합체 건설에 매진하였다. 그리하여 1985년 3월 당시 민중운동의 구심역할을 하였던 사회운동 단체들(23개)이 참여하여 '민주통일 민중운동연합(민통련)'을 결성하기에 이른다. 민통련은 그들의 통합선언문에서 '민주화와 민족통일'을 함께 이룰 것을 선언하고 민주화운동을 선도하기에 이른다. 결국 민통련은 그 후 반독재 민주화 투쟁과 통일운동을 병진하는 재야운동 단체로 자리매김하게 되었다.[50]

---

50) 장영권, 앞의 논문, 2~5쪽.

2. 민주주의를 위한 변혁기

1) 노태우 정권 시기(1988~1993년)

1987년 6월 10일 전국적인 시위로 시작된 민중항쟁은 노태우 정권의 6·29 선언으로 직선제 개헌을 쟁취하여 소위 '87년 체제'를 수립하게 된다. 민중항쟁 이후 재야의 민중운동 지도자들은 '사회 구성체 논쟁'을 중심으로 다시 통일 논의를 본격적으로 전개하게 된다.[51] 이 시기 민주화운동은 통일운동과 결합함으로써 기존의 재야 통일운동을 전개하던 단체들은 합법적인 공간을 확보하여 본격적인 통일운동을 시작하였다.

1988년 서울올림픽 개최를 앞두고 청년학생들은 5월 광주민주화운동 계승투쟁 차원에서 '6·10남북학생회담'을 제의하였다. 1988년 후반기 청년 학생 중심의 통일운동은 서울올림픽의 남북한 공동 개최라는 명분을 내세워 광범위한 사회계층으로 확산되었다. 이때 재야 민중운동 지도자들은 '한반도 평화와 통일을 위한 세계대회 및 범민족대회 추진본부'를 발족하게 된다. 범민족대회 추진본부는 88서울올림픽이 열리는 9월 17일부터 10월 2일 기간 중 남과 북, 해외가 참가하는 '범민족대회' 공동 개최를 제안하였지만 성사되지는 못하였다.

한편 1985년 결성되었던 민통련은 해체되고, 대중적으로 확산된 통일운동을 바탕으로 1989년 1월 재야 단체인 '전국민족민주운동연합(전민련)'이라는 새로운 운동연합체가 출범하였다. 전민련은 자주, 민주, 통일을 민중의 힘으로 달성한다는 민통련의 이념을 계승하면서도 기층 민중을 겨냥한 민통련의 한계를 극복하려는 민족 민주 진영의 총집결체임을 표방하였다.[52] 1989년 문익환 목사와 임수경 학생의 방북은 민간 통일운동에 대한 국민적 관심을 더욱 촉발시켰다. 이들의 방북은 시민사회의 통일운동을 본격화하는 기폭제가 되었을 뿐만 아니라 통일운동의 방향 설정에도 상당한 영향을 미쳤다.

또한 1989년 경제정의실천시민연합(경실련)은 종래의 재야 성격의 민중민주 운동과는 성격이 다른 중도적 형태의 시민운동 단체로 출범하였다. 경실련은 한국 최초로 순수 시민운동을 표방하면서 시민사회의 요구를 실용적인 목표로 설정하고 대중친화적 운동을 전개하였다. 특히 경실련 산하의 통일협회는 중도적이고 실사구시적인 통일운동의 대중화에 일정 부문 기여하였다고 평가

51) 당시의 '사회구성체 논쟁'이란 정부(권력), 시장(자본), 시민사회라는 3구성체의 역할에 관한 논쟁으로 시민운동이 대립 분화되는 계기가 되었다.

52) 전민련은 창립대회 선언문에서 "이제 조국의 통일을 국민 모두가 자신의 문제로 받아들이게 되었으며, 외세와 군부 독재 등 반통일 분단세력은 이를 거역할 수 없게 되었다."고 선언하였다.

할 수 있다. 이처럼 민간 통일운동은 사회 민주화의 진전에 따라 소수의 재야성격의 지사적 운동에서 시민들이 참여하는 대중적 운동으로 변모하면서 그 영역이 확장되었다.

이러한 상황에서 1990년 8월 15일 판문점에서는 남·북·해외 대표가 참여하는 제1차 범민족대회가 개최되었다. 이 대회에서 남측은 범민족대회의 상설기구 설치를 제의하였고, 해외 측 대표는 상설기구를 '조국통일범민족연합(범민련)'으로 명명할 것을 주장하였다. 이러한 제의를 북측대표가 지지하는 형식으로 범민련이라는 통일운동 연합체가 창설되었다. 그 후 범민련 남측준비위의 활동에 대한 비판이 제기되면서 범민련 추진체는 다시 분열하게 된다. 즉, 범민련에 주도적으로 참여했던 전민련이 1991년 12월 새로운 통일운동체인 '민주주의민족통일전국연합(전국연합)'으로 확대 개편되면서 대중적·합법적 통일운동 노선을 표방하게 된다. 전국연합은 조국의 자주 민주 통일 민중 해방을 주장하는 우리나라 민주 민중단체들이 망라된 8개의 부문 단체와 9개의 직능단체가 참여하여 연합체적 성격으로 출범하였다.[53] 당시 전국연합은 한국 민주화운동의 대표체를 자임하며, 통일문제와 관련하여 국가보안법 철폐, 주한미군 철수, 연방제 통일 등 진보적 입장을 견지하였다.

당시 노태우 정권은 1992년 남북의 총리 회담을 통해 남북기본합의서를 채택하는 등 남북대화를 본격화하면서 남북관계의 개선을 시도했지만 여러 가지 한계가 따랐다.[54] 노태우 정권하에서는 동서의 데탕트에 힘입어 북방 외교가 성사되고 민간 차원의 통일운동이 다소 확대된 것은 사실이지만 통일운동에는 어려움이 많았다. 당시에도 남북 당국의 최고 책임자 회담제의는 있었지만 남북 총리 회담만 성사되었을 뿐 민간 통일운동은 여전히 활성화되지 못하였다.

2) 김영삼 정권 시기(1993~1998년)

김영삼 정권 초기의 통일운동은 이인모 노인의 조건 없는 송환 등 정부의 전향적인 대북정책으로 활기를 찾는 듯했다. 그러나 민간 통일운동은 지나치게 진보적인 통일노선으로 기울어 그만큼 정부 당국의 간섭과 제약이 따랐으며 민간 통일운동 단체의 결성에도 많은 진통이 따랐다.

---

53) 당시 8개 부문 단체로는 농민회총연맹, 전국여성농민회총연합, 반미여성회, 한국청년단체협의회, 한국대학총학생회연합, 전국민족민주유가족협의회, 민족자주평화통일중앙회의, 사월혁명회가 있고, 9개 직능단체로는 전국민주노동조합총연맹, 민주화를위한전국교수협의회, 한국민족예술인총연합, 민주화실천가족운동협의회, 민족사회운동연합, 전국불교운동연합, 한국노동운동협의회, 자주민주통일미주연합, 건강사회를위한약사회가 있었다.

54) 전두환 정권과 노태우 정권은 공히 정통성 결여로 부담을 안고 있는 상황에서 전향적인 대북정책을 추진하여 이를 희석시키려고 노력하였지만 시민사회의 지지를 얻는 데 실패하였기 때문이다.

문익환 목사는 1993년 6월 개최된 범민련 실행위원회에서 범민련 해체를 정식으로 제의하고 그 대신 남한 실정에 맞는 합법적이고 대중적인 '새로운 통일운동체(새통체)'의 결성 필요성을 역설하였다. 8·15 범민족대회를 앞두고 문 목사의 범민련 해체론과 새로운 합법적 통일운동체 건설론은 범민련의 내부 갈등으로 비화되었다. 1993년 10월 23일 '새통체 건설을 위한 모임'이 결성되었으며,[55] 1994년 7월 2일 문익환 목사의 '자주평화통일민족회의'(민족회의)는 범민련에서 이탈하여 새로운 민간 통일운동의 결집체로 출범하기에 이른다. 민족회의는 정부가 '불법단체'로 규정한 범민련을 탈퇴하여 노동자, 농민, 여성, 청년, 학생, 종교인 등 각계각층의 재야 민중운동 및 시민운동을 주도하던 54개 단체가 망라하여 결성된 연합기구이다.

민족회의는 민족통일과 한반도 평화를 실현하기 위하여 대중적인 조직으로서 첫째, 평화적 통일을 위한 사업, 둘째, 남, 북, 해외 통일역량의 연대를 위한 사업, 셋째, 통일세력의 단결과 국제 평화세력과의 연대 사업을 3대 사업목표로 설정하였다.

이 시기에 여러 순수 민간 통일운동 단체도 출범하게 되는데 1992년 조국평화통일불교협회(평불협), 1993년 남북민간교류협의회, 1994년 경실련통일협회와 평화와통일을여는사람들(평통사) 등이 대표적이다. 한편 1995년 굿네이버스(Good Neighbors)가 대북 지원을 시작하고, 1996년 탈북자동지회가 결성되어 탈북자 보호와 북한 인권 문제를 제기하였으며, 같은 해 창설된 우리민족서로돕기운동이 대북 지원 사업을 시작하였다. 과거의 민간 통일운동 단체가 반정부적인 재야 성격이 강한 단체인데 비해 이들 단체는 순수 민간 시민운동 단체라는 점에서 그 설립 의의를 다르게 평가할 수 있다.

3. 민주주의 공고화 시기

1) 김대중 정권 시기(1998~2003년)

1998년 출범한 김대중 정권은 우리나라 최초로 정당 간의 정권 교체로 탄생한 '국민의 정부'이다. 김대중 정부의 출범을 전후하여 시민사회 내의 평화, 자주, 통일에 관한 욕구가 분출되면서 통일운동 관련 단체들이 우후죽순처럼 탄생하였다. 먼저 보수진영에서는 '북한인권개선운동본부'(1994년 12월 창설)를 확대 개편하여 북한인권시민연합(1997년 8월)을 출범시켰다. 이 단체는 진보적

55) 문익환 목사를 중심으로 1993년 2월 28일에 새로운 통일운동체 발기준비위원회가 구성되고, 3월 25일에 발기인대회를 열어 준비위원회를 결성하고 약 3개월간 창립준비 사업을 거친 후 정식 '새통체 건설 모임'이 결성되었다.

통일운동 단체와 달리 북한 주민의 인권 개선을 통일의 주요 이슈로 설정한 반북 성향의 보수적인 인권 단체이다.

한편 진보적인 성향의 민족회의는 1998년 9월 중도적 성향을 갖는 민족화해협력범국민협의회라는 새로운 통일문제의 협의기구의 창설을 주도하게 된다. 범민련, 전국연합, 민족회의를 중심으로 진보적 통일운동을 전개해온 민간 통일운동 진영은 2000년 '6·15남북공동선언'이 채택되면서 통일운동의 새로운 연대기구를 창설하려고 노력하였다. 2001년 3월 진보적 진영은 6·15공동선언 이행을 목표로 하는 광범위한 연대조직인 6·15남북공동선언실현과한반도평화를위한통일연대(통일연대)를 우여곡절 끝에 결성하게 되었다. 통일연대는 범민련남측본부와 한총련 등 여타의 진보적 통일운동 진영이 폭넓게 망라된 진보적인 연대기구라고 볼 수 있다.

또한 김대중 정부의 출범을 전후하여 남북관계의 변화와 시민사회의 성장에 따라 직능별 시민운동 단체도 대거 출범하였다. 대북 지원단체인 우리민족서로돕기운동(1996년 5월)을 비롯하여 여성들의 평화와 통일을 위한 평화여성회(1997년 3월), 민족화합운동연합(민화련), 통일맞이 등이 잇달아 창립되었다. 나아가 평화네트워크(1999년 9월)가 결성된 이후 평화통일시민연대(2001년 9월), 동북아평화연대(2001년 10월), 참여연대평화군축센터(2002년 10월) 등 평화통일을 추구하는 통일운동 단체들도 대거 출현하였다.

한편 1997년에는 재미 의사들로 구성된 한민족복지재단이 대북 의료 지원 사업을 시작하고, 1998년 국제옥수수재단이 북한 식량문제 해결을 위한 영농지원 사업을 시작하였다. 1999년 북한민주화네트워크가 결성되어 북한 인권 문제를 본격적으로 거론하기 시작하였다.

김대중 정부의 대북 포용정책은 민간 차원의 대북 교류·협력을 가능케 하였으며 민간 통일운동이 촉진되는 계기를 마련하였다. 재야 통일운동이 재야인사의 개별적 통일 논의 차원을 벗어나 재야 단체를 중심으로 조직적으로 전개된 것도 김대중 정권의 통일정책의 결과라고 볼 수 있다. 김대중 정권하에서는 민주화운동이 민족 통일운동과 접목되어 대국민 설득력을 획득함으로써 통일운동의 새로운 전기가 마련되었다.

2) 노무현 정권 시기(2003~2008년)

김대중 정부의 포용정책에 따른 대북 교류·협력·지원 사업은 노무현 정부에서도 그대로 계승되어 민간단체의 남북 교류 활동은 더욱 활성화되었다. 남과 북은 해방 후 처음으로 6·15 공동 행사뿐만 아니라 8·15 공동 행사, 10·3 개천절 공동 행사까지 성사시켰다. 2001년 결성된 '6·15공동선언실천을위한민족공동행사추진본부'는 2005년 6·15공동선언실천남측위원회로 확대 개편되었다. 6·15공동선언실천남측위원회는 통일연대, 민족화해협력범국민협의회(민화협), 7대 종단, 참여형 시민운동 단체 등 4개 세력으로 구성되어 남북 공동 행사를 적극적으로 추진하였다.[56] 북한 당국은 6·15 공동 기념행사 개최와 관련하여 남측 통일연대의 참석을 공동 행사의 필수적인 조건으로 내세워 통일연대는 행사를 주도하게 된다.

노무현 정부하에서는 정부 주도로 구성된 민화협을 비롯하여, 통일연대, 7대 종단 등이 참여한 대규모 남북 공동 행사가 서울과 평양 등에서 수차례 번갈아 개최되었다. 이와 같은 상황에서 범민련, 범청학련, 한청, 한총련, 실천연대 등 진보적인 통일운동 단체들은 '우리 민족끼리' 정신에 의해 통일운동 단체의 확고한 대연합을 이뤄야 한다고 주장하였다.[57] 이 시기는 남한의 통일운동 단체가 분단 이후 대북 교류·협력·지원 활동을 가장 활발히 전개했던 시기라고 볼 수 있다. 2007년 10월 4일 노무현 정부의 '남북관계 발전과 평화번영을 위한 선언(10·4 선언)'은 남북관계의 획기적인 발전과 개선을 위한 보다 구체적인 합의서라고 볼 수 있다.

결국 노무현 정권하에서도 새로운 대북 지원 단체가 대거 출범하였으며, 직능별 분야별 새로운 교류 활동단체도 탄생하였다. 2004년 우리겨레하나되기, 남북경제협력재단, 우리말큰사전편찬위원회, 2006년 민족문학인협회, 2007년 겨레의숲이 창립되어 대북 교류·협력과 지원을 병행하는 사업을 전개하였다. 한편 2007년의 북한민주화위원회, 2008년 NK지식인연대 등 보수 성향의 단체도 등장하여 탈북자 문제와 북한 인권 문제를 본격적으로 추진하는 계기가 되었다.

이처럼 노무현 정부 시기는 남북 화해와 협력의 분위기와 역동적인 동북아 정세변화에 조응하여 시민사회 내의 평화·자주·통일 에너지가 성숙하여 통일 관련 시민단체들이 대거 출범하여 다양한 사업과 활동을 전개한 '통일 NGO의 르네상스 시기'라고 볼 수 있다.

3) 이명박 정권 시기(2008~2013년)

2008년 2월 보수와 실용을 표방한 이명박 정권의 등장 후 남북관계는 완전히 단절되고 경색되었다. '비핵·개방·3000'을 표방하고 '상생과 번영' 정책이라는 이름의 당시의 대북정책은 원래의 의도나 명칭과는 달리 과거 냉전시대의 강경 정책으로 회귀하였다. 그 결과 남북관계는 과거처럼

---

56) 손기웅 외, 『한반도 통일 대비 국내 NGOs의 역할 및 발전방향』, 통일연구원 협동연구총서, 2007, 114쪽.
57) 장영권, 앞의 논문, 6쪽.

극한적인 대립관계로 경색되어 버렸다. 더욱이 천안함 사건과 연평도 피격 사건으로 대북 관계는 전면 중단되고, '5·24 조치'는 남북관계를 전면 단절시켰다. 이에 따라 통일 NGO의 대북 지원이나 남북 교류·협력 활동은 전면 중단되고, 민간 통일운동은 더욱 위축될 수밖에 없었다. 통일 NGO들의 활동 영역과 범주는 현격히 축소되고 제한되었다.

이명박 정부하에서 통일 NGO의 대북 협력·교류·지원 활동은 전면 중단되었지만 남한에서 북한 이탈주민 지원 활동이나 대북 인권 활동은 상대적으로 증가하였다. 통일부에 등록된 북한 이탈주민 지원 단체와 북한 인권 단체는 2012년 말 현재 53개에 이른다. 최근 이산가족이나 납북자 가족 지원 단체가 다시 7개가 등록되어 북한 인권 관련 단체가 60여 개로 늘어난 실정이다.[58] 또한 6·25전쟁납북인사가족협의회 등 납북자 지원 단체가 3개, 겨레하나되기운동연합 등 이탈주민들이 주축이 된 인권 NGO도 계속 설립되고 있다. 이처럼 이명박 정부하에서는 보수적인 인권단체의 수는 급격히 증가되고 활동 영역은 과거보다 확대되었으나 여타 대북지원 단체는 활동이 현저히 축소되었다.

제5절 통일 NGO의 활동 유형 분류

민족의 통일은 남북 당국 간의 정치적 합의만으로는 성사될 수 없으며, 통일문제에 관한 남북한 주민들의 동의가 전제되어야 한다. 민족통일을 위한 정책 결정 과정 등에 시민단체들의 관심과 참여가 요구되는 이유가 여기에 있다. 독일의 경우, 이념과 체제의 차이로 정부 당국 간의 대화와 교류가 부진한 시기에도 민간단체들의 지속적인 상호 방문과 교류·협력이 지속되어 1990년 역사적인 통일의 위업을 성취하였다.

2012년 12월 말 현재 통일부에 등록된 총 291개의 인허가 법인을 분류하면 〈표 1-4〉와 같다.[59] 우리나라의 통일 NGO는 통일을 위하여 어떠한 활동을 하고 있는가? 통일부는 등록단체를 다음과 같이 활동 분야별로 분류하고 있다. 물론 개별 단체에 따라서는 중복되는 역할이나 활동을 수행하는 단체도 있지만 주된 활동 분야를 기준으로 분류하면 다음과 같다.

---

58) 통일부 홈페이지(http://www.unikorea.go.kr) 허가 법인 현황.

59) 통일부 홈페이지(http://www.unikorea.go.kr) 허가 법인 현황, 2012. 12. 30. 검색.

〈표 1-4〉 통일부 분야별 인허가 단체 수 (2012년 12월 현재)

분야	통일 활동 전반	인도 지원 협력	학술 연구	이탈 주민 지원	사회 문화 협력	북한 인권 개선	경제 협력	통일 교육	이산 가족 지원	납북자 지원	개성 공단	총계
단체수	75	59	41	38	35	15	12	7	4	3	2	291

* 출처: 통일부 홈페이지(http://www.unikorea.go.kr)의 허가 법인 현황(2012. 12. 30.)을 참조하여 재정리한 것임.

여기에서는 우리나라 통일 NGO의 활동 유형을 6개로 나누어 살펴보려고 한다. 물론 이 분류는 김대중·노무현 정부 시기에 활동이 비교적 활발했던 단체를 기준으로 정리한 것이다. 이들 단체는 대부분 통일부의 인허가 단체이지만 성격상 순수 통일 NGO로 보기 힘든 반관반민 단체도 일부 포함되어 있다.

1. 전반적인 통일 활동 단체

통일부에 법인으로 등록된 단체 291개 중 75개 단체가 통일에 관한 전반적인 활동을 전개하는 단체로 분류될 수 있다. 이들 전반적인 통일 활동 단체는 통일을 위하여 특정 분야의 활동만을 하는 것이 아니라 통일을 위한 여러 활동을 병행하는 단체를 말한다. 즉, 통일 기반 조성을 위한 통일 교육에서부터 북한 돕기, 남북한 사회 문화 교류, 북한 인권 개선, 북한 이탈주민 지원 등 여러 가지 활동을 종합적으로 하는 단체를 말한다.[60)]

〈표 1-5〉는 전반적인 통일 활동 단체를 조직의 속성에 따라 분류한 것이다. 우리나라 통일 NGO 중에는 종교나 여성이 주축이 된 단체도 있고, 중앙에서만 활동하는 단체도 있고 지방에 기반을 둔 단체도 있다. 이들 단체 중 활동이 비교적 많은 단체의 조직, 정강, 활동 범주, 활동 실적은 '제4장 통일 NGO의 활동론'에서 상세하게 소개될 것이다.

60) 통일부 홈페이지(http://www.unikorea.go.kr), 2012. 12. 30. 검색.

〈표 1-5〉 전반적인 통일 활동 단체의 분류

구분	활동 단체
종교단체	기독교북한선교회, 대한기독교자유연맹, 민족통일복음화운동본부, 민족통일불교협의회, 한국불교자유총연합회, 천주교민족화해위원회
여성단체	평화를만드는여성회, 세계평화여성연합, 한민족통일여성협의회
지방조직단체	평화통일대구시민연대(대구시 중구), 늦봄평화교육사업회(전남 강진), 대한민국팔각회(부산시 동구), 민주통일촉진회(대구시 수성구), 평화통일복지협의회(경기도 파주시), 한국미래연구학회(대전시 동구), 한국통일교육연구회(경기도 파주시)
연합조직단체	남북통일운동국민연합, 민족화해협력범국민협의회, 한국자유연합, 한국청년지도자연합회
일반 단체	21세기통일봉사단, GK전략연구원, 국가발전전략연구회, 남북사회통합연구원, 남북지역균형발전협의회, 남북청소년통일교육진흥원, 남북평화재단, 대한민국ROTC통일정신문화포럼, 동서남북포럼, 미래전략연구원, 민족문화통일회, 민족통일에스라운동협의회, 민족통일연합중앙회, 민족통일촉진회, 민족통일협의회, 범민족동질성회복촉진회, 범민족화합통일운동본부, 보통사람들의통일운동시대본부, 새로운사회를여는연구원, 새로운코리아구상을위한연구원, 새롭고하나된조국을위한모임, 세계한민족평화통일협의회, 아시아태평양공동체, 연구센터코리아컨센서스, 참된평화를만드는사람들, 코리아DMZ협의회, 코리아미래재단, 코리아정책연구원, 통일건국민족회, 통일교육문화원, 통일동우회, 통일맞이, 평화문제연구소, 평화민족문화연구원, 평화와통일을위한복지기금재단, 평화운동연합, 평화재단, 평화통일국민포럼, 평화통일화해연구원, 한국청년지도자연합회, 한국통일진흥원, 한민족운동지도자연합회, 한민족통일교육역사연구소, 한민족통일촉진협회, 한민족통일포럼, 한민족평화재단, 한반도미래재단, 한백정신중흥회, 행복한국2.0

2. 대북 지원 단체

대북 지원 단체는 인도주의적 입장에서 북한 주민의 경제적 어려움을 돕기 위하여 활동하는 단체를 말한다. 다른 통일 NGO에 비해 조직력이 탄탄하고 활동력이 왕성한 단체들이 많다. 1995년 이후 '고난의 행군 시기'에 북한의 경제 위기와 식량난 등으로 북한 당국이 대외적인 지원을 요청하면서 이들 단체의 활동이 급격히 증가되었다.

1990년대 대북 지원 단체는 통일을 위하여 정치·군사적 접근을 비판하면서 순수한 동포애로써 대북 지원 활동을 우선해야 한다는 입장에서 출범하였다. 이들 단체는 식량 부족으로 고통 받는 북한 주민이나 어린이들에게 주로 식량, 생필품, 의료품 등을 우선 지원하였다. 중도 실용주의적 관점을 견지하는 이들의 활동 범주도 단순 구호 활동에서부터 장기적으로는 남북의 상생 발전을 위한 투자 지원에 이르기까지 다양하다.

1998년 9월 통일부로부터 대북 지원 지정 단체로 허가 받은 단체는 91개였지만 2004년에는 그 수가 총 123개로 늘어남으로써 지원 사업이 점차 확대되었음을 알 수 있다.[61] 그러나 이명박 정부 출범 이후 2012년 12월 말 현재 순수 대북 인도 지원 단체는 59개로 줄어들었다. 이들 대북 지원 단체의 활동은 이명박 정부의 5·24 조치 이후 급격히 줄어들었기 때문이다.

대북 지원 단체의 활동을 영역별로 세분하면 〈표 1-6〉과 같다.[62] 이들 단체들은 현재 남북관계의 경색과 민간단체의 대북 지원 금지 조치에 따라 활동이 거의 중단되어 있다.

〈표 1-6〉 대북 지원 단체의 분류

구분	활동 단체
종교	예장총회사업부, 한기총, 감리교서부연회, CCC, 천주교서울대교구민족화해위원회, 천주교주교회의민족화해위원회, 평불협, 좋은벗들, 한국JTS, 은혜심기운동본부(원불교), 참여불교운동본부, 불교종단협의회
보건 의료	유진벨재단, 어린이의약품지원본부, 대한결핵협회, 대한의사협회, 한국건강관리협회, 나눔인터내셔널, 그린닥터스, 샘복지재단, 한국국제보건의료발전재단, 대한의공협회, 남북구강보건의료협의회, 세계밀알연합회, 인터내셔널에이트한국본부, 한국국제기아대책기구
농업 환경	국제옥수수재단, 남북농업발전협력민간연대, 평화의숲, 한겨레영농조합법인, 북고성군농업협력단, 남북경제문화협력재단, 남북민간경제교류협의회, 농협중앙회, 남북민간교류협의회, 우리민족서로돕기운동, 경남통일농업협력회
사회 복지	남북나눔운동, 굿네이버스, 어린이어깨동무, 월드비전, 한민족복지재단, 등대복지회, 장미회, 민족사랑나눔, 평화3000, 남북나눔공동체, 남북함께살기운동, 선한사람들, 우리겨레하나되기운동본부, 동방사회복지회, 한국복지재단, 21세기통일봉사단, 새천년생명운동, 연탄나눔운동
기타	한겨레통일문화재단, 평화문제연구소, JCI Korea(한국청년회의소), 남북협력강원도운동본부, 남북협력제주도민운동본부, 새마을운동중앙회, 한국 YMCA전국연맹, 유네스코한국위원회, 민화협, IDF한국위원회, 국제라이온스한국연합회

* 출처: 통일부 인허가 지원단체 현황을 성격에 따라 분류한 자료이며 일부 단체는 해체됨.

3. 대북 교류·협력 단체

대북 교류·협력 단체는 남북한의 경제 및 사회 문화 분야의 교류와 협력을 목적으로 설립된 단체이다. 1993년 4월 1일 남북관계 발전을 위한 '남북 교류·협력에 관한 법률'이 제정됨으로써

61) 이기범, 「대북협력 NGO 활동 10년의 평가와 과제」, 『북한연구학회보』 제8권 제2호, 2004, 312~313쪽.
62) 김병로, 「기독교 대북 NGO의 분화와 지형 분석」, 『기독교와 통일』 제2권, 기독교통일학회, 2008. 참조. http://cafe.naver.com/reuini.cafe?iframe_url=/ArticleRead.nhn%3Farticleid=140, 2010. 11. 9. 검색.

이들 단체의 활동을 위한 법률적, 제도적 장치가 마련되었다.[63] 대북 교류·협력 단체는 2000년 6·15 공동 선언 이후 그 활동 범주가 확대되고, 금강산 관광과 개성공단 사업이 시작되면서 이들의 활동 사업은 더욱 활발히 추진하였다.

2003년 활동을 시작한 금강산사랑운동본부, 남북경협국민운동본부를 비롯한 남북평화사업범국민운동본부(2004년) 등이 교류·협력 단체의 전형적인 사례이다. 이들 단체는 금강산 관광과 개성공단 사업 등이 평화와 통일을 촉진시킨다는 경제·평화론적 입장에서 남북의 경제 협력뿐만 아니라 사회 문화 방면의 교류·협력도 적극 추진하였다.[64] 2007년 10·4 선언을 전후하여 이들 대북 교류·협력 NGO들은 지속적인 사업을 위한 독자적 대북 교섭 창구까지 마련하여 정기적인 교류·협력을 가능하게 하였다. 이들 단체들 중에는 활동이 사실상 남측의 일방적 지원 형태로 이루어져 대북 교류·협력 단체로 분류하기 힘든 단체도 있다.

〈표 1-7〉은 대북 교류·협력 단체를 경제 협력 분야와 사회 문화 협력 분야로 구분한 표이다. 2012년 1월 말 현재 통일부에 등록된 교류·협력 NGO는 경제 협력 분야 13개(개성공단 관련 단체 2개 포함), 사회 문화 협력 분야 36개로 총 49개이다.[65] 그러나 이명박 정부의 대북 교류·협력 금지 조치로 이들의 활동도 전면 중지된 상태이며, 대부분의 단체는 장래 대북 교류·협력을 대비하여 사업계획을 구상하고 있다.

〈표 1-7〉 대북 교류·협력 단체의 분류

구분	활동 단체
경제 협력 분야	경실련통일협회, 남북IT교류협력본부, 남북경협국민운동본부, 남북교류협력지원협회, 남북농림수산물사업협의회, 남북물류포럼, 남북물자교류협회, 동북아공동체연구회, 민간남북경제교류협의회, 민간남북수산물교역협의회, 통일농수산사업단, 개성공단기업협회, 개성공업지구지원재단
사회 문화 협력 분야	겨레말큰사전남북공동편찬사업회, 기쁜소식, 남북강원도협력협회, 남북경제문화협력재단, 남북문화교류협회, 남북장애인교류협회, 남북청소년교류연맹, 남북청소년교류평화연대, 남북체육교류협회, 남북코리아미술교류협의회, 남북통일운동본부, 남북통일추진본부, 남북학술교류협회, 대한불교조계종, 민족공동체추진본부, 동학민족통일회, 민족통일체육연구원, 민족통일선교협회, 서울·평양문화교류협회, 세계평화센터, 세계평화청년연합, 참여불교운동본부, 코리아하나재단, 통일문화예술인협회, 평화문화재단, 평화미술협회, 평화삼천, 하나누리, 하나를위한음악재단, 한국정신문화복지재단, 한국통일여성협의회, 한마음남북장학재단, 한민족어깨동무, 한민족평화모임선교원, 한민족한마음운동본부, 한반도평화를추구하는모임

63) 이기범, 앞의 논문, 314~316쪽.
64) 손기웅 외, 앞의 책, 19쪽.
65) 통일부 홈페이지(http://www.unikorea.go.kr) 참조. 2012. 1. 30. 검색.

4. 탈북자, 이주민 지원 단체

이 단체는 탈북자, 이주민을 돕기 위한 단체이다. 이들 단체는 제3국에서 국내에 입국하려는 탈북자들을 돕거나, 이미 입국한 이주민을 지원하기 위하여 설립된 단체이다.[66] 북한의 경제위기와 식량난은 탈북자를 증가시켰다. 2012년 말 현재 남자 7576명(31%), 여자 1만 7038명(69%)으로 총 2만 4614명이 북한을 탈출하여 국내에 입국했다. 이들의 수는 매년 증가하는 추세였으나 2012년 이후에는 감소하는 경향을 보인다. 〈표 1-8〉은 탈북자들의 연도별, 남녀별 입국 현황을 나타낸 표이다.

〈표 1-8〉 북한 이탈주민 입국 현황

구분	98년까지	~'01	'02	'03	'04	'05	'06	'07	'08	'09	'10	'11	'12.12 (잠정)	합계
남(명)	831	565	511	472	624	423	512	571	608	671	589	797	402	7,576
여(명)	116	479	632	810	1,272	959	1,510	1,977	2,196	2,258	1,813	1,909	1,107	17,038
합계(명)	947	1,044	1,143	1,282	1,896	1,382	2,022	2,548	2,804	2,929	2,402	2,706	1,509	24,614
여성비율	12%	46%	55%	63%	67%	69%	75%	78%	78%	77%	75%	70%	72%	69%

* 출처: 통일부 홈페이지(http://www.unikorea.go.kr)의 북한 이탈주민 현황 참조.

이들은 한국 정착 후에도 취업이나 주택 문제 등 경제적 어려움뿐만 아니라 한국 사회 적응 과정에서 심리적 갈등까지 겪고 있다. 이들에 대한 정부뿐만 아니라 시민사회의 도움이 절실히 요구된다.

북한이탈주민지원민간단체협의회는 이들 단체들의 협의기구인데, 통일부에 등록된 38개 단체를 포함해 2012년 12월 현재 62개의 단체가 회원으로 가입되어 있다. 탈북 이주민의 수가 증가함에 따라 이들의 활동 분야도 〈표 1-9〉와 같이 세분되고 있다.[67] 이 분류에서 해외 탈북자 지원 단체는 해외에 거주하는 탈북자들의 신변 보호와 국내 입국 지원을 돕는 활동을 하는 단체인 반면, 이탈주민 정착지원 단체는 국내에 입국한 탈북자들의 남한사회 정착을 지원하기 위하여 활동하는 단체들이다. 이들 단체는 수적으로 증가하고 있을 뿐만 아니라 활동 영역과 범주도

66) '탈북자'라는 용어는 북한을 탈출했다는 뜻으로 일반적으로 통용되는 용어이며, 법률적 용어로는 '북한 이탈주민'이라는 말을 줄여서 '이주민'이라는 용어를 공식적으로 사용하고, '새터민'이라는 용어도 병행하여 사용하고 있다.

67) 김병로, 「기독교 대북 NGO의 분화와 지형 분석」, 『기독교와 통일』, 기독교통일학회, 2008. 참조. http://cafe.naver.com/reuini.cafe?iframe_url=/ArticleRead.nhn%3Farticleid=140, 2010. 11. 9. 검색.

확대되는 추세이다. 이들 단체의 주요 활동 실적은 '제4장 통일 NGO의 활동론'에서 상세히 다룰 것이다.

〈표 1-9〉 탈북자 및 이주민 지원 관련 단체

구분	활동 단체
해외 탈북자 지원	피랍탈북인권연대, 희년선교회, 피난처, 한국기독교총연합회, 탈북난민보호운동본부, 두리하나선교회, 무지개재단, 좋은벗들, 동북아평화연대, 북한인권정보센터, 북한민주화네트워크, 북조선민중긴급행동네트워크
이주민 정착	자유시민대학, 한국기독교귀순동포정착지원협의회, 천주교민족화해위원회, 북한인권시민연합, 하나로교육복지연구원, 남북사회복지실천운동본부, 북한이탈주민후원회, 한국청년연합회, 서울YMCA, 생명의전화, 한국인성개발연구원, 한국시민자원봉사자회, 자원봉사능력개발원, 자유총연맹 각 지역 이주민 지원 센터
지역 복지관	공릉종합사회복지관, 태화기독교사회복지관, 한빛종합사회복지관, 가양7복지관, 마들사회복지관, 방화6종합사회복지관, 부산종합사회복지관, 상리종합사회복지관, 울산화정종합사회복지관, 중탑사회복지관, 한솔종합사회복지관, 명륜종합사회복지관
탈북 아동 및 청소년 교육	여명학교, 셋넷학교, 다리공동체, 남북문화통합교육원, 하늘꿈학교, 한꿈학교, 좋은씨앗, 돈보스꼬훈련원, 마잘렐로센터
탈북자 지원연대	북한이탈주민지원민간단체협의회

5. 북한 인권 단체

북한 주민들의 인권은 오늘날 심각한 상황이며, 국제적인 인권 문제로 부상되고 있다. 북한의 인권 문제는 주민들의 식량, 거주 이전의 제한 등 기본적인 인권문제에서부터 공개 처형 및 정치범 수용소의 구금과 같은 인권 유린까지 심각한 문제로 대두되고 있다. 북한 인권의 심각성은 1980년대까지 외국 인권단체들과 UN 인권기구의 문제 제기로 알려지게 되었으며, 우리 사회에서는 일부 극우 보수단체들에 의해 북한체제 비판 차원에서 제기되었다.

그러던 것이 1990년대 들어 북한 주민들이 잇달아 탈북하면서 북한 인권 실상이 외부에 소상하게 알려지고, 인권개선을 위한 인권단체의 조직적 활동이 증가되기 시작하였다. 1994년 출범한 북한인권개선운동본부를 비롯하여 북한인권시민연합(1997년) 등이 적극적인 역할을 하였다. 이들 단체 중에는 북한체제에 비판성향이 강한 보수적 인사들과 탈북 지식인들이 주축이 되어 창설된 단체가 많다. 1999년 북한민주화시민네트워크는 시민운동 차원에서 북한 민주화와 인권 문제를 정면으로 다루는 시민단체로 출범하였다. 이 단체는 세계 보편적 인권운동의 연장선에서 북한 인권의 심각성을 폭로하고, 이를 해결하기 위해서 북한 당국을 압박하는 등 다양한 사업을 전개하고 있다.[68)]

인권 단체 중 북한인권시민연합의 경우는 상당한 전문성을 가지고 유엔 인권이사회 등 해외에서도 국제적 연대를 통해 북한 인권 문제 폭로에 앞장서고 있다. 반면 북한민주화네트워크는 과거 주사파 학생 운동권 출신들로 구성되어 있으며 북한의 식량난 등 북한 사정에 정통하며, 북한사회의 민주화를 위해 북한 세습 정권 타도를 강력하게 주장하고 있다.[69)] 이들 단체의 운동 노선은 과거 김대중 정부의 포용정책과 민중 통일운동 진영의 곱지 않은 시선 때문에 활동에 많은 애로점도 있었다. 그러나 이들은 상당한 인권 관련 정보와 전문성을 지니고 있어 정부정책이나 사회여론에 흔들리지 않고 꾸준히 인권 활동을 추진하고 있다.

북한 인권 NGO를 활동 범주별로 세분하면 〈표 1-10〉과 같다. 이들은 북한 인권 실상을 폭로·홍보하는 선전 활동과 그들에 대한 구호 활동을 병행하고 있다. 이들 단체 중에는 보수 성향의 단체가 많으며, 정부나 민간단체의 조건 없는 대북 지원을 반대하면서 이러한 반대 주장을 시민사회에 확산시키려고 노력하고 있다.[70)]

〈표 1-10〉 북한 인권 단체

활동 구분	활동 단체
북한주민 인권 개선	북한인권국제연대, 북한민주화운동본부, 북한인권개선운동본부, 북한민주화네트워크, 자유북한방송, 북한민주화학생연대, 자유시민연대
해외 탈북자 지원	피랍탈북인권시민연대, 탈북난민보호운동본부, 두리하나선교회, 좋은벗들
이산가족 지원	겨레사랑복지협의회, 겨레하나되기운동연합, 일천만이산가족위원회
국군 포로·납북자 가족 지원	대한적십자사, 한국자유총연맹, 재향군인회, 납북자가족모임, 6·25전쟁납북자가족협의회, 납북자가족협의회
정치범수용소 내막 폭로	북한인권시민연합, 북한정치범수용소해체운동본부

68) 손기웅 외, 앞의 책, 19~20쪽.

69) 김영호, 「민간 통일운동의 변천과정과 현황 연구: 통일 NGO들의 성장과정과 특징 분석을 중심으로」, 『통일부 신진학자 연구논문집』, 2003, 133쪽.

70) 김병로, 앞의 글, http://cafe.naver.com/reuini.cafe?iframe_url=/ArticleRead.nhn%3Farticleid=140, 2010. 11. 9. 검색 참조.

북한 인권 NGO는 최근 수적으로 증가하고 활동도 비교적 적극적이다. 그들의 초기 목표는 인도적 지원을 통해 북한 주민들의 빈곤한 삶을 개선하는 데 있었으나, 점차 북한 인권 상황의 폭로나 비판 쪽으로 방향을 전환하였다. 그들의 활동은 유엔 등 국제기구에 호소, 미국 등 우방 국가에 북한 인권 문제 폭로, 직접적인 대북 전단과 물자 살포 등 다양한 방법으로 전개되고 있다.

이들 단체가 북한 주민들의 실질적인 인권 개선에 어느 정도 기여하였는지는 그 효과를 쉽게 평가하기 어렵다. 단지 그들의 활동이 북한 인권 상황의 심각성을 국내외적으로 알리는 데는 어느 정도 성공하였다고 볼 수 있다. 그러나 북한 당국이 남한 인권 NGO의 이러한 활동을 주민 통제의 수단으로 삼는 부작용도 피할 수 없다.

6. 통일운동 단체[71)]

통일운동 단체는 통일이라는 거대한 목표를 달성하기 위한 실천적 운동을 추진하는 단체이다. 우리나라 초기의 통일운동 단체는 남북의 교류·협력·지원 문제를 상상도 할 수 없었으며 통일 방안 등 담론 생산에 주력하였다. 이들은 주로 통일의 주체, 방법과 과정, 통일 정부의 성격 등 거대 담론 생산에 집중하였다. 그러나 통일운동 단체는 남북의 협상뿐만 아니라 대북 지원 및 교류 활동이 진행되면서 운동의 성격을 통일 기반조성에 초점을 두게 되었다. 민간 통일운동은 크게 민족 자주를 중시하는 통일운동 진영과 평화를 중시하는 평화 운동 진영으로 양분되어 전개되고 있다.

전자는 1980년대 사회 변혁적, 민중 운동적 관점에서 통일 지상주의 입장을 견지하는 단체이다. 이들 단체는 통일문제에 대한 정부의 독점적 구조에 대한 반발로서 일찍부터 재야민중운동으로 출발하여 민족 해방적 자주 통일운동 세력의 주류를 형성하고 있다.[72)] 이들은 통일운동을 사회변혁을 위한 하나의 수단으로 보고 정부와의 협력보다는 대정부 비판적 입장을 견지한다. 이들은 민족 해방이라는 NL파의 전통을 이어 운동의 목표를 자주·민주·통일로 설정하고, 주한미군 철수, 평화협정 체결, 한미합동 군사훈련 중단 등과 같이 정치·군사적인 이슈를 선점하고 있다. 이들의 이념 성향은 진보적 성향이 강하며, 같은 진영 내에서도 운동방식의 차이로 대립과 갈등, 분열과 해체, 재결합 과정을 거치고 있다.

---

71) 김병로, 앞의 글, http://cafe.naver.com/reuini.cafe?iframe_url=/ArticleRead.nhn%3Farticleid=140, 2010. 11. 9. 검색.
72) 조한범,『한반도 평화를 위한 국내 평화 NGO의 기능과 역할』, 통일연구원, 2006, 5쪽.

후자는 1990년대 후반 순수 평화 지향 통일운동 단체로 출발하였다. 이들은 통일운동을 평화운동과 병행하여 추진하려는 비교적 온건한 입장을 취하고 있다. 이들은 한국 사회 민주화의 진전에 따라 급진적인 통일보다는 평화 정착을 우선하는 통일 환경 조성에 초점을 두고 있다. 평화 지향 통일운동은 2001년 미국의 이라크 침공 등에 따른 국제적인 반전평화 운동의 영향을 받아 '새로운 평화 운동' 정착이라는 질적인 변화를 모색하였다. 이 시기에 평화네트워크(1999년 9월), 평화통일시민연대(2001년 9월), 동북아평화연대(2001년 10월), 참여연대 평화군축센터(2002년 10월) 등 평화 통일을 추구하는 순수 통일운동 단체들이 대거 출현하였다.

이들 통일운동 단체의 성격을 엄격히 양분하기는 곤란하지만 통일운동의 추진 방식에 따라 〈표 1-11〉과 같이 분류할 수 있다. 이 중 일부 단체는 조직이 해체되고, 재결성되거나 통합된 단체도 있다.

〈표 1-11〉 통일운동 단체

구 분	활동 단체
민족 자주 통일운동	평화와통일을여는사람들(평통사), 자주평화통일민족회의, 조국통일범민족연합, 민주주의민족통일전국연합, 6·15남북공동선언실현과한반도평화를위한통일연대, 민주통일민중운동연합, 6·15공동선언실천남측위원회
평화 지향 통일운동	평화와통일을위한복지기금재단, 평화운동연합, 평화재단, 평화통일국민포럼, 평화통일화해연구원, 평화를만드는여성회, 평화네트워크, 평화포럼, 평화통일시민연대, 참여연대 평화군축센터, 여성평화네트워크, 화해와통일을위한종교인협의회

제6절 통일 NGO의 이념 성향 분류

통일운동은 민족 통일이라는 궁극적 목표를 달성하기 위한 이념 지향적 운동이다. 민간 통일운동 단체의 이념 성향은 그들의 역할과 운동 방향을 결정하는 기본 변수이다. 통일운동 단체들의 이념은 정부와 운동 단체 간은 물론 운동 단체 간에도 대립과 갈등의 원인이 된다. 권위 정부 시절 반정부적인 급진 통일운동은 정권으로부터 많은 탄압을 받았다. 본 절에서는 통일운동 단체의 이념 성향을 분류하고 그 성격을 비교하기로 한다. 나아가 주요 통일운동 단체의 이념 성향을 그들 단체의 설립취지와 사업 목표를 통해 분석해보기로 한다.

1. 통일운동 단체의 이념 성향

우리나라에서 활동하는 통일 NGO의 이념 성향을 설립 취지와 목표를 토대로 분류하면 보수, 중도, 진보로 나눌 수 있다. 정부의 통일정책이나 방안을 고수하고 유지하려는 보수적 입장도 있고, 그것을 비판하고 바꾸려는 진보적 입장도 있으며, 양쪽의 입장을 적절히 수용하려는 온건한(moderate) 중도적 입장도 있다.

통일 NGO의 성격과 이념은 대체로 그 단체의 설립 취지와 정관이나 사업계획에 잘 나타나 있다. 일반적으로 보수적 단체는 대북 강경책을 주장하고, 미국의 한반도 정책에 대해 적극적으로 지지하는 입장을 취한다.[73] 보수단체는 반공 친미 성향의 단체로부터 북한정권의 붕괴와 흡수통일론을 주장하는 강경 보수단체에 이르기까지 이념적 스펙트럼에 다소 간격이 있다.[74] 진보단체는 대체로 남북한 화해와 협력정책을 지지하고, 미국의 한반도 강경 봉쇄 정책에 대해 반대하거나 비판적인 입장을 취한다. 진보적 단체는 북한을 동족으로 이해하려는 입장에서 대체로 포용정책을 지지한다. 이들도 남북의 교류·협력과 대북 지원의 확대를 주장하는 단체로부터 주한미군 철수와 북의 연방제를 지지하는 종북 좌파 단체에 이르기까지 이념상의 차이가 있다.

그러나 통일운동 단체를 보수, 중도, 진보로 엄격히 분류하기 곤란한 경우도 있다. 평가자의 주관적 입장이 작용하기 쉽고, 객관적인 기준을 설정하기 어렵기 때문이다. 그러므로 개인의 이념 성향을 타인이 일방적으로 규정하는 것이 위험한 것처럼 각 단체의 이념과 운동성향을 규정하기도 쉽지 않다. 나아가 보수와 진보는 시대적 상황에 따라 가치와 이념이 다르게 규정될 수도 있기 때문이다. 일부 중도적 성향의 단체는 진보단체를 표방하고, 때로는 보수적 연대 기구에 참여하는 경우도 있다. 또한 진보적 단체이면서 중도적 연대 기구에 참여하고, 보수적 단체이면서 중도적인 연대 기구에 참여하는 경우도 적지 않다.[75] 이들 통일 NGO 중에는 통일문제의 사안에 따라 보수와 중도, 중도와 진보를 오가는 경우도 있어 단정적으로 분류하기는 어렵다.

〈표 1-12〉는 우리나라의 통일운동 단체를 이념 성향에 따라 분류한 표이다.[76] 이들 단체는

---

73) 윤민재, 「통일과 민족문제 관련 사회단체의 조직적 특징과 성격」, 『통일문제연구』 통권 제44호, 평화문제연구소, 2005, 146쪽.

74) 대부분의 보수단체는 정부의 강경 대북정책을 지지하고, 북한에 대한 인도적 지원까지 반대하면서 북한의 붕괴를 위하여 대북 압박정책을 펼 것을 주장하고 있다.

75) 손기웅 외, 앞의 논문, 11쪽.

76) 이우영, 「2000년 이후 남북관계 의제에 대한 시민사회의 활동 평가」, 이화여자대학교 통일학연구원 우리민족서로돕기 공동학술토론회 발표 논문집 『남북관계에 있어서 시민사회의 역할과 진로 모색』, 2008, 43쪽.

대부분 NGO의 기본 역량을 갖추고 통일운동이나 활동에 상당한 성과를 거두고 있는 단체이다. 이들 단체들은 독자적으로 업무를 추진하기 힘들 때 연대 기구를 구성하여 공동으로 사업을 추진하기도 한다. 여기에 실린 단체들은 통일부 허가단체와 무관하며, 활동과 업적을 기준으로 이념 성향이 뚜렷한 57개 단체가 망라되어 있다.

〈표 1-12〉 통일 NGO의 이념 성향 분류

보수적 성향(18개)	중도적 성향(21개)	진보적 성향(18개)
· 민족통일촉진회 · **바른사회시민회의** · 밝고힘찬나라운동본부 · **북한민주화네트워크** · 북한민주화운동본부 · 북한민주화협의회 · 북한인권개선운동본부 · **북한인권시민연합** · 북핵저지시민연대 · 성우회 · 6·25전쟁납북인사가족협의회 · 육해공군해병대대령연합회 · 인터넷독립신문 · 자유시민연대 · 한국기독교총연합회(KCC) · 한국자유총연맹 · 한반도전쟁방지 국민협의회 · **민족통일중앙협의회**	· 겨레하나되기운동연합 · **경실련통일협회** · 금강산사랑운동본부 · 남북경협국민운동본부 · 남북민간교류협의회 · 민족문화교류재단 · 민족화합운동연합 · **민족화해협력범국민협의회(민화협)** · 민주사회를위한변호사모임통일위원회 · 영세중립통일협의회 · **우리민족서로돕기운동** · 참여연대 평화군축센터 · 통일을여는사람들 · 평화네트워크 · 평화를만드는여성회 · 평화와통일을위한남북나눔운동 본부 · **평화통일시민연대** · 한겨레평화통일협회 · 한국청년단체협의회 · 한사랑민족통일진흥원 · 흥사단민족통일운동본부	· 남북공동선언실천연대 · 민주주의민족통일전국연합(전국연합) · 민족자주평화통일중앙회의 · 민족화해자주통일협의회 · 반미여성회 · 6·15남북공동선언실현과한반도평화를위한통일연대 · 6·15공동선언실천청년학생연대 · 자주평화통일민족회의 · 전국민족민주유가족협의회 · 조국통일범민족연합(범민련) · 조국통일범민족청년학생연합(범청학련) · 주한미군철수운동본부(주미철본) · 한국기독교교회협의회(KNCC) · 통일광장 · 통일맞이 · **평화와통일을여는사람들(평통사)** · 한국대학생총연합(한총련) · **6·15공동선언실천남측위원회**

* 2012년 현재 다른 단체에 통합되어 없어진 단체도 있지만 옛 명칭을 그대로 사용하기로 함.
* 굵은 글씨의 단체는 현재 비교적 활동이 활발한 단체이며 그 단체의 이념 성향이 뚜렷한 단체임.

2. 보수단체의 이념 성향

통일 NGO 중 보수단체는 통일문제에 관하여 우리 사회의 전통적·보수적 입장을 대변하는 단체이다. 우리나라의 보수단체는 정부의 보수적인 통일 방안을 지지하고, 대부분 '친미반북'

성향이 강하여 대북 강경정책을 지지하며, 김대중·노무현 정부의 대북 포용정책을 부정하거나 비판하는 입장이다.

우리나라의 보수적 성향을 대표하는 통일운동 단체는 〈표 1-12〉에 제시된 18개 단체이다. 이들 단체는 사안에 따라 보수적인 연대 기구에 참여하여 그들의 활동 반경을 확대하고 있다. 이들 단체 중 비교적 활동이 많은 3개 단체의 이념 성향을 설립 목적과 강령, 사업계획 등을 토대로 소개하면 다음과 같다.

1) 민족통일중앙협의회

민족통일중앙협의회(민통)는 1981년 5월 14일 민족의 평화통일을 위해 '초당적·범국민적 조직'으로 출범한 보수 성향의 통일운동 단체이다.[77] 이 단체의 결성 움직임은 1977년 12월 통일연구소 이수자들을 중심으로 시작되어 1979년 1월 전국 통일꾼 대회를 계기로 3월 남북한 당국 간의 대화를 촉구하는 1000만 명 서명운동을 전개하면서 조직화되기 시작하였다. 이들은 1981년 민족의 평화통일을 위한 민주역량 배양을 목적으로 '통일꾼 협의회'를 결성하였다가 이를 토대로 오늘의 민통이 공식적으로 출범하기에 이른다.

민통은 정관 제4조에서 '민족의 염원인 조국의 평화통일을 실현하기 위한 민족 역량을 배양하고 통일기반 조성을 목적으로 발족한다'고 밝히고 있다.[78] 이 단체는 민간 통일운동 단체의 선도자로서 통일 주도세력 육성 및 국민화합 사업, 통일준비 사업, 국민계도 및 안보 사업, 출판홍보 사업 등을 전개하고 있으며, 통일한국에 대비하여 통일회관 건립을 추진하고 있다. 이들의 활동과 사업은 대부분 친정부적이며 보수적인 성격이 강하며, 지역 유지와 통일문제에 관심이 있는 보수 성향의 시민들이 대거 참여하여 광범한 조직을 통해 많은 활동을 전개하고 있다.

이 단체의 조직은 중앙협의회에 총회, 중앙지도위원회, 중앙자문위원회, 사무처를 두고, 산하에 시·도·군·구 협의회를 두고 있다. 2012년 현재 16개 시·도 협의회 및 200여 개 시·군·구협의회에 회원은 약 12만여 명으로 추산된다. 정기총회는 민통의 최고 의결기관이며 전국의 대의원들이 참석하여 정관의 제·개정에 관한 사항, 사업결산 및 사업계획, 예산안에 대한 승인, 의장단 임명 동의 등 주요 사업을 승인 및 동의한다. 이사회는 정기이사회와 임시이사회가 있으며 정기이사회는

77) 민통은 정관에서 '민통은 민족의 평화통일을 위한 민간주도의 초당적·범국민적 조직이다. 민통은 정치 활동을 하지 않는다.'라고 규정하고 있다.

78) 민족통일중앙협의회 홈페이지(http://www.mintong.or.kr/) 참조.

연 1회 총회 전 소집되며, 임시이사회는 필요에 따라 소집한다. 매년 초 16개 시·도협 사무처장 회의를 개최하여 해당 연도 사업에 대한 전반적인 설명 및 업무 추진 방향에 대해 논의한다. 기타 시·도협의회 운영위원회는 지역협의회의 심의 의결기관으로 사업결산 및 계획, 임원의 선임 및 인준 등 협의회 운영에 관한 사항을 심의·의결한다.

이처럼 민통은 보수적인 통일운동 단체 중 가장 광범위한 전국적인 조직을 가지고 있으며 정부의 보수적인 대북정책을 적극 지지한다. 인적 자원과 재정 면에서 타 단체보다 비교적 튼튼한 데다 정부의 행정·재정적 지원까지 받을 수 있어 사업을 활발히 추진할 수 있다.

2) 북한인권시민연합

북한인권시민연합(Citizens' Alliance for North Korean Human Rights; NKHR)은 1996년 5월 4일 서울 천주교 종로교회에서 '세계와 함께 북한 땅에 인권의 빛을 비추고, 인간 사랑을 실천하는 비영리, 비정부, 비종교 인권단체'를 표방하면서 출범하였다. 이 단체의 정관상의 설립 목적(제3조)은 '북한동포의 생명과 인권을 지키고, 궁극적으로는 남북통일과 민족공동체 형성에 이바지함'에 있다고 밝히고 있다.

이 단체는 창립 선언서에서 '계급성이 강조되는 북한의 인권 상황의 열악성'을 개탄하면서 '북한체제는 노동당 통제하에서 언론자유, 신앙자유, 절대 빈곤하의 궁핍으로부터의 자유가 철저히 부정된다.'고 비판하고 있다. 특히 이 단체는 국제사면위원회가 추산하는 북한의 정치범 강제수용소 수감자와 해외의 약 15만 명의 탈북자들의 인권 상황의 심각성을 폭로하면서 국내외에서 북한 인권 개선 운동을 활발히 펼치고 있다.[79] 이 단체는 자신들의 운동의 성격을 '운동주체를 놓고 볼 때 시민운동이요, 파급효과를 놓고 볼 때 통일기반 조성 운동이요, 운동방향을 놓고 볼 때 국제 운동이요, 역사적 교훈에 비추어 볼 때 평화 운동'이라고 규정하고 있다.

이 단체의 조직은 총회, 이사회를 두고 사무국장 아래 국제 협력팀, 캠페인팀, 조사 연구팀, 교육훈련팀, 관리팀, 자원봉사단을 두고 있다. 이사회 직속의 문화 사업단, 통일 꿈나무 육성 사업단을 별도로 두고 있다. 이 단체의 주요 사업계획은 다음과 같다.[80]

---

79) 이에 대해 노동당 기관지 「노동신문」은 '우리는 인권에 있어서 계급성을 숨기지 않으며, 사회주의를 반대하는 적대분자들과 인민의 이익을 침해하는 불순분자들에게까지 자유와 권리를 주는 초계급적 인권이 아니다.'라고 망언을 했다. 이어서 「노동신문」은 정치범을 '반혁명분자'로 지칭하면서 '그들은 철두철미 인민의 이익을 배반한 반역자·매국노이자 인간쓰레기들이다.'라고 극언했다.

80) 북한인권시민연합 홈페이지(http://kor.nkhumanrights.or.kr/main.htm) 2012. 1. 30. 검색.

① 북한의 인권상황, 특히 정치범 수용소 실태자료 수집 및 국내외 홍보
② 북한의 인권상황, 특히 정치범의 강제노동 실례를 국제기구에 고발, 제소
③ 재외 탈북자의 생명과 인권을 지키는 사업
④ 청소년 교육에 중점을 두는 국내 거주 탈북자 지원
⑤ 상기 사업을 위한 각국 인권단체와 긴밀한 협조

북한인권시민연합은 북한 인권 상황의 폭로와 북한 체제 비판 운동에 매진하고 있는 대표적인 보수단체이며 진보적인 통일운동 단체의 운동 방향과는 대조를 이룬다. 그러나 최근 대북 전단 살포 등을 주도함으로써 남한의 진보적인 통일운동 단체뿐만 아니라, 정부 당국과도 상당한 마찰을 빚기도 한다.

3) 북한민주화네트워크

북한민주화네트워크(Network for North Korean Democracy and Human Rights)는 세계인권선언 51주년에 즈음하여 1999년 12월 10일 세종문화회관 대회의실에서 북한의 민주주의와 인권 실현을 목표로 창립되었다. 북한민주화네트워크는 과거 친북 활동을 하다가 1990년대 중반 이후 심각한 식량난으로 굶어 죽어가는 북한 주민의 현실을 목격하고 전향한 386세대들이 주축이 되어 창립한 보수 성향의 운동 단체이다. 이들은 그동안의 자신들의 과오를 인정하고, 북한 주민들의 긴박한 인권 보호와 민주주의 실현을 목표로 이 단체를 설립했다고 밝히고 있다.[81] 이들은 북한 인권 탄압의 실상을 심각하게 인식하고 북한의 민주화와 인권 존중을 위해 나라와 민족을 걱정하는 모든 분들의 지지와 동참을 호소하고 있다.

이 단체는 홈페이지(www.nknet.org)에서 '북한 주민들도 우리와 한 민족이며 그들의 고통은 김정일 폭압정권에 있고 이러한 분명한 악과 대면하여 인간이 인간답게 사는 세상 즉, 북한의 민주화를 위해 노력할 것'이라는 설립 취지를 밝히고 있다. 정관 제3조(목적)에는 '본회는 인간에 대한 사랑과 보편적 가치를 바탕으로 북한 민중의 인권을 실현하고, 북한의 민주주의를 이룩함으로써 궁극적으로 한반도의 통일과 인류 발전에 기여함을 목적으로 한다.'라고 밝히고 있다. 북한민주화네트워크의 창립 선언문에 이념 성향이 보다 잘 드러나 있어 원문을 소개한다.

81) http://enc.daum.net/dic100/contents.do?query1=10XX483113.

> 우리 한국인들은 질곡의 현대사 속에서 타는 목마름으로 정치적 자유와 민주주의를 추구해 왔다. 어떤 물리적 억압에도 굴하지 않은 수많은 사람들의 힘으로 1987년 6월의 거리에서 우리는 민주화의 성취를 맛보았다. 그 자랑스러운 순간을 가슴 깊이 간직한 우리는, 오늘, 북한에서 일어나는 극도의 정치적 억압과 그로 인한 민중들의 정신적·육체적 죽음 앞에서 더 이상 침묵할 수 없다. · · · 알고서는 두고 볼 수 없는 김정일 정권의 폭정에 맞서 우리의 형제이자 동지인 북한민중을 구출하는 길에 나선다. 이미 죽어간 북한 민중에 대한 애도와, 또한 사라져 가는 어린 세대에 대한 애통 어린 사랑으로 고달픈 길을 마다 않을 것이다. · · · 우리 모두의 사랑과 정의의 힘으로, 온갖 폭압기구와 물리력을 동원하여 만인을 압살하는 김정일 일인의 악행을 어찌 막지 못하랴. 오늘 세계인권선언 51주년에 즈음하여 창립하는 북한의 민주주의와 인권 실현을 위한 네트워크는, 나라 안팎의 양심과 연대하여 김정일 정권을 무너뜨리고, 북한 민중이 해방되는 그날까지 맡은 바 책무를 다할 것을 선언한다.[82)]

이 단체의 정관 제4조에는 이러한 목표를 달성하기 위한 사업 분야를 아래와 같이 명시하고 있다.

① 북한 민주화 관련 각 분야 네트워크 구축사업
② 민주주의, 인권, 평화, 통일에 관한 시민교육
③ 북한 사회 및 통일에 대한 연구사업
④ 북한 동포, 탈북 난민 지원 사업
⑤ 북한 관련 정보 서비스 사업
⑥ 국가의 통일정책 반영을 위한 홍보 및 여론화 사업
⑦ 국제 연대사업
⑧ 기타 북한의 민주주의와 인권 실현을 위한 제반 사업

이 단체의 조직 체계는 최고 의결 기구인 총회, 임원으로 대표(이사장) 1인, 운영위원(이사) 4~15인, 감사 2인을 두고, 이사와 운영위원으로 구성되는 운영위원회, 대표, 집행기구(사무국,

---

82) 북한민주화네트워크 홈페이지(http://www.nknet.org/index.html) 2012. 1. 30. 검색.

사업팀)의 장으로 구성되는 실행위원회를 두고 있다.

단체의 홈페이지(www.nknet.org)에 소개하고 있는 북한 인권 개선과 민주화 실현을 위한 구체적인 활동 사업은 다음과 같다.[83] 이로써 이들의 주된 활동이 북한사회의 민주화와 인권운동을 위한 보수적인 성향임을 알 수 있다.

① 국내외 북한 민주화 운동가 육성 및 지원

② 대북 정보 자유화 사업 전개(대북 전단 보내기, 대북 라디오 방송 지원)

③ 북한 인권 민주화 캠페인 전개(북한 인권 사진전, 북한 인권 영화, 북한 인권 국제회의)

④ 탈북자, 국군 포로, 납북자 구출

⑤ 북한 종교 자유 촉구 활동

⑥ 교육 홍보 및 연구 보고서 작성(북한 인권보고서 등) 사업

⑦ 북한 인권·민주화 네트워크 구축

이들은 이러한 활동에 대비하여 북한개방 전략 포럼, 대학생 북한전문가 아카데미, 세미나, 토론회 등을 개최하고 있으며, 선전활동을 위하여 북한민주화네트워크 기관지 「데일리 NK」를 발행하고 있다. 또한 이 단체는 북한 인권 개선 및 탈북자 지원을 위한 연대활동에도 적극 참여하고 있다.

3. 중도단체의 이념 성향

중도단체는 통일운동의 대중화, 통일논의의 균형화라는 기치를 내걸고 좌우에 편향되지 않는 온건한 활동을 전개하는 단체이다. 〈표 1-12〉에서 보는 것처럼 경실련통일협회 등 21개 단체가 이에 해당되며, 대부분이 민족화해협력범국민협의회(민화협)라는 중도 연대기구에 참여하고 있다. 민화협은 2005년 남북기본합의서 국회 비준 동의를 위하여 진보단체와 보수단체를 망라하여 결성한 중도 성향의 협의기구이다. 이 중도단체들 중에는 진보나 보수 성향의 단체도 일부 포함되어 있지만 합법적인 통일운동을 한다는 점에서 중도단체로 분류될 수 있다.[84] 이들 단체 중 비교적 활동이 두드러진 단체를 소개하면 다음과 같다.

83) http://www.nknet.org/intro/intro07.html, 2012. 1. 30. 검색.
84) 손기웅 외, 앞의 책, 23쪽.

1) 경제정의실천연합통일협회

1994년 3월 1일 출범한 경제정의실천연합통일협회(경실련통일협회)는 우리나라에서 최초로 순수 시민운동 차원의 통일운동을 전개했던 중도단체라고 분류할 수 있다. 경실련통일협회는 경실련의 산하 단체로서 시민이 주체가 되어 실사구시적 통일운동을 전개하여 민족통일에 대한 민족적 합의를 도출하는 것을 목표로 발족하였다. 이 단체는 경실련이 축적한 지혜와 역량을 바탕으로 분단 상태의 한반도의 평화통일은 경제 정의, 사회 개혁을 통해서 완성될 수 있다는 인식에서 출범하였다.

경실련통일협회는 통일운동을 선도하기 위하여 통일운동의 기본 이념인 3대 원칙을 밝히고 있다. 즉 실사구시적 통일운동, 시민이 주인이 되는 통일운동, 민족적 합의를 이루어 나가는 통일운동이다.[85] 이들은 그 동안 통일운동의 이념의 경직성에서 탈피하여 실용적인 대중적 통일운동을 정착시키는 데 주력하였다. 이러한 원칙과 취지를 반영하여 그들은 통일운동의 과제와 방향을 다음과 같이 구체적으로 밝히고 있다.[86]

① **통일문제의 공론화**: 우리는 민족통일에 대한 시민사회의 공론을 도출하여 범민족적 합의형성에 기여할 것이다. 통일은 가능한 한 민족구성원의 절대다수가 동의하는 내용과 방식으로 이루어져야 한다. 따라서 책임 있는 시민단체로 자부해 온 경실련이 이 문제에 관한 시민사회의 공론을 도출하는 작업은 경실련 통일운동의 첫 번째 과제이다.

② **관변 통일운동과 반정부 통일운동의 양극단의 극복**: 우리는 비관변적·비반정부적 노선을 견지할 것이다. 지난 시기 통일운동은 관변 통일운동과 반정부통일운동으로 양분되어 있었으나 이제 이 양극단은 극복되어져야 한다. 정부정책에 대해 사안별로 시시비비를 가리는 엄정한 태도, 잘할 때는 과감한 협조를, 못할 때는 따끔한 비판을 할 수 있는 용기, 이를 통한 정부와의 신뢰구축과 창조적 역할분담이 새로운 민간 통일운동이 나아가야 할 방향임을 우리는 분명히 한다.

③ **실사구시에 입각한 합리적인 통일운동**: 우리는 모든 관념적 논의를 배격하고 실사구시에 입각한 합리적 운동을 전개해 나갈 것이다. 보통시민의 평범한 정서에 기초한 통일운동만이 범국민적 합의에 기반을 둔 통일을 이룰 수 있는 유일한 길임을 우리는 확신한다.

---

85) 경실련 홈페이지(http://www.ccej.or.kr/) 2012. 2. 19. 검색.
86) 동아일보사·경실련통일협회, 『통일을 준비하는 한국의 민간단체: 통일운동의 현주소』, 동아일보사, 1995, 21~23쪽.

④ **민족 구성원 절대 다수가 동의하는 통일운동**: 우리는 민족구성원 절대 다수가 동의하는 통일, 자유와 평등, 물질적 풍요와 복지가 현재의 남북한 수준보다 더 높은 차원에서 구현된 그런 통일을 위해 노력할 것이다. 상호신뢰 회복을 통한 교류, 협력의 확대, 평화공존을 통한 점진적 통일이야말로 상쟁과 파괴를 피할 수 있는 최선의 방식이다.

⑤ **남북한의 민간 교류 활성화**: 우리는 남북한 간의 민간교류를 극대화하기 위해 최선을 다할 것이다. 이를 통해 시민사회의 책임 있는 주체로서 막힌 곳을 뚫어내고 상호신뢰와 동질성을 증진시키는 역할을 수행하고자 한다.

⑥ **평화 통일을 준비하는 운동**: 평화통일을 준비하는 시민운동을 전개해 나갈 것이다. 통일에 대비한 의식개혁 캠페인, 남북나눔 운동은 우리의 주요 활동영역이 될 것이다.

경실련통일협회는 이사장, 운영위원장, 정책위원장, 사무책임자, 상근 실무자 5인, 연구위원 50명, 회원 수백 명으로 구성되어 있다. 이 단체는 교수, 소설가, 학자, 각 분야 전문가 출신의 지식인과 시민운동가를 중심으로 통일운동의 좌우 편향성을 극복하기 위한 중도적이고 현실적인 운동 방향을 설정하고 사업을 전개하였다.

경실련통일협회는 통일운동의 목표를 달성하기 위하여 정부의 통일정책에 대한 감시 비판 및 대안 제시, 통일 대비 제도개혁 운동, 동북아 평화 및 공동번영의 질서 창출 등의 기본 과제를 설정하고 있다. 이를 위해 민족화해와 통일에 관한 각종 현안대응과 정책 제시를 위한 정책토론회 및 세미나 개최, 통일 현안에 대한 남북 당국과 국민에게 협회의 입장을 밝히는 성명서 발표, 민족화해 의식의 전파, 통일일꾼의 양성, 올바른 통일논의의 확산을 위한 시민 통일 교육 강좌, 북한의 경제회생과 북한동포돕기를 위한 캠페인 및 지원활동 등을 전개하고 있다. 또한 분단현장의 체험 등 통일의식의 고양을 위한 통일기행을 추진하고, 한반도의 평화공동체 건설을 위해 민족화해와 평화 나눔 운동에 앞장설 일꾼 양성을 목적으로 민족화해 아카데미를 개설해 운영하고 있다.

그동안 경실련통일협회는 경제 정의 실현을 위한 시민운동의 한계를 극복하고, 대중적인 지지를 획득한 실용주의적이고 대중적인 통일운동으로 자리를 잡는 데 어느 정도 기여하였다고 평가할 수 있다. 그러나 통일운동 지도자들의 정치 참여, 정계진출에 따른 내부 갈등과 운동 방향의 혼선으로 경실련의 통일운동은 사업 순위에서 밀려 활동 자체가 위축되어 있는 실정이다.

2) 우리민족서로돕기운동

1996년 6월 21일에 창립된 우리민족서로돕기운동은 이념을 초월하여 인도주의적 견지에서 북한을 지원하자는 중도성향의 단체이다. 이 단체는 북한의 극심한 식량난이 외부세계에 알려지고 북한이 긴급지원을 호소하던 시기에 한국의 천주교, 기독교, 불교 등 6대 종단과 주요 시민사회단체가 참여하여 범국민운동 성격으로 조직되어 출범하였다. 1998년 5월 23일 통일부로부터 사단법인으로 인가를 받고, 1999년 2월 대북 지원 독자창구도 개설하였다. 2001년 3월에는 통일부의 대북 지원 사업자로 지정되고, 2007년 7월 31일 유엔경제사회이사회(UNECOSOC) 정기총회에서 '협의적 지위'가 인정되는 NGO로 승인받았다.

이 단체의 설립 목적은 인도적 대북 지원과 교류 사업을 통해 남북 간의 반목과 대립을 깨고 한반도의 평화정착과 민족의 화해와 공존을 이루어가는 데 있음을 분명히 밝히고 있다. 우리민족서로돕기운동은 홈페이지(www.ksm.or.kr)를 통해 설립의 목적과 사업계획을 밝히고, 그들의 중도성향의 활동 상황 등을 소개하고 있다. 우선 우리민족서로돕기운동이 제시한 3대 비전과 사명은 다음과 같다.[87]

① 인도적 지원 NGO로서 인도주의와 동포애를 구현하고 민족화해와 한민족 공동체 형성에 기여한다.

② 평화 NGO로서 한반도에서 무력분쟁을 예방하고 항구적인 평화체제 구축을 위한 활동을 전개한다.

③ 남북통합 NGO로서 한반도에서 사회 경제적 불평등의 해소, 지역 공동체의 역량 강화, 민주주의와 인권의 신장, 그리고 갈등의 평화적 해결 능력을 배양하는 데 기여한다.

이러한 목적을 수행하기 위하여 이 단체는 고문, 상임공동대표, 공동대표, 감사, 평화 나눔센터, 사무총장, 사업별 분과위원회, 사무처를 두고 있다.[88] 사업별 분과 위원회에는 북한농업협력위원회, 북한 보건의료 협력위원회, 정책위원회, 재정위원회, 러시아고려인사업위원회, 교육위원회, 홍보위원회, 부설 법률지원센터 등을 두고 있다.

---

87) 우리민족서로돕기운동 홈페이지(http://www.ksm.or.kr) 2012. 2. 10. 검색.

88) 2011년 임원으로 고문(강문규, 김성훈, 박경조, 서영훈), 상임공동대표(영담, 윤여두, 이일영, 인명진, 최완규), 공동대표(고희선, 김영수, 김정곤 등)를 두고 있다.

우리민족서로돕기운동은 2008년 대북 지원 사업이 전면 중단되기 전까지 대북 농업 지원, 보건의료 지원, 어린이 급식 지원, IT교육 지원, 고려인 지원 부서를 따로 두고 지원활동을 활발히 전개하였다.[89] 이 단체의 대북 지원 실적은 '제4장 통일 NGO의 활동론'에서 보다 구체적으로 기술할 것이다.

나아가 우리민족서로돕기운동은 활동의 범주를 북한에만 국한하지 않고 재외동포 지원 사업으로 확대하였다. 즉 중국 조선족 초청 사기 피해자 지원 사업을 시작으로 러시아 볼고그라드 고려인 지원 사업으로 이어지고 있다. 러시아 남부에 위치한 볼고그라드에는 약 4만~5만 명의 고려인들이 거주하고 있는데, 소련의 붕괴 이후 중앙아시아와 러시아 타 지역에서 살길을 찾아 모여든 이들이 대부분이다.[90] 이들 대부분은 토지를 임대해서 농사를 짓고 있으나 비싼 토지 임대료와 농산물 가격 변동으로 여전히 어려운 생활을 하고 있으며, 설상가상으로 하루가 다르게 치솟는 물가로 인해 이들의 삶은 더욱 궁핍해지고 있다. 이에 우리민족서로돕기운동은 1999년 첫 현지조사를 시작으로 볼고그라드 이주 고려인들에 대한 정착지원과 함께 한민족으로서의 정체성을 회복하고 자긍심을 찾을 수 있는 지원 사업을 추진해 오고 있다.

우리민족서로돕기운동은 정치적·이념적 성격을 배제한 순수 대북 지원 중도적 단체로서 남북화해와 교류·협력에 상당히 기여한 것으로 평가된다. 그러나 이명박 정부의 5·24조치 이후 대북관계 단절과 보수단체와 보수층이 대북 지원 자체를 '퍼주기' 논쟁으로 비화시킴으로써 이들의 활동도 위축될 수밖에 없었다. 이 단체는 현재 러시아 고려인 지원 활동에 전념하고 있다.

3) 평화통일시민연대

평화통일시민연대(평화연대)는 2001년 9월 21일 평화통일을 추구하는 순수 민간 통일운동 단체를 표방하며 창립되었다. 1990년대 이후 역동적인 동북아 정세변화와 시민사회 내의 민주개혁, 평화, 자주, 통일 역량의 성숙은 이러한 중도적인 평화 통일운동 관련 단체들의 출범을 가능케 하였다.

이 단체의 조직 구성은 최고의결기구로 총회를 두고 임원은 이사장, 상임공동대표, 공동대표,

89) 이들의 2010년 사업보고서에는 긴급 식량지원, 취약계층 지원, 지자체 협력, 농업·축산지원, 보건의료지원, 정책연구, 국제협력, 고려인 지원, 광주전남 우리민족서로돕기운동, 부산경남 우리민족서로돕기운동, 미국 워싱턴 우리민족서로돕기운동, 미국 댈러스 우리민족서로돕기운동 사업이 비교적 상세히 수록되어 있다.

90) 볼고그라드에는 소련 붕괴 후 실질적으로 재이주 정착 고려인들이 가장 많이 살고 있는데, 이 지역의 고려인들은 러시아 고려인들 중에서 경제적으로 가장 열악한 상황에 놓여 있다고 알려지고 있다.

이사, 감사, 각 분야별 위원장, 특별위원장, 부설기관, 사무처장을 두고 있다.[91] 분야별 위원회로는 정책위원회, 회원지원위원회, 대외협력위원회, 화해협력위원회, 남북경협위원회, 교육위원회, 문화위원회, 청년학생위원회, 통일위원회, 재정위원회, 홍보위원회, 평화위원회를 두고 있다.

평화통일시민연대의 통일운동의 성격은 그들의 창립 선언문에 잘 나타나 있다. 2001년 출범 당시 발표한 4개 항의 창립 선언문을 발췌 소개하면 다음과 같다.[92]

① 남북정상회담과 6·15 남북공동선언은 갈등과 반목으로 점철된 분단사에 큰 획을 긋는 역사적인 대사건이다. 우리의 분단과 갈등이 얼마나 뿌리 깊고, 그것을 청산하는 길이 얼마나 험난한 것인가를 다시 한 번 보여주고 있다.

② 우리는 여전히 냉전의 울타리를 쳐 놓고 그 속에서 서로 반목하고 갈등하고 있다. 더구나 안타깝게도 우리사회는 아직도 냉전의식과 맹목적인 반북 대결의식에서 헤어나지 못하고 있다. 남북의 긴장을 조장하고 남북관계의 진전을 방해하는 세력들은 남북한을 막론하고 역사와 민족 앞에 겸허하게 반성해야 한다.

③ 8·15 민족통일대축전은 통일운동 단체들에게 깊은 자기성찰의 기회가 되었다. 현실과 동떨어진 폐쇄적이고 독단적인 통일운동은 국민의 지지를 받을 수 없다. 마찬가지로 시대착오적인 색깔론과 맹목적인 냉전의식 역시 극복되어야 한다.

④ 국민들의 일상 속에 뿌리내리는 시민 중심의 실사구시적인 통일운동이 필요하다. 국민의 지지와 호응을 이끌어 내는 대중성이 요구된다. 아울러 통일운동은 실천적 운동이어야 한다.

이들은 보수와 진보를 아우르는 중도적인 입장에서 실사구시적 통일운동을 전개하려는 입장을 밝히고 있다. 이 단체는 현실을 외면한 환상적 통일운동이나 냉전 논리에 기초한 시대착오적인 통일운동을 배격하고 합리적이고 실사구시적인 통일운동을 통해 국민들에게 올바른 통일관을 정립시키고 국민적 합의를 이끌어낼 것을 다짐하고 있다.

이를 위해 이 단체는 중도적인 통일운동의 3대 원칙을 제시하였다. 독단적이고 폐쇄적인 통일운동이 아닌 시민 중심의 통일운동의 대중화, 환상적인 통일론과 흡수통일론 같은 극좌우 통일론을

91) 임원은 2012년 현재 이사장(송선근), 상임공동대표(이장희), 공동대표(김승자 외)가 있다.
92) 평화통일시민연대 홈페이지(http://www.peace21.net) 2011. 12. 30. 검색.

동시에 배격하는 통일논의의 균형화, 남북 당국의 통일정책 감시를 통한 현실적이고 타협 가능한 통일 방안과 정책을 제시하는 통일정책의 대안화가 그것이다. 이 단체는 이를 실천하기 위한 구체적인 7대 사업계획도 제시하였다.[93)]

① 7·4 남북 공동 성명의 자주, 평화, 민족 대단결의 원칙 준수와 남북 기본 합의서 조속 이행
② 남북 정상회담 정신과 6·15 공동선언의 실천
③ 평화 협정의 조속한 체결
④ 한반도의 평화를 위한 남북의 평화 군축과 비핵화 실현
⑤ 한미 주둔군 지위 협정의 개정
⑥ 동북아 평화를 위한 다자간 안보 협력
⑦ 냉전 청산과 화해 협력을 위한 통일 교육 강화

이 단체의 홈페이지(www.peace21.net)에는 시민강좌, 캠페인, 세미나 및 강연회, 시민 입법청원, 언론 모니터링, 시민 실천운동, 국제 연대 사업 등 주요 사업을 상세히 소개하고 있다. 자료실에는 남북관계, 평화군축, 한미관계, 동북아시아 등에 관련된 자료를 풍부히 제공하고 있다.

4. 진보단체의 이념 성향

진보단체는 통일문제에 관한 이념면에서 현상 타파적이고 개혁적인 통일운동을 지향하는 단체이다. 여기에는 점진적 개혁을 추구하는 단체에서부터 재야 성격의 급진적 단체에 이르기까지 그 이념의 스펙트럼에는 강온의 차이가 있다. 물론 이들 중에는 통일부에 법인으로 등록된 단체도 있고 임의로 활동하는 재야 성격의 단체도 있다. 이들 단체도 통일과 관련된 공통적인 입장을 가진 진보적인 연대 기구를 결성하여 당면 과제를 공동으로 대처하기도 한다.

한국의 대표적인 진보 통일 NGO로는 조국통일범민족연합(범민련), 남북공동선언실천연대(실천연대), 6·15남북공동선언실현과한반도평화를위한통일연대, 평화와통일을여는사람들, 6·15

93) 평화통일시민연대 홈페이지(http://www.peace21.net), 창립취지, 선언문, 비전, 사업계획 참조.

공동선언실천남측위원회 등이 있다.[94] 종교적인 진보 성향의 통일운동 단체(종단)에는 한국기독교교회협의회(KNCC)[95]와 조국평화통일불교협의회 등이 있다. 이들 진보단체 중에는 통일운동 과정에서 조직이 현실 대응 문제로 이합집산 과정을 거쳐 재결성되는 경우가 많다. 대부분의 진보 성향의 단체는 김대중·노무현 정권하에서 활발히 활동하다가 현재 활동이 위축되어 있는 실정이며, 범민련처럼 실정법 위반 문제로 활동이 제한된 단체도 있다.

1) 자주평화통일민족회의

자주평화통일민족회의(민족회의)는 1994년 7월 2일 전국농민회총연맹, 전국교직원노동조합 등 54개 기층 대중운동 단체들을 회원 단체로 하여 통일운동의 연합체적 성격의 단체로 출범하였다. 민족회의는 '민족통일전국연합'과 '새로운 통일운동체 결성을 위한 준비모임'이 3개월의 창립 준비기간을 거쳐 새로운 통일운동체로 탄생되었다. 민족회의 결성 준비는 범민련의 급진적인 통일운동에 불만을 가진 진보적인 인사들이 범민련의 조직에서 이탈하면서 시작되었다. 문익환 범민련 의장과 이창복 실행위원장의 범민련 사퇴는 재야 통일운동이 새로운 통일운동체를 탄생시키는 계기가 되었다.

민족회의는 이처럼 범민련의 조직으로는 합법적인 대중운동을 전개할 수 없으며, 현실적으로 불법화의 틀에 갇혀서는 통일운동의 실마리를 풀 수 없다는 입장에서 새롭게 창설된 조직이었다. 출범 시 민족회의(상임의장: 이창복, 안충석)는 제 단체와 개인을 회원으로 구성하는 새로운 '민간 통일운동의 결집체'임을 선언하였다. 이 단체는 창립 선언문에서 '통일운동이 대중의 다양한 이해와 요구가 모일 때 비로소 힘 있는 운동력이 형성된다.'라는 전제 아래 '민간 통일운동의 명실상부한 대중적 구심으로서 요구되는 임무와 역할을 한시도 게을리 할 수 없어 통일의 열린 마당인 민족회의 창립을 온 겨레 앞에 선언한다.'고 밝혔다.[96]

민족회의는 기존의 범민련 중심의 통일운동이 남, 북, 해외 3자 연대를 지나치게 의존한다는 비판적 여론에 따라 새로운 통일운동체를 건설하게 된 것이다. 그러나 1988년 이후 통일운동의 급진적 흐름을 계승한 범민련과 한총련 등은 민족회의의 통일운동 노선이 체제 내의 운동으로 전락한다고 강하게 비판하였다. 민족회의 출범 시에는 천주교정의구현전국연합, 한국민족예술인

94) 손기웅 외, 앞의 책, 21쪽.

95) 한국기독교교회협의회(KNCC)에는 대한예수교장로회(통합), 한국기독교장로회, 기독교대한복음교회, 기독교대한하나님의성회, 기독교대한감리회, 구세군대한본영, 대한성공회, 한국정교회가 회원으로 가입되어 있다.

96) 동아일보사·경실련통일협회, 앞의 책, 124~126쪽.

총연합통일위원회, 민주주의민족통일전국연합[97] 등 41개의 재야 사회단체, 종교단체가 회원 단체로 참여하였다. 민족회의는 상임위원장 산하에 비상임위원장을 종교계, 노동계, 여성계, 문화계, 청년 학생 단체, 시민단체 등의 대표로 구성하고 운영위원 101명을 임명하였다.[98]

민족회의는 통일 대업을 이룩하기 위하여 우선 남한 국민 대중의 통일 의지와 운동 역량을 하나로 묶어 민족 대단결의 초석으로 삼아 민족의 화해와 통일을 위한 새로운 대표기구임을 자처하였다. 진보적 성향의 민족회의의 목표는 통일운동의 대중화, 일상화, 지역화이며, 민간과 정부가 협력하는 새로운 통일운동체를 건설하는 데 집중하였다.[99] 이들은 2001년 결성된 통일연대의 한 축으로 가입하고 민족화해자주통일협의회 등과 연대 활동도 강화하였다.[100]

민족회의는 8·15 민족 공동 행사 준비과정에서 정부 측과의 의견을 조율하고, 민주노총, 민예총 등과의 '겨레 사랑-북녘 동포 돕기 범국민운동' 등 비교적 이념성을 탈피한 사업을 추진하였다. 민족회의는 통일전문 격월간지 『통일샘』 발간 등 통일운동의 대중화에 상당히 기여하였다고 볼 수 있다. 그러나 운동의 대중성 강조가 조직의 이념성과 정체성의 혼돈을 초래한 것도 부인할 수 없다. 그 후 민족회의는 범민련과의 갈등, 민화협에의 참여 문제, 전국연합과 마찰을 겪으면서 출범 당시의 조직원이 상당수 이탈되는 등 내부 역량 약화로 결국 해체되고 말았다.[101]

2) 민족화해자주통일협의회

1999년 5월 7일 민족화해자주통일협의회(자통협)는 범민련남측본부, 전국연합, 민주노총, 평화와통일을여는사람들(평통사)이 중심이 되어 전민련 등 20여 개 진보적 통일운동 단체와 개별 인사들이 주축이 되어 결성되었다. 이 연대는 민간 통일운동 진영의 자주성을 지키고 광범한 대중들을 통일운동의 주체로 세움으로써 통일운동의 대중적 토대를 확대, 강화해야 한다는 취지에 따라 설립된 단체이다. 그러나 범민련남측본부는 결성 직후 이념과 노선상의 문제로 이 연대

---

97) 노중선, 『남북한의 통일정책과 통일운동 50년』 〈연표〉, 사계절, 1996. 민주주의민족통일전국연합(전국연합)은 1991년 12월 1일 13개 부문 단체 및 9개 지역 연합의 참여로 창립대회를 가졌다. 이들은 5개 강령과 3개 당면 투쟁과제(국가보안법 철폐, 한반도의 비핵지대화, 안기부 기무사의 해체)를 결의하고 결성 선언문을 채택하였다.

98) 동아일보사·경실련통일협회, 앞의 책, 124~125쪽.

99) 민족회의의 실천 강령은 '자주, 평화, 민족 대단결 원칙에 따라 민족통일 이룩한다. 남과 북이 서로 존중하는 통일국가를 이룩한다. 외세의 내정 간섭을 배격하고 남과 북 온 겨레의 단결로 민족 자주를 실현한다.'이다.

100) 이정희, 「통일 관련 사회단체의 이념적 차별성 연구: 남북관계와 대북정책의 인식을 중심으로」, 『국제정치논총』 제42집 제4호, 2002, 120쪽.

101) 그 후 범민련은 이적단체로 규정되었고, 1996년에 발생한 연세대 사태는 범민련과 한총련 중심의 통일운동 세력이 크게 약화되는 계기가 되었다.

단체에 불참을 통보하였다.

자통협은 민간 통일운동의 자주성을 지킨다는 명분 아래 상설적인 통일운동 협의기구를 새롭게 건설해 일상적인 통일 문제를 공동으로 추진해 가려고 노력하였다. 그리하여 이 협의기구는 그간의 불신과 반목을 씻고 반통일 세력에 대한 강력한 공동전선을 구축해 나갈 것을 운동 목표로 설정하였다. 그러나 자통협은 1998년 결성된 민화협을 관변 통일운동 단체로 규정하고, 민화협의 결성에 앞장선 민족회의는 자주적 민간 통일운동 단체로서의 정체성을 상실했다고 비판하면서 대립각을 세웠다. 자통협은 통일운동 주도 세력을 노동자, 농민, 도시 빈민 등의 기층 민중으로 보고, 남, 북, 해외 3자 연대 운동 방식을 채택하였다. 이들은 기층 민중을 통일운동의 주도세력으로 보았기 때문에 한총련 등 학생들이 주도하는 통일운동에는 반대하였다.

자통협 소속 단체들은 2001년 10월 6·15남북공동선언실현과한반도평화를위한통일연대(통일연대)에 주요 세력으로 참여하였다. 이들은 통일연대의 주요한 인적 자원을 제공하며 한 축을 이루면서 진보적 통일운동을 주도하였다. 자통협은 김대중 정부의 정부 주도 통일정책에 반대하면서, 관 주도의 민화협을 비판하고 민간 통일운동의 자주성을 확보할 것을 주창하였다. 자통협은 민화협을 어용 관변단체로 보면서, 민화협에 참여한 민족회의에 대해서는 비판적인 입장을 취하였다. 그 후 자통협은 진보적 노선을 강하게 표출하는 과정에서 통일운동 내부의 분열과 갈등을 겪게 되면서 상당수는 통일연대에 흡수 통합되었다.

3) 6·15남북공동선언실현과한반도평화를위한통일연대

2001년 3월 15일 결성된 6·15남북공동선언실현과한반도평화를위한통일연대(통일연대)는 진보적 민간 통일운동 진영의 가장 폭넓은 연대 조직이다. 6·15 공동 선언 이후 한국의 진보적 통일운동의 중심축이 된 통일연대는 진보단체의 통일운동을 주도하는 대표적인 조직이 되었다. 이 연대는 이념상 1980~90년대 학생 운동권을 지배한 민족해방(NL)계와 민중민주(PD)계의 흐름 중 NL계열의 '통일 지상주의'적 급진적 입장을 견지하였다.

통일연대의 결성 배경은 무엇보다 남북 정상회담 이후 조성된 정세를 적극적으로 살려서 남북 화해와 협력의 분위기를 거스를 수 없는 대세로 만들려는 진보적 통일운동 진영의 결속의 결과라고 볼 수 있다. 민간 통일운동 단체들은 6·15 공동 선언 이후 진행된 이산가족 상호 방문, 경의선 철도의 복원 합의, 경제 협력 확대 등 고무적인 남북관계를 2차 남북 정상회담 등으로 이어가기 위한 적극적인 대응이 필요하다는 공감대를 형성했다. 여기에 모처럼 조성된 통일 열기를 남북 당국자 간의 회담에만 맡겨 둘 수 없다는 민간단체들의 인식도 크게 작용했던 것이다. 또한 미국의 부시 행정부의 북한에 대한 적대적 시각과 MD(Missile Defense) 체제 구축 강행은 국내 통일운동 단체들의 발 빠른 연대의 필요성을 절실하게 만들었던 것이다.[102]

통일연대는 결성 목적에서 '통일세력의 폭넓은 단결을 실현하고 대중적 통일운동을 통한 국민적 통일의지의 결집을 이루어내고자 한다.'라고 6·15 공동선언의 실현과 한반도 평화를 위한 광범위한 연대 조직 건설의 필요성을 역설하였다. 통일연대는 자통협과 민족회의 세력이 주축을 이루고, 진보적인 범민련에서부터 중도적인 입장에서 통일운동을 주도한 경실련통일협회도 참여하고, 급진적 통일운동과는 일정한 거리를 두어 왔던 한국노총, 진보 정당까지도 광범하게 참여하였다. 그러므로 통일연대는 대다수 진보적 통일운동 단체들을 포괄하는 민간 통일운동의 가장 광범위한 연대 조직이라고 할 수 있다.

2002년 김대중 정부하의 촛불시위는 한국 사회의 진보와 보수의 정치적 태도와 운동 방향을 가늠할 수 있는 중요한 사건이 되었다. 통일연대는 '미군 장갑차 여중생 살인사건 범국민대책위(범대위)'를 구성하여 촛불집회를 주도하였다. 범대위에는 160여 개의 다양한 부문의 시민사회 단체들이 참여하였고, 지역별로 대책위까지 구성하여 일상적인 투쟁을 전국적인 차원에서 전개하였다. 통일연대의 범대위 연대 구조는 느슨하고 개방적인 연대의 형태로 조직의 유연성과 포용성을 확보해 나갔으며, 중앙과 지방조직의 수직적 연대보다는 수평적 연대를 강조하였다.[103]

통일연대에는 43개의 부문 단체가 참여하고 여기에 지역조직으로 서울·인천·전북통일연대 등이 참가하였다.[104] 그러나 통일연대는 2006년 '6·15공동선언실천남측위원회'[105]가 결성됨으로써 남과 북, 해외 통일운동의 3자 연대를 보증하기 위하여 자진 해체하였다. 통일연대를 승계한 6·15공동선언실천남측위원회는 노무현 정권 말기 방북 행사와 남북 교류 합동 행사 등을 주도적으로 추진하였다.

102) 이정희, 앞의 논문, 120~121쪽.
103) 윤민재, 앞의 논문, 159쪽.
104) 손기웅 외, 앞의 책, 21~23쪽.
105) 6·15공동선언실천남측위원회의 설립 목적, 연대의 범위, 활동 사업 등은 '제2장 통일 NGO의 운동론'에서 상세히 소개할 것이다.

| 제2장 |

통일 NGO의 운동론

제1절 통일운동의 성격과 위상

탈냉전시대의 한반도 통일은 우리의 민족적인 지상 과제임에도 불구하고 그 해결의 실마리는 쉽게 풀리지 않는다. 민족의 재통일은 정부 당국의 노력만으로 성취될 수 없으며, 궁극적으로는 통일의 주체인 남북한 주민의 통일에 대한 열망과 통일의지가 합치되고 확산될 때 가능하다.

통일운동이란 무엇인가? 우리나라에서는 민간 통일운동의 중요성은 인식하면서도 이에 대한 관심 부족뿐만 아니라 이 분야의 연구 성과도 부족하다.[1] 이 장에서는 한국의 통일운동의 성격을 규명하기 위하여 사회운동으로서의 통일운동의 흐름을 살펴보고, 통일운동의 주요 쟁점을 분석하고 과제를 바르게 설정하려고 한다. 해방 이후의 민간 통일운동은 그 시대의 정치적 사회적 상황과 맞물려 운동의 방향과 성격을 달리하였다. 이 절에서는 그동안 이 분야에 관한 선행 연구를 토대로 통일운동 단체의 정기 또는 부정기 간행물, 각종 대회 선언문, 통신문, 성명서 등의 1차 자료를 바탕으로 통일운동의 성격을 탐색하고 정리하고자 한다.

1. 한국의 시민운동과 사회운동

한국 사회의 산업화의 진전은 사회 민주화를 촉진시키고, 시민사회의 발달은 시민운동의 구심체인 NGO 조직을 활성화시켰다. 앞서 본 바와 같이 NGO는 정부나 시장의 실패에 대한 시민들의 자각과 자구적인 노력의 결과이다. 그러므로 시민운동은 정부나 자본의 보호에 의하여 촉진되는 것이 아니라, 유권자이면서 소비자인 시민 스스로 정부나 자본에 대항하여 자신의 권익을 보호하기 위하여 탄생하였다.

시민운동의 출발은 기존 제도나 가치에 대한 일종의 저항이며, 그것은 사회 개혁이나 변혁을 위한 사회운동적 성격이 강하다. 사회운동은 문제 제기와 해결 방법이 기존의 법적·제도적 통로나 정책적 메커니즘에 의존하지 않고, 일반 대중의 직접적인 참여와 실천을 통해 문제 해결을 시도한다는 점에서 흔히 '비제도권' 혹은 '장외 정치' 영역으로 간주된다. 그러므로 사회운동이란 특정 사회의 일정 분야 또는 관행에 대해 문제를 제기하고 시민사회 구성원의 자발적인

---

1) 통일운동이 본질적으로 체제 변혁적인 진보적 성격의 정치 운동이기 때문에 과거 운동의 참여 방식에는 실정법상 제약이 따르며 그에 따른 연구도 한계가 있었기 때문이다.

참여를 통해 문제를 해결하려는 일종의 사회 개혁 운동이다. 우리나라의 대부분의 시민운동은 사회운동, 사회 변혁 운동적 성격을 본질적으로 지니고 있다. 그러므로 우리나라 통일운동 역시 초기에 정부나 권력에 저항하는 사회운동적 성격을 갖고 출범했던 것이다.

한국의 시민운동은 시대적 상황에 따른 시민사회의 요구를 반영하여 다양한 범주에서 전개되었다. 그러므로 시민운동은 시민들의 관심과 참여 영역이 다르기 때문에 그 운동의 범주와 성격이 다를 수밖에 없다. 시민운동은 환경 운동, 노동 운동, 반부패 운동, 빈민 운동, 여성 운동, 유권자 운동, 교육 운동, 통일운동 등 추구하는 목표에 따라 다양한 영역에서 전개될 수 있다. 이러한 운동을 주도하는 NGO는 환경, 인권, 교육, 경제정의, 통일과 같은 특정 공공재 생산을 목적으로 하며, 대부분 사회적 약자의 권익을 보장하기 위하여 활동하는 단체이다.[2)]

시민운동은 정부와의 관계라는 넓은 시각에서는 친정부적 성격, 중도적인 성격, 반정부적인 성격으로 구분될 수 있다. 그러나 시민운동은 넓은 의미로 볼 때 사회 체제의 보존과 유지보다는 사회 개혁이나 변혁적인 사회운동적 성격을 지닌다. 1987년 민중 항쟁 이후 우리 사회의 민주화의 공간이 확대되고 정권 교체와 제도적 민주화의 정착에 따라 반정부 운동이나 재야 운동은 과거보다 훨씬 줄어들었다. 오늘날은 오히려 대중적이고 중도적이며 실용적인 시민운동이 시민사회의 폭넓은 지지를 획득하여 활동 반경을 넓히고 있다.

2. 통일운동의 개념과 성격

통일운동이란 무엇인가? 우리는 통일운동의 개념부터 명확히 규정할 필요가 있다. 통일운동은 민족의 통일을 위하여 민간이 주체가 되어 시민사회에 통일의지를 확산시키고, 통일 기반 조성을 통하여 통일을 앞당기려는 운동이다. 그러므로 이 운동은 민족 통일이라는 목표를 달성하기 위하여 시민사회의 구성원들이 참여하는 일종의 통일 관련 실천 운동이다. 통일운동은 분단체제를 극복하기 위하여 민족의 자주성을 회복하고 남과 북의 교류와 화해 협력을 통해 평화적 방식으로 통일을 지향하는 운동이다. 그러므로 통일운동은 민간이 주체가 되는 자발적인 운동이며, 원칙적으로 시민들의 성금으로 재정을 운용하는 운동이며, 정부의 통일정책에 대하여 지지하거나 비판하고 견제하는 운동이라고 볼 수 있다. 결국 통일운동은 남북의 분단 상황을 극복하기

2) NGO네트워크연합 홈페이지(http://www.ngo.or.kr) 2012. 9. 16. 검색.

위하여 사회 구성원들이 남북한 긴장 완화와 이해증진 및 관계개선에 영향을 주는 일체의 활동과 운동을 포괄하는 개념이다.[3)]

한국의 통일운동은 민주화운동 주체들이 통일문제에 참여함으로써 민주화운동과 병행하여 추진되었다. 1960년 초반 민간이나 학생들이 주체가 되어 처음으로 남북교류 운동을 주창한 것은 4월 혁명의 후광이라고 볼 수 있다. 그 후 침잠되었던 우리나라의 통일운동은 1987년 민중항쟁이라는 민주화운동 과정에서 활성화되는 기틀을 잡아가게 되었다.[4)] 통일문제가 민간 운동 차원에서 자유롭게 공론화된 것은 김영삼 문민정부 출범 이후부터이다.

한국의 통일운동은 정부의 통일정책의 성격에 따라 운동의 범주와 방법이 달라진다. 민간 통일운동 단체는 정부의 통일정책을 수용·선전하는 관변 보수단체부터, 비판적으로 수용하는 중도단체, 정부의 정책 방향에 정면으로 반대·대립되는 재야 반정부 단체에 이르기까지 다양다기하다. 이러한 통일운동의 성격을 보다 구체화하면 다음과 같다.

첫째, 통일운동은 대중이나 시민이 주체가 되는 운동이다. 통일운동은 우리의 통일의지를 확인하고 통일의 당위성에 대한 인식을 확산하여 분단된 조국의 통일에 기여하려는 순수한 민간 주체의 운동이다. 그러므로 통일운동은 남북 동포 간의 접촉과 교류, 협력과 지원을 확대함으로써 민족의 동질성을 확보하여 궁극적으로 통일에 기여하려는 민간 주체의 운동이다.

둘째, 통일운동은 분단의 모순을 해소하고 통일을 이룩하려는 사회 개혁 운동이다. 사회운동을 우리 사회의 문제를 해결하거나 모순을 타파하려는 조직적이고 이념적인 운동이라고 볼 때 통일운동도 우리 사회 전반의 통일 관련 질서의 변화를 추구하려는 집단적 개혁 운동이라고 규정할 수 있다.

셋째, 통일운동은 정부 당국의 통일정책이나 방안을 지지 또는 반대·거부하거나, 정부 당국의 통일 방안을 비판, 수정, 보완, 수렴하여 바람직한 통일정책을 수립·촉구하려는 운동이다. 동시에 통일운동은 남북 당국 간의 공식적인 대화나 협상의 한계를 극복하려는 운동이다.

넷째, 통일운동의 궁극적인 목표는 한반도의 분단 상황을 극복하는 데 있다. 그러므로 통일운동은 남북으로 갈라져 서로 다른 체제에서 별개의 국가로 살아가고 있는 분단된 우리 민족을 하나로 합쳐서 완전한 통일 국가를 건설하려는 운동이다.[5)] 그러나 현실적으로 완전한 통일을 일시에

3) 이에 대해서는 한국연구재단 홈페이지(http://www.nrf.re.kr) 자료실의 김광용, 「통일운동에서의 NGO와 지식인의 역할」 참조.

4) 1972년 남북 당국이 합의한 7·4 남북 공동성명도 당시로서는 남북대화와 화해의 출발이라고 여겼지만, 민주화의 토대 없이 이루어진 합의는 유신 독재체제 강화의 수단으로 이용되고 말았다.

성취하기는 어렵기 때문에 통일운동에는 남북 간의 대화·교류·협력하는 단계적 준비 과정이 포함될 수 있다.

다섯째, 통일운동은 통일의 장애물인 각종 법적·제도적·환경적 장치를 변화시키기 위한 운동이다. 그러므로 냉전체제의 법이나 관행 등을 개선하려는 활동, 통일의 상대인 북한에 대한 협력과 지원 및 통일 기반 강화활동, 연대운동 등을 포함한다.[6]

결론적으로 통일운동은 통일문제에 관한 민중적·민족적·시민적 지지 기반을 확대하여 통일에 대한 시민사회의 에너지를 집약하여 궁극적으로 민족의 재통일에 기여하기 위해 새로운 돌파구를 마련하려는 운동이다.

3. 통일운동의 성격 변화

통일운동은 한반도의 통일 환경을 조성하고, 민족 구성원들의 통일에 관한 의지와 신념을 바르게 육성하여 이를 민족 통일의 에너지로 승화시켜 궁극적으로 통일을 앞당기는 데 목적이 있다. 이러한 목적을 달성하기 위한 통일운동 단체의 활동과 사업은 다양 다기하게 전개되고 있다. 오늘날 통일운동은 시대적 상황 변화에 조응하여 과거에 비해 상당히 변하고 있다. 오늘의 통일운동의 성격은 다음과 같이 변화하고 있다.

첫째, 통일에 관한 시민사회의 관심 증대, 남북 대화와 교류·협력의 확대에 따라 오늘의 통일운동의 범주는 확대되고 있다. 통일문제의 세미나, 캠페인에서부터 대북 지원, 교류·협력, 평화정착 사업과, 범민족 대회 개최 등 실정법이 금지하는 사업에 이르기까지 사업 반경이 점점 넓어지고 있다. 이는 한국 사회의 민주화 공간 확대에 따른 통일 NGO의 역할 증대의 결과로 볼 수 있다.

둘째, 한국의 통일운동은 보수와 진보진영 간 이념의 갈등뿐만 아니라 진보적인 진영 내에서도 갈등이 심하여 이합집산을 거듭하고 있다. 이는 남북 대치 상황과 좌우의 정치 이념이 대립되고 선명성 논쟁 등으로 이념의 갈등이 더욱 증폭되었기 때문이다.

셋째, 오늘의 통일운동은 재야 반정부적 성격에서 탈피하여 실용적·대중적 통일운동으로

---

5) 김영호, 「민간 통일운동의 변천과정과 현황 연구: 통일 NGO들의 성장과정과 특징 분석을 중심으로」, 『통일부 신진학자 연구논문집』, 2003, 114~115쪽.

6) 김두현, 「민주화 이후 대구 경북 지역의 민간 통일운동」, 영남대학교 대학원 정치외교학과 석사학위 논문, 2007, 9쪽.

변모하고 있다. 과거의 통일운동이 반정부적인 투쟁 중심으로 전개되었다면 오늘의 통일운동은 현실적·실용적 성격이 강하다. 오늘의 통일운동은 통일문제에 관한 여론 조성, 조사·연구·출판 활동, 세미나 및 토론회를 통한 통일에 관한 담론 형성, 통일 문화 활동[7]에 치중한다. 나아가 통일운동은 대북 지원 활동이나 나눔 운동, 남북 교류·협력 활동, 이산가족 찾기와 실향민 문제, 남북 인권 문제 등 현실적이고 실용적인 운동으로 전환되고 있다.

넷째, 전국 차원의 중앙 집중적 통일운동이 지역 통일운동으로 점차 분화·확산되고 있다. 통일운동은 통일기반을 형성하여 민족의 화해와 공존, 자주적 평화통일을 이룩하기 위해 중앙에서 뿐만 아니라 지역민이 통일운동 과정에 주체적으로 참여할 수 있도록 안내하고 지원하는 운동으로 변모하고 있다.[8]

다섯째, 과거의 통일운동이 주로 민족의 자주성을 강조하고 남과 북의 교류 및 화해와 협력을 통해 평화 통일을 지향하는 '진보적' 통일운동만을 일컬었다면, 근년에는 보수적 통일운동도 활발히 전개되어 통일운동에 반드시 포함시켜야 한다는 주장이 제기되고 있다. 즉 일부에서는 진보적 통일운동이 체제위기를 초래하기 때문에 이를 극복한다는 점에서 보수적 단체의 통일운동을 반드시 포함시켜야 한다는 것이다. 물론 후자를 보수적·반동적 행위로 보고 통일운동에서 제외하여야 한다는 주장도 있다. 그러나 통일운동은 이념성향에 구속되지 않고 통일을 촉진하는 운동이라고 광의로 규정되는 것이 보편적인 추세라고 볼 수 있다.

제2절 통일운동의 전개 과정

해방 이후 오늘날까지 통일운동의 전개 과정을 개관해 볼 필요가 있다. 통일운동은 시대적 상황과 정치·사회적 상황에 따라 전개 과정이 달라진다. 해방과 군정, 정부 수립과정에서 많은 민족 지도자들이 수난을 겪었으며, 권위주의 독재 정권하에서는 진보적인 통일운동가들이 정부 당국으로부터 많은 탄압을 받기도 하였다. 해방 이후의 민간 통일운동은 우리 사회의 민주화 정도에 비례하여 잠복과 분출, 침체와 부활을 반복하면서 성장해 가고 있다.

---

7) 통일 NGO의 문화 활동은 통일 관련 영화 상영, 백일장, 아카데미 개최 등 다양한 내용과 형식의 프로그램을 통해 진행하는 다양한 활동을 말한다.
8) 김두현, 앞의 논문, 20~21쪽.

통일운동의 전개 방식이나 과정은 보는 입장에 따라 다르게 분류될 수 있다.[9] 김영호는 한국의 민간 통일운동 시기를 1기 침체기(1987년 이전), 제2기 발흥기(1987~1994년), 제3기 도약기(1995~2000년), 제4기 성숙기(2001년~현재)로 나누고 있다.[10] 한편 김두현은 1987년 민주화 이후 구체적으로 열린 공간에서 민간 통일운동이 재등장한 제1기(1988~1992년), 냉전의 해체와 문민정부 등장으로 민간 통일운동 내부의 분화와 침체를 겪은 제2기(1993~1999년), 남북정상회담 이후 민간 통일운동이 새로운 방향을 모색하는 제3기(2000년~현재)로 구분하고 있다.[11]

이러한 자료를 토대로 해방 이후 통일운동의 전개과정을 5단계로 나눌 수 있다. 한국의 민간 통일운동은 해방과 이승만 정권기를 거쳐 4·19에 이르는 태동기, 박정희·전두환 군사 정권시기에 철저히 탄압 받은 침잠기, 노태우 정권과 김영삼 문민정부 시기의 부흥기를 거쳐, 김대중·노무현 정부의 확산기를 맞이하고, 오늘날 이명박 정부 이후의 재충전기로 명명하여 구분할 수 있다. 이를 보다 구체적으로 살펴보기로 한다.

1. 통일운동의 태동기

통일운동의 태동기는 해방 이후 이승만 정권을 거쳐 4·19 혁명으로 민족 통일에 관한 열망이 조심스럽게 분출된 시기를 말한다. 이승만 정권에 의해 금기시되고 탄압받았던 통일운동은 4·19 학생 혁명을 전후하여 일부 재야 단체를 중심으로 부활하기 시작하였다. 당시는 통일 논의 자체가 금지되었던 시기여서 개인이나 조직의 통일에 관한 주장이나 성명이 전부였으며, 조직적인 통일운동은 불가능했다. 당시에는 각계 각파의 통일에 관한 입장과 주장은 가끔 표출되었지만 이마저 정부 당국의 억압에 의해 봉쇄되어 통일운동으로 승화되지 못했다.

1948년 정부 수립 이전에도 미군정 아래서 민족 지도자들에 의해 자주적인 통일 정부 수립을 위한 주장은 전개되었다. 미소공동위원회가 개최되던 시기, 해방공간에서도 중도 좌파 인사들에 의해 주창된 좌우 합작의 정부 수립이라는 노력은 성공하지는 못했지만 이후의 통일운동에 많은

---

9) 민간 통일운동의 흐름을 차성수는 학생운동 중심 시기(1988~1991년), 종교계와 기업 등의 적극적 참여 시기(1992~1996년), 그리고 북한 돕기 운동과 같은 대중적 통일운동의 자기 정립 모색 시기(1997년 이후)로 나누면서 특히 1997년 이후에는 정부의 정책과 NGO의 활동이 상대적으로 조화되고 있음을 지적한 바 있다.
10) 김영호, 앞의 논문, 118쪽.
11) 김두현, 앞의 논문, 11쪽.

시사점을 던져주었다. 특히 정부 수립 전 좌익과 진보진영의 총집결체인 '민주주의 민족 전선'의 '단독 선거와 단독 정부 수립 반대 운동'은 당시의 통일 정부 수립에 관한 의미 있는 입장 표명이라고 볼 수 있다. 이 운동에는 좌파 정당뿐만 아니라 중도 좌파 정당인 인민당, 민주학생연맹 등의 인사가 참여하고 이례적으로 우파 정당인 한독당 인사도 참여하였다.[12] 그러나 이들의 단정 수립 반대운동은 성공을 거두지 못하였다.

정부 수립 후 재야와 학생 및 혁신계 정치세력에 의해 분단 극복을 위한 남북통일 방안이 제시되었다.[13] 1948년 10월 45명의 제헌의원들을 중심으로 한 소장파 국회의원들이 제기한 '남북평화통일방안 7원칙'이 그것이다. 그 내용은 ① 외국군대 철수 ② 남북의 모든 정치범 석방 ③ 남북 정당 및 사회단체 대표자 정치회의 개최 ④ 남북정치회의에서 선거를 통한 최고입법기관 구성 ⑤ 최고입법기관의 헌법 제정과 통일 중앙정부 수립 ⑥ 반민족 행위자 처단 ⑦ 조국방위군의 재편성이다. 이에 대해 이승만 정권은 해당 국회의원들을 구속하였는데, 그것이 바로 유명한 '국회 프락치 사건'이다.[14]

그러나 1950년 6·25전쟁 발발은 통일에 관한 어떤 주장이나 운동도 금지시키는 계기가 되었다. 1956년에 진보당 당수였던 조봉암은 대선에서 이승만의 '북진 통일론'에 반대하며 '평화적 방식에 의한 조국통일 실현'을 주장하는 소위 '평화통일론'을 제안하였다. 이 주장으로 조봉암은 구속되고, 급기야 1958년 10월 25일 반공법에 의해 사형 선고를 받고, 1959년 7월 31일 사형이 집행되었다.[15] 당시 대통령 선거 과정에서 제기되었던 민간의 평화통일론은 이승만의 당선 후 정적 제거를 위한 탄압의 명분으로 이어져 사실상 금기시되어 버렸다.[16] 그리고 이 시기에 혁신계의 주축인 사회대중당은 반공을 전제로 '유엔의 협조하에 평화적·민주적 통일'을 주장하면서 제한된 형태의 남북교역 및 통신 교환 문제를 제의하였다. 또한 사회대중당, 통일사회당, 혁명동지연맹, 재미교포 김용중 등이 '한반도 영세중립화론'을 제창하였으나 큰 반향을 얻지는 못했다.[17]

1960년 4·19 직후 서울대 학생의 주도로 결성된 '민족통일전국학생연맹'에 의해 남북한 학생 회담이 추진되었다. 또한 김창숙 외 8명의 진보적 인사들을 중심으로 1961년 2월 25일 '민족자주통일중앙협의회(민자통)'가 결성되면서[18] 보다 본격적인 민간 차원의 통일운동이 시작

12) 김두현, 앞의 논문, 28~29쪽.
13) 김영호, 앞의 논문, 120쪽.
14) 이장희, 「해방 후 민간 통일운동과 정부의 통일정책」, 『통일경제』 9, 1998, 20쪽.
15) 소위 '조봉암 사건'은 다행스럽게 2011년 1월 20일 대법원의 재심에서 무죄가 확정되어 그의 명예는 회복되었다.
16) 장영권, 「한반도 통일을 위한 통일 NGO의 역할과 개선방향」, 한국평화미래연구소, 2007, 2쪽.
17) 노중선, 『연표-남북한 통일정책과 통일운동 50년』, 사계절, 1996, 78~96쪽.

되었다. 그러나 5·16 군사 쿠데타는 이러한 민간과 재야의 통일운동의 태동을 원천적으로 막아 버렸다.

이처럼 우리나라 건국초기의 초기 통일운동은 8·15 해방 공간과 한국전쟁 전까지 개인이나 정치·사회단체를 중심으로 분단의 극복과 민족의 통일을 위해 조심스럽게 제기되었다. 그러나 6·25 전쟁과 50년대의 강력한 반공체제하에서 통일운동은 자유당 독재로 긴 침잠기에 들어갈 수밖에 없었다. 1960년 4·19 때 학생세력이나 혁신 세력에 의해 일시적으로 제기되었던 통일 논의와 운동은 뒤이은 5·16 쿠데타로 완전히 수면 아래로 가라앉아 버렸다.

2. 통일운동의 침잠기

통일운동의 침잠기는 5·16 쿠데타 후 박정희 정권과 뒤이은 전두환 신군부의 통치로 통일운동이 원천적으로 봉쇄된 시기를 말한다. 이 시기의 재야 통일운동은 1961년 5·16부터 1987년 6월 민중항쟁 시까지 긴 잠복기에 들어가게 된다. 그러나 통일 논의와 통일운동이 엄격히 금지된 이 시기에도 재야의 통일운동 세력은 지하에서 간접적인 형태로 통일 논의를 전개하였다. 당시 민간 차원에서는 민자통과 학생운동 세력이 제기한 '중립화론'과 재야 혁신세력이 중심이 되어 제안한 '진보적인 통일 방안'이 있었다. 그러나 그것마저 불온시되고, 이들은 반국가단체로 규정되어 정부의 탄압 대상이 되었다.[19)]

당시 북한 당국은 시종일관 미군 철수를 주장하며 상호 감군 및 교류, 그리고 남북 제 정당·사회단체 연석회의, 연방제 통일안 등을 제의하였다. 박정희 정권은 강력한 반공 기치를 내걸고 유엔 감시하의 남북 동시 선거, 남북한 유엔 동시 가입, 상호불가침조약 체결 등을 북한에 제안하면서 '선 건설 후 통일' 정책을 고수하였다. 박정희 정권 시절 민간 재야 통일운동 지도자들은 금지된 통일운동보다는 독재 타도, 유신 반대 등 민중민주화 운동과 노동운동에 관심을 집중하였다.

박정희 정권 18년 동안 민간 통일운동은 철저히 탄압받으면서 재야에서 비밀스럽게 명맥만

18) 민자통은 회원 수가 5만 명으로 한국 전쟁 후 최대의 사회운동 조직이었으며, 당시 통일사회당을 제외한 나머지 혁신 정당과 피학살자 유족회 등 혁신계 사회단체들이 대거 포함되어 있었다.

19) 이에 해당되는 사례로는 인민혁명당 사건(1964), 통일혁명당 사건(1968), 남조선혁명전략당 사건(1968), 민주청년학생전국연맹 사건(1974), 남조선민족해방준비위원회 사건(1979) 등이 있다. 이장희, 「민족통일과 민간 통일운동의 과제」, 한국NGO지도자협의회 주최 세미나, 『한국 NGO운동의 과제와 방향은 무엇인가?』 자료집, 2001, 117쪽.

유지했던 시기라고 볼 수 있다. 더구나 1972년 박정희 유신독재정권하에서는 통일운동이 민주화운동과 함께 탄압받고 힘든 암흑기를 맞이했던 것이다. 유신체제하에서도 재야인사들은 반정부운동의 일환으로 '민중의 주체성', '민주화와 통일의 불가분성'을 내세우면서 통일운동을 재시도하였으나 당국의 탄압으로 운동의 입지를 넓혀갈 수 없었다.[20)]

박정희 유신 정권은 1979년 10·26 사건으로 종말을 고했다. 뒤이어 등장한 전두환 신군부 정권 아래서 통일운동은 어려운 여건하에서도 새로운 방향을 모색하기에 이른다. 이 과정에서 일부 진보적 학생, 지식인들 사이에서는 한국사회를 바라보는 시각에 대한 사회 구성체 논쟁이 활발히 전개되었다. 특히 이 시기에 학생 운동 세력은 통일에 관한 사상적 또는 전술적 차이에 따라 크게 NL(National Liberation: 민족해방)계와 PD(People's Democracy: 민중민주)계로 나누어져 민주화운동과 결부된 통일운동의 양대 진영을 형성하게 된다. NL계는 통일의 선차적 과제로서 민족해방을 위한 '외세의 축출'을 내세웠고, PD계는 통일의 전제로 민중민주주의를 위해 '파쇼정권'을 민주 정부로 대체해야 한다는 주장을 전개하였다. 이 논쟁은 결과적으로 민간 통일운동의 이론적 토대를 제공하면서 그 이후 진보적인 통일 담론형성에 일정 부분 기여하였다. 그러나 이 논쟁은 진보적 통일단체들을 하나로 모으지 못하고 분파주의적 갈등을 초래하는 요인이 되기도 하였다.

1980년대 중반 전두환 정권하에서도 학생 및 재야 인사 등 범민주세력은 전열을 정비하여 '군사독재 종식을 위한 민주, 민권, 민족통일 운동에 총력을 기울일 때'라는 데 인식을 같이하고 통일운동의 새로운 통합체 결성을 위해 노력하였다. 그리하여 1985년 3월 '민주통일민중운동연합'과 '민주통일국민회의'를 통합하여 문익환 목사를 의장으로 하는 '민주통일민중운동연합(민통련)'을 결성하게 된다.[21)] 이 연대단체에는 당시 민중운동의 구심 역할을 자부하였던 대부분의 사회운동단체들(23개)이 참여하였다. 민통련은 통합선언문에서 '민주화와 민족 통일'을 병행하는 것을 당면 과제로 설정하여 새롭게 출범한다고 선언하였다. 민통련은 반독재 민주화 투쟁과 통일운동을 결합하는, 소위 변혁 지향적 통일운동에 박차를 가하였다.[22)] 그러나 민통련의 통일운동에 대한 정부 당국의 탄압은 계속 강화되어 이 운동은 비밀 결사 조직 형태의 재야운동으로 전환되지 않을 수 없었다.

---

20) 김도태, 『재야 통일안 연구』, 민족통일연구원, 1991, 2쪽.
21) 장영권, 앞의 논문, 3~5쪽.
22) 노중선, 앞의 책, 247~248쪽.

그러나 당시 정부의 민간 통일운동 단체에 대한 직접적인 탄압에 비해 종교 단체의 탄압은 제한되어 있어 그 활동 공간이 비교적 자유로웠다. 이 시기에 종교계에서는 인권과 민주화운동에 크게 기여한 한국기독교교회협의회(KNCC)의 역할이 돋보였다. 한국기독교교회협의회는 '통일문제 상설위원회'를 자체 기구로 설치하여 세계교회협의회(WCC)와의 연대를 통해 동북아시아에서의 평화체제 구축에 열중하였다. 이들 단체는 남북한 군축제의를 위해 국제회의에 참석하고, 교회 평화선언에 앞장서기도 하였다.[23)]

결론적으로 '반공을 국시'로 내세운 박정희 정권은 '선 건설 후 통일론'에 입각하여 일체의 통일 논의와 통일운동을 금지시키고 재야 단체의 일반적인 통일 활동도 반공법에 따라 탄압하였다. 전두환 신군부 정권 역시 통일에 관한 민간의 주장이나 통일운동을 엄격히 통제하였다. 그러나 이러한 침잠기에도 통일운동은 남한 사회 전반의 민주화를 지향하는 정치사회운동의 연장선상에서 소수에 의해 조심스럽게 추진될 수 있었다.[24)] 예컨대 이 시기의 민간 통일운동은 수면 위에서 합법적으로 전개되지는 못했지만 주로 재야, 야당, 종교계의 진보적 지식인과 학생 운동권을 중심으로 반체제적·반정부적인 성격의 운동으로 수면 아래에서 전개되었던 것이다.

3. 통일운동의 부흥기

통일운동의 부흥기는 침잠되었던 통일운동이 1987년 6월 민중항쟁을 계기로 되살아나는 시기를 말한다. 노태우 정권에 이은 김영삼 문민정부 시기는 다양한 통일운동의 부흥으로 '통일운동의 르네상스' 준비 시기라고 일컬어진다. 당시 민족·민주·민중운동 세력들은 민주화운동의 넓어진 공간에서 운동의 전위조직을 형성하여 가장 치열하게 6월 항쟁에 참여하였다. 당시 재야 정치인과 지식인, 학생, 종교인뿐만 아니라 광범위한 대중들은 '6·29 선언'이 나올 때까지 민주화운동과 통일운동에 적극 참여하였던 것이다.

이때 문익환 목사의 '3단계 연방제 통일론', 백기완의 '반외세 민중 통일론', 김낙중의 '3차 7개년 계획에 의한 평화 통일론' 등이 제기되었다. 당시 학생 통일운동 세력은 NL계열과 PD계열을 계승하여 통일운동의 선후 논쟁을 전개하였다. NL계열은 반미 자주화 반파쇼 투쟁위원회를 통한

23) 이장희, 앞의 논문, 25~26쪽.
24) 김영호, 앞의 논문, 121쪽.

'민족해방 민중민주주의 혁명론'을, PD계열은 반제 반파쇼 민주화 투쟁위원회를 조직하여 '민족민주 혁명론'을 주창하였다.[25] 특히 NL계열은 통일을 위한 '민족 대단결'이라는 외세 배격 논리에서 '미제 축출'과 '주한미군 철수' 등 급진적인 주장을 펴기 시작하였다.[26]

1987년 6·29 선언 후 민중 운동 세력은 그해 7월과 8월 노동자 파업 및 노동조합운동을 주도하였으며, 이어 교사, 농민, 빈민 등의 이익을 대변하는 조직체들을 사회운동의 새로운 주체세력으로 육성하는 저변 확대를 위해 노력하였다.[27] 그 후 재야의 민중운동 지도자들은 정부, 자본, 시민사회라는 3주체의 '사회 구성체 논쟁'을 매개로 하여 사회개혁 운동을 더욱 본격화하기 시작하였다. 당시의 이 논쟁은 정부(권력), 시장(자본), 시민사회(비정부단체)라는 3구성체의 역할에 관한 논쟁으로 비화하여 이후 한국 사회개혁운동의 이론적 담론을 제공하였다.

1988년 올림픽을 앞두고 학생운동 세력은 '6·10 남북 학생 회담'을 제안하였다. 이를 계기로 통일 담론이 다시 사회 전면에 부상했지만 학생 회담은 성사되지는 못했다.[28] 그 후 민간 통일 담론의 초점은 '북한 바로알기 운동'으로 연결되고 '남북공동올림픽 쟁취 투쟁'으로 이어졌다. 당시 재야 민중운동권은 학생들의 통일 담론과 통일 열기를 수렴하여 자주, 민주, 통일이라는 '삼위일체 운동'을 전개하였다. 이는 자주, 민주, 통일운동의 본질은 하나이면서 세 부문으로 보는 입장이며, 자주화운동과 민주화운동을 병행하여 통일을 지향하는 운동이 되어야 한다는 뜻이다.

한편 민중운동 세력의 주창으로 1989년 '전국빈민연합'이 결성되었다. 이 단체는 전국적인 연합전선 기구인 '전국민족민주운동연합(전민련)'의 연대조직으로 출범하여 반정부적 성격이 강한 운동 노선을 선택하였다. 요컨대 이들은 군부독재 타도, 반미 자주통일, 민중민주주의 혁명을 위해 국가권력과 자본을 상대로 공동 투쟁을 전개하자는 것이다. 이 같은 변혁 지향적, 민중지향적 운동단체들은 반정부적 성격이 강해 또 다시 정부의 탄압대상이 되었다.[29]

이러한 상황에서도 1989년 급진적인 통일운동의 상징으로 남측 인사의 방북이 이어졌다. 정주영 현대그룹 회장의 합법적인 방북(1월)을 시작으로 문익환 목사(3월), 소설가 황석영(4월), 문규현

25) 조희연 편, 『한국 민주주의와 사회운동의 동학』, 나눔의 집, 2001, 341~344쪽.
26) 이승환, 「90년대 통일운동의 반성과 과제」, 『통일샘』 통권 제36호, 통일샘사, 1998, 32쪽.
27) 1989년 5월에는 '전국교직원노동조합(전교조)'이 결성되고, 농민단체의 경우도 '가톨릭농민회'와 '기독교농민회'가 1989년 통합하여 '전국농민연합'을 결성하였고, 그 후 1990년에는 '전국농민회총연맹'으로 개칭하였다.
28) 과거 1960년 민주화 공간에서 청년 학생 운동 세력들은 '가자 북으로, 오라 남으로, 만나자 판문점에서'라는 구호를 외치며 남북 학생회담 추진을 제안하였으나 5·16 쿠데타로 좌절될 수밖에 없었다.
29) 유팔무, 「비정부사회운동단체(NGO)의 역사와 사회적 역할」, 『시민사회와 시민운동』, 한울, 2001, 192~193쪽.

신부(6월), 대학생 임수경(7~8월)의 불법적인 방북이 이어졌다. 이중에서 당시 세간의 관심을 가장 많이 끌었던 사건은 문익환 목사와 임수경의 방북이었다. 정부의 정식 허가로 이루어진 정주영 회장의 방북을 제외한 다른 인사들의 방북은 보수와 진보진영 간에 치열한 논쟁거리를 제공하였다. 특히 문익환 목사가 방북하여 김일성을 면담한 이후 재야의 통일운동은 새로운 전기를 맞게 되었다. 당시 정부의 대북 창구 단일화 주장에 맞선 통일운동 단체의 '자주교류운동'은 범민족대회 소집 요구 등으로 정부와 잦은 마찰을 빚게 되었다. 이에 정부 당국은 유사 사태 발생에 대처하고, 방북의 범위와 수준을 조절하기 위해 남북 접촉과 교류를 허가제로 바꾸는 '남북교류협력 기본지침'을 발표하기에 이른다.[30]

한편 전민련 등 민중운동 단체는 1989년 1월 남, 북, 해외 3자의 범민족대회 추진을 공식적으로 결의하였으며, 급기야 3월에는 유럽, 북미, 일본 지역에 해외 범민족대회 추진본부가 결성되었다.[31] 1990년 11월 남·북·해외 통일운동 단체 대표는 베를린 3자회담을 통해 '조국통일범민족연합(범민련)'을 결성하였다. 1991년 1월에는 남측추진본부 준비위원회가 출범하였고, 1992년 '조국통일범민족청년학생연합(범청학련)'이 산하 단체로 결성되어 범민족대회의 개최에 더욱 박차를 가하였다. 그 후 범민련은 남한에서 3자 공동 범민족대회 개최를 지속적으로 주장하였지만 정부 당국의 반대와 저지로 성사되지 못하였다.[32]

노태우 정권 말기인 1991년 12월 19일 남과 북의 총리는 '남북 사이의 화해와 불가침 및 교류·협력에 관한 합의서'에 서명하고, '비핵화공동선언'에도 합의했다. 이를 계기로 진보적인 통일운동 단체는 이의 성실한 이행 촉구와 국가보안법 철폐 등을 운동의 기본 목표로 설정하였다.

그 후 재야가 주도하는 민간 통일운동은 범민련 조직을 그대로 두자는 입장과 민간 통일운동의 입지를 강화하기 위하여 범민련 조직을 개편하여 새로운 통일운동체(새통체)를 만들자는 입장이 대립된다. 문익환 목사를 준비위원장으로 결성된 범민련 남측준비위원회는 북과의 관계를 중시하는 흐름과 남한 사회 내의 대중적 참여를 중시하는 흐름으로 분리된다. 범민련 내에서 통일운동을

---

30) 김영호, 앞의 논문, 124쪽. 이 지침은 후에 북한 주민들에 대한 접촉 신고와 허가를 규정한 남북 교류·협력법의 토대가 되었다.

31) 1990년 6월 베를린에서 북측과 해외, 7월 서울에서 남측과 해외, 8월 평양에서 북측과 해외가 참여한 세 차례의 실무회담을 통해 1990년 8월 15일 판문점에서 '한반도의 평화를 보장하며 조국의 자주적 평화 통일을 추진하기 위하여'라는 대주제로 제1차 범민족대회를 추진할 것을 결의하였다.

32) 1990년 8월 15일 남측은 연세대에서 66개 사회단체가 참석한 가운데 범민족대회 추진 본부가 결성되고 단독 1차 범민족 대회를 개최하였으며, 북과 해외는 판문점에서 범민족대회를 개최했다. 이 대회에는 자유총연맹, 민족통일협의회, 일천만이산가족재회추진위원회 등 58개의 보수 성향 단체가 참여하여 돌발적인 마찰 사태까지 발생하였다.

실질적으로 주도해 온 전국연합도 대중적 통일운동체 건설을 결의함으로써 새통체 건설은 더욱 박차를 가하게 된다. 당시 새통체 건설을 주장하는 측은 범민련 남측준비위원회가 통일운동 역량의 포괄 범위와 대중운동의 지도력에서 남측 통일운동을 대표하지 못하고, 범민련의 조직으로서는 불법화의 틀에 갇혀 합법적인 대중운동을 전개할 수 없으므로 이를 타개하기 위한 실마리를 찾아야 한다고 주장하였다.

1993년 2월 문민정부가 출범하자 범민련 남측준비위원회 문익환 의장은 범민련 해체를 주장하였다. 그 후 1993년 8·15 범민족대회를 앞두고 범민련 해체론과 새로운 합법적 통일운동체 건설 주장이 대립되다가, 1993년 10월 23일 '새통체 건설을 위한 모임'이 정식으로 결성되었다. 이를 토대로 1994년 7월 2일 문익환 목사의 자주평화통일민족회의(민족회의)는 54개의 민간단체들이 참여하여 보다 대중적이며 남측 상황에 맞는 통일운동체로 출범하게 된다. 민족회의는 민중운동 진영에서 추구해 온 강경 일변도의 방식에서 한발 물러나 보다 유화적이고 대중적인 운동 방식을 추구하게 된다. 민족회의는 문익환 목사의 통일운동을 지지하면서 '통일맞이'와 인적, 물적인 강한 연대를 형성하면서 새로운 통일운동을 전개하였다.

이처럼 문익환 목사가 주도하는 민족회의가 재야 통일운동체인 범민련에서 분리됨으로써 민간 통일운동 단체는 결국 두 개로 분열되고 말았다. 두 단체 간에는 통일운동에 관한 기본 인식이나 노선에 상당한 차이가 있었다. 민족회의가 통일운동의 현실화와 대중화에 초점을 두었다면 범민련은 반통일 세력 제거 등 강력한 대여 투쟁에 역점을 두었다.[33] 양대 통일운동 단체는 1995년 범민련 남측준비위원회의 '범민족대회'와 민족회의의 '통일민족대회'로 양분되어 대회를 개회하였다.[34] 두 운동 단체는 각기 자신들이 자주적인 민간 통일운동의 총집결체의 본산임을 주장하였다. 그 후 민족회의는 범민련의 남, 북, 해외 3자연대 통일운동에 반대하고, 통일운동의 대중화, 이상화를 주장하였지만 범민련, 한총련 등으로부터 '개량주의'라는 비판을 받으며 통일운동의 중심에 서지 못하고 해체되고 말았다. 〈표 2-1〉은 통일운동의 양대 조직의 통일문제에 대한 기본 입장 차이를 비교한 것이다.[35]

33) 장영권, 앞의 논문, 5~6쪽.
34) 당시 진보진영 내의 범민련 주최의 '해방 50주년 범민족 대회'는 5000명 규모로 서울대에서 개최되었고, 민족회의 주최의 '통일민족대회'는 보라매공원에서 5만 명이 참여하여 개최되어 진보진영의 분열로 이어졌다.
35) 김두현, 앞의 논문, 46쪽.

〈표 2-1〉 민족회의와 범민련의 통일문제에 대한 입장 비교

	민족회의	범민련남측본부
김영삼 정부 평가	이전 정부와의 차별성 인정	이전 정부와 차별성 없음
정부와의 관계	협력을 통한 견인	투쟁을 통한 고립
북한과의 관계	독자성 유지	연대와 연합
범민족대회 지속 여부	다른 형식으로 개최 – 광복 50주년 기념행사	지속적인 개최와 사수 – 6차 범민족대회
통일 정세 인식	탈냉전, 문민정부 출범 등 변화 요인에 중점	정부의 통일 논의 독점, 미국의 대북 대결 정책의 불변 요인에 중점
통일운동의 중점	통일운동의 대중화	3자 연대, 반통일 세력과 제도 타파

문민정부 시기의 통일운동은 1980년대의 운동 방식을 비판하며 이념의 제약성을 탈피하기 위하여 노력하였다. 당시 양대 재야 통일운동 단체는 범민족대회 소집, 민족 공동행사 등으로 양분되기도 하였지만 통일운동의 분파에 따른 다양성과 조직적·실천적 가능성을 보여주었다.

1987년 6월 항쟁 이후 부흥기의 통일운동은 기존의 재야 민중 운동적 성격에서 벗어나 합법적인 대중 통일운동을 전개한 점은 긍정적으로 평가할 수 있다. 민중항쟁 이후 부흥기의 재야 통일운동이 당국의 억압하에서도 상당한 통일운동의 성과를 이룩할 수 있었기 때문이다. 이 시기 통일운동은 해방 이후 어느 때보다 운동 단체가 증가되면서도 조직이 활성화되어 통일운동의 '르네상스 준비 시기'를 맞이하였던 것이다. 그러나 진보적인 성향의 통일운동 단체의 분파와 갈등, 시민사회의 토대 부족, 정책 당국의 인식 부족, 이적성과 위법성 논란과 맞물려 통일운동의 한계를 노출한 점도 간과할 수는 없다.

4. 통일운동의 확산기

통일운동의 확산기는 1998년 김대중 정부의 등장을 전후하여 남북 간의 활발한 대화와 교류·협력을 통해 그동안 누적된 통일운동 역량을 발휘하여 통일운동이 확산되는 르네상스 시기를 말한다. 이 시기는 물밑에서 이루어지던 진보적인 재야 단체의 통일 관련 활동이 수면 위로 올라오고 합법적인 활동과 역할이 더욱 확대됨으로써 통일운동이 새로운 국면에 접어들었던 시기이다. 정당 간의 정권 교체에 의한 진보적인 정권의 등장으로 과거 보수 정권하에서의 재야 중심의 통일운동은 대부분 합법적인 성격을 띠고 양성화되었다.

또한 이 시기의 통일운동은 진보와 보수의 대립적 구도에서 실용적, 중도적 단체가 등장하여, 통일문제에 관한 다양한 목소리가 출현될 수 있었다.[36] 1994년에 창설된 경실련통일협회는 경실련의 산하 단체로서 시민이 주체가 되는 실사구시적 통일운동을 표방하고 통일을 대비한 제도 개혁 등 중도적, 실용적 통일운동 방안을 제시하였다. 이때 김대중 정부나 노무현 정부는 진보적인 통일운동 단체의 요구나 주장을 통일정책으로 상당 부분 흡수하였으며, 정부의 대북정책이 오히려 재야 운동 단체의 요구나 주장보다 앞서가기도 하였다.

북한은 1995년 엄청난 홍수 피해로 심각한 식량난에 봉착하여 유엔 인도지원국(UNDHA)을 통해 긴급구호를 요청하였다. 1996년 대부분의 통일운동 단체들은 '북한 수해 지원운동'을 추진하면서 북한을 '위협적인 존재'에서 '도와주어야 할 동포'로 이해하기 시작하였다. 당시 종교 단체들도 대북 인도적 지원활동에 스스로 앞장서 참여하였다. 이때 민간 차원의 대북 인도적 지원활동에는 종교계, 의료계, 보수단체, 진보단체들이 망라되어 참여하여 대북 지원 활동이 당시 통일운동의 핵심 사업이 되었다.

'우리민족서로돕기운동'은 1996년 6월 21일 천주교, 불교, 개신교, 원불교, 천도교, 유교 등 6대 종단과 시민, 사회단체 지도자들이 중심이 되어 결성되었으며, 이들이 추진한 '북한동포돕기 범국민 캠페인'은 대북 지원의 선도적인 역할을 하였다.[37] 북한 지원의 또 다른 축은 1997년 4월 10일에 설립한 '겨레사랑 북녘동포돕기 범국민운동'이다. 이 운동은 1980년대 이후 성장한 노동, 청년, 여성, 지역 등의 변혁적 사회운동 조직들이 전개한 대북 지원 모금운동이다. 이 두 갈래의 시민운동은 단순한 대북 물적 지원뿐만 아니라 그 과정에서 남북 인적 교류·협력 활동에도 기여하여 민간 통일운동의 새로운 역할 모델이 되었다.

당시 우리민족서로돕기운동은 대북 교류·협력·지원 활동의 통일운동론적 의미를 다음과 같이 규정하고 있다. 첫째, 기아와 질병에 고통 받는 생명을 살리려는 것은 인간의 양심에 기초한 '인도주의 운동'이다. 둘째, 분단과 냉전으로 인한 대립과 갈등의 세월을 청산하고 남북화해와 평화를 정착하기 위한 '평화 운동'이다. 셋째, 인도적 지원을 통한 남북한 간 신뢰회복 운동이며 어느 한쪽에 의한 흡수통일이나 무력통일이 아닌 진정한 합의에 의한 '평화통일 지향 운동'이다. 넷째, 대결과 반목의 남북 분단사를 극복하고 민족화합을 이루고 나아가 평화사상과 인도주의까지

36) 정영태, 「정부의 대북 포용정책과 민간단체의 통일운동」, 통일문제연구협회, 『국민의 정부 대북정책과 민간 통일운동의 진로』, 영남대 통일문제연구소 제44차 학술세미나 논문집, 1998, 33쪽.

37) 우리민족서로돕기운동본부(http://www.ksm.or.kr/) 기획조정실(2011. 12. 30. 검색)

포괄하는 열린 '민족주의 운동'이다.[38] 불교 측 참여단체는, 이러한 활동이 민족자존심 회복운동이며 한국경제 회생운동이라는 두 가지 의미를 덧붙이고 있다.[39]

뒤이어 1998년 9월 민간 통일운동 단체의 연합체인 민족화해범국민협의회(민화협)가 정부 주도로 결성되기에 이른다.[40] 민화협은 민족회의가 주축이 되어 냉전구도의 해체와 통일 환경의 변화, 통일운동의 기반 확대를 위해 당시 정당, 시민사회 단체, 민족회의, 7개 종교 단체 등 200여 단체가 참여하여 창설한 연합체적 성격의 상설 협의체이다. 민화협의 결성 목적은 남북 대화에 앞서 남남 대화의 장을 마련하여 대북정책에 대한 다양한 의견을 수렴하고 조율하는 데 있었다. 이로 인해 통일운동은 감상적 또는 이념적 통일운동 단계를 넘어 실사구시적 통일운동을 위한 민간 차원의 대화와 협력을 보다 체계적으로 전개할 수 있었다. 당시 민화협은 민간 차원에서 추진하는 남북한 화해협력의 실질적인 주역으로서 민간부문을 대표하여 정부와 긴밀하게 협력함으로써 남북교류를 선도해 나갈 수 있었다.[41] 물론 민화협이 정부 주도로 출범하여 관제적 성격을 탈피하지 못하고 통일운동을 분열시키고 위축시켰다는 비판도 있다. 그러나 당시 민화협이 대북협력민간단체협의회(북민협)와 연대하여 대북 교류·협력·지원 사업에 적극적으로 기여하였음은 긍정적으로 평가할 수 있다.

김대중·노무현 정부 시기의 통일운동 확산기의 특징을 다음과 같이 요약할 수 있다.

첫째, 통일운동이 북한 지원 운동, 평화 운동, 남북 교류 운동, 종교 교류 운동과 접목되어 다방면에서 활발히 전개된 점이다. 그것은 정치, 경제, 사회, 문화 등 제반 영역의 민간단체들의 활동이 민족 통일을 위하여 이념적인 논의보다는 실질적인 교류·협력 문제를 다룰 수 있는 계기가 되었기 때문이다.

둘째, 통일운동의 주체가 남과 북이라는 당사자 문제를 합의함으로써 한반도적 관점을 획득하게 되었다는 점이다. 여기서 한반도적 관점이란 통일문제의 주체가 남과 북이며, 북한이 비로소 통일운동의 한 대상 영역에 포함되었다는 점이다. 이는 북한 당국의 통일문제의 인식과 동기, 능력이 통일문제를 이해하는 주요 구성 요소가 된다는 의미이다.

---

38) 서경석, 「남북한 민간교류의 현황과 활성화 방안」, 1998, http://www.ksm.or.kr 자료실, 우리민족서로돕기운동 기획조정실.

39) 우리민족서로돕기불교운동본부, 『민족돕기와 통일』, 1998, 우리민족서로돕기운동 기획조정실, 573~577쪽.

40) 1998년 통일대축전 개최와 관련해 남과 북, 그리고 남남 간의 의견 조율이 이루어지지 않자, 통일부가 나서서 보수와 진보를 모두 망라하여 4개 정당과 8개의 시민단체 간의 간담회를 주선하였고, 7차례의 만남과 격론 끝에 비로소 민화협 결성에 합의하였다. 이장희, 앞의 논문, 32쪽.

41) 정영태, 앞의 논문, 7쪽.

셋째, 남한 내부에서도 통일운동의 주체인 민간과 정부의 공동 협의체가 형성된 점이다. 이러한 공동체 형성은 통일운동의 발전을 평가하는 중요한 기준이 될 수 있음을 의미한다.

넷째, 남북 정상회담과 같은 남북관계의 변화가 통일운동의 민족역량으로 육성될 수 있는 하나의 시험무대가 되었다는 점이다. 분단 이후 처음으로 6·15 공동선언과 개천절 기념행사가 서울과 평양, 혹은 금강산에서 남과 북, 해외 측 통일운동 대표가 참석하여 여러 차례 성사되었기 때문이다.

통일운동의 확산기는 재야 통일운동이 재야인사 개개인의 차원을 벗어나 시민단체를 중심으로 가장 활발히 전개된 르네상스 시기라고 볼 수 있다. 이는 한국 사회의 정치적 민주화와 사회 민주화의 진척에 따른 시민운동의 급속한 성장에 기인하지만 당시의 민주화운동이 민족 통일운동과 접목되면서 시민사회에서 상당한 대국민 설득력을 획득할 수 있었기 때문이다. 결국 김대중 정부의 대북 포용정책으로 민간 차원의 대북 교류와 협력이 분단 이후 최초로 활성화되었으며, 통일운동도 도약과 확산이라는 새로운 전기를 마련하였다. 노무현 정권하에서도 남북의 교류·협력 활동은 더욱 확대되어 2차 남북 정상회담의 성사를 통해 10·4 선언이 발표될 수 있었다.

5. 통일운동의 재충전기

2000년 6·15 공동 선언 이후 다양 다기하게 전개되었던 통일운동이 이명박 정권 등장 후 남북관계가 중단됨으로써 침체 상태에 들어서게 된다. 통일운동의 재충전기는 그동안의 운동성과를 점검하고 새로운 방향을 탐색 정비하는 시기를 말한다. 앞에서 본 바와 같이 김대중·노무현 정부의 일관된 대북 화해협력 정책에 힘입어 통일 관련 NGO의 대북 교류와 지원활동은 과거에 비해 양적으로나 질적으로 비약적으로 성장하였다. 그러나 2008년 이명박 정부의 5·24 조치 이후 남북관계는 단절되고 이와 함께 민간 통일운동도 위축되어 버렸다. 이는 북한의 핵개발과 무력 도발 등 환경적 요인도 작용하였지만 원천적으로 정부의 대북 강경 정책에 기인한다. 또한 민간 통일운동의 이념과잉과 무분별한 활동으로 인한 시민사회의 부정적이고 비판적인 여론도 무시할 수 없다.

노무현 정권 말기에는 정부가 주도한 통일운동 단체의 협의체인 민화협 측과 진보적 통일운동 단체들의 연대기구인 통일연대 측은 통일운동의 입장 차이를 노출하게 된다. 중도적인 입장을 표방하며 창설된 민화협과 통일연대 중심의 진보적인 통일운동 세력은 남북문제와 통일문제에 관한 입장 차이로 상당한 갈등을 겪게 되었던 것이다.

통일연대는 범민련남측본부, 한총련 등 50여 개 진보단체와 민주노동당과 민주노총 등이 가입한 연합체적 성격의 통일운동 연대기구이다. 변혁 지향적 통일연대는 '확산되고 있는 국민대중의 반미감정을 범국민적인 반전반미 투쟁으로 발전시킴으로써 부시 정권과 반통일수구세력의 전쟁분열 정책을 저지하고 자주통일의 전환적 국면을 여는 것'을 선언하였다.[42] 통일연대는 이념상 1980년대 이후 학생 운동권을 지배한 민족해방(NL)계와 민중민주(PD)계의 흐름 중 NL계가 주도한 급진적 '통일 지상주의적' 입장을 견지하였다.

〈표 2-2〉는 민화협과 통일연대의 조직의 성격과 통일문제나 운동에 대한 기본 입장을 비교한 것이다.

〈표 2-2〉 민화협과 통일연대 비교

	민화협	통일연대
조직 특성	1998년 9월 정부주도로 200여 개 정당·종교·시민단체가 결성한 통일 협의체	2001년 3월 범민련, 한총련, 민주노총, 민주노동당 등 53개 진보단체의 연대기구
기본 노선	대중 중도 실용 노선	진보적인 투쟁 노선
정부와의 관계	정부 정책 협력	정부 비판 견제
통일운동의 목표	보수, 중도, 진보가 함께하는 통일운동. 국민적 합의와 소통	자주, 평화, 민족대단결에 기초한 6·15 공동선언 실천
주요 주장	통일문제의 합의 도출, 남북 사회 문화 교류의 활성화	주한미군 철수, 미국의 대북 적대정책 반대, 국가보안법 폐지

한편 김대중 정부의 '햇볕 정책'이나 노무현 정부의 '화해 협력 정책'에 대해 불만을 갖고 있던 당시 야당인 한나라당을 비롯한 보수진영은 정상회담을 지켜보면서 정부정책은 물론 우리사회가 지나치게 친북화되어 간다는 위기의식을 갖게 된다. 그리하여 이들은 반공, 국방 및 안보의 중요성을 재강조하고, 북한정권에 대한 철저한 비판과 상호주의에 입각한 우리 정부의 강력한 대북정책 추진을 주문하면서, 보수 세력 확장과 조직화에 박차를 가하기 시작한다. 보수적인 시민단체들이 노무현 정부의 대북정책을 정면으로 비판하면서 한국의 통일운동은 보수와 진보라는 갈등 구조를 재현하게 된다.

42) 시민의 신문, 『한국 민간단체 총람』, 2003, 386쪽.

여기에 보수노선의 부시행정부 등장과 9·11 테러의 발생으로 인한 미국의 대북 강경 외교노선은 북한 당국에 상당한 압박으로 작용하게 된다. 이러한 국제정세 속에서 노무현 정부의 대북 화해정책은 한미 간 외교적 불협화음을 초래하였고, 북한의 연평도·천안함 도발 행위는 보수진영의 세력 결집과 조직화된 의사 표시를 더욱 강화시켰다.[43)]

노무현 정권 후반기에는 이러한 통일 환경의 보수화 경향과 함께 진보적인 통일연대는 조직의 자진 해체 과정을 거쳐 2005년에 설립된 6·15공동선언실천남측위원회(6·15남측위원회)에 흡수 통합된다. 6·15남측위원회는 6·15 공동선언을 실천하여 민족의 화해와 단합, 통일을 이룩하려는 정당, 종교, 사회단체 인사들을 폭넓게 망라하여 창설된 상설적인 통일운동 연대조직체이다. 6·15남측위원회는 남, 북, 해외의 민족 공동 행사의 전통을 이어가고, 각계각층의 남북 교류·협력 사업을 계승하기 위하여 재조직한 단체이며, 이 단체의 운영 3원칙은 다음과 같다.[44)]

① 6·15남측위원회는 참가한 단체와 개인의 연대와 합의의 정신에 따라 조직되고 운영된다.
② 6·15남측위원회는 북측위원회, 해외측위원회와의 합의를 존중하고 성실히 실천한다.
③ 6·15남측위원회는 조직운영에서 여성 30% 참여를 원칙으로 한다.

6·15남측위원회는 운동 방향으로 두 가지 노선을 설정하였다. 하나는 통일운동 노선으로 '전쟁과 평화'의 프레임에 기초하여 강력한 '평화' 공세를 강화하기로 한 점이다. 다른 하나는 흡수통일, 정권 교체 등 '북한 붕괴론'에 기초한 정책 추진은 곧 '전쟁불사'라는 점을 강조하면서 반대한 점이다. 그들은 전반적인 전선 재편을 추진하고 정복주의적 대북정책을 견제하여 '대결의 남북관계'를 '평화와 협력의 남북관계'로 변화시켜야 한다는 여론을 확산시키려고 노력하고 있다.

6·15남측위원회는 민간교류의 자주성 확대를 위한 통일운동의 역할 강화와 실속 있는 토대 형성을 주창하고 있다. 특히 5·24 조치로 인한 남북교류의 전면적 중단 상황을 타개하기 위한 시민사회의 여론 조성을 위하여 노력하고 있다. 그들은 교류 중단은 결국 '접촉을 통한 상호 변화'의 중단이며, '민간 활동에 대한 제약'이라는 점에서 정부의 민간교류 통제 정책에 대해 적극 대응하기로 하였다. 그들은 아직도 6·15 공동행사 성사를 위한 다방면의 노력을 경주하면서 6·15공동선언 이행을 향한 겨레의 실천의지를 모으고자 노력하고 있지만 정부의 보수적인 대북정

43) 김영호, 앞의 논문, 140~141쪽.
44) 6·15공동선언실천남측위원회 홈페이지(http://www.i615.net/) 2011. 12. 30. 참조.

책과 상반되어 실질적인 성과를 거두지 못하고 있다.

김대중·노무현 정부 시기에 활발했던 민간 통일운동은 이명박 정부의 대북정책으로 인해 과거로 회귀하고 그 운동의 범주가 완전히 위축되어 버렸다. 2008년 출범한 이명박 정권의 '상생과 번영'이라는 대북정책이 그 명칭과 달리 봉쇄적인 정책 혹은 무관심한 대북정책으로 회귀하여 남북관계는 더욱 경색되고 극한적인 대립관계로 변모하였기 때문이다. 더욱이 비핵·개방·3000을 내세운 이명박 정부의 대북 강경정책은 북한의 대남 강경정책과 맞물려 남북관계는 완전히 단절되어 버렸다. 물론 무도한 군사적 도발을 감행한 북한 당국에 그 책임은 분명히 있다. 금강산 관광객 피살 사건과 천안함 사건, 연평도 피격 사건은 북한에 의한 명백한 도발사건이기 때문이다.

결국 남북 교류·협력이 전면 중단된 상태에서 민간 통일운동은 자체 역량을 점검하고 준비하는 재충전기를 맞이한 것이다. 이 시기에는 보수적 통일운동 단체가 북한의 인권과 북한 민주화운동 등을 위한 활동만을 강화하였고, 진보적 통일운동 단체는 남북관계 개선의 돌파구를 마련하기 위하여 노력하였으나 정부의 전향적인 정책 변화 없이는 그들의 노력은 한계에 부딪칠 수밖에 없었다.

한국의 통일운동 단체들은 이제 지난 시기의 운동 목표와 방향에 대한 철저한 자기 점검과 반성의 토대 위에서 새로운 운동 방향과 과제를 설정하여야 할 것이다. 우리나라의 통일운동은 이제 시민들의 광범한 참여를 통한 대중적인 통일운동, 국민적인 지지를 받는 참신한 통일운동으로 재출발하여야 할 것이다. 이에 대한 근본적인 해법은 민간 통일 NGO가 정부의 전향적인 대북정책을 합리적으로 유인하면서, 시민사회의 통일운동 에너지를 역동적으로 창출하여 민족 통일 역량으로 활용하는 데 있을 것이다.

제3절 통일운동의 연대 조직

통일운동의 연대 조직이란 통일 NGO가 성향이 비슷한 단체나 조직에 대해 문호를 개방하여 참여와 협력을 확대하기 위하여 만든 기구나 조직을 말한다. 우리나라의 NGO들은 이념이나 성격이 비슷한 단체들끼리 대정부 활동이나 사업의 협력을 위해 연대·연합 단체를 결성하는 전통을 가지고 있다. 통일운동의 연대·연합 조직도 1987년 민중항쟁 이후 문민 정부, 국민의

정부, 참여 정부를 거치면서 그 연대와 활동 범주를 점차 넓혀갔다.[45)]

이 절에서는 통일 NGO의 통일운동이나 사업을 위한 연대 조직의 목적과 성격, 사업 방향을 점검하려고 한다. 통일 NGO는 타 단체와 어떻게 연대하고 있는가? 우리나라의 통일운동의 연대 조직은 크게 진보, 보수, 중도 기구로 나눌 수 있다. 진보적인 연대 기구에는 범민련, 한국기독교교회협의회(KNCC), 6·15공동선언실천남측위원회 등이 있고, 보수적 연대 기구에는 바른사회시민회의, 한국기독교총연합회(CCK), 국민행동친북좌익척결운동본부 등이 있다. 중도적 연대 기구에는 정부가 주도한 민족화해협력범민족협의회가 있다. 이들의 연대 목적과 성격을 살펴보기로 한다.

1. 연대의 목적

통일 NGO의 연대는 통일이라는 동일한 목표를 달성하기 위하여 비슷한 성향의 NGO가 사업이나 활동의 효율성을 고취하기 위해 협력하는 데 기본 목적이 있다. 통일 NGO 조직의 수적 분화와 증가는 필연적으로 비슷한 성향의 단체 간의 연대나 네트워크를 요구하게 된다. 오늘날 인터넷을 통한 단체 간의 교류가 활성화됨에 따라 이러한 연대는 통일운동의 성과를 위해 매우 중요한 수단이 되었다.

우리나라에서 2000년 6·15 공동 선언을 전후하여 통일 NGO의 각종 부문별 단체, 그리고 지역단체들이 대거 창설되는데 이들 단체들 간의 통일 사업추진을 위한 공동 연대는 더욱 긴요하게 되었다. 이들 단체들은 통일이라는 목적을 달성하기 위해 공통의 관심사에 대한 대응방식과 정책 방안을 함께 모색했던 것이다. 개별 단체가 독자적으로 추진하기 힘든 통일문제에 대해서 보수단체는 물론 중도, 진보단체들도 하나의 연대체를 형성하여 힘을 모으고 한 목소리를 내려는 것이다.

진보와 보수 NGO의 조직 형태와 운용 방식, 통일문제에 관한 인식의 차이는 연대 구조와 연대 형태에도 많은 영향을 미친다. 조직의 외형적인 면에서는 진보단체와 보수단체가 유사한 점이 많지만, 타 집단과의 연대와 조직의 개방성이라는 측면에서는 진보단체가 상대적으로 연대에 적극적인 편이다. 진보적 통일 NGO들은 남북 협상과 교류와 관련된 연대 활동에 관심이 많고

---

45) 한국의 NGO 연대 중에서 환경운동연합, 녹색연합, 참여연대, 경제정의실천시민연합, 민주주의민족통일전국 연합, 여성단체연합 등의 활동이 돋보인다.

참여도가 높으며, 보수적 통일 NGO들은 북한의 민주화나 북한 인권 문제 등에 대한 연대에 관심이 높다.

한편 통일 NGO들은 여러 개의 연대 구조에 중복하여 동시에 참여하는 경우가 많다. 그러므로 새롭게 탄생하는 연대체는 명칭과 성격만 다소 다를 뿐 기존의 개별 단체들이 '헤쳐모인' 경우가 많으며, 이는 진보단체와 보수단체 모두에게서 공통적으로 발견되는 특징이다. 그 결과 NGO는 연대 활동을 통해 조직을 활성화하기도 하고, 때로는 연대로 인한 조직 간의 갈등으로 와해와 분열의 위기를 맞기도 한다. 여기에서 비교적 활동이 많은 한국 통일 NGO의 연대 구조를 소개한다.

2. 진보단체의 연대 구조

진보적 단체의 연대 기구는 과거 통일운동과 민주화운동을 병행 추진했던 전국연합, 자통협 등에서 출발하여 범민련과 민족회의, 통일연대를 거쳐 오늘의 6·15공동선언실천남측위원회에 이르고 있다. 이들의 연대활동은 반정부 재야 시절 민주화운동 과정에서 비롯되었으며 오늘날 촛불시위, 북한 돕기 등의 연대 활동에서 잘 표출되었다.

2002년의 촛불시위는 진보적 성향의 통일단체들이 '미군 장갑차 여중생 신효순·심미선 살인사건 범국민대책위원회(범대위)'를 구성하여 주도한 연대 집회였다. 당시 범대위에는 약 160개의 진보적인 시민단체들이 가입했고, 지역별 대책위를 구성하여 전국적인 차원에서 활동을 했으며 이때 범대위를 주도한 조직은 통일연대이다. 이들은 조직의 유연성과 포용성을 통하여 개방적이고 폭넓은 연대를 구성하여 당면한 목표를 달성하였다. 이들은 중앙과 지방조직과의 수직적 연대보다는 수평적 연대를 강조하면서 연대의 외연을 넓혀갔다.

〈그림 2-1〉은 통일문제나 대북 문제에 대한 통일운동 단체의 연대 구조를 도식화한 것이다.[46] 물론 이 연대 구조도 이합집산이 많고, 당시의 상황과 이슈에 따라서 연대행태가 달라지는 가변성을 지니고 있다.

46) 윤민재, 「통일과 민족문제 관련 사회단체의 조직적 특징과 성격」, 『통일문제연구』 통권 제44호, 평화문제연구소, 2005, 162쪽.

〈그림 2-1〉 진보단체의 연대 구조

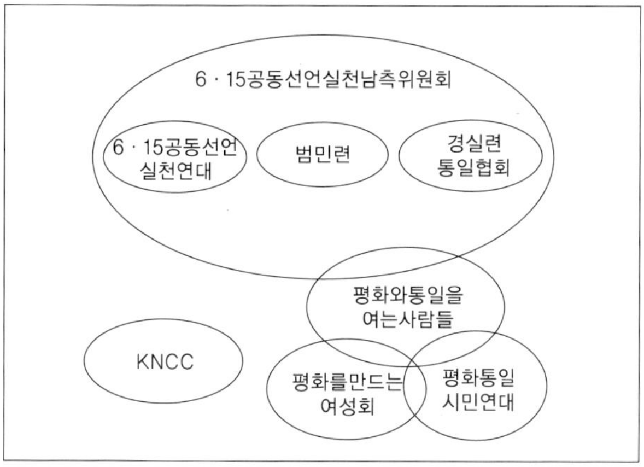

〈그림 2-1〉에서 보는 것처럼, 진보단체의 연대는 급진적 통일운동 단체에서부터 비교적 온건한 단체까지 망라한 조직이다. 진보단체 연대의 특징을 요약하면 다음과 같다.

첫째, 진보단체의 연대는 전통이 오래되었고 비교적 광범한 연대를 형성하고 있다. 그것은 진보진영의 통일운동의 역사가 길 뿐만 아니라, 우리나라 통일운동의 주도권을 장악하면서 그동안 상당한 노하우를 축적한 결과이다.

둘째, 진보단체의 연대는 보수단체에 비해 비교적 개방적인 입장을 취하고 이념의 공유로 연대의 결속력이 높은 편이다. 이들은 그동안 상호접촉을 빈번히 하고 통일문제에 관한 인식을 공유하는 경험을 축적하여, 공통의 연대 규범과 문화를 공유하고 있기 때문이다.

셋째, 진보단체의 연대는 연대의 범위를 확장하고 있으나 단체들 간의 이념의 선명성 논쟁으로 이합집산의 과정을 겪기 쉽다. 이 연대에는 중도적인 경실련통일협회나 기독교 종단인 한국기독교교회협의회(KNCC)도 참여하고 있지만 사안에 따라 분열될 가능성이 내포되어 있다. 진보적 연대의 주요 단체의 성격과 활동을 소개하면 다음과 같다.

1) 조국통일범민족연합

조국통일범민족연합(범민련)은 베를린 합의[47]에 따라 해외본부(1990년 12월 의장 윤이상)와 북측본부(1991년 1월)가 각각 조직되고, 남한에서는 전민련이 중심이 되어 범민련남측본부 결성

47) 1990년 11월 19~20일 베를린에서 남 · 북 · 해외 3자회담이 열려 범민련의 중앙기구를 결성하였으며, 남 · 북 · 해외본부 및 각 지역본부를 우선 운영키로 합의하였다.

준비 위원회(1991년 1월, 위원장 문익환)가 구성되었다. 범민련 공동 사무국은 3자간의 연락 및 연대 사업을 담당하고, 대내외적으로 범민련을 대변하는 기구로서 이를 도쿄에 두기로 합의하였다. 범민련은 베를린 3자회담 공동선언문을 통해 '7·4 남북공동성명의 3대 원칙과 자주적 평화통일을 지향하는 모든 사람들의 이해와 요구를 대변하는 조직'임을 선언하고 남, 북, 해외의 3자가 연대하는 하나의 조직으로 출범하였다.

범민련 북측 본부는 각 시, 도, 군까지 지부를 결성하였으며, 남측의 준비위에는 전민련을 비롯하여 전국농민회총연맹, 전국교직원노동조합, 31개 사회단체 및 정당과 개별인사들이 참가하여 조직되었다. 범민련 해외 본부는 미국, 독일, 일본, 호주, 러시아, 중국, 몽골에 8개의 지역 본부를 결성하였다.

범민련은 출범 시 자주적 통일을 실현하는 '남, 북, 해외의 연대적 통일전선체로서 7·4 남북공동성명의 3대 원칙에 입각한 연방국가 건설'에 목표를 두었다. 1993년 1월에 발표된 범민련의 강령은 전문과 7개 항으로 구성되어 있는데 범민련의 기본 성격이 잘 드러나 있다.[48)]

① 7·4 남북 공동성명의 3대 정신에 기초한 강령과 민족 공동의 합의 존중

② 남북한의 두 제도 두 정부가 공존하는 연방국가 건설

③ 외세 간섭의 배제(외국군대 철수, 남북 상호 군축 실현, 한반도 비핵 평화 지대화)

④ 동족 간의 대결을 조장하는 정치적·물리적 장치 제거(남북 간의 내왕 통신의 자유 보장, 다방면의 교류·협력)

⑤ 통일의지의 집약을 위하여 정당, 사회단체, 저명인사의 접촉과 대화

⑥ 범민족 연합 조직의 확대 및 통일운동의 확대와 발전

⑦ 자주 평화 통일을 지지하는 평화 옹호 세력과 연대 강화

재야 통일운동 단체인 범민련은 통일운동의 이념을 '민족 자주와 대단결'로 규정하여 반외세적이며 반정부적인 통일운동을 표방하고 있다. 그들은 자신들의 통일운동의 성격을 다음과 같이 규정하고 있다.

---

48) 범민족 대회 자료집, 『조국은 하나다』 1999. 2. 20. 조국통일범민족연합 강령 참조.

① 통일의 3대 원칙이 뿌리 내리도록 하기 위한 범민족 대회의 소집운동

② 민간 차원의 남, 북, 해외 동포의 단결을 위한 범민련 3자 연대 결성 운동

③ 외세의 방해를 물리치고 갈라진 민족을 하나로 잇기 위한 민족 대단결 운동

④ 통일에 관한 단순한 염원을 뛰어넘어 통일 이후의 국가 구조에 관한 구상까지 담을 수 있는 통일방안 정립운동

1995년 2월 25일 정식으로 출범한 범민련남측본부(초대 의장: 강희남)는 '범민련은 조국통일이라는 민족지상의 과제를 실현하기 위하여 남과 북, 해외의 모든 통일 지향 세력이 사상, 이념, 정견과 신앙의 차이를 초월해 함께 참여하는 범민족적 통일 전선체'라고 전제하고 '통일운동의 민족적, 민중적 구심으로서 민중주도의 대화협력을 추진하는 기구'라고 선언하였다.[49] 범민련은 조직 원칙으로 '자주, 평화통일, 민족 대단결의 조국통일 3대 원칙을 지지하고 범민련의 강령, 규약 및 남측본부의 운영규약에 동의하는 애국적이며 민주적인 남측 지역 소재 정당, 사회단체, 시도별 지역조직 및 개별인사들로 구성한다."고 선언하고 있다(남측본부 운영규약 제5조).

6·15공동선언실현과한반도평화를위한통일연대, 6·15공동선언실천남측위원회, 미군학살만행진상규명전민족특별조사위원회 등이 연대 단체로 참여하고 있다. 범민련은 지금까지 9차례의 3자 공동의 '범민족 대회' 개최를 추진하였으나 정부 당국의 반대와 저지로 판문점 공동 개최는 무산되고, 판문점, 평양, 서울, 도쿄에서 2자 혹은 단독으로 대회가 개최되었다.

범민련남측본부는 서울특별시, 광역시, 도별로 지방조직을 두고(남측본부 운영규약 제6조) 조직의 최고 의결 기구로 중앙위원 총회를 두고 있다. 중앙위원 중 당연직은 의장, 명예의장, 부의장, 고문, 감사, 사무처장, 과제별 위원회 위원장, 특별위원회 위원장이며, 선출직은 의장단회의에서 배정하고 해당 부문, 지방 조직에서 선출하고 있다.[50] 범민련남측본부는 서울, 인천, 대전, 광주, 대구, 부산에 지부가 결성되었으며 한총련, 전국노운협, 민자통 등의 부문 조직들이 참여하고 있다.

최근 범민련남측본부의 홈페이지에 소개된 그들의 활동과 사업계획은 다음과 같다.[51]

---

49) 범민련 홈페이지(http://www.tongil-i.net/) 참조.

50) 역대의장단은 문익환, 신창균, 강희남, 이종린, 나창순이며, 11기 의장은 이규재, 부의장단은 김을수, 윤기진, 설곡, 하성원, 한기명, 김광옥, 노수희, 서상철, 신용관이다.

51) 범민련 홈페이지(http://www.tongil-i.net/) 참조. 2013. 2. 15. 검색.

① 6·15공동선언 이행에 나선 전민족의 요구, 행동의 집결(남, 북, 해외 공동의장단회의 개최)
② 6·15공동선언 고수·이행을 위한 선전, 실천 활동
③ 민족단합과 남북 각계각층의 교류 및 협력 증진을 위해 다방면적인 논의와 실무협력 강화
④ 6·15공동선언실천남측위원회에 참여
⑤ 미국학살만행진상규명전민족특별조사위원회(전민특위), 장기수 송환대책활동, 국가보안법 철폐, 민족자주와 민중생존권 쟁취를 위한 민중연대 등 폭넓은 연대활동 전개
⑥ 기관지「민족의 진로」발간, 정세 보고와 활동 방향 및 실천 과제들을 공유

범민련은 현재 반미 자주화 노선, 국가보안법 철폐 투쟁, 장기수 석방 요구, 범민족 대회의 강행 등으로 인해 국가보안법상의 이적 단체로 규정되어 활동상의 많은 제약을 받고 있다. 1997년 대법원은 범민련이 연방제 통일을 지지하고, 주한미군 철수와 국가보안법 철폐 등을 주장한다는 이유로 이적단체로 판결을 내렸다. 그러나 이들은 정부가 반대하는 범민족 대회 소집, 반미 자주화 연방제 통일이라는 주장을 아직도 반복함으로써 정부 당국과 친북 시비, 이적성 시비를 불러일으키고 있다.[52] 산하의 범청학련이나 한총련도 범민련의 통일노선을 그대로 답습하고 있다.[53] 이렇게 볼 때 범민련은 현재 우리나라의 민간 통일운동 단체 중 가장 진보적인 반정부 재야단체로서 수시로 정부 당국과 마찰과 갈등을 빚고 있는 단체이다.[54]

재야 단체로 활동 중인 범민련의 존재는 통일운동에 있어서 이중적인 함의를 내포하고 있다. 하나는 북한의 입장을 가장 잘 이해하는 집단이 남한에도 존재한다는 의미이며, 다른 하나는 남북관계의 경색 지점에서 북쪽을 옹호함으로써 남한 사회 내에서는 실정법 위반 등 남남 갈등의 소지를 동시에 제공하고 있다는 점이다. 범민련남측본부는 민족회의와 분리된 후 내외의 어려운 통일 환경문제와 맞물려 그들의 활동 범주와 영향력이 크게 제한을 받고 있는 실정이다.[55]

---

52) 범민련 자료집, 『조국은 하나다』, 1999. 2. 참조.
53) 범청학련이 발표한 통일운동의 원칙은 다음과 같다.(범청학련 자료집, 1998. 2. 21. 발행) ① 통일운동에서 자주와 민족 대단결의 원칙을 통일적으로 관철 구현하자. ② 반미 자주 원칙을 확실히 해야 한다. ③ 남북 해외 동포 3자 연대를 할 때만이 통일운동은 대중화될 수 있다. ④ 민족 자주 정부가 서더라도 창구 단일화는 안 된다. ⑤ 통일 일꾼들에게 요구되는 자세는 개인적인 보답을 바라서는 안 되고 난관 앞에서 주동성을 발휘하여야 한다. 이 입장은 당시 한총련의 기본 입장과 일치한다.
54) 동아일보사·경실련통일협회, 『통일을 준비하는 한국의 민간단체』, 1995, 134쪽.
55) http://enc.daum.net/dic100/contents.do?query1=10XXX61147, 2012. 2. 10. 검색.

2) 평화와통일을여는사람들

1994년 6월 4일 창립된 평화와통일을여는사람들(평통사)은 한국 최초로 평화 운동을 지향하는 진보적인 통일운동 단체이다. 이 단체는 '반핵평화운동연합'을 계승하여 평화 운동을 개척하던 '새로운평화운동대중단체'와 '평화와통일을위한연대회의'가 통합하여 결성되었다. 평통사의 설립 목적(회칙 제1장 제3조)은 '항구적인 한반도의 평화를 실현하고 우리 대에 민족의 자주, 평화, 통일을 이루며, 통일 과정과 통일 이후에 민족공동체가 복지, 평등, 번영으로 나아가고, 인류가 모든 전쟁으로부터 해방되는 세계 평화 체제'를 구축하는 데 두고 있다.[56)]

중앙조직은 운영위원 총회, 중앙운영위원회, 중앙공동대표회의, 사무처, 특별위원회, 부설기관 등으로 구성되고, 지방 지역 조직은 광역시 평통사, 시군구 평통사, 읍면동 평통사를 두고 있다. 최고 의결 기구로 운영위원 총회가 있으며 중앙 상임대표와 공동대표, 광역 평통사 대표 2인, 시군구 평통사 대표 2인, 광역 평통사 산하 시군구 평통사 대표 1인, 부설연구소 소장, 특별위원회 위원장, 사무처장, 약간 명의 개별인사로 구성되는 중앙운영위원회가 있다.[57)]

평통사는 홈페이지(www.spark946.org)를 통해 이 단체의 연혁과 주요활동을 소개하고 있으며, 자료실에서는 평화군축, 한미관계, 미군기지, 통일 등에 관한 자료와 정보를 제공하고 있다. 평통사는 단체의 기본 목적인 평화와 통일을 이루기 위하여 다음과 같은 사업 목표(회칙 4조)를 설정하고 있다.[58)]

① 민족의 자주와 통일, 한(조선)반도 및 세계 평화를 이루기 위한 대중적 실천 사업

② 비핵, 군축, 평화, 통일을 위한 연구와 교육·홍보·출판 사업

③ 국내, 국외 유관 단체와의 연대 사업

④ 위 목적을 이루는 데 필요한 기타 사업

평통사는 창립 목적에서 밝히듯이 평화 운동을 통일운동의 전제로 간주하고, 무기도입 저지 운동, 국방예산 삭감 활동을 전개하고, 주한미군의 범죄행위 등에 강력히 대처하고 있다. 이로 인해 정부 당국의 정책과는 정면으로 배치되고, 이 단체 활동가들 중에는 국가보안법 등 실정법

56) 평화와통일을여는사람들 홈페이지(http://www.spark946.org) 2012. 2. 20. 검색.
57) 2012년 12월 현재 문규현, 배종열, 홍근수가 상임대표를, 강정구, 고영대, 김창환, 문홍주, 변연식, 서창호, 이일영, 임종철이 공동대표를 맡고 있다.
58) 평통사 자료실(http://www.spark946.org/bugsboard/lee/index.html) 참조.

위반으로 여러 명이 입건되기도 하였다. 또한 이들은 보수 우익 단체로부터 종북 좌파 단체로 비판받기도 한다.

평통사는 최근 평화 운동의 구체적인 사업계획을 다음과 같이 밝히고 있다.

① 평화사랑방 개최

젊은이를 비롯한 일반 시민들이 부담 없이 참여할 수 있는 '평화 사랑방'과 같은 감성공간을 마련하여 '평화와 통일, 그리고 자주'를 이야기한다.

② '무기 장난감을 평화의 선물로 바꾸어 주기' 행사

폭력과 대결로 황폐화된 어린이들의 심성에 평화를 심어주는 '무기 장난감을 평화의 선물로 바꾸어 주기' 행사를 개최한다. 이 행사에서는 무기 장난감이나 폭력 CD를 화분, 문구, 동화책 등으로 바꾸어 준다.

③ 평화아카데미, 토론회와 강연회, 공청회 등 개최

매해 7·4공동성명 기념 토론회를 비롯하여 민족자주와 평화군축을 주제로 한 토론회, 공청회, 강연회를 개최하여 자주, 평화, 군축 관련 당면 현안들에 대한 해답을 찾기 위해 노력한다.

④ 무기도입 저지 운동

대형 공격용 헬기 도입 저지 투쟁과 함께 도입비를 전액 삭감하려는 운동을 전개하고, F-15K 도입 저지 투쟁을 국민적 대중투쟁으로 발전시키는 데 앞장선다. KDX-Ⅲ(차기 구축함 사업), PAC-Ⅲ(차기 유도무기 사업) 등 MD 관련 무기체계 도입의 부당성을 지적한다.

⑤ 국방예산 삭감 활동

국회 국방예산 예비심사회의 방청, 예결 위원들에게 국방예산 삭감 촉구 서한 전달, 국회와 국방부 앞 집회, 1인 시위 등 국방예산 삭감을 위해 노력한다.

⑥ 평화군축 실현 월례집회

2001년 2월부터 국방부를 비롯하여 청와대, 국회 등에서 매월 평화군축 월례집회를 개최한다.

⑦ 민족 자주와 통일을 위한 활동

매향리 폭격장 폐쇄, 파주 미군 스토리 사격장 폐쇄, 용산 미군기지 반환, 두 여중생 살인사건 진상규명, SOFA 전면개정 등 미군기지 문제와 미군범죄를 근절하기 위한 투쟁활동을 계속한다. 또한 민간 통일운동 진영이 자주성을 지키면서 조국통일 운동을 전개하도록 노력한다.

3) 6·15공동선언실천남측위원회

2005년 1월 31일 6·15 공동 선언의 실천을 위한 '시민사회단체연대회의'는 6·15공동선언실천남측위원회(6·15남측위원회)의 출범을 준비하였다. 이 단체는 조국통일범민족연합남측본부가 국가보안법상 이적단체로 규정되어 있는 상황에서 합법적인 활동 공간을 확보하여 6·15정신을 구현하여 실질적인 통일운동을 전개하기 위한 목적으로 결성되었다. 2005년 3월 4일 남, 북, 해외 3자 연대기구인 6·15공동선언실천민족공동위원회가 정식으로 출범하면서 새로운 진보적인 통일 연대기구가 탄생하게 된 것이다.

6·15남측위원회는 6·15공동선언을 실천하여 민족의 화해와 단합, 통일을 이룩하려는 정당, 사회단체, 종교 단체 인사들을 폭넓게 망라한 상설적인 통일운동 연대조직이다. 이는 민간 통일운동 연대 단체가 민화협, 7대 종단, 통일연대라는 3주체에서 제4주체로 일시적으로 확장된 것을 의미한다. 6·15남측위원회가 정식 발족되자 43개 단체가 참여하여 결성되었던 진보적인 '통일연대'는[59] 발전적으로 해체되어 이 조직에 흡수되었다. 6·15남측위원회 조직에는 노동자, 농민, 청년, 여성 조직은 말할 것도 없고 교사와 작가, 언론인, 학자 등 직능별 민간단체도 다양하게 참여하였다. 또한 역사와 문화재 분야 단체와 이를 매개하는 종교 간 교류를 위한 종교 단체도 참여하였다.

6·15남측위원회는 동일한 명칭의 북측위원회와 해외측위원회와 더불어 남과 북, 해외에서 각기 추천하는 공동위원장을 선출하고 '6·15공동선언실천민족공동위원회'를 구성하여 '공동 규약'을 제정하여 운영하려고 하였다. 전체회의, 공동위원장 회의, 실무회의 등 3개의 회의체를 둔 이 기구는 민간 차원의 상설적인 공동사업 연대 기구이자 남북대화 기구이기도 하였다.

6·15남측위원회는 그들의 정관상 200인 내외의 공동대표회의, 45인 내외의 운영위원회, 10인 내외의 상임운영위원회, 집행위원회로 구성되어 있다. 6·15남측위원회는 북측위원회, 해외측위원

---

59) 당시 통일연대에는 고난받는이들과함께하는모임, 기독시민사회연대, 남북공동선언실천연대, 대한민국임시정부기념사업회, 문학예술청년공동체, 민족문제연구소, 민족민주열사·희생자추모연대회의, 민족자주평화통일중앙회의, 민족화합운동연합, 민주노동당, 민주사회를위한변호사모임 통일위원회, 민주주의민족통일전국연합, 민주화실천가족운동협의회, 반미여성회, 백범정신실천겨레연합, 불교평화연대, 비전향장기수송환추진위원회, 사월혁명회, 실천불교전국승가회, 민가협양심수후원회, 전국공무원노동조합, 전국농민회총연맹, 전국대학신문기자연합, 전국목회자정의평화실천협의회, 전국민족민주유가족협의회, 전국민주노동조합총연맹, 전국빈민연합, 전국여성농민회총연합, 조국통일범민족연합(남측본부), 조국평화통일불교협회, 천주교통일후원회, 청년통일광장, 통일광장, 통일맞이 늦봄문익환기념사업회, 통일맞이 한신연대, 한국가톨릭농민회, 한국노동사회연구소, 한국노동조합총연맹, 한국대학총학생회연합, 한국청년단체협의회, 한민족생활문화연구회, 21세기코리아연구소, corea 평화연대 등 43개 단체가 참여했다. 이들 대부분이 6·15공동선언남측위원회에 참여하게 된다.

회와의 합의 정신을 존중하여 조직에 참가한 단체와 개인의 연대와 합의의 정신에 따라 운영되며, 조직운영에서 여성이 30% 참여하도록 보장하고 있다.

6·15남측위원회는 남·북·해외 공동의 민족공동행사와 각계각층의 교류협력 사업을 비롯한 다양한 민간 통일운동 사업을 추진하기 위하여 아래와 같은 사업목표를 설정하고 있다.[60)]

① '전쟁과 평화'의 프레임에 기초한 강력한 '평화' 공세

흡수통일, 정권 교체 등 '북 붕괴론'에 기초한 정책의 추진은 곧 '전쟁불사'라는 점을 강조하여 '전쟁과 평화'의 프레임 위에서 전반적인 전선재편을 추진하여 정복주의적 대북정책을 견제한다. '대결의 남북관계'를 '평화와 협력의 남북관계'로 변화시켜야 한다는 여론을 확산시키기 위해 화해협력, 평화와 통일의 지향에 공감하는 광범한 연대틀의 형성과 함께 시민사회와 정당의 공동대응 강화가 요구된다.

② 민간교류의 자주성 확대를 위한 6·15남측위원회의 역할 강화

5·24 조치로 인한 남북교류의 전면적 중단 상황을 타개하기 위한 여론 형성이 필요하다. 교류의 중단은 결국 '접촉을 통한 상호 변화'의 중단이며, 또한 민간외교활동에 대한 제약이라는 점에서 당국의 민간교류 통제 문제를 절차적 민주주의 차원에서 적극 대응한다. 6·15공동위 차원의 실무접촉 등을 실질적으로 추진하기 위한 노력을 강력히 전개할 필요가 있다. 6·15 공동행사 성사를 위한 다방면의 노력을 경주하여 6·15공동선언 이행을 향한 겨레의 실천의지를 모아내고 과시한다.

③ 6·15남측위원회의 내실 있는 토대 강화

남측위원회 내부의 소통 강화와 조직 정비 및 재정 안정화에 의미 있는 성과를 내기 위한 노력이 필요하다. 정책과 교육활동 강화와 함께 '전쟁반대, 평화실현' 담론 확산을 위한 교육사업을 강화한다.

6·15남측위원회는 이명박 정부 등장 전에는 남, 북, 해외 민족공동행사와 각계각층 교류협력 활동을 비롯한 다양한 사업을 계획하여 집행하였다. 특히 노무현 정권하에서 이 단체는 2005년과 2006년 남북공동행사 때 민간 대표성을 구현하여 많은 활동을 전개하였다. 6·15와 8·15 민족

60) 6·15공동선언실천남측위원회 홈페이지(http://www.i615.net/) 2011. 12. 30. 검색.

공동 행사시기 2년간 3자가 참가하는 '하나의 정치 공간'이 극적으로 마련되기도 하였다.[61] '정치공간'이라는 의미는 남북관계에 대한 정부 정책이 공식적으로 작용하는 공간이며, 남북이 정치행위를 통해 자신의 영향력을 확대하는 공간이라고 볼 수 있다. 특히 6·15와 8·15 사이에 열린 민족공동행사, 남북 각 위원회의 대표급 인사들이 참여하는 전체회의, 남·북·해외 위원장들이 참여하는 공동위원장 회의, 그리고 실무회의의 틀이 이 시기에 마련되었다. 그러나 6·15공동선언실천민족공동위원회는 두 차례의 정상회담이 성사된 후 정치적 상황의 변화에 따라 남, 북, 해외 3자의 정기적 공동 행사는 개최하지 못하고 교류·협력 활동도 전면 중지되었다.

이러한 공동 행사를 통한 남북 민간단체의 만남과 교류활동은 '남북연합'의 초기형태의 틀이라고 긍정적으로 평가할 수도 있다. 이 틀에서 이루어지는 실무회의는 2000년 정상회담 이후 여러 해 동안 쌓아 온 남북 인맥간의 교류와 접촉으로써 상당한 경험을 축적하였다고 볼 수 있다. 또한 공동위원장 회의도 복잡한 단체들 사이의 이견을 조율하면서 어려운 문제에 대한 의사합의가 이루어지는 과정으로 자리매김됨으로써 그 중요성이 부각되었다.

그러나 이명박 정부 출범 이후 남북관계의 긴장으로 5·24 조치가 선포되어 민간단체의 접촉과 활동 공간은 폐쇄되었으며 남북의 공동 행사는 완전히 중단되어 버렸다. 이러한 상황에서도 6·15남측위원회 산하의 직능 부문별 단체들이 남북의 접촉과 대화를 추진하고 있으나 정부의 대북 접촉 금지 조치 때문에 아직도 성사되지 못하고 있는 실정이다.

4) 한국기독교교회협의회(KNCC)

한국기독교교회협의회(KNCC: The National Council of Churches in Korea)는 한국교회의 연합정신을 구현하기 위한 에큐메니컬 운동을 확대하려고 창설된 교회 단체 협의체이다. 이 협의회는 여러 교파로 구성된 진보적 성향의 종교 단체 연대기구이다. 이 협의회는 1924년 9월 24일 당시 장로교와 감리교의 선교연합 구축을 위하여 결성된 조선예수교연합공의회에서 시작되었으나, 일제의 감시와 간섭으로 활동치 못하였다가 1946년 재발족되었다.

이 협의회는 사회선교, 통일운동, 민주화운동 등의 기독교 사회운동을 주도한 대표적인 진보적 기독교 연대 단체이며, 이들 단체는 1970, 80년대 한국의 민주화운동에 기여한 역사를 자랑하고 있다.[62] 이 단체는 과거 독재정권 시기에는 한국 종교계를 대표하는 민주화운동을 주도하였으며[63]

61) 손기웅 외, 『한반도 통일 대비 국내 NGOs의 역할 및 발전방향』, 통일연구원 협동연구총서, 2007, 67쪽.
62) http://cafe.naver.com/saenurii/59, http://cafe.naver.com/eyagi2003/1777, 위키백과 '한국기독교교회협의회.

현재도 진보적 통일운동의 연대 기구에 적극 참여하고 있다. 이 협의회는 보수적인 한국기독교총연합회(CCK)와는 전혀 다른 시각으로 한국사회를 바라보면서 통일문제, 북한문제 등에 대해 기독교 내의 진보적이고 사회개혁적인 입장을 대변하고 있다.[64]

이 협의기구에는 느슨한 연대기구이지만 대한예수교장로회(통합), 기독교대한감리회, 한국기독교장로회, 대한성공회, 구세군대한본영, 기독교대한복음교회, 한국정교회, 기독교대한하나님의성회, 기독교한국루터회 등이 참여하고 있다. 이 단체는 어떤 특정한 교리나 법규를 고집하지 않으며, 모든 회원 교회들이 간직하고 있는 참된 교회의 경험들을 존중하여 교회연합운동의 정신을 구현하기 위해 활동하고 있다.

한국기독교교회협의회는 산하기관인 대한예수교장로회(통합)에 통일위원회를 두어 통일과 관련된 교회의 입장을 표명하고 있다. 이 연대 기구는 북한 돕기 운동, 통일강좌, 북한교회와의 교류 등의 사업을 추진하고 있으며 남북화해와 통일을 위하여 아래와 같은 6가지 사업을 계획하고 있다.[65]

① 남북 공존과 화해, 평화통일을 위한 정책의 수립과 추진에 관한 사항

② 남북교류와 나눔 운동의 확산과 발전에 관한 사항

③ 국내외 통일 관련 기관과 통일운동 단체와의 협력에 관한 사항

④ 통일 이후를 위한 신학의 정립과 선교정책의 수립 그리고 추진에 관한 사항

⑤ 이산가족을 위한 사업에 관한 사항

⑥ 평화통일과 관련된 국제회의 추진에 관한 사항

나아가 이 협의기구는 동북아시아에 있어서 생명과 평화를 지키고 한반도의 평화통일을 민족지상의 과제로 설정하고 있다. 이들은 세계평화를 위하여 한반도의 평화통일을 이루는 일과 동북아시아 오이쿠메네(생명의 정원)를 건설하는 일을 상호 밀접하게 연관된 지정학적 선교과제로 인식하고 있다. 이들은 세계 민중의 생명과 평화를 지켜 나가는 과제로서 '민중안보(people's security)'에 새롭게 헌신할 것을 약속하고 있다.

---

63) http://www.hyanglin.or.kr/mycgi/column.cgi?file=20060225.cm 김동한 장로의 글, 2006. 2. 25. 검색.
64) 윤민재, 앞의 논문, 162쪽.
65) KNCC 홈페이지(http://www.kncc.or.kr/) 참조.

3. 보수단체의 연대 구조

과거 통일운동의 연대 기구는 비교적 활동이 많고 결속력이 강한 진보적 단체에 국한되어 논의되었다. 그러나 오늘날 보수적인 통일운동 단체도 통일운동의 이념적 좌편향에 대한 불만으로 연대의 필요성을 절실히 인식하고 있다. 2008년 이명박 정부의 출범과 함께 시민사회 내의 보수 단체의 활동증가는 보수단체 연대 기구의 설립을 촉진하게 된다. 이들 보수단체 연대는 비핵 문제, 친북 좌파 척결 문제, 북한 인권 문제, 대북 지원 문제 등 남북문제와 시국 현안에 관한 자신들의 공통적인 입장을 집약하여 그 관철을 위해 공동 투쟁을 전개하였다.

이들 보수단체 연대의 특징은 이념적으로 반공, 친미적 성향이 강하고, 직업별로는 보수성향의 지식인, 군 출신이 많고, 종교적 색채가 강한 것이 특징이다. 이들의 연대 기구에는 개별 단체가 중복하여 참여하는 경우도 있으며 상황과 이슈에 따라 새로운 연대체를 구성하기도 한다. 그러나 연대 기구의 명칭과 방향만 다소 다를 뿐 기존의 개별단체가 재조직한 경우가 많으며, 진보단체의 연대 기구에 비해 상대적으로 결속력이 약하다고 평가된다.

이들 보수단체의 연대 기구에는 NGO 조직 행태를 갖추고 활동이 많은 바른사회시민회의(바른사회), 극우 보수 성향의 국민행동친북좌익척결본부, 보수 교단인 한국기독교총연합회(CCK), 북한인권시민연합 등이 참여하고 있다. 여기에서 보수단체의 연대 기구를 도식화하면 〈그림 2-2〉와 같다.

〈그림 2-2〉 보수단체의 연대 구조

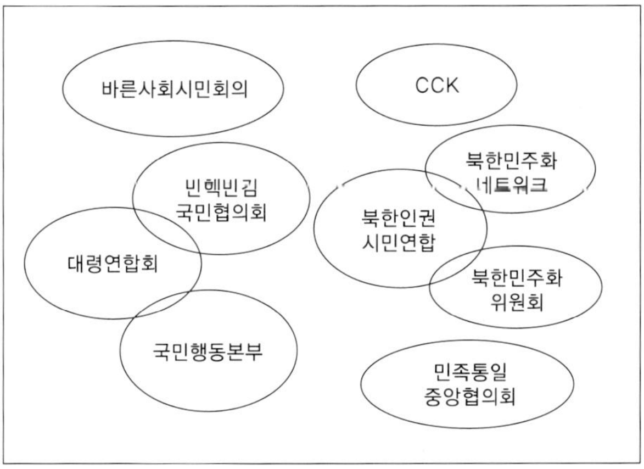

1) 바른사회시민회의

바른사회시민회의(바른사회)는 2002년 3월 12일 확고한 자유민주주의와 시장경제가 실현되는 사회를 구현하기 위하여 출범한 시민단체이다. 이 단체는 이러한 취지에 뜻을 같이하는 각계각층의 개인과 단체들이 참여하여 창설한 보수적인 성격의 연대 단체이다. 이 단체의 정관 제2조에는, '본 회의는 민주주의와 자유 시장경제에 대한 연구, 교육, 홍보활동을 체계적이고 지속적으로 전개하여 사회 전반에 민주주의와 자유시장경제의 가치와 질서가 존중되는 바른 사회의 구현에 이바지함을 목적으로 한다.'라고 규정하여 단체의 설립목적을 분명하게 밝히고 있다. 이 단체의 성격은 창립 취지문에도 잘 나타나 있다.[66]

> 기업의 생산성이 국가경쟁력의 중심을 이루는 경제전쟁 시대에, 말로는 시장경제를 외치면서도 실상은 시장의 정상적인 기능을 저해하는 정책집행을 서슴지 않고 있다. 사회 각 주체의 자유와 경쟁을 보장해야 할 정부정책이 오히려 편협한 집단이익의 포획물로 전락하고 있다. 그 결과 국가경제는 위기에 처하고, 많은 시민들이 삶의 터전을 잃게 되었다.
>
> 이러한 상황은 결코 방치될 수 없으며, 이것을 타개할 주체는 바로 평범한 시민들이라는 역사적 사명감으로, 우리는 분연히 떨치고 일어나 '바른 사회를 위한 시민회의'의 창립을 선언한다. 세계 역사 어디를 보더라도 살기 좋은 나라는 결코 저절로 형성·유지된 것이 아니었다. 그것은 자유주의 이념과 민주질서를 지키려는 노력이 치열한 곳에서만 가능한 것이다.
>
> 한민족의 번영과 행복한 시민적 삶을 위해서는 무엇보다 올바른 시장경제와 제대로 된 민주주의가 이 땅에 철저히 구현되어야 한다. 이에 우리는 그릇된 이념과 오도된 정책으로부터 자유경제와 참된 민주주의 체제를 이룩하기 위한 범국민운동을 펼치고자 한다. 뜻을 같이하는 모든 단체 및 시민들과 연대하여 활동을 전개함으로써 민족의 복된 미래를 개척해 나갈 것이다.
>
> 혼란과 무질서를 극복하고 아름답고 풍요로운 미래를 스스로의 힘으로 만들어 나가려는 우리의 취지에 공감하는 모든 시민들의 동참을 호소한다. 오늘의 어두운 현실을 걱정하는 시민들이여! 메마른 불신의 땅에 희망의 씨앗을 뿌려, 맑고 밝고 바른 신뢰사회의 기반을

---

66) 바른사회시민회의 홈페이지(http://www.cubs-korea.org/korean/) 2012. 1. 15. 검색.

구축하려는 '바른 사회를 위한 시민회의'에 적극 참여하여 한민족의 번영된 미래를 기약하자.

2002. 03. 12. 바른사회시민회의 발기인 일동

바른사회는 '자유민주주의와 시장경제를 수호하기 위하여 중산층의 보호·육성, 기업의 활력 제고와 일자리 창출, 바른 교육 환경 조성을 위한 사학자율권 보장, 학생·학부모 교육권 보장, 선진 한국 발전방향 모색을 위한 대립 갈등의 올바른 해결방안 모색' 등을 사업의 목표로 제시하고 있다.[67] 이러한 목표를 달성하기 위해 시민사회의 여론형성과 정책대안 제시, 시민교육 및 조직, 감시와 참여, 공정한 언론문화 창달을 위한 제반 사업계획을 설정하고 있다. 또한 이 단체는 선거 정국에 효율적으로 대응하는 방안마련과 국내외 단체와 연대하는 사업도 계획하고 있다. 이들의 홈페이지(www.cubs-korea.org)에는 이 단체의 그동안의 활동실적뿐만 아니라 각 분야의 주요 정책 이슈를 소개하고 있다.

바른사회는 최고의결기구인 총회, 운영위원회, 정책위원회, 특별 활동기구, 연구소, 사무국을 두고 있다.[68] 바른사회의 참여 단체와 회원 단체는 바른 교육권 실천행동, 공기업개혁시민연합, 시장경제제도연구소, 바른 금융경제포럼, 바른 아카데미, 대학생 의정모니터단, 자원봉사단 '나누미', 산악회 '뫼사랑' 등이 있다. 바른사회는 자료실을 통하여 보도 자료, 심포지엄 자료, 이슈 자료, 설문분석 자료 등을 제공하고 있다.

바른사회는 그동안 통일운동의 일환으로 북한 인권회의 참석, 북한 인권 개선 촉구대회, 북핵 폐지 활동, 유엔 북한 결의안 지지 촉구, 한국의 반미 친북세력 척결 활동, 북핵 문제와 북한 인권 문제 등 통일과 관련된 사업도 전개하였다.[69] 바른사회는 이러한 사업을 구체화하기 위하여 '북한 인권과 대한민국 정부조직의 역할' 토론회 개최, '금강산 피격사건 진상규명 촉구' 기자회견, '북한인권법 제정의 필요성과 바람직한 추진방안' 토론회, '10·4 선언 평가와 향후 남북경협

---

67) 바른사회 홈페이지(http://www.cubs-korea.org/korean/sub5a.asp) 2011. 6. 01. 검색.

68) 이 단체의 이사장은 유세희, 한기홍이며 공동대표는 김성기, 김종석, 김태련, 노부호, 박효종, 조동근, 고문은 강영훈, 김광명, 김동기 등이다.

69) 이 단체가 2008년 행한 통일 관련 사업 실적은 다음과 같다.
- 제3, 4차 북한 인권 국제회의 참석(브뤼셀 3월 22~23일, 로마 7월 10~14일), 제2차 북한 인권개선 촉구대회 개최(8월 10일), 유엔 북한 인권 결의안 찬성촉구 기자회견(11월 16일)
- 북핵 관련 긴급기자회견 및 가두활동(10월 12일), '북한 핵무장이 우리 경제에 미치는 영향' 정책토론회(10월 12일), 북핵 관련 대학생 긴급 설문조사(10월 13일)
- 바른포럼 개최: 한국의 진보(8월 11일), 한미 동맹(9월 8일), 북핵실험(9월 14일), 한국의 반미 친북세력(11월 2일), 대선구도와 북핵(11월 15일), '6자회담 재개와 북핵문제 해결전망' 정책토론회(11월 22일)

전망'에 관한 토론회 등을 다양하게 개최하였다.

이 단체는 독자적인 활동뿐만 아니라 연대단체 및 우호적 기관이나 단체와 긴밀한 협조관계를 유지하고 있다. 이 연대 단체는 공동성명을 발표하고, 공동 행동 실천을 위하여 사전 및 사후 활동을 조율하려는 노력도 게을리하지 않는다. 그리하여 바른사회는 보수단체 가운데 비교적 활동이 많은 연대체로 평가받고 있다.

2) 국민행동친북좌익척결본부

국민행동친북좌익척결본부(국민행동본부)는 1995년 결성된 대령연합회와 1999년 창립된 반핵반김(反核反金)국민협의회를 주축으로 2003년 3월 7일에 확대 개편된 보수적 연대기구이다. 이 연대조직에는 한국의 많은 보수단체들이 참여하고 있으며, '반핵, 반북, 반김'을 일관성 있게 주장하고 있다.

국민행동본부(본부장 서정갑)는 군인, 기독교 출신 인사들이 주축이 되어 창설되어 국가보안법 사수, 북한 핵개발 반대, 민족 반역자 김정일 단죄(斷罪), 한미동맹 강화를 위한 일천만 서명운동, 종북(從北) 반대한민국 세력 척결운동을 적극적으로 전개하고 있다.

이 연대 기구에는 애국단체총협의회 등 20여 개 단체가 회원 단체로 가입되어 있고, 고엽제전우회, 불교도총연합회, 재향경우회, 상이군경회, 재향군인회, 라이트코리아, 바르게살기중앙회, 이북도민연합중앙회, 한국자유총연맹 등이 적극적으로 참여하고 있다. 이들은 이밖에도 194개의 후원단체가 있다고 주장하고 있는데 여기에는 학교 동문회, 군 동기회, 각군 전우회, 향우회, 산우회 등도 포함되어 있다. 국민행동본부가 제정한 아래의 국민행동 강령에는 이 단체의 목적과 성격이 잘 드러나 있다.[70)]

① 오늘날 대한민국에서는 남쪽의 분열세력과 북쪽의 반역세력이 작당하여 대한민국의 헌법과 정통성과 자유를 말살하려는 거대한 음모를 추진하고 있다. 조국은 벼랑으로 몰렸으나 구국의 행동은 미약하다. 선배세대가 피 땀 눈물을 쏟아 부어 만든 대한민국이란 공동체가 죽느냐 사느냐의 위기에 처한 지금 우리 정통세력은 광복 60주년을 맞아 대한민국의 헌법과 자유와 정통성을 지키기 위한 행동강령을 제시하고 국민 모두가 일제히 궐기할

---

70) 국민행동본부 홈페이지(http://www.nac.or.kr/) 2012. 1. 15. 검색.

것을 호소한다.

② 우리는 오늘의 반역적 사태를 부른 것이 2000년 6·15 공동선언이며, 이는 김대중 당시 대통령이 자신의 사적인 통일방안을 가지고 가서 적의 적화통일방안에 합의해준 야합이고 사기라고 단정한다. 우리는 헌법에 위반되는 6·15 선언을 폐기하고 관련자를 처벌하는 데 앞장선다.

③ 우리는 노 정권이 일방적으로 추진하는 200만 KW 대북 전력지원은 국민과 국회의 동의도 받지 않고 가구당 250만 원의 세금을 거두어 핵무장한 주적에게 갖다 바치는 조공으로 규정한다. 대북송전 안을 국민투표로써 결정하지 않으면 우리는 즉시 납세거부 운동에 들어갈 것이다!

④ 근대화를 이룩한 선배세대로부터 자유롭고 풍요한 대한민국을 물려받은 우리는 법치주의를 정착시켜 민주주의를 완성하고 독재정권을 몰아내어 북한 동포들을 구출한 뒤 선진국을 건설하는 것이 시대적 사명이라고 규정한다. 우리는 선배세대를 욕보이고, 대한민국의 과거 뒤지기와 약점 캐기에 총력을 쏟고 있는 정권의 행패를 저지하여 대한민국의 명예를 지킬 것을 다짐한다.

⑤ 남한에는 자유민이 살고 북한에는 노예가 살고 있는 분단 상태를 극복하고 자유통일로 나아가는 유일한 길은 북한독재정권의 타도이다. 우리는 김정일 정권에 의한 북한동포 탄압과 학살을 히틀러의 유태인 학살보다 더한 반인류 반민족적 범죄로 단정하고, 동포학살에 대한 노 정권의 냉담과 외면에 분노하면서 이 문제를 세계여론에 호소하여 학살자 김정일을 반드시 법정에 세우고 말 것을 다짐한다!

⑥ 우리는 체제수호정당을 자임한 한나라당이 노 정권의 반역적 대북정책과 망국적 수도분할에 동조하고 애국투쟁을 포기한 사실에 절망한다. 우리는, 한나라당의 이러한 배신행위에 책임이 있는 박근혜 대표가 김정일 정권 비판을 포기한 것은, 야당의 책무를 포기한 것이며 차기 정권에 도전할 의사를 포기한 것이라고 판단하고 신속한 노선수정이 없으면 한나라당 해체 운동과 대안 모색에 나설 것임을 선언한다!

⑦ 우리는 2007년 대통령 선거에서 좌파정권을 종식시키는 데 애국세력이 대동단결할 것을 호소한다. 김정일 편이 아니면 대한민국 편이다. 반역인가, 애국인가를 결판내고 대한민국이 망하는가, 흥하는가를 결정짓는 대결을 앞두고 모든 애국세력은 소아병적인 분열주의를 극복하고 단결 협력하여 좌파세상을 끝장내자!

⑧ 우리는 반역보다 더 나쁜 것은 냉소와 방관이라고 생각한다. 우리의 자유, 우리의 재산, 우리의 가정, 우리의 생업을 지켜내기 위해서는 우리가 가진 모든 자원을 총동원하여 싸워야 한다. 돈 있는 사람은 돈으로, 건강한 사람은 손발로, 지혜 있는 사람은 머리로써 싸우자. 젊은 세대와 생활인들이 애국전선에 동참할 수 있도록 그들을 설득하고 깨우치자!

3) 한국기독교총연합회(CCK)

한국기독교총연합회(한기총)는 1989년 12월 28일 서울 강남침례교회에서 36개 보수 교단과 6개 단체의 대표 121명이 참여하여 창립총회를 개최하였다. 범교단의 교회 지도자들은 1989년 2월 9일 대전 유성에 모여 한국 기독교를 하나로 묶어야 한다는 데 공감하고 새로운 천년과 통일을 대비해서 정부나 사회에 대해 한 목소리를 내자는 데 합의하였다. 그해 4월 28일 한경직 목사 외 300여 명이 서울 영락교회 선교관에서 한기총 창립 준비 위원회를 가졌으며, 11월 29일에 한국교회100주년기념관에서 각 교단과 단체의 파송 대표 연석회의를 열어 12월 28일 창립총회 개최와 일정을 결정하였다. 보수적 기독교 연대기구인 한기총은 1991년 12월 12일 사단법인 단체로 인가받았다.

이처럼 보수적 대형교단들이 중심이 되어 창설된 한기총(CCK)은 진보적인 한국기독교교회협의회(KNCC)에 대한 반작용으로 결성된 보수단체 연대기구라고 볼 수 있다. 그러므로 한기총은 이념면에서 극우, 반공, 친미의 성격을 강하게 표방하고 있다.[71] 한기총에는 현재 61개 교단 18개 단체가 참여하고 있는데[72] 기독교계의 보수 세력의 결집체로서 대한예수교장로회의 합동, 고신, 합신 세력이 주축이 되어 결성된 연대 단체이다.[73]

한기총은 창립선언문에서 신구약 성경으로 신앙고백을 같이하는 한국의 기독교 교단과 연합단체가 정체성을 유지하면서 시대적 사명을 충실히 감당할 것을 선언하였다. 또 '예수 그리스도께

---

71) http://www.hyanglin.or.kr/mycgi/column.cgi?file=20060225.cm, 2012. 1. 30. 검색. 김동한 장로 글 참조.

72) 진보적인 KNCC와 보수적인 CCK 두 단체는 그 성격상 함께 하기 힘들지만 대한예수교장로회(통합)와 기독교대한하나님의성회는 두 단체에 동시에 가입하고 있다. 한기총에는 한국장로회총연합회, 사단법인 한국기독실업인회, 한국교회평신도단체협의회, 한국기독교교회청년협의회, 한국기독교여성협의회, 사단법인 한국기독교직장선교연합회, 사단법인 한국외항선교회, 한국복음주의협의회, 사단법인 한국세계선교협의회, 한국대학생선교회, CTS기독교TV, 사단법인 세선회, 한국시각장애인협회, 사단법인 한국국제기아대책기구, 기독시민운동중앙협의회, 사단법인 세계태권도선교협회, 코리아기독교평신도세계협의회, 사단법인 북한옥수수심기범국민운동본부 등 18개 회원 단체가 가입되어 있다.

73) 윤민재, 앞의 논문, 160쪽.

서 한국교회에 주신 사명에 충실하기 위하여 좌우로 치우치지 않으면서 교단의 연합과 일치를 이루어 교회 본연의 사명을 다하기 위한 일체가 될 것'을 다짐하였다. 그러나 한기총은 진보적 연대기구인 한국기독교교회협의회와 통일문제와 현실 문제의 입장 차이로 많은 갈등을 빚고 있다.

한기총은 산하기관인 남북교회협력위원회에 6개 전문 사업부서를 통하여 대북 연합 사업을 전개하고 있다. 즉 북한동포돕기선교본부, 북한교회재건운동본부, 통일선교정책연구원, 통일선교대학, 자유이주민정착지원본부, 해외남북교회협력위원회에서 대북 지원 사업과 북한 선교 프로그램을 병행 실행하고 있다. 한기총은 평화 통일과 북한 복음화 사업을 위해 북한 교회 재건운동, 북한 동포돕기 선교, 자유 이주민 정착지원, 남북한 교회 선교 협력, 탈북난민 보호 운동, 통일선교 정책 연구활동을 전개하면서 국내외 통일선교대학 등을 운영하고 있다. 이들의 주요 관심은 기독교 선교와 통일문제를 적절히 결합하는 데 두고 있음을 알 수 있다.

4. 중도적 연대 기구: 민족화해협력범국민협의회

1998년 8월 5일 여야 4당과 55개 보수와 진보 사회단체는 민족 통일을 위한 국민적인 합의기구 설립 취지에 동의하고, 그해 9월 3일 171개의 정당, 사회단체가 대거 참여하여 민족화해협력범국민협의회(민화협)를 출범시켰다. 민화협은 정부가 주도한 보수단체와 진보단체가 함께 참여한 대표적인 중도 연대 기구라고 볼 수 있다.

북한도 일찍부터 통일을 위한 광범위한 협의기구의 필요성을 인식하고 우리와 비슷한 명칭의 민족화해협의회를 결성하였다. 북한당국은 정당, 사회 문화계, 종교계, 해외 동포단체 대표로 민화협(회장: 김영호 사민당 부위원장)을 구성하여 '나라와 민족을 사랑하고 조국통일을 바라는 남조선과 해외 여러 단체 및 인사들과의 내왕과 접촉, 대화와 협력을 적극 추진해 나갈 것'을 촉구한 바 있다. 우리의 민화협 결성은 그에 대한 화답이라고도 볼 수 있으며, 남북 간의 화해 협력을 위한 통일 NGO와 사회단체의 다양한 의견을 조율하려는 데 기본 목적이 있다.

1) 창립 목적

민화협은 민족의 화해협력과 평화통일을 목적으로 정당, 종교단체, 시민사회 단체로 구성된 정부 주도의 상설협의체이다. 민화협은 창립선언문에서 '통일문제에 관한 전 국민적 합의 도출, 남북화해, 평화실현, 교류·협력을 통해 민족 동질성 회복에 기여함'을 목적으로 한다고 분명히 밝히고 있다.

민화협은 '통일 문제에 관한 국민 합의와 소통, 화해 협력과 평화 정착, 한반도의 평화 통일, 민족의 공동 번영'이라는 4대 목적을 정관에 규정하고 있다. 민화협은 통일문제에 대해 국민적 합의를 도출하고 이를 토대로 민족의 화해, 교류·협력 사업을 늘려 한반도의 평화를 정착시키는 것이 통일로 가는 첩경임을 밝히고 있다. 또한 이 협의회는 남북 정부 당국이 통일 과정에서의 역할을 제대로 하고 협력하도록 민간의 목소리를 대변하는 것을 중요한 역할 과제로 설정하고 있다.

사실 김대중 국민의 정부 이전에는 우리 정부 당국은 북한의 남북 화해·협력에 관한 제의를 북의 통일전선에 이용당하는 일이라며 무조건 비판하고 반대하였다. 그러나 김대중 정부는 햇볕정책을 통해 '관과 민이 함께 하는 통일시대'라는 취지에 따라 종래의 '남북 대화 창구의 단일화'라는 당국의 대화 독점 정책을 스스로 변경하여 민간의 대북 접촉과 대화를 권장하였다. 민화협은 민간 레벨의 남북 대화에 앞서 남남 대화의 장을 마련하여 대북정책을 조율하고, 감상적·이데올로기적 통일운동 단계를 넘어 실사구시적이고 체계적인 통일운동을 전개하기 위하여 설립된 단체라고 볼 수 있다.

2) 활동 방향

민화협은 남과 북의 체제와 생활 문화의 차이로 당장 남과 북이 완벽한 통합이나 통일을 이루는 것은 어렵다고 보고 민족의 화해가 우선되어야 한다는 입장을 견지한다. 그러므로 진보와 보수단체가 함께 참여하여 민족의 화해협력과 평화통일을 위한 제반 사업을 우선 수행하려는 방향을 설정하고 있다.

민화협은 홈페이지(www.kcrc.or.kr)를 통하여 3대 활동 방향을 '민족의 화해와 협력을 위한 장, 참여와 어울림의 장, 국민적 합의와 소통의 장'임을 선언하고 있다.[74] 민화협은 그들의 활동이나 사업 방향을 다음과 같이 구체화하였다.

---

74) http://www.kcrc.or.kr/?doc=bbs/gnuboard.php&bo_table=intro&page=1&wr_id=2, 2012. 1. 15. 검색.

첫째, 통일논의를 둘러싼 우리사회의 소통과 합의를 만들기 위해 노력한다. 다양한 남남대화의 장을 통해 통일문제에 대한 국민적 합의기반을 확대하고 국민통합을 이끌어 내기 위해 노력하여 서로의 차이를 인정하면서 대화와 소통을 통해 통합을 일구어 가는 '실질적 통일과정'을 만들어낸다.

둘째, 남북의 이질성을 해소하고 남북통합을 준비하기 위한 남북 사회문화 교류와 함께 북한산림을 복구하기 위한 산림녹화 사업, 북한주민들의 인도적 위기를 지원하기 위한 긴급구호 사업을 전개한다.

셋째, 남북 각계각층의 대화와 협력, 대북 인도적 지원 사업 등이 북한 주민들의 삶의 질을 개선하고 남북관계 발전과 평화통일에 기여할 수 있도록 남북 민간교류를 균형적 시각에서 이끌어 가고자 노력한다.

넷째, 정부와의 건강한 협력관계를 통해 한반도의 평화와 통일조국의 미래를 함께 만들어 나간다. 통일은 정부와 민간의 양 수레바퀴가 함께 갈 때 바른 방향으로 나아갈 수 있으므로 민족화해의 추구, 통일문제에 대한 국민적 합의 도출, 민간 통일운동의 활성화를 위한 구체적 사업목표를 설정한다. 또한 '남북기본합의서'와 '6·15남북공동선언'의 실천을 위한 사업, 통일문제에 대한 합의 도출을 위한 사업, 남북 간 화해, 협력 및 교류를 위한 사업, 인도적 지원을 위한 사업 및 대정부 정책 건의 등의 사업을 한다.[75]

3) 조직과 운영

민화협은 출범 시 상임준비위원장과 공동준비위원장제를 두고[76] 산하에 정계, 농민 단체, 예술 단체, 환경 단체, 시민운동 단체 등 각계각층의 대표로 공동위원장을 두기로 하였다. 현재도 민화협은 7인의 상임의장과 30여 명의 각계각층의 공동의장제로 운영되고 있다.[77] 조직의 최고의 결기구는 대의원회의이며 임원은 상임의장, 공동의장, 감사, 집행위원장, 정책위원장, 분야별 위원

75) 민족화해협력범국민협의회 홈페이지(http://www.kcrc.or.kr/) 2012. 2. 20. 검색.

76) 출범 시 상임준비위원장은 한광옥(국민회의 부총재), 이창복(민족회의 상임의장), 오자복(전 국방부 장관), 강문규(우리민족서로돕기운동공동대표), 이우정(평화를만드는여성회 회장), 야당 대표 1명이다.

77) 참여 단체는 독립유공자유족회, 민주사회를위한변호사모임, 대한한의사협회, 한국유권자운동연합, 민화협중국협의회, 한국YMCA전국연맹, 한국관광협회, 세계평화여성연합, 한국직능경제단체총연합회, 동학민족통일회, 평화재단, 대한간호협회, 한국민족예술인총연합회, 한국기자협회, 한국교원단체총연합회, 우리민족서로돕기운동, 남북지역교류중앙협의회, 한국예술문화단체총연합회, 평화통일시민연대, 민족통일중앙협의회, 새마을부녀회중앙연합회, 6월항쟁계승사업회, 이북5도민회중앙연합회, 자주평화통일민족회의, 남북의료협력재단, 한국YWCA연합회 등이다.

장, 특별위원장, 대변인으로 구성되어 있다.[78]

민화협의 조직 구성은 진보와 보수를 망라한 여러 정당과 사회단체들의 결집체[79]이기 때문에 내부적으로 민감한 남북관계 현안에 대해 단체들 간의 견해차를 조정·조율하는 것이 쉽지 않다. 그로 인해 일부 보수단체에서는 민화협의 정체성이나 존립 자체에 대해 의문을 제기하고, 진보적 단체 중 일부가 민화협의 친정부적 성격에 불만을 품고 이 연대 기구에는 참여하지 않고 있다.

민화협은 운영에 있어서 진보 성향의 단체가 좌지우지할 경우 균형성이 훼손되고, 보수층 중심으로 운영되거나 정부가 지나치게 개입할 경우 관변단체라는 비난을 면하기 어렵다. 특히 범민련남측본부의 민화협 참여 문제는 남측 민화협 내부에서 뿐만 아니라 자칫 남북 민화협 간 심각한 논란을 일으킬 소지도 있다.[80] 김대중·노무현 정부 시절 민화협은 범민련 등의 비판적인 시각을 수용하고자 노력하였으며, 정부에 대해서도 협력과 견제를 통한 통일정책 거버넌스 역할에 비교적 충실하려고 노력하였다.[81]

민화협에 대한 평가는 통일 NGO의 입장에 따라 다를 수 있다. 민화협이 통일정책을 조율하기 위하여 국민의 커다란 기대 속에 출범하고도 그 활동이 부진한 것도 각각 진보와 보수 성향을 가진 여러 정당과 사회단체 간에 통일문제에 관한 합의가 어렵기 때문이다. 민화협은 가입 단체와 미가입 단체 간의 이념갈등, 가입 단체 내의 통일문제에 관한 의견 조율이 현재도 제대로 이룩되지 못하고 있다. 그로 인해 일부 진보 민간단체들은 이 기구에 가입하지 않고, 민화협을 비난하고 있는 실정이다.[82] 즉 진보적 통일운동 단체들은 이 협의기구를 관변단체라

---

78) 2011년 6기 임원은 상임의장 8인(김덕룡, 김정숙, 남윤인순, 문희상, 이창복, 장석춘, 정병국, 정병철), 후원회장(손경식), 공동의장 30인(강교자, 구천서, 김삼렬 등)으로 구성되어 있다. 민화협 홈페이지(http://www.kcrc.or.kr/) 2012. 2. 20. 검색.

79) 참여 단체는 독립유공자유족회, 민주사회를위한변호사모임, 대한한의사협회, 한국유권자운동연합, 민화협중국협의회, 한국YMCA전국연맹, 한국관광협회, 세계평화여성연합, 한국직능경제단체총연합회, 동학민족통일회, 평화재단, 대한간호협회, 한국민족예술인총연합회, 한국기자협회, 한국교원단체총연합회, 우리민족서로돕기운동, 남북지역교류중앙협의회, 한국예술문화단체총연합회, 평화통일시민연대, 민족통일중앙협의회, 새마을부녀회중앙연합회, 6월항쟁계승사업회, 이북5도민회중앙연합회, 자주평화통일민족회의, 남북의료협력재단, 한국YWCA연합회 등이다.

80) 이 단체가 남한에서는 실정법상 '이적 단체'로 규정되어 있고, 북한에서는 '애국단체'로 규정되어 있기 때문에 가입 자체가 심각한 논란을 일으킬 소지가 있다.

81) 거버넌스는 통일 NGO들이 다양한 통일 주체들의 능력을 결집해 남북의 공동번영과 평화공동체를 실현하기 위하여 정책에 대한 비판·협력·지지를 통한 협치를 말한다. 손기웅 외, 앞의 책, 23쪽.

82) 이정희, 「통일 관련 사회단체의 이념적 차별성 연구: 남북관계와 대북정책의 인식을 중심으로」, 『국제정치논총』 제42집 제4호, 2002, 119~120쪽.

고 비판하면서 참여를 거부하고 있다.

결국 민화협도 남북관계가 경색된 현 시점에서는 그들의 활동도 현저히 줄어들어 본래의 목표와 역할을 제대로 수행하지 못하고 있다. 이명박 정부 5년간 민화협은 진보적 성향의 단체가 대거 탈퇴함으로써 중도·보수 성향 단체들의 협의체로 전락되어 버렸다. 이로 인해 이 기구의 활동이나 역할은 과거에 비해 현저히 위축되고 제한되어 있는 실정이다.

제4절 통일운동의 우선 과제 논쟁

통일운동의 우선 과제론은 통일운동 단체들이 통일운동에 있어서 가장 우선해야 할 과제에 관한 논쟁을 말한다. 이는 통일운동이 처한 환경이나 상황에 따라 달라질 수도 있다. 여기에서는 민간 통일운동 단체들의 우선 과제의 쟁점을 살펴보기로 한다.

1. 선민주화후통일론과 선통일후민주화론

통일운동에 있어서 선민주화후통일론(先民主化後統一論)은 문자 그대로 남한 사회의 민주화를 이룩한 후 북과 통일을 논의할 수 있다는 입장이다. 이에 대하여 선통일후민주화론(先統一後民主化論)은 분단된 상황에서 민주화도 통일이 전제되지 않고는 성취될 수 없으므로 분단의 모순 구도를 타파하기 위한 통일부터 이룩하여야 진정한 민주화가 한반도에 이루어진다는 입장이다. 이에 관해서는 통일운동 단체 간에도 의견 차이가 있지만, 대체로 진보적 통일운동 단체가 이 선후 논쟁 중 어느 한 편에 가담하고 있다.

전자는 선변혁후통일론과도 맥을 같이하는데 80년대 사회변혁 운동 중 PD(민중민주)계의 논리를 대변한다. 후자는 선통일후변혁론과 맥을 같이하는데 NL(민족해방)계의 입장이라고 볼 수 있다. 전자는 민주화 과정을 거쳐서 통일로 나아가야 한다는 통일 과정론에 가깝다. 이에 비해 후자는 단번의 통일로 분단의 모순을 제거하여 사회 변혁을 초래할 수 있다는 통일 결과론에 가깝다. 특히 후자는 민족해방의 관점에서 남한의 자주권이 확보되고, 자주적 민주정부가 수립된 후 북의 사회주의 체제와 연방제로 통일해야 한다는 입장이다.[83] 이처럼 통일을 과정으로 보느냐 결과로 보느냐에 따라 통일운동의 우선순위가 달라질 수 있는 것이다.

통일운동의 선후문제는 거슬러 올라가면 분단 원인과 책임 문제를 보는 관점에서부터 대립된다. 한반도의 분단은 주변 열강의 패권 추구에 따른 결과라는 입장이 선통일론에 가깝고, 우리 민족 내부의 사상과 체제의 차이로 인한 내부 분열의 결과라는 입장이 선민주화론에 접근한다. 그에 따라 통일문제의 해법도 양측이 달라질 수밖에 없다. 진보진영 내의 급진적인 단체는 선통일후민주화론을 지지하고, 중도 진보적인 단체들은 선민주화후통일론적 입장을 지지한다. 분단은 내외의 복합적 요인의 결과이기에 이처럼 그 해법도 선후 논쟁으로 이어질 수 있다.

2. 환경개선우선론과 교류협력우선론

통일운동의 절차와 방법 문제로 통일을 위한 여건이나 환경개선을 우선하는 입장과 대북 교류협력을 우선하는 입장이 대립되고 있다. 전자는 통일을 위해서는 남한의 불합리한 통일 환경을 우선적으로 개선해야 한다는 점진적 입장이며, 후자는 대북 지원과 교류·협력을 우선하여 상호 신뢰부터 형성해야 통일에 가까이 갈 수 있다는 급진적 입장이다.

환경개선우선론은 통일을 위한 제도 정비, 법의 개정, 시민 의식 함양 등 환경개선 사업을 우선하려는 입장이다. 이러한 입장의 통일운동 단체는 경실련통일협회, 참여연대, 평화통일시민연대 등이 있다. 이들의 활동은 남북의 교류·협력에 앞서 민주적 제도 개혁, 법제 정비를 통한 남한 내의 민주화와 참여민주주의의 실현에 우선 목표를 두고 있다. 그러나 환경개선의 범주와 방식은 단체들 간에도 다소 차이가 있다. 이를 위해 일부 단체는 국가보안법 등 냉전법령 개폐, 주한미군 철수와 평화협정 체결, 한미합동 군사훈련 중단, 남북정상회담 제도화 등 급진적인 주장을 펴는 단체도 있다. 이 단체들 간의 통일 환경조성에 관한 입장 차이는 합의하기 어려운 부분도 상당히 많다.

교류협력우선론은 통일을 이룩하기 위하여 남북 간의 접촉과 교류·협력이 우선되어야 한다는 입장이다. 식량 문제로 야기된 북한의 총체적 경제 위기는 남한 민간단체의 다양한 형태의 북한 돕기 운동을 가능하게 하였다. 이들은 북한 동포에 대한 지원을 인도적·민족적 문제로 부각시키면서 대북 교류·협력이 민족의 동질성을 회복시켜 궁극적으로 통일로 나아간다는 입장이다. 대북 교류·협력·지원 운동에는 남한의 종교단체도 매우 적극적으로 동참하였다. 대북 지원 단체 중에

83) 김두현, 앞의 논문, 16~17쪽.

는 우리민족서로돕기운동, 남북나눔운동, 어린이어깨동무, 한민족복지재단, 굿네이버스, 월드비전, '좋은벗들'의 활동이 두드러진다.[84] 미국의 여러 사회단체들도 대북 지원 교류 사업을 활발히 전개하였으며, 탈북자의 난민 지위 인정문제와 관련해서는 유엔고등판무관실(UNHCR)의 역할도 상당하였다.[85] 따라서 교류협력우선론은 교류·협력 과정에의 통일 NGO의 적극적인 참여와 접촉이 남북의 긴장을 완화시키고, 통일을 위한 규범, 제도, 문화를 바꾸는 중요한 계기가 된다는 입장이다.

그러나 통일운동의 환경개선우선론과 교류협력우선론은 상호 모순된 입장이 아니며 장기적인 측면에서 상호 보완하면서 실천해야 할 과업이다. 환경개선을 통한 교류협력의 병행 추진은 남북 교류·협력의 관행과 규범을 정착시킨다는 입장에서 더욱 바람직한 방식이라고 볼 수 있다. 이와 같이 통일 관련 NGO가 환경개선우선론과 교류협력우선론 양자를 잘 절충 조화하여 사업을 추진하는 것이 통일 과업을 앞당기는 데 크게 기여할 것이다.

3. 통일우선론과 평화우선론

통일운동 방식을 중심으로 무력에 의한 흡수통일론과 평화 우선 통일론은 분단 이후 6·25 전쟁을 전후하여 급속히 대두되기 시작하였다.[86] 이승만 정권은 북진통일론도 일종의 '흡수통일론'이며 통일우선론으로 볼 수 있다. 이에 대해 1956년 결성된 진보당은 이승만의 북진통일론에 반대하며 무력통일론에 제동을 걸고 평화통일론을 주장하였다. 그러나 진보당의 당수 조봉암은 1959년 7월 31일 이승만 정권에 의해 처형됨으로써 그후 평화통일론은 금기시되어 버렸다.[87]

오늘날도 통일이 먼저냐 평화가 먼저냐 하는 문제는 통일운동의 주요 쟁점이 되고 있다. 민중적 진보적 통일진영은 여전히 통일우선론을 주장하지만, 2000년을 전후하여 일부 진보진영에서 통일을 위한 평화우선론을 운동의 중요한 영역으로 간주하였다.[88] 그러나 아직도 재야 민중운동 진영에서는 평화보다는 통일에 방점을 두고 있다. 이 논쟁을 더 논의해 볼 필요가 있다.

통일우선론은 주로 재야 민중진영에서 전통적으로 줄기차게 주장된 입장인데 통일을 우선하

84) 이와 관련하여 활동하고 있는 국제 NGO로는 국제적십자사, 옥스팜, 국경없는의사회, 유진벨재단 등이 있다.
85) 박덕기, 『NGO와 남북한 평화통일론』, 2002, 78~79쪽.
86) 한국전쟁 이전 남과 북은 각기 무력 통일론의 일환인 '북진통일론'과 '국토완정론'을 내세웠다.
87) 그 후 혁신계의 주축인 사회대중당은 반공을 기초로 '유엔의 협조하에 평화적·민주적 통일'을 주장하였고, 통일사회당 및 혁신당은 '중립화조국통일총연맹'을 결성하여 국제적 보장하의 영세중립화 통일방안을 제안하기도 하였다.
88) 손기웅 외, 앞의 책, 34쪽.

여야 한반도의 실질적인 평화가 정착된다는 입장이다. 이 입장은 과거 보수단체들이 친미반북을 강조하며 주장한 동맹 강화를 통한 '흡수통일론'과는 정반대의 입장이다. 반면 평화우선론은 통일보다는 한반도의 평화를 우선하여야 통일이 순조롭게 이룩될 수 있다는 입장이다. 이들은 한반도 비핵화, 군축 및 북한 돕기 등 다양한 활동과 역할을 통하여 평화적 통일기반을 우선 구축해야 한다는 입장이다. 이러한 통일우선론과 평화우선론은 서로 공존도 가능하지만 통일담론에서는 대립될 수밖에 없다. 평화 운동 진영에서는 이의 공존을 추구하지만 통일운동 진영은 평화의 개념을 통일의 하위개념으로 인식하고 있다. 그러나 통일우선론은 자칫 맹목적 통일론, 즉 통일 지상주의적 '통일 환원론'으로 빠질 수 있고, 이에 대한 반발로 '통일 불필요론'이 제기될 수도 있을 것이다.

진보진영이 통일중심 진영과 평화중심 진영으로의 분화는 두 단계에 걸쳐서 진행되었다. 첫째, 과거에는 '통일' 운동이 모든 부문운동을 포괄하는 상위의 개념이었는데, 1990년대 중후반을 지나면서 '통일' 운동이 하나의 부문운동으로 전락한 점이다. 둘째, 2000년대에 들어서서 '통일' 운동에서 '평화' 운동이 분리되어 '통일'은 이제 더 이상 '평화'를 포괄하는 개념이 아니라는 점이다. 매우 광의적이고 포괄적이었던 '통일'의 개념이 이제는 매우 구체적이고 세밀한 의미로 변화한 것이다.

여기에서 평화우선 통일운동 단체들의 활동 상황을 살펴볼 필요가 있다. 평화통일시민연대, 평화만들기 등 30여 개 단체들은 2005년 '한반도평화국민연대'라는 기구를 구성하여 남북기본합의서 국회비준 운동과 한반도 평화체제 구축운동을 동시에 전개하였다.[89] 이들 단체들은 1991년 12월 13일 남과 북이 체결한 남북기본합의서에 바탕을 둔 '2(남, 북)+2(미국, 중국)' 평화체제 구축을 통일을 위한 현실적인 대안으로 보고, '남북기본합의서 국회비준 운동'을 우선하여 전개하였다. 그러나 통일 관련 시민단체들의 관심 저조와 여야의 당리당략으로 국회비준은 성사되지 못했다. 이들 단체의 평화 체제 구축 운동의 의제들로는 종전선언, 평화협정 체결, 평화 군축, 한반도 비핵화, 군사훈련 중단 등이다. 이들은 남과 북의 냉전적 법과 제도의 정비뿐만 아니라 남북이 공존해서 살아갈 수 있는 연습과 훈련이 긴요하다는 것이다. 통일은 궁극적으로 사람 간의 평화가 우선되어야 가능하다는 입장이다.

나아가 평화 운동 단체 중에는 동북아의 평화가 한반도 통일의 전제라는 인식 위에서 군축을

---

89) 당시 한반도 평화를 위한 평화체제 구축운동은 크게 두 가지로 요약되는데 하나는 남북기본합의서 국회비준 동의 운동이고, 다른 하나는 평화협정(조약)체결 운동이다.

위해 활동하는 단체도 있다. 이 단체는 한반도 분단의 이해 당사국인 동북아 국가들의 역내 평화와 안정이 한반도 전쟁의 재발을 방지하는 전제라고 간주한다. 이들은 한반도에서 분쟁이 발생하면 한미, 북중 간의 외교적 군사적 동맹으로 인하여 필연적으로 주변 국가의 개입으로 확대될 가능성이 높다고 본다. 그러므로 한반도의 통일을 위해 동북아에서 군비경쟁의 악순환 고리를 단절해야 한다고 주장한다. 사실 일본은 북한의 핵과 미사일이 일본을 위협한다는 구실로 자체의 군사력 증강을 도모하고 있다. 한국도 북한과 일본 등의 군사력 증강에 대비하기 위해서 군사력을 계속 증가하고 있는 실정이다. 북한은 한미 양국의 침략위협을 강조하면서 선군정치와 군사적인 대비태세에 열중하고 있다. 그러므로 평화 통일운동 단체는 한반도의 통일이 세계적인 군사력 밀집지대인 한반도에서 군축과 비핵지대를 구축하여 동북아의 평화에 기여할 때 가능하다고 본다.

그러나 오늘날 대부분의 진보적인 통일 NGO들은 통일운동과 평화 운동을 분리하지 않고 결합하려고 노력하고 있다. 평화 통일 NGO들은 한반도의 긴장해소와 평화를 위해 종전의 '민족주의 담론'을 국제적 '시민공동체 담론'으로 바꾸고, 한반도 평화 환경 조성을 위한 국제적 감시 활동을 전개하고 있다. 평화를 위한 국제 NGO들은 북핵 위기를 해결하기 위해 국제평화운동의 지원을 견인해 내고, 부당하게 개입하는 외세를 견제하려는 노력도 동시에 전개하고 있다.[90)]

제5절 통일운동의 주요 쟁점

통일운동의 현안에 대한 입장은 보수와 진보단체의 이념 성향에 따라 달라질 수 있다. 이 절에서는 통일운동이 추구하거나 실천하는 과정에서 드러난 그동안의 쟁점이나 입장을 점검하려고 한다. 여기에서는 우리 사회에서 제기되는 통일문제의 쟁점에 관한 보수단체와 진보단체의 입장을 비교하고, 특히 통일 NGO의 통일문제에 대한 기본 인식, 북한 체제에 대한 평가, 대북정책 평가, 통일 환경 조성 문제 등에 관한 쟁점을 비교·검토하려고 한다.[91)]

---

90) 손기웅 외, 앞의 책, 28쪽.

91) 이정희, 앞의 논문, 117~149쪽. 이 글은 김대중 정부의 정책에 대한 NGO들의 입장을 설문조사를 통해 비교한 것이다. 이 분야의 실증적 연구가 부족한 현실에서 통일 NGO에 대한 설문조사 결과는 쟁점을 비교하는 데 상당한 도움이 된다.

1. 통일 관련 정책에 대한 쟁점

보수와 진보단체는 통일운동의 개념에 대해서도 입장을 달리하고 있다. 진보적 단체는 통일을 '전국적 범위에서 민족의 자주성을 실현하고, 민족자주의 기치하에 민족의 대단결을 실현하는 활동'이라고 규정하고 있다. 이에 반해 보수 단체의 입장은 '분단을 극복하기 위해 체제의 차이로 인해 발생한 남과 북의 이질성을 극복해 나가는 활동'이라고 규정하고 있다.

이제 통일 관련 정책에 대한 통일 NGO의 기본 입장을 비교하기로 한다. 여기에서 말하는 통일 관련 정책은 정부의 대북정책뿐만 아니라 대미정책, 북한에 대한 인식, 통일 방안 등이 두루 포함된다. 탈냉전 시대에 한국의 통일 NGO 간에도 통일문제를 보는 시각이 냉전 시대의 이데올로기와 탈냉전 시대의 이데올로기가 혼재하여 대립되고 있다.

이러한 통일정책에 관한 입장 대립이 우리 사회에는 색깔 논쟁으로 비화되어 아직도 곳곳에서 충돌하고 있다. 개방된 자유민주주의 사회에서 통일문제에 관한 다양한 이론과 주장은 자연스러운 현상이지만, 그것이 시민사회의 통일문제에 관한 합의를 어렵게 하는 데 문제가 있다. 결국 통일 NGO들의 남북문제나 통일문제에 관한 대립된 입장이 여론 형성에 영향을 미치고, 그것이 시민단체와 정부 간의 정책 갈등의 원인이 되기도 한다. 이러한 통일 NGO들 간의 이념 대립이 한국 전쟁과 분단 구조라는 특수한 상황과 결합하여 통일문제에 관한 시민사회의 갈등을 더욱 증폭시키는 데 문제가 있다. 그 결과 보수진영에서는 진보 측의 주장을 친북, 좌익, 용공, 종북으로 비판하고, 진보진영에서는 보수 측의 주장을 반민족, 반통일, 냉전, 수구적 입장이라고 매도하고 있다.

일반적으로 보수적 단체는 북한 당국에 대한 불신이 강하여 대북강경책을 요구하고 미국의 한반도 정책에 대하여 적극적인 지지 입장을 보인다. 진보적 단체는 대체로 남북한 화해정책을 지지하고 미국의 한반도 정책에 반대하거나 혹은 비판적이다. 한편 어디에도 편향되지 않고 양측 입장을 적절히 절충하려는 단체도 있는데 이는 중도적 온건단체로 분류될 수 있다.[92)]

진보적 통일 NGO는 포용정책이 세계사적인 흐름과 민족사적인 당위성을 반영하여 북한의 개혁 개방을 이끌 수 있는 가장 합리적인 정책이라고 지지한다. 이에 반해 보수적 통일운동단체들은 북한은 변하지 않는데 정부가 일방적으로 북한을 지원하는 포용정책은 우리의 경제적

---

92) 윤민재, 앞의 논문, 146쪽.

부담만 가중시키며, 우리의 안보 의식을 약화시킨다고 비판한다.

보수적인 통일운동 단체들은 독자적인 통일 방안이나 접근 방식을 제시하지 않고 정부의 통일정책이나 통일방안을 대체로 지지한다. 이들은 대체로 반공·친미·반북을 강조하며 한미 동맹 강화를 통한 대북 압박 정책과 북한 붕괴에 따른 '흡수통일론'을 지지하고 있다.[93] 이에 비해 진보적 통일운동 단체는 정부의 대북·대미정책을 비판하고, 심지어 범민련은 '남과 북의 다른 사상과 제도를 인정하고 존중하는 기초 위에서 남과 북에 두 제도, 두 정부가 공존하는 연방제'를 지지하고 있다. 〈표 2-3〉은 통일 관련 정책에 관한 보수와 진보단체의 입장을 비교한 것이다.

〈표 2-3〉 보수단체와 진보단체의 통일 관련 정책 비교

	보수적 단체	진보적 단체
미국의 한반도 정책	적극 찬성	반대 혹은 비판적 지지
대미관계	한미 관계 우선	민족 관계 우선
북한에 대한 인식	타도 대상	협력 대상(민족적 동반자)
대북 지원	반대	적극 찬성
대북 포용정책	선별적 지지 혹은 반대	적극적 지지 혹은 찬성
통일 방안	흡수 통일	(점진적) 합의 통일

2. 북한 체제 인식에 관한 쟁점

북한 체제에 대한 관점과 인식은 시민사회 내의 기본 쟁점 중의 하나이다. 통일운동 단체의 북한에 대한 인식의 차이는 통일운동의 방법이나 방향에도 영향을 미친다. 통일 NGO의 북한에 대한 인식 문제부터 알아볼 필요가 있다.

1) 북한에 대한 인식

통일 NGO의 북한에 대한 입장이나 태도는 한반도의 통일 환경의 변화에 따라 시기별로 상당한 편차를 보이고 있다. 전후 냉전 시대 우리사회에는 북한을 동족의 반쪽이라고 생각하기보다는 우리가 생사를 걸고 투쟁해야할 적대집단이라는 인식이 높았다. 탈냉전 시대에는 북한을 통일을

93) 손기웅 외, 앞의 책, 9~12쪽.

위한 민족 공동번영의 협력자·동반자라는 인식이 증가하였다.[94] 아직도 시민사회 내에는 북한을 '타도의 대상'으로, 혹은 '협력의 동반자'로 인식하는 경향이 공존한다. 시민사회의 이러한 이중적인 혹은 양분된 입장은 통일 관련 NGO의 대북인식에도 영향을 미치고, 그것 자체가 갈등의 요인이 되기도 한다.

북한 정권은 법적으로 대한민국의 국민과 영토의 일부를 불법적으로 점유하고 있는 반국가단체이다. 그러나 동시에 북한은 현실적으로 독립 국가로서 유엔에 가입하고 국제적으로 인정받는 주권 국가이다. 우리 사회에서도 북한을 안보의 가장 큰 위협 요소로 보는 적대적인 시각과 북한을 협력관계로 보는 동반자적 시각이 대립되고 있다.[95] 전자는 분단 이후 냉전 시대에 굳어진 북한에 대한 부정적이며 비판적인 시각이며, 자유총연맹, 민족통일협의회 등 보수적인 통일운동 단체의 입장이다. 후자는 탈냉전 화해 시대에 북한을 같은 민족으로, 통일의 동반자로, 화해와 협력의 대상으로 보는 시각이며 6·15공동선언실천남측위원회, 범민련 등 진보적 통일운동 단체의 입장이다.

이처럼 민간 통일운동 단체 간에도 보수적 단체의 '적대적 대상'과 진보적 단체의 '호혜적 협력 대상'이라는 상반된 인식이 대립되고 있다. 이로 인해 보수와 진보 통일운동 세력 간에는 대북정책에 관한 입장의 차이로 갈등이 심화되고 있다.[96] 대체로 보수적인 통일운동 단체는 북한을 적대세력으로 인식하여 경계하는 경향이 강하여 정부의 현상 유지적 정책을 지지하고, 진보적 단체는 북한을 화해와 협력의 대상으로 포용하려는 인식이 강하여 현상 변경적 정책을 선호한다.

북한에 대한 통일운동 단체의 인식의 차이는 결국 시민사회의 여론에도 영향을 미친다. 시민사회에서 북한 인식에 가장 큰 영향을 미치는 변수는 좌우 이데올로기이며 이것이 지역이나 세대 변수와 결합하여 다양한 형태로 나타난다. 세대별로는 20~30대의 신세대들과 청년층은 노년층에 비해 북한에 대하여 덜 적대적이며, 북한의 대남 도발 가능성에 대해서도 부정적이다. 학력별로는 대학 재학 이상의 고학력층이 저학력층에 비해 정부의 포용정책에 긍정적이고 북한의 전쟁 도발 가능성에 대해서도 부정적이다. 성별로 볼 때 여성은 남성에 비해 북한을 경계 대상이나

94) 통일부 통일교육원, 「통일 교육 기본 지침서」 학교용, 2008, 29쪽.

95) 이교덕, 「대북정책에 대한 국민적인 합의 기반 조성방안」, 통일연구원 연구총서 2000-08호, 2000. 북한에 관한 인식 조사에서 약 30%의 국민이 북한을 의심하고 있다. 북한에 관한 긍정적인 인식과 부정적인 인식은 6 : 4로 나타나는데 그것이 시민사회의 대북정책의 평가에도 영향을 미친다고 볼 수 있다.

96) 한종기, 「햇볕정책의 정치동향」, 『세종정책연구』, 세종연구소, 2001, 28쪽.

적대 대상으로 인식하는 경향이 높고, 북한의 변화에 대해서도 회의적이다. 지역별로는 북한의 접경 지역인 경기도와 강원도는 북한의 적화 위협 및 전쟁 도발 가능성에 대하여 가장 경계적인 태도를 보이고, 전라도는 북한에 대하여 전향적이고 개방적인 태도를 보이며, 북한 개방의 가능성에 대해서도 긍정적인 반응을 보였다.[97)]

우리는 북한에 대한 이러한 이중적인 태도를 인정하면서도 북한 인식에 있어서 북한 당국과 주민을 분리하여 인식할 필요가 있다. 탈냉전 남북화해 시대에 북한 정권 담당자와 숙명적으로 북한에서 태어나 살고 있는 주민을 분리해서 생각할 필요가 있기 때문이다. 남북 간 군사적 대결구도에서 볼 때 북한 당국은 분명 우리의 경계대상이지만, 북한 주민은 장차 우리와 함께 살아야 할 동포라는 인식이 요구된다. 따라서 우리는 북한 주민들까지 적으로 간주하기보다는 민족 공동번영의 동반자라는 인식이 필요하다. 그리하여 통일 NGO는 시민사회에서 북한 주민에 대한 적대의식보다는 북한을 공존과 협력의 동반자적 관계로 이끌어 가려는 지혜와 노력이 필요하다.

2) 북한 체제의 변화에 대한 인식

우리의 시민사회 내에는 북한 체제의 변화를 보는 시각도 양분되어 있다.[98)] 정부의 대북 화해협력 정책 실시 이후 북한 체제의 변화에 대해서 '변화했다'는 긍정적 입장과 '변화하지 않았다'는 부정적 입장이 팽팽히 맞서고 있다. 보수적인 통일운동 단체는 북한이 대남 적화 통일이라는 혁명 전략에는 변화가 전혀 없기 때문에 북한 체제의 변화는 전혀 없다는 입장이며, 진보적인 운동 단체는 북한 체제도 변화될 수밖에 없다는 '변화불가피론'에 의미를 부여한다. 그러므로 전자는 북한의 변화는 형식적이고 생존적인 차원의 전술적 변화이며, 북한의 본질적인 변화는 있을 수 없다는 입장이며,[99)] 후자는 북한이 자신의 어려운 현실을 인식하여 상당한 정도의 정책 변화를 하고 있으며, 북한의 개혁과 개방도 가능하다는 입장이다.[100)]

이러한 북한 체제 변화에 관한 양분된 인식 구도는 정부의 대북정책의 평가에도 영향을 미친다. 정부의 대북 포용정책을 비판하는 보수적인 통일운동 단체들은 북한에 대한 지원은 북한의 변화보

---

97) 이교덕, 「대북정책에 대한 국민적인 합의 기반 조성방안」, 통일연구원 연구총서 2000-08호, 2000, 2~7쪽.

98) 이정희, 앞의 논문, 133쪽.

99) 황장엽, 「자유 민주주의의 승리를 위하여 - 독재와 민주주의는 양립할 수 없다」 인터뷰, 『월간조선』 2000년 12월호 참조.

100) 윤대규, 「남북 화해시대 국가적 과제 - 대북정책에 관한 국민적 합의 도출 문제를 중심으로」, 한국언론재단, 『남북화해시대의 국민적인 과제와 언론의 역할』, 커뮤니케이션북스, 2000, 230쪽.

다는 독재 정권을 안정시키는 결과를 초래하므로 대북 강경정책을 요구한다. 이에 반해 포용정책을 지지하는 진보적 통일운동 단체는 북한의 변화에 상당한 의미를 부여하고 있다. 그러나 이명박 정부 등장 이후 대북 강경정책은 남북관계의 대화 단절로 이어져 북한체제의 변화에 관한 시민사회의 여론도 부정적으로 바꾸고 있다.

김대중 정부의 대북 포용정책과 북한의 변화 효과에 대한 여론조사에서 북한이 '변하고 있다'는 반응(78.8%)이 '변하고 있지 않다'는 반응(21.2%)을 압도하였다.[101] 2000년 어느 설문조사에서도 '북한이 향후 빠른 속도로 개혁, 개방에 나설 것인가'에 대해서 진보적인 통일운동 단체인 통일연대 73%, 민족회의 67%, 자통협과 민화협이 44% 순으로 찬성하는 반응을 보였다. 이는 진보적 통일운동 단체가 보수적 단체에 비해 북한의 변화에 대하여 보다 전향적인 긍정적 태도를 보이고 있음을 반영한 결과이다. 한편 북한의 변화의 속도에 관해서는 '북한이 빠르게 변화하지 않을 것'이라는 설문에 통일연대 18%, 민족회의 33%, 자통협 22%, 민화협 30%로 찬성하는 반응을 보였다. 이는 진보적인 사회단체들도 북한의 빠른 개혁과 개방의 전망에는 적극적으로 찬성하지 않는다는 반응이 상당히 많다. 이 조사에서 남북관계가 북미관계와 국내 정치의 영향으로부터 벗어난 비교적 자유로운 상태에서 순조롭게 진행될 것인가에 대한 설문에는 부정적인 반응이 많았다.[102]

3. 대북 포용정책에 관한 쟁점

우리의 시민사회 내부는 대북 포용정책에 관해서 아직도 찬반 의견이 대립되고 있다. 이는 정부 정책 결정과정이라는 공적 갈등 구도를 넘어 점차 시민사회 영역에서도 정책에 관한 갈등이 엄연히 존재함을 의미한다.[103] 이로 인해 정부의 포용정책에 관한 통일운동 단체의 입장도 이념 성향에 따라 차이가 있다. 민간 통일운동의 독자성을 강조하는 통일연대 소속 진보적인 단체들은

101) 이교덕, 『대북정책에 대한 국민적인 합의 기반 조성방안』, 통일 연구원 연구총서 2000-08호, 2000, 130쪽. 이 같은 결과는 여론조사 대상이 한국의 교수, 고위 공무원, 대기업 간부 등 여론 선도층에 국한하였기 때문에 일반 주민의 여론과는 차이가 있어 여전히 쟁점의 소지가 있다. 북한의 변화에 관한 또 다른 조사에서 국민의 60% 이상이 '북한 체제의 변화가 근본적인 변화'라기보다는 '임시방편적인 변화'로 인식하고 있다. 이는 북한 당국에 대한 국민들의 경계심이 아직도 상당히 높다는 점을 보여 준다.

102) 이정희, 앞의 논문, 123~124쪽.

103) 중앙일보, 2000년 8월 14일 자. 2000년 대북 포용정책이 본격적으로 실시되던 김대중 정부 시절 중앙일보 통일포럼이 실시한 여론조사에서 응답자의 78.6%가 정부의 포용정책에는 지지하고, 그 중 50.7%가 '그로 인해 남한 내의 의견 갈등이 심해졌다.'고 조사되었다.

김대중 정부의 대북정책을 적극 지지하고 있다. 반면 정부 주도의 통일 정책을 지지하며, 시민사회의 보수적인 입장을 대변하는 통일운동 단체들은 오히려 포용정책에 대하여 비판적인 입장을 취한다.

대북정책에 관한 이러한 NGO의 입장 대립은 정부의 정책 갈등을 유발하고, 시민사회의 남남갈등의 소지를 제공한다. 여기에서 시민단체의 포용정책에 관한 사안별 입장 차이를 비교하면 다음과 같다.

1) 포용정책의 원칙: 상호주의 문제

김대중 정부는 '정경분리 원칙'에 의해 민간 사회단체의 대북 교류·지원 활동을 적극 장려하고, 정부와 민간의 대북 지원 확대 등 대북 포용정책을 적극 추진하였다.[104] 그러나 당시 시민 사회에는 포용정책에 대한 찬반양론이 대립되었다. 외교관계의 기본 원칙인 상호주의가 엄격히 지켜져야 한다는 보수단체의 반대 입장[105]과 남북관계라는 특수성을 인정하여 융통성 있게 적용해야 한다는 진보단체의 찬성 입장이 대립되었던 것이다. 대체로 보수적인 입장의 NGO는 가시적 성과가 없는 대북 지원을 반대하였고, 진보적 입장에서는 남북의 화해라는 장기적 시각에서 찬성하는 입장이었다.

이 같은 상호주의 원칙 적용 문제에 관한 찬반 논쟁은 김대중 정부 시기의 대북 지원 정책에 대한 통일운동 단체의 설문조사[106] 결과에서도 잘 나타나 있다. 대북 지원 시 상호주의 원칙을 엄격히 적용해야 한다는 입장에 관하여 보수성향의 단체가 많은 민화협은 대체로 지지하는 반응을 보였으나, 진보적인 연대기구인 통일연대 소속 단체들은 반대하는 입장을 분명히 보였다.

또한 '북한에 식량을 무상이나 차관 형태로 제공한다면 향후 남북관계의 진전에 도움이 될 것인가'에 대해 보수적인 단체들은 부정적인 반응을 보였지만, 진보적 통일운동 단체인 민족회의와 통일연대는 매우 긍정적인 반응을 보였다. 특히 진보적 통일운동 단체는 남북의 긴장으로 인한 안보 불안 비용이 북한에 대한 식량, 비료 등의 지원비용보다 오히려 더 소요되기 때문에 대북

104) 김대중 정부의 포용정책은 남북한의 이익이 상호 부합되는 부분부터 교류와 협력을 시작하여 '경제 협력 교류', 남북 '평화교류'로 확대하려는 일종의 대북 화해 정책이다.

105) 야당인 한나라당은 북한의 경제재건을 위한 지원이 독재체제인 북한 정권을 연장하고 강화할 수 있으므로, 대북 지원이 북한의 개혁 개방을 유도하고, 북한 주민의 자유보장을 위한 전제로서만 추진되어야 한다고 주장하였다.

106) 이정희, 앞의 논문, 123~126쪽.

지원을 적극 추진해야 한다는 입장을 보였다. 이에 반해 보수적인 통일운동 단체는 북한에 대한 식량 지원이 북한의 군량미로 전용되는 등 대북 지원 결과의 투명성을 신뢰할 수 없기 때문에 상호주의를 엄격히 적용해야 한다는 입장을 표출하였다.[107)]

이러한 보수와 진보단체들 간의 대립된 논거는 더욱 확산되었다. 보수적 통일운동 단체는 우리 정부가 북한에 대하여 '일방적인 시혜'를 베풀고, 무조건 '퍼주기 식' 지원을 하는 것은 국제적인 상호주의 외교 관례에 어긋난다고 비판하였다. 나아가 보수단체에서는 엄격한 상호주의 실현, 국제 공조와 압박 정책의 병행을 제안하면서 대북 지원은 '김정일의 비밀계좌에 현금을 넣는 것'이라고 비난하고, 북한 주민에게는 '고통만 연장'시킨다고 비판하였다.[108)] 보수진영이 진보진영에 비하여 북한 돕기 운동에 관심이 적고 적극적이지 못한 것은 평소의 대북 지원 정책에 대한 이러한 불만에서 비롯되었다.[109)] 이에 대해 진보단체들은 대북 지원 정책을 '생존권 보호 차원의 북한 인권 보호 정책'의 일환이라고 적극 지지하였다.[110)] 진보적 통일운동 단체들은 남북문제는 국가 간의 문제이기보다는 동족 내부의 문제이며, 현실적으로 남북한 간에는 엄청난 국력 차이로 북한에 대한 남한의 인도적 지원은 당연하며, 상호주의를 엄격히 지킬 것이 아니라 신축적 입장을 취해 더욱 지원해야 한다고 주장했다.

결국 진보적 통일 단체는 '탄력적 상호주의'가 남북의 화해와 협력에 순기능적으로 작용할 것이라고 적극 지지하였으며, 보수적 단체에서는 그것이 실질적인 긴장완화와 평화정책에 대해 도움이 되기보다는 역기능적으로 작용한다며 부정적인 입장을 고수하였다. 이러한 대북 지원 원칙 문제가 시민사회는 물론 통일운동 단체 간에도 커다란 쟁점이 되었지만, 이명박 정부의 대북 지원 중단으로 이 문제는 다시 수면 아래로 잠복되어 버렸다.

2) 포용정책의 속도

남북 정상회담 이후 대북 포용정책에 대해서는 대체로 지지하면서도 추진 속도에 관해서도

---

107) 이러한 문제를 의식한 김대중 정부는 선별적 상호주의 원칙, 신축적인 상호주의 원칙을 천명하고 정부의 지원을 인도적 분야의 물자 지원에 한정하고, 북한 지원 물자에 대한 분배과정의 투명성 보장을 약속하였다. 당시 보수적인 입장에서는 금강산 관광 비용마저도 군사비로 전용될 수 있다고 비판하는 입장이었다.

108) 이우영, 앞의 논문, 54쪽.

109) 보수적 통일 NGO들이 대북 지원에 소극적인 편이지만 용천돕기운동의 경우 탈북자동지회, 자유북한방송, 백두한라회 등 탈북자들이 조직적인 연대체를 구성하여 지원한 것은 특기할 만하다.

110) 진보단체는 식량, 보건 의료, 농업 기반, IT 교육 등으로 지원 분야를 확대하고 농장 운영, 국수 공장 건립, 병원 건립, 학교 시설 개선, 임업 지원 등의 개발 지원 사업으로 나아가야 한다고 주장하였다.

보수진영과 진보진영의 입장은 대립되었다. 어느 여론조사에서 정부의 대북 포용정책의 속도가 '너무 빠르다'는 반응(42.3%)과 '적당하다'는 반응(51.9%)이 대립되었기 때문이다.[111)]

'너무 빠르다'는 반응은 보수적 통일운동 단체의 입장인데, 정부의 대북 교류·협력 정책의 조급성과 무분별성은 북한의 전술에 끌려가며 이러한 대북정책의 졸속은 결국 우리의 안보의 위험을 초래한다는 입장이다.[112)] 이는 냉전 시대에 내면화된 반공·반북 이데올로기에 의해 공산국가인 북한과의 교류에 대한 원천적인 거부감에서 비롯된 것도 있고, 북한 당국에 대한 강한 불신감에서 나온 경우도 있다. 또한 국가보안법 등 법제의 개정 없이 이루어지는 남북 교류에 대한 당혹감이나 우려에서 비롯된 입장도 있다.

이에 반해 정부의 포용정책의 속도가 '적당하다'는 진보적 단체의 입장은 대북 포용정책을 지지하는 입장이며, 북한의 개방 개혁을 촉진하기 위해서는 당시의 교류·협력의 속도를 유지해야 한다는 입장이다. 물론 여기에는 대북 협력의 속도를 더욱 가속화해야 한다는 입장도 포함되어 있다. 그러나 정책의 속도 문제는 당시 포용정책을 추진했던 정부도 장기적인 안목에서 교류의 폭이나 범주 등 속도 조절의 필요성을 인정했고, 북한 당국도 체제를 유지하는 데 개혁 개방이 초래할 위험을 느꼈기 때문에 속도는 자동 조절되는 측면도 있다고 볼 수 있다.[113)]

3) 포용정책의 성과

통일운동 단체들은 김대중·노무현 대통령 시대의 대북 포용정책의 성과를 어떻게 평가할 것인가? 앞에서 본 바와 같이 대북정책에 관한 통일 NGO의 기본 입장 차이는 정책의 결과 평가에도 그대로 반영되고 있다. 대북정책의 결과인 남북 정상회담의 성과에 관해서도 보수적인 단체는 '퍼주기의 결과'로 대체로 부정적으로 평가하고, 중도 진보적인 단체는 '민족 화해'의 상징이라며 긍정적인 평가를 한다. 또한 남북 정상회담이 남북관계 개선에 미친 기여도에 대해서도 보수적인 단체들은 대체로 과소평가하거나 부정적으로 평가하고, 진보적인 단체들은 대체로 높이 평가하고 있다.

지난 김대중·노무현 정권 시절의 대북정책이나 정상회담의 성과에 관한 일반 시민 대상의

---

111) 동아일보, 2001년 3월 30일 자, A8면.

112) 정부의 대북정책은 부처 이기주의와 실적주의가 과속을 부추긴 경우도 있어 이로 인해 상당한 혼선이 초래된 것도 사실이다.

113) 북한 당국의 남북 정상 회담 날짜의 하루 연기, 남북 적십자 회담이나 고위급 회담의 돌연 연기, 고위급 회담의 장소 변경 등은 그들 나름의 속도 조절 필요성에서 비롯되었다고 볼 수 있다.

여론조사는 여러 번 있었으나 통일 NGO 회원 대상의 설문조사는 찾아보기 힘들다. 다음의 정상회담의 성과와 관련된 진보적 통일운동 단체의 설문조사 결과는 정책의 효과를 가늠해 볼 수 있는 자료이다.[114] 남북 정상회담 이후 한반도에서 전쟁 위험 감소 여부에 대해서 진보적인 운동 단체인 통일연대 83%, 민족회의 80%, 자통협 80%, 민화협 66% 순으로 긍정적이고 낙관적인 반응을 보였다. 김정일 국방위원장의 서울 답방과 2차 남북 정상회담이 통일문제의 전향적 해결에 도움이 될 것이라는 예측에 민족회의 100%, 통일연대 92%, 자통협 80%로 긍정적인 반응을 보였다. 다만 중도 보수적인 민화협은 이보다 훨씬 신중한 반응을 보였다.

비전향 장기수 송환 조치가 국군포로 및 납북자 문제의 해결에 도움이 될 것인가 묻는 질문에 민족회의 77%, 민화협 65%, 통일연대 63%, 자통협 55%의 순으로 긍정적 반응('매우 그렇다'와 '상당히 그렇다', '비교적 그렇다'를 모두 합함)을 보였다. 이는 보수 성향의 단체일수록 조건 없는 비전향 장기수 북송에 대해서는 반대하는 입장과 대조적인 반응이다. 경의선 철도 및 도로 연결과 개성공단 건설 등 일련의 남북 경제 협력이 남북과 북한 경제에 어느 정도 영향을 미칠 것인가에 대해서 민족회의 100%, 통일연대 100%, 민화협 92%, 자통협 90%로 긍정적인 반응을 보였다. 북한과의 금강산 관광 사업이 남측의 경제적 손실에도 불구하고 계속 추진되어야 하는가에 대해서 자통협 100%, 민족회의 80%, 통일연대 57%의 순으로 긍정적인 반응을 보였다. 그러나 민화협은 부정적 반응(40%)이 긍정적 반응(37%)보다 다소 앞섰다.

이상으로 볼 때 대북정책의 원칙과 속도, 성과에 대해 우리 사회 내 진보와 보수를 대변하는 통일 NGO들의 대립이 만만치 않음을 알 수 있다. 그러므로 통일운동 단체들은 이념의 속박에서 벗어나 사안에 따라 상호 협력을 위한 건설적인 논의를 활발히 전개하여야 할 것이다. 정부 당국도 생산적인 대북정책 수립과 집행을 위해 시민사회와의 소통과 협력 관계를 유지해야 할 것이다.

4. 통일 환경 관련 쟁점

통일 환경 관련 쟁점은 통일을 위해 우리 사회에서 논의되고 있는 주요 국내외 현안에 관한 쟁점을 말한다. 우리 사회에서는 시대적 상황에 따라 통일 관련 쟁점도 달라질 수 있다. 현재

114) 이정희, 앞의 논문, 123~131쪽.

통일운동 단체 간에 부각되는 주요 쟁점은 국가보안법 개폐 문제, 주한미군 철수 문제, 북한 인권 문제 등이다. 이러한 현안은 보수와 진보 단체 간은 물론 같은 진영 내에서도 입장이 상반되어 첨예하게 대립되는 쟁점이다. 이를 차례대로 검토해 보면 다음과 같다.

1) 국가보안법 개폐 문제

1948년 12월 공산주의의 위협으로부터 국가안보를 지킨다는 명분으로 제정된 반공법은 여러 차례 개정되어 오늘날 국가보안법으로 존속되고 있다. 북한 당국은 오래 전부터 여러 차례 그들의 공동 사설을 통해 '남한의 국가보안법 철폐'를 주장했다.[115] 국가보안법의 개폐 문제는 이념이나 세대에 따라 첨예하게 대립되는 사안이라 시민사회에서 합의하기 힘든 쟁점 중의 하나이다. 북한의 노동당 규약이나 형법이 존속하는 한 국가보안법이 그대로 존속되어야 한다는 것이 보수적 입장이며, 화해 협력이라는 탈냉전시대의 정신에 맞게 개정하여야 한다는 것이 중도적 입장이며, 북한 공산 집단을 고무 찬양하는 경우 사형까지 처할 수 있는 국가보안법은 시대의 정신에 맞지 않아 폐지해야 한다는 것이 진보적 입장이다.[116] 이처럼 국가보안법 개폐 문제에 대해 정당 간의 입장이 다르고, 보수, 중도, 진보 통일 단체의 입장이 상충되고, 진보단체 간에도 강온의 입장 차이가 있다.

이러한 각기 다른 입장의 근거와 이유를 여기에서 상론해볼 필요가 있다. 보수적 통일운동 단체들은 북한의 반체제 억압 법제가 그대로 존치되고, 그들의 혁명 적화 노선에 변화가 없는 한 우리의 안보를 위하여 국가보안법을 존속 유지 강화해야 한다는 입장이다. 그들은 북한의 노동당 규약 전문이나 북한 형법의 개정 없이 국가보안법 개정은 있을 수 없다는 것이다.[117] 즉 1974년 제정된 북한의 형법에도 '공화국 전복 음모 가담이나 이를 위한 선전선동, 공화국을 배반하고 적의 편으로 도망치거나 간첩행위를 한 경우와 같은 조국을 반역한 경우, 공화국 공민이 아닌 자가 정탐행위를 하는 경우' 등을 주요 '반국가범죄'로 규정하여 엄격히 처벌하는 조항을 두었으며, 1987년 형법 개정 시에도 이 조항은 그대로 존치하고 있다는 것이다.[118] 그러므로

---

115) 민주평통, 「2002년도 북한 신년 공동 사설 분석」, 11쪽. 그러나 김정일 국방위원장은 방북한 남한 언론 사장단과의 간담회에서 '남한의 보안법은 남쪽의 문제이므로 굳이 반대할 이유가 없다.'는 입장을 피력한 적도 있다.

116) 한겨레신문은 '국가보안법 폐지가 옳다'라는 제하의 사설(2000. 7. 12.)을 통해 진보적 입장을 대변하여 국가보안법 폐지의 이유를 밝히고, 조선일보는 '보안법이 유례없다?'라는 제하의 사설(2000. 7. 19.)을 통하여 국가보안법 자체는 폐지할 수 없다는 보수적 입장을 대변하고 있다.

117) 보수단체는 노동당 규약 전문에 있는 '전국적 범위에서 인민민주주의 혁명완수', '온 사회의 주체사상화와 공산주의 사회건설'은 한반도의 자유민주적 통일에 위배되므로 시급히 폐지되어야 할 조항이라는 입장이다.

강경 보수단체들은 우리 사회에서 국가보안법 폐지를 주장하는 자를 '이적 행위자'로 규정하고, '종북 내지 친북 행위자'로 처벌해야 한다는 성명서를 발표한 바 있다.

진보적인 통일운동 단체는 통일에 장애가 되는 냉전적인 법의 개폐 운동 차원에서 국가보안법의 폐지를 주장하고 있다. 그들은 북한을 대화와 화해의 대상으로 상정한 현실에서 북한을 적으로 규정하는 국가보안법이 폐지되거나 개정되어야 한다는 입장이다. 특히 국가보안법 조항 중에서 제2조 반국가단체의 개념 규정, 유엔 인권위에서 개정을 권고한 제7조 반국가단체 찬양·고무죄, 제10조 불고지죄 등은 2000년 남북 정상회담 개최 이후 우리의 현실과 너무 동떨어져 개폐가 불가피하다는 주장이다. 민족의화해와통일을위한종교인협의회(공동대표: 김상근 목사 등 3인)는 '국민의 정부가 출범한 이후 국가보안법 위반 구속자가 393명으로 늘어났다.'고 지적하고 '냉전시대의 잔재인 국보법은 (…) 정부가 추진 중인 햇볕 정책에 역행하는 반통일적 성격을 띤다.'며 즉각적인 폐지를 촉구했다. 평화통일시민연대(이장희 교수)도 민족회의가 주최한 어느 토론회에서 "정부는 국보법 7조(찬양·고무죄)가 국제 인권 규약에 위배된다는 유엔인권이사회의 결정을 수용하라."며 국보법 폐지를 주장한 적이 있다.

이처럼 대부분의 진보적 통일 NGO들은 국가보안법을 현실에 맞게 개정하거나 폐지해야 한다는 입장에 서 있다. 범민련은 국가보안법은 정권 안보에 이용되고 수많은 인권 피해자를 양산하고 민주주의 발전과 평화 통일에 걸림돌이 되기 때문에 응당 폐지해야 한다는 입장을 오래전부터 견지해 왔다. 더구나 범민련의 산하 단체인 조국통일범민족청년학생연합(범청학련) 남측본부는 국가보안법의 폐지 이유를 보다 구체적으로 제시하고 있다. 그들은 국가보안법 폐지 해설서에서 국가보안법의 법률적 문제를 다음과 같이 지적하고 있다.[119]

① **위헌성**: 대한민국 헌법에 반 한다.

평화통일조항(헌법 전문, 제4조, 제66조, 제69조)과 죄형법정주의(헌법 제12조)에 정면으로 반 하고, 사상·양심의 자유(헌법 제19조), 표현의 자유(헌법 제21조), 평등원칙(헌법 제11조), 인간의 존엄성(헌법 제10조), 법치주의와 과잉금지원칙(헌법 제37조 제2항)을 침해하고 입법권(헌법 제40조)의 한계를 벗어난 위헌법률이다.

② **상충성 1**: 국제인권조약과 충돌하는 모순 법률이다.

---

118) 손기웅 외, 앞의 책, 38쪽.

119) http://blog.naver.com/kdi062/120004900703, http://bchy.jinbo.net, 2012. 1. 30. 검색.

대한민국이 당사국인 국제인권조약, 특히 '시민적·정치적 권리에 관한 국제규약'은 헌법 제6조 제1항에 따라 자동적으로 국내법적 효력을 가진다. 그런데 국가보안법은 규약 제9조, 제18조, 제19조와 양립할 수 없어 단계적으로 폐지되어야 할 법률이라는 것이 국제인권기구, 특히 국제연합 인권이사회에서 지속적으로 확인되고 있다.

③ **상충성 2**: '남북교류협력법' 및 남북 간의 각종 교류·협정과 충돌하는 모순 법률이다. 평화통일정책을 추진하기 위한 법적 근거로서 '남북교류협력에 관한 법률'(이하 남북교류협력법)을 제정하였음에도 불구하고 남북 간의 적대관계를 전제로 한 국가보안법을 존치시키는 것은 법논리적인 충돌을 일으켜 법체계의 혼란을 초래하고 있다. 즉 국가보안법과 남북교류협력법 중 어느 것을 적용할 것인지 현재의 법체계는 명확한 기준을 설정하지 못한 채 그때그때 상황에 따라 법집행·적용기관의 판단에 맡겨질 수밖에 없는 실정이다. 또한 최근 들어 정부가 반국가단체인 북한을 대등한 당사자의 일방으로 인정하여 교류하고 수많은 합의서를 만들어 내면서 국민들에게는 국가보안법을 들이대니, 국민들은 적어도 남북관계에서는 법적 아노미 상태에 빠질 수밖에 없다.

④ **중복성**: 형법규정과 중복된다.

국가보안법상 각 조항을 형법과 비교해 보면, 형법으로는 처벌할 수 없고 국가보안법만으로 처벌할 수 있는 범죄행위란 국가안보를 위하여 꼭 형사 처벌해야 할 행위라기보다는 인권침해를 통한 독재정권의 유지수단에 불과한 것들이다. 즉 국가안보용 처벌규정은 이미 형법에 담겨 있어 국가보안법의 고유성은 정권안보용의 독소조항만이 남는 것이다. 결국 국가보안법이 폐지되더라도 국가안보에는 전혀 허점이 생기지 않으며, 국가보안법이 처벌하는 행위는 형법만으로도 충분히 해결할 수 있기 때문에 국가보안법이 국가안보를 위한 필수불가결의 조건은 아니다. 즉 진정으로 국가안보에 위협이 될 수 있는 행위는 형법상 내란죄, 군 반란죄, 외환죄 등으로 처벌할 수 있다.

이 같은 범민련의 국가보안법 폐지 주장에 대하여 대법원은 친북 활동으로 간주하여 이적단체로 판결하였다. 대법원은 '국가보안법상 이적단체는 별개의 반국가단체의 존재를 전제로 하여 반국가단체나 그 구성원 또는 지령 받은 자의 활동을 찬양, 고무, 선전 또는 이에 동조하거나 국가변란을 선전·선동하는 행위를 목적으로 하는 단체로서, 그 궁극적 목적은 반국가단체가 지향하는 목적에 동조하여 국가를 변란하고 새로운 정부를 수립하는 것에 두고 있다.'고 규정하였다. 대법원은

‘조국통일범민족연합(범민련) 남측본부는 통일의 모색과 북한과의 접촉에 있어 일관된 조율과 신중한 정책추진이 필요한 현재의 실정에서 강령의 일부로서 북한이 주장하는 바와 같은 외국군 철수, 핵무기 철수, 휴전협정의 평화협정으로의 대체, 국가보안법을 비롯한 제반 악법의 철폐 등을 채택하고, 이를 실현하기 위한 목적으로 구성된 것으로서 이적단체에 해당’된다고 판결한 바 있다.(대법원 97. 5. 16. 선고, 96도2696 판결)

국가보안법의 폐지나 개정운동은 정부와 진보 운동 단체 간의 입장 차이로 오랫동안 갈등을 빚고 있는 사안이다. 진보적인 통일운동 지도자들의 허가 없는 방북과 북한 주민과의 접촉과 회합 등의 행위는 국가보안법에 저촉되어 처벌받고 있다. 이처럼 국가보안법 개폐 문제는 시민사회의 여론뿐만 아니라 통일운동 단체 간에도 입장이 상반되어 사실상 합의하기 어려운 쟁점이다.

2) 주한미군 철수 문제

통일을 위한 환경으로서 주한미군 철수 문제도 시민사회의 주요 쟁점이 되고 있다. 주한미군의 철수 문제와 관련하여 10여 년 전 실시된 성인 대상 여론조사는 유지(48.1%)와 감축(45.2%)이 대등한 반응을 보였다.[120] 그러나 근년의 조사에서 대학생들은 절대 다수가 주한미군은 ‘철수해야 된다.’는 원칙에는 찬동(87.7%)하고 다만 단계적 철수(73.6%)를 지지하고 있다.[121] 이처럼 나이가 젊은 층일수록, 학력이 높을수록 미군 철수에 대한 찬성 여론은 높은 경향을 보였다.

언론재단의 주한미군 문제에 관한 설문조사에서 응답자의 45.5%가 주한미군이 통일에 장애 요인이 될 것으로 보았다. 그 이유 중 하나는 미군의 철수가 한반도 안보 상황의 불안으로 남북문제 해결에 부정적으로 작용한다는 입장이고, 다른 하나는 주한미군의 주둔 자체가 통일문제의 자주적인 해결에 장애 요인으로 작용한다는 상반된 입장 때문이다.[122]

통일운동 단체의 입장도 시민사회의 상반된 여론을 그대로 반영하고 있다. 한국의 진보적 통일운동 단체는 민족의 자주성 회복과 자주적인 남북통일이라는 입장에서 꾸준히 주한미군의 철수를 주장하고 있다. 대체로 중도 좌파적 시민운동 단체들은 동서 진영 간의 대립이 1990년대 초 소련과 동구권의 몰락으로 이미 사라졌으므로, 주한미군의 한시적 주둔 필요성은 인정하되

---

120) 동아일보 여론조사(2001. 3. 30.) 결과. 조사 대상에 따라 다르지만 최근의 여론조사에서도 비슷한 반응이 나타났다.
121) 배한동, 『새로운 통일 교육론』, 경북대학교출판부, 2009, 325쪽.
122) 윤대규, 앞의 논문, 2000, 214쪽.

원칙적으로는 철수해야 한다는 입장이다.[123] 특히 범민련, 범청학련은 주한미군 철수를 통일을 위한 전제이며 외세 배격의 상징으로 간주하여 미군철수를 강력히 주장해오고 있다.

이에 반해 보수적인 통일운동 단체는 한국의 안보를 이유로 주한미군의 계속적인 주둔을 환영하고 있다. 보수단체에서는 주한미군 철수 주장이 북한 당국의 외세 배격논리와 궤를 같이하기 때문에 국가보안법에 위반된다는 것이다. 그러므로 보수적 통일운동 단체는 2015년 예정된 한국의 미군 전시작전권 회수 문제도 다시 연기해야 한다는 입장이다.

주한미군의 철수 문제는 주둔군 지위에 관한 협정(SOFA) 개정 문제와도 서로 맞물려 있다. 일부 진보적 통일운동 단체는 SOFA의 전면 개정을 강력하게 주장하고 있다. 진보적 통일운동 단체 대표들은 불평등한 SOFA 규정을 재검토하여 개정할 것을 강력히 요구하였으나 정부와 상호 인식의 차이만을 확인했을 뿐 아직도 개정되지 않고 있다. 지방자치단체인 부산시, 경기북부 7개 시군, 평택시, 대구 남구청, 서울 용산구청은 NGO와 연계하여 관내 미군 공여지 반환을 촉구하고, SOFA 개정의 필요성을 계속 역설하고 있다.

주한미군 철수 문제와 관련된 사안 가운데 과거 노근리 양민학살 사건은 진보적인 통일운동 단체들이 제기했던 사회문제 중의 하나이다. NGO로 구성된 양민학살 사건 대책위원회는 미군 당국에 문제의 심각성을 제기하고 그 진실을 규명할 것을 강력히 촉구하였다. 그들은 정부에 대해서도 국무조정실에 설치된 노근리 대책단을 존속시키고 미군 범죄에 대하여 국제사법재판소에 재판을 청구할 것과 정부 차원의 희생자 유가족에 대한 보상 등을 요구하기도 하였다. 나아가 통일 관련 운동 단체는 매향리 미군 폭격장을 폐쇄하여 그곳 주민의 안전과 인권을 존중할 것도 요구하였다.

2011년 한강 독극물 방류사건, 왜관 미군기지의 고엽제 대량 매립 사건 등 미군에 의한 환경오염 유발 행위는 환경 관련 NGO가 주도하여 한국 사회에 상당한 반향을 일으킨 사건들이다. 한국의 환경 운동 NGO들이 미군들의 부당한 환경오염 행위에 대한 문제제기였지만 이는 궁극적으로 주한미군의 부당한 행위와 철수 문제와도 관련된 사안이었다고 볼 수 있다.

최근 미군들의 한국인에 대한 인권 침해 행위는 주한미군의 입지와 위상을 추락시키고 있다. 진보적인 통일운동 단체들은 주한미군 주둔으로 야기되는 문제점들을 폭로함으로써 미군 철수

123) 윤대규, 앞의 논문, 2000, 216쪽. 정상 회담 후(2000. 8. 22.) 언론 재단의 남북문제 전문가 225명에 대한 여론조사에서 34.2%가 통일이 되기 전까지 미군이 주둔해야 한다는 입장이고, 42.6%가 한반도 평화 정착 후 철수해야 한다는 입장을 보여 결국 대상자 76.8%가 주한미군의 한시적 주둔이 필요하다는 반응을 보였다.

여론을 환기시키려 노력하고 있다. 한미 군사 방위 협정하에서 한국정부가 주한미군 문제에 직접 개입하는 것은 외교적으로나 정치적으로 부담이 될 수도 있다. 그러나 일본의 사례에서도 볼 수 있듯이, NGO와 시민사회 그리고 지방정부들의 단합된 행동으로 미군의 범죄를 크게 줄인 바 있고, 일본정부가 주일미군의 폐해에 대해 직접 항의하고 규제할 수 있는 법적 토대를 마련하였음도 음미할 필요가 있다. 한국 통일운동 단체의 주한미군에 대한 지속적인 감시와 견제가 있을 때, 그들에 의해 발생하는 여러 문제들을 조기에 예방할 수 있을 것이다.[124] 그러나 북한의 도발이 계속되는 상황에서 주한미군 철수라는 통일 NGO의 극단적인 주장이 시민사회에 불안을 야기할 가능성도 배제할 수 없다. 그러므로 주한미군 철수 문제는 여전히 우리 사회의 뜨거운 쟁점으로 잔존할 가능성이 높다.

3) 북한의 인권 문제

북한의 인권 문제는 통일운동 단체가 관심을 가지는 또 하나의 주요 이슈이다. NGO의 기본 목적 중의 하나인 삶의 질 향상을 위한 보편적 가치 추구의 핵심에는 인권 문제가 자리 잡고 있다. 한국사회의 인권뿐만 아니라 북한의 인권 문제에 관심을 가진 단체는 과거에 비해 지속적으로 확산되는 추세이다.[125] 북한의 인권 문제에 관심을 갖는 시민단체의 증가는 통일 NGO의 활동 다변화를 극명하게 보여주는 사례이다.[126]

사실 북한의 인권문제에 대한 논의는 일찍이 극우 보수단체에 의한 북한체제 비판에서 시작되었다. 1980년대에는 국제 인권단체들과 국제기구의 북한 인권 문제 제기가 더욱 통일 NGO의 관심을 끌게 하였다. 1996년 출범한 '북한인권시민연합'과 1999년에 결성된 '북한민주화네트워크'와 같이 본격적으로 북한 인권을 다루는 국내 시민 단체들의 출현은 인권 문제를 주요 사업으로 다루는 계기가 되었다. 특히 이명박 정부 등장 이후 보수 성향의 인권 단체가 대폭 증가하여 북한 인권 개선을 위한 북한인권시민연대 기구까지 창설되었다. 이들은 한국전쟁 때의 국군

124) 박덕기, 앞의 책, 80~81쪽.

125) 한국의 보편적인 인권 문제에 관여하는 시민단체는 종교 단체에서부터 직능 단체, 국제 단체에 이르기까지 그 종류가 다양하다. 예를 들면, 천주교인권위원회, 인권과평화를위한국제민주연대, 민주사회를위한변호사모임(민변), 국가보안법폐지국민연대, 인권실천시민연대, 지문날인거부운동, 국제엠네스티한국지부, 사회진보를위한민주연대(사회진보연대), 평등사회를위한민중의료연합, 일하는여성들의네트워크(한국여성노동자협의회), 한국성폭력상담소, 한국여성의전화연합, 안산외국인노동자센터, 외국인노동자대책협의회, 평등노조이주노동자지부, 서울장애인연맹, 한국대인지뢰대책회의, 한국정신대문제대책협의회(정대협), 주한미군범죄근절운동본부 등이 있다.

126) 최근 북한 인권 관련 단체는 북한민주화운동본부, 북한인권시민연대, 북한인권개선운동본부, 북한민주화네트워크, 북한민주화학생연대, 피랍탈북인권시민연대, 탈북난민보호운동본부, 납북자가족모임, 납북자가족협의회 등이 있다.

포로, 북한 정치범 수용소의 정치범, 중국과 러시아를 떠도는 탈북자, 북한에 의해 납치된 한국인과 일본인의 인권 문제 등에 이르기까지 북한의 전반적 인권 문제를 제기하면서 인권활동의 범주를 더욱 넓혀가고 있다.[127)]

2000년대 북한 인권 단체의 활동이 본격화된 것은 북한 주민들이 겪고 있는 경제적 어려움으로 탈북자의 폭발적 증가, 정치범 수용소의 가혹한 행위 등이 국내외에 노출되었기 때문이다. 또한 한국의 보수적인 통일운동 단체가 북한의 인권 문제에 대해 적극적인 활동을 전개한 것은 정부의 대북 인권 관련 정책이나 노력이 미진한 데 대한 반작용이라고 볼 수 있다. 과거 김대중 정부나 노무현 정부는 북한의 인권 문제를 대북 협상과정에서 공식적으로 제기하지 않았다. 그것은 힘들게 성사된 남북 회담이나 교류·협력 사업 추진에 지장이 된다고 판단했기 때문이다.[128)]

결국 북한 인권 문제에 관한 입장은 대립되고 있다. 진보적인 통일 NGO는 북한의 인권 문제를 공식적으로 거론하는 것은 남북관계 개선을 위하여 온당치 않다고 보는 입장이며, 보수적인 단체는 북한의 인권 상황을 폭로하고 남북 협상 과정에서도 적극적으로 문제를 제기해야 한다는 입장이다. 그러므로 진보적 단체는 남북관계 개선 과정에서 북한 인권 개선 문제를 남북관계의 정상화까지는 미루어야 한다는 입장이며, 보수적인 단체는 남북관계가 훼손되더라도 북한의 인권 문제를 즉각적으로 제기해야 한다는 입장이다.

보수적 인권단체는 북한 인권 문제를 국내외에서 활발하게 제기하고 그 해법을 찾고자 노력하고 있다. 이들은 정부 당국이 앞장서서 북한의 인권 문제의 개선을 촉구하기를 요구하고, 정부의 미온적인 대북 인권 정책을 비판하면서 북한 정권의 인권 탄압문제를 적극 폭로하고 있다. 이들은 정부가 가장 참혹하고 반인륜적 인권침해 사례인 공개 처형제 철폐, 정치범 수용소의 참상, 탈북송환자 고문과 처벌, 전쟁포로 및 납북자 송환, 국군포로·납북자들에 대한 생사 확인, 신앙자유의 말살 등의 문제점들을 제기하고 북측에 그 해결책을 촉구해야 한다고 주장하고 있다. 그러나 통일 NGO들은 인권 문제 해결에 관한 역량과 전문성이 부족하고 북한 당국의 태도 변화를 유도하지 못하여 실질적인 성과는 거두지 못하고 있다. 이들의 활동 방식이나 실적은 '제4장 통일 NGO의 활동론'에서 상론할 것이다.

이에 반해 진보적 단체는 북한 인권 문제를 분단체제의 모순에 기인한다고 보고, 남한사회의

127) 박덕기, 앞의 책, 82~83쪽.

128) 김대중 대통령은 재임 시 시민단체의 대표들과 만난 자리에서 "남북한 관계의 개선과 북한 인권 문제의 개선을 동시에 추진하기 위한 정부 정책의 실현은 사실상 어렵다."라고 밝힌 바 있다.

인권 문제도 동시에 제기하여야 한다는 입장이다. 진보단체 중에는 북한에는 인권 문제가 없다는 북한 당국의 입장을 추종하는 종북 단체에서부터 북한에는 인권 문제가 상당히 있지만 남북의 화해 협력을 위해 당분간 이 문제를 논의하지 않아야 한다는 소극적 입장도 있다. 그러나 최근 북한 인권 문제만큼은 남한의 보수적인 단체뿐만 아니라 일부 진보적 단체도 문제를 제기하고 그 해결 방책을 모색하고 있다. 통일운동 단체는 북한 인권 문제의 직접적인 폭로뿐만 아니라, 서독의 동독 정치범 사오기, 유엔 등 국제 사회에의 호소 등 여러 방법을 원용하여 보다 효율적인 인권 개선 활동을 전개하여야 할 것이다.

4) 친북·종북세력 문제

우리 사회에서 친북·종북세력 척결운동은 강경 보수 통일운동 단체가 중심이 되어 추진하고 있다. 한국의 보수적인 통일운동 단체들은 일부 진보적인 통일운동 단체의 정관이나 그동안의 주장 및 활동상황을 근거로 종북 좌파 단체로 규정하고 그들을 비판, 폭로하는 활동을 전개하고 있다. 라이트코리아, 사이버정화시민연대 등 10개 단체는 '반국가 친북좌파 사이트 규정 심사위원회'를 결성하여 좌익 척결운동을 활발히 전개하고 있다.[129] 근년 대표적인 강경 보수단체인 국민행동본부는 종북세력 척결을 위한 집회와 모금 등 적극적인 활동을 추진하고 있다.

이들의 운동 목표는 남한의 반국가 친북 좌익세력을 철저히 척결하는 데 두고 있다. 이들은 종북 좌파의 반국가 행위는 국가보안법 폐지 주장 등 북의 대남전략에 동조하는 데 있다고 비난하고 있다. 또한 이들은 '친북 좌파의 반민족 행위는 북의 세습 체제, 선군정치, 주체사상을 옹호 선전하는 행위이며, 반헌법 행위는 6·15 공동선언과 10·4 선언을 이행하는 행위이며, 그들의 이적 행위는 북에 의한 천안함 폭침 부정과 주한미군 철수 주장'이라고 규정하고 있다. 이들은 북한의 활동이나 주장에 동조한 정당, 시민단체나 개인의 웹사이트를 '반국가 친북좌파 사이트'로 규정하여 시급히 척결해야 한다고 주장하고 있다.

이들 보수단체들은 성명에서 '인터넷상에서 대한민국의 정체성을 부정하고 북한의 체제를 지지, 찬양하는 단체의 글들이 난무하고 있다.'고 지적하고, 사이버상에서의 북한의 선전선동을 차단하기 위해 '반국가 친북사이트 폐지'를 주장하기도 했다. 이어서 이들은 '최근 북한은 사이버 심리전을 강화하고, 인터넷 사이트를 통해 주체사상과 선군정치를 선전하면서, 남한의 친북단체들에게

129) 이들 단체는 2011년 12월 19일 오후 3시 서울 태평로 한국프레스센터 20층 프레스클럽에서 '반국가·친북좌파 사이트 2차 공개' 기자회견을 가졌다.

북한의 대남 적화노선인 국가보안법 폐지, 주한미군 철수, 연방제통일을 위한 투쟁을 강화할 것을 선동하고 있다.'고 비판하고 있다.

이에 대한 진보적 통일운동 단체들의 반론도 만만치 않다. 진보단체들은 좌익 척결이나 친북이나 종북 세력의 제거라는 주장에 대해 이는 냉전시대의 산물이며 독재체제의 정당화 수단으로서 역사를 퇴행시키는 반역사적이고 반민족적인 행위라고 비판하고 있다.

이상에서 본 바와 같이 통일문제나 정부의 통일정책, 통일 환경과 관련된 입장은 통일운동 단체들 간에도 대립되고 있다. 이 같은 현상은 시민사회의 여론을 반영하면서도 역으로 그것이 여론에 영향을 미쳐 시민사회의 갈등을 유발하는 데 문제가 있다. 정부는 양측의 입장을 변증법적으로 조절, 극복하여 대북정책의 효율성과 신뢰성을 높이기 위해 노력하여야 할 것이다. 여기에 보수나 진보 통일 NGO 간의 자율적인 대화와 협력이라는 노력이 선행되어야 할 것이다.

제6절 통일운동의 극복 과제

1987년 민중항쟁 이후 문민 정부, 국민의 정부, 참여 정부의 등장은 한국사회의 민주화의 공간을 확대시켰다. 이로 인해 통일운동 단체도 수적으로 증가하고 통일운동도 활성화되는 계기가 되었다. 시민들의 통일에 관한 관심과 열망의 증가로 통일 관련 활동이나 역할도 과거보다 다양화되었다.

이 절에서는 그동안 추진된 민간 통일운동의 문제점을 검토하고 통일운동이 지향해야 할 과제에 대하여 심도 있게 논의하려고 한다. 즉 우리나라 통일운동을 주도하고 있는 보수, 중도, 진보적인 단체가 성공적인 통일운동을 위하여 극복해야 할 과제를 정리하려는 것이다. 여기에는 개별 운동 단체가 스스로 극복할 과제도 있고, 연대를 통해 극복할 과제, 정부 당국과의 정책적 협력을 통해 해결할 과제도 있다. 통일 NGO가 통일시대를 준비하고 통일운동의 활성화를 위해 준비해야 할 과제는 다음과 같다.

1. 운동 단체 간의 이념갈등

우리나라에서 보수적 통일운동 단체와 진보적인 통일운동 단체 간에는 물론, 진보적 재야 통일운동 단체들 간에도 이념의 갈등은 심각하며 그 역사도 상당히 오래되었다. 해방 이후 민간 통일운동 단체의 명멸과 이합집산도 결국 이념의 대립이나 갈등에서 비롯되었다. 통일운동 단체는 이념적으로 냉전적 보수, 보수, 자유주의적 보수, 중도, 진보, 재야 급진적 진보 등으로 사분오열되어 있다. 더욱이 진보적이고 급진적인 통일운동 단체들은 서로 간의 선명성 논쟁 등 이념갈등으로 조직의 해체와 재창립이라는 과정을 반복하고 있다.

우리는 앞서 통일운동 단체들 간의 이념갈등의 역사를 조명해 보았다. 보수와 진보단체 간의 이념갈등은 오늘도 상호 거부과 불신으로 계속되고, 진보진영 내의 대립과 분열은 계속되고 있다. 지난 1994년 범민련 노선에 불만을 가진 진보적 세력이 이탈하여 통일운동의 합법화와 대중화를 기치로 내걸고 자주평화통일민족회의(민족회의)를 새롭게 출범시켰다. 양측은 '범민족대회'의 평가와 새로운 '통일민족대회' 개최 문제로 대립되더니 1995년 해방 50주년 남북 공동 행사마저 독자적으로 개최하는 분열상을 보였다.[130] 민족회의 측은 범민련의 연방제 통일 방안이 대중적 정서를 고려하지 않고 급진적인 주장만 하다 보니 친북 시비를 불러일으킨다고 비판하였다. 범민련 역시 민족회의의 운동 방향은 현실성과 대중성을 강조하지만 이념성과 원칙성을 포기했다고 비판하였다.

그 후 출범한 진보적인 운동 단체인 전국연합도 범민련의 '영웅적인 선도 투쟁 노선'을 비판하였다. 나아가 그들은 범민련의 산하 단체인 범청학련의 '정권 타도'와 같은 청년학생의 구호는 절차적 민주주의를 통해 투표로써 정권을 심판해야 한다는 다수 국민의 정서에는 맞지 않는다고 비판하였다.[131] 또한 민족회의 측이 정부 당국이 결성한 민화협에 참여하자 전국연합은 민족회의 연대 조직에서 탈퇴하였으며, 범민련과 한총련도 민화협에 불참하기로 결정함으로써 양측의 갈등은 더욱 심화되었다. 이처럼 진보진영 내의 선명성 논쟁은 더욱 치열하였으며 그 결과는 진보진영의 분열로 이어져 민족 통일운동의 전체 역량을 약화시켰다는 비판도 따랐다.[132]

통일문제 전문가들도 통일운동 단체들의 이념갈등이 남한 내 시민사회의 갈등을 촉발하는 문제를 우려하고 있다. 모든 사회운동이 이념의 노예가 될 때 현실성과 실용성은 멀어지기 마련이다. 여기에서 우리나라의 민간 통일운동 단체들이 통일 역량을 성숙시키기 위한 이념갈등의 극복 방안을 정리하면 다음과 같다.

---

130) 민족회의는 범민련의 '민족 대단결 운동'도 전민족의 참여와 지지 속에서 진행되지 못하고, 남·북·해외의 3자 결합도 대중들 간의 연대운동이 되지 못했다고 비판하면서 '범민족 대회'는 선진통일 역량만의 투쟁의 장으로 축소시켰다고 비난하였다. 전국연합 통일 소위원회가 발표한 「기간 통일운동의 평가」(2000) 내용 참조.

131) 조성범, 「통일운동의 이해를 위하여」, 주간 전국연합통신 제58호(1995. 6. 19.), 34쪽.

132) 1995년 범민련의 '해방 50주년 범민족 대회'는 5000명 규모로 서울대에서 개최되었고, 민족회의는 '통일 민족대회'를 5만 명이 참여하여 보라매공원에서 개최하여 양측의 분열상을 극명하게 보여주었다.

첫째, 통일운동 단체들은 먼저 진보와 보수를 가릴 것 없이 이념성에만 치우친 분열적인 통일운동, 왜소한 통일운동을 자성하여야 한다. 좌우 편향의 통일운동과 이념의 과잉이 시민운동의 입지를 축소시키고 시민사회 각계각층의 참여와 협력을 유도하지 못하기 때문이다.[133) 보수 성향의 단체나 진보성향의 단체들은 과거의 극단적인 흑백논리, 이분법적 사고방식부터 자성하여야 한다. 보수단체와 진보단체의 이념갈등은 정부의 대북정책에 관한 갈등으로 이어지고, 시민사회의 통일에 관한 여론마저 분열시키기 때문이다.

둘째, 한국의 통일운동 단체들은 양측 모두 '이념의 과잉'을 극복하여야 한다. 보수나 진보의 이념갈등뿐만 아니라 진보진영 내의 반목과 질시는 운동의 범주를 넓히기보다는 운동의 총체적 역량을 약화 감소시키기 때문이다. 물론 이념 대립과 갈등은 다원적인 자유 민주주의의 본질적인 문제이기에 완전히 해소할 수는 없다. 최근 통일 NGO들의 이념 성향이 단순한 진보·보수라는 양극을 넘어 중도화하는 현상은 바람직한 일이다.

셋째, 보수와 진보 운동단체들은 활발한 대화를 통해 이념과 노선의 대립을 변증법적으로 조화하도록 노력하여야 한다. 통일운동 단체 간의 상호 입장 이해와 양보, 수렴, 연대라는 지혜가 어느 때보다 요구된다. 그렇게 될 때 재야의 진보적인 통일운동은 북의 통일전선에 이용되지 않고 제몫을 다할 수 있을 것이다.[134) 사실 북한 당국은 남한의 통일운동 단체의 다원성을 역이용하여 그것을 남남 갈등의 촉발수단으로 이용하려고 한다. 따라서 북한 당국이 대남 정책을 통해 유도하는 이간전술을 공동으로 대처할 수 있는 통일운동 단체 간의 협력시스템도 마련되어야 할 것이다.[135)

넷째, 통일운동 단체들은 이념보다는 역할 분담을 통해 효율적인 통일 역량을 모으도록 노력하여야 한다. 우리나라의 통일운동 단체들은 비슷한 입장에서 대동소이한 통일운동을 전개하므로 운동의 에너지가 낭비되고 있다. 민화협뿐만 아니라 통일문제 관련 학회나 학술 단체에서 이념갈등을 해소하고 타개하려는 전향적인 중재 노력이 필요하다. 특히 민화협은 통일운동 단체 간의 통일논의를 조율하고 대북 협상능력을 높이자는 취지에서 발족되었기 때문이다. 그러나 범민련과 한총련이 가입하지 않은 상태에서 민화협이 그러한 취지를 살리기는 어렵기 때문에 관련 학회나

133) 일부 진보적인 재야 통일운동 단체의 '민주기지 노선' 추종과 '연방제' 지지, '북한 대안 모델론' 수용은 친북적 자세이며 좌익편향의 운동으로 시민사회의 지지를 받기 어렵다.

134) 손기웅 외, 앞의 책, 98쪽. 진보와 보수라는 이분법적 구도에서는 서로 의사소통을 할 수 있는 가능성이 거의 없었는데, 최근 각 세력의 분화 과정에서 상호 소통할 수 있는 중도 접점이 늘어나는 것은 다행한 일이다.

135) 전효관, 「통일 관련 시민단체 역할과 방향모색」, 『남북한 사회문화적 통합과 시민단체의 역할』, 연세대 통일연구원 학술회의 자료집, 1998, 6쪽.

언론이 중재하는 노력이 어느 때보다 필요하다.

오늘날 통일운동 단체들 사이에서 과거 이념의 극한적인 대립 축에서 벗어나 새로운 활동이나 사업을 통해 실용적인 실천 방향을 모색하려는 경향은 바람직한 현상이다. 더욱이 진보적인 통일운동 단체가 과거의 통일문제의 기득권적인 이념적 헤게모니를 관철하려는 계획을 바꾸어 현실에 적응하는 합법적인 사업이나 활동을 전개하려는 것은 바람직한 모습이다.

2. 시민사회의 남남 갈등

시민사회에서 통일과 대북 문제에 관한 남남 갈등은 심각한 수준이며, 그것이 정부의 정책에 대한 추동력을 약화시키고 있다. 그러므로 통일운동 단체는 시민사회 내의 통일과 관련된 남남 갈등을 해소하기 위한 통일문제의 공론화 노력을 병행하여야 한다. 이를 위해서 우선 통일운동 자체가 시민사회의 남남 갈등을 촉발하는 기제가 되지 않도록 자중하는 노력이 선행되어야 한다.

현실적으로 좌우로 치우친 통일운동 단체는 집단적 폐쇄적 이념에 사로잡혀 미래를 보지 못하고 통일과는 동떨어진 남남 갈등을 심화시키고 있다. 이는 통일운동 단체들의 이념에 바탕을 둔 조직 형태에도 기인하지만, 일반 시민을 배제하고 엘리트 중심으로 운영되는 단체들이 과거의 관행적인 인식의 틀을 깨지 못하기 때문이다. 불행하게도 2000년 남북 정상회담과 6·15 공동선언 이후 우리 사회 내에서 남남 갈등이 더욱 증폭되었다. 통일문제를 정치적으로 이용하는 이념 풍토, 통일문제를 정쟁의 대상으로 삼는 낙후된 정치 문화, 통일문제를 특정집단의 문제로 왜곡시키는 보수적 정치 행태 등 복합적 요인이 작용한 결과이다.

통일운동은 본질적으로 여야를 가리지 않고 지역과 이념, 계층을 초월해서 민족 통일과 국민통합을 위해 힘을 모아가는 과정이 되어야 한다. 남남 갈등이 극복되지 않는 한 통일운동은 소기의 성과를 거둘 수 없기 때문이다. 통일운동 단체는 시민사회의 통일문제에 관한 남남 갈등을 해소하기 위하여 다음과 같은 구체적인 노력을 경주하여야 할 것이다.

첫째, 통일운동 단체는 먼저 시민사회에서 남남 갈등을 초래하는 요인부터 정확히 분석하여야 한다. 시민사회의 남남 갈등이 통일문제의 공론화 과정에서 커다란 걸림돌이 되기 때문이다. 이러한 객관적 분석의 토대 위에서 통일운동 단체는 시민사회의 화해와 협력을 위한 진지한 노력을 기울여야 할 것이다.

둘째, 통일운동 단체는 통일논의의 공론화를 위해서 시민사회의 의사소통 구조를 활성화하여 시민 다수가 쉽게 공감할 수 있는 문제부터 합의를 이끌어 내어야 한다. 가령 우리 사회에서 통일문제를 논의할 때 급속한 통일이 가져올 혼란을 피해야 한다는 데에는 대체로 공감한다. 그렇다면 급속한 통일을 피하고 점진적으로 평화롭게 공존하는 통일은 어떻게 이룰 것인지, 남북 두 체제가 공존하는 '사실상의 통일'을 어떻게 이룰 것인지에 대해서 시민사회의 합의를 이루도록 노력하여야 한다. 여기에는 기존의 주입식 방식이 아닌 새로운 의사소통 방식이 필요하며, 이를 위한 시민사회의 통일 교육도 중요한 과제이다.

셋째, 통일운동 단체가 스스로 보수와 진보, 여와 야, 동서 간의 의사소통 구조를 마련하여 통일에 관한 대화에 앞장서야 한다. 통일 NGO는 남남 간의 활발한 통일논의를 통해서 어떤 상태를 통일로 규정할 것인지에 대한 기준부터 합의하여야 한다. 이는 이념과 지역을 넘어서는 합리적인 통일운동을 위한 최소한의 단초이기 때문이다.[136] 물론 여기에는 NGO뿐만 아니라 정부의 합의기반 형성을 위한 정책적인 노력도 병행되어야 한다.

남남 갈등은 통일문제에 대한 충분한 논의나 소통이 불충분한 데서 비롯되는 경우가 많다. 그러므로 통일운동 단체는 남남 대화를 위한 장을 마련하는 데 보다 적극적으로 노력하여야 할 것이다.

3. 정부 당국과의 정책 갈등

정부의 대북정책은 크게 대북 화해적인 포용정책과 대북 강경노선인 봉쇄정책으로 분류된다. 이들 정책의 배경에는 시민사회의 다양한 이념이 기반하고 있다. 통일 NGO는 정부에 대한 정책 비판뿐만 아니라 정책에 대한 지지 기능도 수행하여야 한다. 보수적인 통일운동 단체는 정부의 대북 강경 정책을 대체로 지지하는 입장에 있다. 그러나 진보적 통일운동 단체나 재야 통일운동 단체는 정부의 강경정책에 대하여 비판적인 입장에 서 있다. 특히 재야 통일운동 단체는 정부의 대북 강경정책이나 봉쇄정책과 정면으로 대립되는 경우가 많다.

일부 진보적인 단체의 통일문제에 관한 반정부적, 친북적, 종북적 행태도 문제이지만 정부 당국이 국가보안법이라는 법적인 논리로만 접근하여 진보적인 통일운동을 용공 친북 이적행위로 매도하는 것도 문제이다. 또한 일부 재야 운동단체가 정부를 반통일 세력으로 규정하고 반정부

136) 장영권, 앞의 논문, 34~35쪽.

투쟁만 강화하는 것은 더욱 문제이다. 사실 진보적인 통일운동 단체는 강한 정치성향을 띠게 되는데 이 과정에서 보편적 이익보다는 특정한 집단이나 계급적 이익을 대변하는 경우도 많다. 이는 양측 모두 시대의 변화를 잘못 인식한 결과이며, 시민들의 일반적이고 보편적인 통일 정서와는 거리가 있다.

자유 민주 사회에서 시민단체가 정부의 대북정책을 감시·비판하는 것은 정당한 활동 영역이다. 그러나 그것이 정도를 넘어 시민사회의 갈등을 유발하고, 사회의 분열을 초래할 경우에는 정부 정책의 추동력을 상실케 한다. 재야 단체는 영원한 반정부적인 단체일 수는 없으며, 정부는 이들의 정당한 주장을 현실정치로 끌어들여야 할 책임도 있다. 재야 통일운동 단체를 포함한 진보적인 통일운동 단체와 정책 당국 간의 정책 갈등을 조율하고 바람직한 관계를 설정할 수 있는 방안은 없을까? 이에 대한 몇 가지 방안을 제시하면 다음과 같다.

첫째, 보수나 진보 통일운동 단체는 정부나 정치권력에 대하여 엄정 중립적 입장에서 객관적으로 비판, 견제하는 통일운동을 전개하여야 한다. 통일문제에 관한 남한 사회의 '기형적인 친미 예속성' 비판과 북한 사회의 오도된 '사상적 주체성' 선전은 공히 맹점을 지니고 있다. 그러므로 통일운동은 균형적인 중립적 입장에서 남북을 관조하고 비판하는 운동이 되어야 한다. 즉, 통일운동 단체는 우리 정부의 폐쇄적인 반통일적인 정책뿐만 아니라 북한 당국의 허구적인 혁명 논리에 대해서도 객관적으로 비판을 가하여야 한다. 물론 그 비판은 민족 전체의 공생과 공영을 지향하는 탈이데올로기적 시각에서 이루어져야 할 것이다.[137)]

둘째, 급진적인 통일운동 단체는 반정부적인 저항 일변도의 고착된 통일운동 방식, 즉 정부의 대북정책에 대한 냉소주의나 무관심, 극한적인 반대투쟁 방식에서 탈피하여야 한다. 이들은 '참여 속의 비판'을 통해 정부 당국의 경색된 통일문제 접근 방식의 변화를 유도할 수 있어야 한다. 과거에는 순수한 '평화통일안'을 제시한 단체가 이로 인해 친북·이적 단체로 몰려 처벌받았으나 오늘날 '평화통일안'은 남북 공히 통일의 기본 원칙으로 수용하고 있다. 이처럼 민간 통일운동 단체의 의견 개진과 참여로 불합리한 정부의 통일정책을 수정하거나 보완할 수 있어야 한다.

셋째, 통일운동 단체는 통일운동의 참신성과 전문성을 토대로 정부 당국의 통일정책에 대한 단순한 반대나 촉구에 머무르지 않고 통일문제에 대한 새로운 접근을 통해 과학적·실천적 방안을 제시하여야 한다.[138)] 그렇게 할 때 시민들의 광범한 참여와 지지를 획득할 수 있을 것이다.

---

137) 문익환, 『하나가 되는 것은 더욱 커지는 것입니다』, 삼민사, 1991, 122쪽.
138) 이승환, 「90년대 통일운동의 반성과 과제」, 『통일샘』 통권 제36호, 통일샘사, 1998, 118쪽.

넷째, 정부 당국도 재야의 진보적인 통일운동에 관하여 부정적으로만 보거나, 실정법의 위법 논리로만 볼 것이 아니라, 적극적인 대화 모색과 함께 변증법적 합의 노력도 강구하여야 한다. 이제는 정부와 통일운동 단체 간의 바람직한 거버넌스 역할 모형이 재설정되어야 한다. 정부는 민간단체에 대해 지원은 하되 간섭을 하지 않거나, 협력과 지원을 병행하는 등 역할 모형에 관한 합의를 선행하여야 한다. 정부와 민간 통일운동 단체 간의 정책 합의는 창의성과 자율성을 존중하는 방향에서 추진되어야 할 것이다.[139)]

남북의 교류·협력·지원 사업은 지난 10여 년의 경험을 통해 볼 때 결코 정부 당국만의 독점물이 아니며, 시민단체의 협력과 지원이 절대적으로 필요하다는 것이 입증되었다. 그러므로 오늘날 통일 관련 NGO는 통일정책에 관한 제안뿐만 아니라 대북 교류·협력 과정에서 정부의 정당한 파트너가 되어야 할 것이다. 이 부문은 '제5장 통일 NGO의 역할론'에서 보다 상세히 논의될 것이다.

4. 통일운동의 지지기반 확보

통일운동의 성공 여부는 시민들의 관심과 참여를 통한 통일운동 단체의 조직의 확대와 활성화에 달려 있다. 통일운동이 소수 엘리트 중심의 이데올로기 운동에 치우칠 때 시민들은 외면하고 운동의 폭은 좁아지고 그 성과는 부진할 수밖에 없다. 통일운동이 폭넓은 시민들의 참여를 기반으로 연대와 단결을 이룰 때 시민사회의 통일에 관한 열망은 조직화될 수 있다. 그러므로 통일운동에 있어서 통일을 열망하는 시민들의 '통일 구심력'과 폭넓은 참여를 전제로 한 '운동의 대중화'가 핵심적인 과제로 등장한다. 통일운동의 성공 요건은 이념의 합리성과 조직의 대중성의 조화에서 찾아야 할 것이다.

우리나라의 진보적 운동 단체는 그동안 통일에 관한 밑으로부터의 대중적 여론을 확보하지 못한 채 일부 제한된 지도층의 합의에만 머문다는 비판이 많았다.[140)] 대중성을 상실한 엘리트 중심의 통일운동은 자기만족을 위한 통일운동, 오만하고 독선적인 통일운동, 소수 정예화된 과격한 통일운동에 빠질 위험성이 크다. 통일운동은 결코 용기 있는 지식인의 운동, 소수 선각자들의

139) 조민, 「통일과정에서 민간단체의 역할」, 민족통일연구원 연구보고서, 1996, 24쪽.

140) 가장 진보적인 통일운동 단체인 범민련은 조직 형식, 강령, 활동 내용과 사업 방식에 있어서 남과 북, 해외 3자의 단결 수준을 높게 책정함으로써 광범한 대중 결집에 실패하였다는 비판도 따른다.

운동, 소수 정예 조직의 운동이 될 수 없으며, 대중에 뿌리를 둔 시민참여 운동이 되어야 성공할 수 있다.[141] 그러므로 통일운동 단체는 시민사회의 조직 기반 확대를 위해서 운동 방향부터 대중성을 확보하여야 한다. 분단 60년 동안 지속된 우리의 통일운동이 소기의 성과를 거두지 못한 것은 권위주의 정권의 통일운동에 대한 탄압에도 기인하지만 운동 방식이 시민사회의 대중적 지지를 확보하지 못한 데도 원인이 있기 때문이다.[142]

대체로 통일운동은 추진하는 주체의 결속력에 못지않게 조직과 운영 방식도 운동의 성패를 좌우한다. 이제 통일운동은 통일의 열망을 지닌 각계각층의 공개적인 참여를 통한 대중적인 운동이 되도록 이념뿐만 아니라 운동 방향이나 방법도 다양화하여야 한다. 그동안 통일운동 단체들이 내포한 조직이나 운영상의 문제점을 토대로 민간 통일운동이 지지기반 확대를 위하여 노력할 과제를 정리하면 다음과 같다.

첫째, 진보적인 통일운동 계열의 단체에는 아직도 일반 시민들의 참여가 부족하다. 급진적인 통일운동을 추진해 온 단체들은 그 조직에 있어서 아직도 소수 엘리트 중심의 통일운동을 탈피하지 못하고 있기 때문이다. 일반 시민들이 통일운동에 참여할 수 있도록 회원 가입조건을 완화하고 조직의 문턱도 낮추어야 한다. 또한 조직의 활성화를 위해서는 기층 시민을 조직의 구성원으로 대폭 참여시키는 방안을 강구하여야 할 것이다.

둘째, 민간 통일운동 단체는 시민사회에 뿌리를 내리기 위하여 시민들과의 소통에 적극 나서야 한다. 그간 통일운동 단체들의 활동이 확장되었음에도 불구하고 많은 시민들은 여전히 통일운동이나 사업을 '너희들끼리의 잔치'라고 외면하는 경향이 강하다. 이는 통일 문제를 여전히 엘리트 중심의 이데올로기나 이벤트 식으로 접근하는 데서 생겨나는 문제이다. 이를 해결하기 위해서는 통일운동 참여자에 대한 통일 교육을 더욱 강화하여, 교육받은 이들이 생활영역의 구석구석에서 주민과 함께 살아가는 통일운동을 전개하도록 하여야 할 것이다.

셋째, 통일운동을 추진하는 단체는 운동의 활성화를 위해 단체 간의 연대를 더욱 굳건히 하여야 한다. 특히 범민련 등 진보적인 통일운동 단체들은 남북과 해외 동포의 3자 연대에 앞서 남한 내의 운동세력 간의 연대 방식을 강구하여야 한다. 진보적인 통일운동 단체는 보다 많은 사람들과 함께하는 운동이 되도록 제도권 정당까지 대화와 접촉, 나아가 연대를 모색하여야 할 것이다.

결국 통일운동이 변화에 조응 발전하기 위해서는 운동의 내용과 형식을 정비하여 시민들의

141) 배한동, 「민간 통일운동과 그 극복과제」, 『영남정치학회보』 제6집, 1997, 52쪽.
142) 조성범, 「통일운동의 이해를 위하여」, 주간 전국연합통신 제58호(1995. 6. 19.), 37~43쪽.

참여를 이끌어낼 수 있어야 한다. 사회운동에 있어서 이념성이라는 조직 목표와 대중의 지지 획득을 위한 조직범위는 상충되기 마련이다. 통일운동 단체는 이 양자를 상호 보완, 조화되도록 합리적인 활동 계획을 설정하여 실천하여야 할 것이다. 결국 시민 사회 내에서 대중과 더불어 추진할 수 있는 통일운동의 큰 틀을 짜는 것이 시급한 과제일 것이다.

5. 참신한 통일 사업의 전개

통일운동 단체는 시민사회의 다양한 통일 욕구를 수렴하고 집약하여 통일 의지로 승화하는 통일의 정신적 기반을 더욱 확충하여야 한다. 이를 위해서는 통일운동 단체가 시민사회의 주체 역량을 점검하여 새로운 통일운동을 전개하기 위한 사업계획부터 구체화하여야 한다. 이제 통일운동도 고도의 전문성과 참신성을 확보하여야만 시민사회의 지지를 확보하고 소기의 성과를 거둘 수 있다. 남북 간의 경직된 구조부터 풀겠다는 민간 통일운동 단체의 의지와 노력이 선행될 때 통일의 길은 가까워질 수 있을 것이다.

통일운동가들은 극우 보수단체나 극좌 진보단체의 잘못된 통일운동 방향이나 사업계획이 통일에 걸림돌이 되고, 역설적으로 그것이 '반통일적인 행위'가 될 수 있음도 알아야 한다. 통일운동 단체는 시대의 변화에 따라 통일에 관한 현실적인 정보를 보다 많이 확보하여 참신한 사업계획을 수립하여야 한다. 통일운동 단체는 통일 및 북한 문제가 정치적으로 악용되는 상황에서 정부 당국에 의하여 생산된 정보에만 의존하지 말고, 새롭고 정확한 정보망을 구축하여 참신한 사업계획을 수립하여야 한다.[143] 민간 통일운동 단체가 민족 통일의 에너지를 극대화할 수 있는 참신한 사업계획을 수립하기 위하여 다음과 같은 점에 유의하여야 할 것이다.

첫째, 통일운동 단체들은 바람직한 통일 환경 조성을 위하여 우리사회의 모순 구조를 해결하기 위한 사회 개혁 운동에도 적극 동참하여야 한다. 이는 통일운동 단체가 우리 사회에 잔존한 경제적 빈부 격차, 사회적 갈등 구조를 개선하기 위한 사회운동도 병행하여야 한다는 뜻이다. 통일운동 단체는 남한 사회부터 '살기 좋은 남쪽 나라' 민주 복지 국가 건설이라는 모델을 만드는 사업에 앞장서야 한다.

둘째, 통일운동을 평화 운동과도 접목하여 운동의 효율성과 정당성을 확보하여야 한다. 평화문

143) 정영태, 앞의 논문, 41쪽.

제가 남북관계와 직결되는 문제임에도 일부 통일 NGO는 이 문제와 일정 거리를 두어 왔던 것이 사실이다. 그러나 정부의 평화관리 능력은 제한되기 때문에 평화에 대한 민간 통일운동의 세력화는 필수적 과제이다. 한반도 평화 보장과 관련하여 휴전협정을 남북한과 중국, 미국이 참가하는 '평화협정'이나 '평화조약'으로 전환하는 사업도 우선해야 할 이유도 여기에 있다.

셋째, 통일운동 단체는 바람직한 통일 환경 조성을 위하여 냉전시대 체제 안정이나 자본의 지배 논리에 입각하여 만들어진 반통일적인 법적·제도적 장치를 제거하는 운동도 동시에 전개하여야 한다.[144] 경제적으로나 국제적으로 우위에 있는 남한이 한걸음 양보하여 국가보안법을 먼저 폐기하면 북한의 사회안전 관련 법은 오래 가지 못할 것이라는 주장도 있다.[145] 각 운동 단체가 이를 위해 국회에 청원서도 제출하고, 서명운동도 전개하고 있으나 실효를 거두지 못하고 있다. 그 당위성 주장에 앞서 이에 대한 설득력 있는 대국민 홍보도 필요할 것이다.

넷째, 통일운동 단체는 남북한 신뢰회복의 기초인 민간 교류협력 사업을 과감히 재추진하여야 한다. 물론 여기에는 정부의 5·24 조치 등 봉쇄적인 대북정책을 화해 협력 정책으로 바꾸는 정책 전환이 선행되어야 한다. 통일운동 단체는 남북 교류·협력을 재개하도록 남과 북의 정부 당국에 대하여 대화와 설득이 필요하며, 때로는 압력을 행사할 필요도 있다. 이산가족 교류 사업과 더불어 경제인, 종교인, 학자, 체육인, 연극·영화인 등 비정치적 분야 민간 레벨의 교류 사업은 우선적으로 재개되어야 할 사안이다. 물론 여기에는 교류나 접촉의 절차상의 어려움뿐만 아니라 실정법 위반 문제도 있기 때문에 정부 당국이 대북정책의 틀을 바꾸려는 노력이 선행되어야 할 것이다.[146]

다섯째, 통일운동 단체는 시민사회 내의 합의가 가능하고, 정부 당국과 마찰이 적은 가능한 사업부터 우선 추진할 필요가 있다. 통일운동 단체는 반북 정서가 아직도 광범하게 유포되어 있는 현실에서 북에 대한 일방적인 지원 사업보다는 일반 시민들의 정서 등을 고려한 합리적인 사업계획을 수립하여야 한다.[147] 예컨대 통일운동 단체는 남북 양측 언론의 통일 관련 보도 태도를

---

144) 범민련 등 진보적 통일단체는 보안법 폐지나 개정 운동을 지속적으로 전개하고 있다. 이들은 북한을 '적'으로 간주하는 국가보안법이라는 실정법이 엄연히 존립하는 곳에서 남북 '합의서'를 체결하고, '공동선언'을 발표하여 평화적으로 통일하겠다는 것은 자가당착이라는 것이다.

145) 오현미, 「통일방안에 담길 주요 내용에 관한 검토」, 주간 전국연합통신 제49호(1995. 4. 17), 32쪽.

146) 그간 일부 급진적인 운동단체나 인사의 돌출적인 방북이나 '공동성명' 등의 투쟁은 통일의 돌파구를 시급히 마련하려는 의지만큼은 인정할 수 있으나, 실정법 위반일 뿐만 아니라 일반 시민들의 정서에도 배치된다. 이러한 행동이 북의 통일전선에 역이용될 가능성도 배제할 수 없다.

147) 국민 여론조사에서도 나타났듯이 남북관계의 개선 없는 '북미 평화협정 체결' 주장과 남한 당국이 배제된 '북한과 합의하에 이루어지는 8·15 행사' 개최와 같은 주장은 일반 시민들의 눈에는 친북 행태로 보여 국민 여론에는 맞

감시하는 사업, 남북 간의 긴장을 화해와 평화로 전환하는 사업, 통일 교육과 통일 문화 창달 사업 등 민간 차원의 참신한 통일 사업을 꾸준히 준비하여야 할 것이다.

통일 NGO가 통일 과정의 성과를 시민의 힘으로 지키는 불가역성의 역할에 충실하고, 그 역할에 걸맞은 참신한 사업을 창조적으로 개발하고 꾸준히 실천할 때 민족의 통일은 더욱 가까이 올 것이다.

지 않는 것이다. 조성범, 앞의 글, 54쪽.

| 제3장 |

통일 NGO의 조직론

제1절 통일 NGO의 조직 현황

한국의 통일 NGO의 활동이나 역할은 조직 역량에 비례한다. 그동안 한국의 통일 NGO의 역할에 대해서는 긍정적인 평가 못지않게 비판적 평가도 많았다. 대체로 NGO의 활동이 시민사회의 기대 수준을 충족시키지 못하는 것은 근본적으로 통일 NGO 조직 역량의 취약성에 기인한다고 볼 수 있다.[1)]

한국의 통일 NGO 조직 현황은 어떠한가? 조직 구성이나 운영상에 있어서 문제점은 무엇인가? 시민단체로서 통일 NGO는 다른 시민단체 조직과 유사한 측면도 있지만 다른 측면도 많다. 본 절에서는 먼저 통일 관련 NGO의 조직 현황을 살펴보고, 나아가 통일 NGO 조직의 인적·물적 자원을 구체적으로 점검하려고 한다.

1. 통일 NGO의 등록 현황

우리나라의 통일 NGO는 등록 단체의 수의 증가뿐만 아니라 활동 영역도 확대되고 있다. 통일 관련 NGO의 팽창은 1987년 민중항쟁 이후 한국 사회의 민주화, 김대중 정부의 등장 이후 남북관계의 개선에 따른 역할의 증대에 기인한다. 우리나라에서 통일 NGO의 활동은 과거보다 늘어났지만 그 조직에 관한 체계적이고 전문적인 연구는 부족한 실정이다.

우선 우리나라에서 활동하는 통일 NGO의 현황부터 파악하기로 한다. 한반도 통일을 위하여 활동하는 통일 관련 시민단체는 2012년 12월 말 현재 통일부에 등록된 허가 법인이 291개에 이르고 있다.[2)] 물론 여기에도 통일 관련 사회단체, 연구 단체, 공공 단체도 일부 포함되어 있다. 그러나 통일부에 법인으로 등록하지 않고 활동하는 단체도 상당수 있다는 것을 감안하면 우리나라의 통일 관련 시민단체의 수는 이보다 훨씬 많을 것이다.

통일부는 2012년 12월 말 현재 291개 허가 단체를 활동 영역별로 분류하고 있다. 즉, 통일 활동 전반 단체 75개, 인도 지원 협력 단체 59개, 학술 연구 단체 41개, 이탈주민 정착지원 단체 38개, 사회 문화 협력 단체 35개, 북한 인권 개선 단체 15개, 경제 협력 단체 12개, 통일 교육 단체 7개, 이산가족 지원 단체 4개, 납북자 지원 단체 3개, 개성공단 관련 단체 2개로 분류하고

1) 배한동, 「한국의 통일 관련 NGO의 역할평가와 과제 설정」, 『대한정치학회보』 제17집 제2호, 2009, 311쪽.
2) 통일부 홈페이지(http://www.unikorea.go.kr) 2012. 12. 30. 검색.

있다. 통일부는 이들 등록 단체 중 대북 지원 단체를 별도로 허가·지정하고 있는데 이는 대북 지원 문제를 원활히 하기 위한 상호 협조체제를 구축하기 위함이다.

통일운동 단체 중에는 법적 요건에 따라 정부의 허가 단체도 있고 비허가 단체나 임의 단체도 있다. 허가 법인체에는 사단법인체도 있고 재단법인체도 있다. 우리나라에는 통일부에 법인으로 등록치 않고 임의로 활동하는 단체도 상당수 있으므로 전체 수를 정확히 파악하기는 매우 힘들다. 우리나라에서 등록한 단체와 비등록 단체의 비율은 60:40 정도로 추정하고 있다.[3)]

1980년 이전 4개 단체에 불과하던 등록 단체가 2000년 남북 정상 회담 성사 이후 2001년부터 2005년까지 5년 동안 무려 82개, 2006년부터 2010년까지 78개 단체가 우후죽순처럼 신규 등록하였다. 특히 1996년부터 2010년 사이에 무려 204개 단체가 등록된 것은 괄목할 만한 증가 현상이라고 볼 수 있다. 통일 NGO는 김영삼 문민 정부 등장 이후 증가하기 시작하여 김대중 정부 시의 2000년 6·15 공동 선언을 거치면서 폭발적으로 증가하였다. 이는 김대중 정부와 노무현 정부의 포용정책이나 대북 화해 협력 정책의 영향이 크며, 통일문제에 관한 시민사회의 적극적인 관심의 증대 결과이다. 통일문제는 이제 정부의 독점물이 아니라 시민들이 자신의 과제로 인식하는 경향이 증가하였다는 증거이다.[4)]

김대중·노무현 정권하에서는 통일 NGO 중 교류·협력·지원 단체가 많았으며 진보 성향 단체의 활동이 상대적으로 많았다. 그러나 이명박 정부 등장 이후에는 북한 인권 단체나 탈북자 지원 단체 등 보수적 성향의 단체가 수적으로 증가하고 그들의 활동 범주도 넓어지고 있다.

2. 통일 NGO 조직 분류

통일 NGO의 조직 양상은 시대적 상황이나 통일운동의 환경 변수에 따라 달라질 수 있다. 통일 NGO는 환경과 현실에 따라 활동 범주를 조절하는 경향이 강하기 때문이다. 우리나라의 통일 NGO는 조직의 규모 면에서 소수 회원으로 구성된 영세한 단체부터 수천 명의 회원을 확보한 대규모 단체에 이르기까지 다양한 조직 양상을 보이고 있다. 통일 NGO는 활동 목적과 영역, 조직 범주와 구조, 법적 요건, 설립 범위 등에 따라 다음과 같이 분류할 수 있다.[5)]

---

3) 김병로, 「기독교 대북 NGO의 분화와 지형 분석」, 기독교 통일학회, http://cafe.naver.com/reuini.cafe?iframe_url=/ArticleRead.nhn%3Farticleid=140, 2011. 11. 9. 검색.
4) 김선미, 「평화·통일운동과 NGO의 역할」, 홍익문화통일협회, 19~21쪽.
5) 박상필, 『NGO학: 자율·참여·연대의 동학』, 아르케, 2011, 30~45쪽.

1) 활동 영역별 분류

통일 NGO는 활동 영역이나 사업 목적에 따라 분류될 수 있다. 통일 NGO는 정관에서 단체의 설립 목적을 밝히고 있으며, 그 목적에 따라 그들의 활동 영역과 사업계획이 설정된다. 통일부는 등록된 통일 관련 단체를 활동 영역별로 크게 대북 협력, 경제 교류, 대북 지원, 통일 교육, 탈북자 지원, 북한 인권 개선 단체 등으로 분류하고 있다.

이들 통일 NGO는 하나의 주된 사업만 하는 단일 목적 단체도 있고, 여러 가지 사업을 동시에 추구하는 다목적 단체도 있다. 단일 목적 단체는 북한 인권이나 대북 지원 등과 같이 하나의 목적만을 추구하는 단체를 말하며, 다목적 단체는 북한 인권과 대북 지원 교류·협력, 통일 교육 등 여러 가지 활동을 병행하는 단체를 말한다. 오늘날 대부분의 통일 NGO는 특정 목적 사업만 수행하지 않고 통일 관련 여러 가지 사업을 병행하기 때문에 다목적 단체로 분류될 수 있다. 다목적 단체도 경실련이나 참여연대, 흥사단처럼 그들의 고유목적 사업을 수행하면서도 통일문제를 부분적으로 취급하는 단체도 있고, 평화통일시민연대나 민족통일중앙협의회처럼 통일 관련 사업을 주로 하면서도 부가적 사업을 추가하는 단체도 있다.

그러나 오늘날 대부분의 통일 NGO는 활동 영역이 확대되는 경향이 있지만 일부 단체는 역할이나 활동이 특수화, 전문화되는 경향도 있다. 탈북자 문제, 북한의 인권 문제, 남북의 평화 정착 문제, 대북 인도적 지원만을 전담하는 단체가 증가하는 것도 이 같은 경향을 반영한 것이다. 이들 전문화 단체들은 당해 분야에 대한 상당한 경험과 함께 대북 관계의 상당한 노하우도 축적하고 있다.

2) 조직 범주별 분류

NGO는 일반적으로 조직의 범주와 그 활동이 미치는 영향에 따라 국제 NGO, 전국 NGO, 지방 NGO로 나눌 수 있다. 국제 통일 NGO란 국제적인 연대 조직을 갖추고 통일과 관련한 활동을 하는 NGO를 일컫는 말인데 일부 북한 인권 관련 NGO가 여기에 해당된다. 범민련은 남북한과 해외 여러 곳에 지역 조직을 두고 있어 국제 통일 NGO 조직이라고 볼 수 있다. 전국 통일 NGO는 서울에 본부를 두고 지역의 지부 조직을 통하여 활동하는 단체이다. 범민련, 6·15공동선언실천남측위원회, 민족통일중앙협의회, 자유총연맹, 민화협 등은 전국적인 NGO라고 볼 수 있다.[6] 간혹 서울이 아닌 지방에서 독자적인 조직을 운용하는 지방 통일 NGO도 있지만 그 수는 소수에 지나지 않는다.[7]

또한 우리나라의 통일 NGO는 개별 활동 단체와 연대조직 활동 단체로 나눌 수 있다. 즉 통일 NGO는 조직의 운영 방식에 있어서 독자적 개별적 운영 방식을 택하는 단독형 NGO와 여러 단체가 느슨하게 연대하여 활동하는 연합형 NGO로 구분된다. 또한 단독형, 연합형 단체를 회원으로 하며 일시적 또는 상설 모임을 갖는 협의형 NGO도 있다.

통일 NGO는 성격상 단독 활동보다는 이념이나 성격 면에서 비슷한 단체끼리 연대하여 공동의 목표를 관철하려고 노력한다. 진보적인 연대 조직에는 범민련, 6·15공동선언실천남측위원회 등이 있고, 중도적 연대조직에는 민화협이 있으며, 보수적 연대 조직에는 바른사회시민회의, 국민행동친북좌익척결본부 등이 있다. 이들 단체도 국내 조직만으로 활동하는 단체도 있고 국제적 조직에 가입하여 활동하는 단체도 있다. 이들의 연대 방식이나 형식에 관해서는 뒤의 조직 형태에서 상론하기로 한다.

3) 조직 구성별 분류

통일 NGO를 회원들의 조직 구성 요건에 따라서도 분류할 수도 있다. 예컨대 여성들로만 구성된 단체도 있고 성별을 구분하지 않는 단체도 있다. 대부분의 단체가 회원의 자격으로 남녀 구분을 하지 않지만 여성평화연구원 등 10여 개 단체는 여성들로만 구성되어 있다.

한편 회원 구성에 있어서 종교인이 중심이 되어 구성된 통일 NGO도 있고 그렇지 않은 단체도 있다. 종교 관련 통일 NGO는 한국기독교교회협의회통일협의회, 기독교북한선교회, 대한불교청년통일추진위원회, 대한예수교장로회남북한선교협력위원회, 민족통일복음화운동본부, 민족통일불교중앙협의회, 전국불교운동연합, 전국목회자정의평화실천협의회민족통일위원회, 조국평화통일추진불교인협회, 천도교동학민족통일위원회, 천주교북한선교회 등이 있다.[8] 이는 종교단체가 사랑, 화해와 상생, 평화라는 종교적 진리를 통일운동에 적용하고 실천해 보려는 취지에서 설립된 단체이다. 이러한 종교단체는 종단의 도움을 받을 수 있기 때문에 회원 확보가 용이하여 지속적인 활동을 할 수 있다.

---

6) 박상필, 앞의 책, 231쪽. 이밖에도 남북통일국민연합, 대한YMCA통일특별위원회, 민족통일중앙협의회, 세계한민족평화통일협의회, 흥사단통일특별위원회 등 36개 단체가 있다.

7) 윤민재, 「통일과 민족문제 관련 사회단체의 조직적 특징과 성격」, 『통일문제연구』 통권 제44호, 평화문제연구소, 2005, 150쪽. 한국 NGO의 지방조직의 수를 조사해 보면, 진보나 보수집단 모두 30% 이상이 지방조직이 없었으며, 60% 이상이 2~5개의 지방조직만을 두고 있다. 그러나 10개 이상의 조직을 가진 곳은 진보 쪽이 많았고, 단지 보수단체인 자유총연맹만 200개가 넘는 방대한 시·군의 지방조직을 가지고 있다.

8) 상세한 내용은 통일부 홈페이지의 통일 인허가 단체 현황(2012. 01. 30.)과 시민의 신문 '통일 NGO 대동여지도' 참조.

나아가 통일 NGO를 조직 성향과 관련하여 전문가중심형, 활동가중심형, 풀뿌리조직형으로도 나눌 수 있다. 전문가중심형 NGO는 통일문제 전문가나 이론가 중심으로 구성되어 특수한 영역이나 정책개발, 대안제시를 위해 이 분야의 전문 학자들이 많이 참여하고 있다. 활동가중심형 NGO는 전문가중심형과 풀뿌리조직형의 중간 형태로 상근활동가들이 시민운동을 조직하고 회원들이 참여하여 운용하는 형태이다. 우리나라의 대부분 통일 NGO는 열성적인 활동가들이 조직하여 선도하고 운영하는 형태가 많다. 풀뿌리조직형은 통일문제에 관심 있는 일반시민들이 참여하여 단체의 주요한 의사결정에 직접 참여하는 민주적인 유형이다. 우리나라의 통일운동 단체는 대부분 풀뿌리조직이 취약하지만 점차 이들의 의사가 조직의 운영에 반영되는 추세가 강하다.

4) 이념 성향별 분류

통일 NGO는 정부의 통일정책이나 대북정책에 대한 입장 차이에 따라 친정부 단체, 중도적 단체, 반정부 단체로 분류된다. 그로 인해 통일운동도 극우 보수적 운동으로부터 중도 온건, 진보 좌익운동에 이르기까지 다양한 이념 스펙트럼을 형성하게 된다.

대체로 보수단체는 정부의 대북 강경책을 지지하고, 미국의 한반도 정책에 대해서도 적극적으로 지지하는 입장을 보이는 단체이다. 보수단체들은 친미 반공 성향이 강하며 북한에 대한 '퍼주기' 식 지원을 비판하면서, 북한 붕괴론과 흡수통일론을 적극 옹호하거나 지지한다. 이들은 정부의 대북 봉쇄 정책을 지지하고, 북한에 대한 지원에 있어서는 '절대적 상호주의' 원칙 적용을 강조하며 북한의 붕괴를 압박하고 있다.

이에 비해 진보단체는 남북한 화해와 협력 정책을 지지하고, 미국의 한반도 정책에 대해 비판적이거나 반대하는 입장에 서 있다. 이들 진보적인 단체는 남북화해라는 입장에서 북한의 입장을 이해하며 대북 포용정책을 적극 지지하고, 대북 상호주의 원칙에 반대하고 북한에 대해 무조건적 지원을 지지하며 신축적 상호주의를 선호하고 있다. 오늘날 일부 반정부적 재야 진보단체는 아직도 정부의 대북정책이나 통일정책을 부정·불신함으로써 정부 당국과 갈등 관계에 있으며, 통일부에 허가 단체로 등록하지 못하고 있다.

통일운동 단체는 당시 정부의 정책 방향이나 이념 성향에 따라 활동 범주가 위축되기도 하고 활성화되기도 한다. 보수 정권하에서는 보수 성향의 단체가, 진보 정권하에서는 진보 성향의 단체가 정부의 지원과 협력으로 활성화되는 경향이 있는데 이는 결코 바람직한 현상이라고 볼 수는 없다. 물론 오늘날 이념 면에서 중도 실용성을 추구하는 단체도 증가하고 있는데 이는 오늘날 대부분의 통일 NGO가 합법적으로 정책 결정과정에 참여하려는 경향이 강하기 때문이다.

3. 통일 NGO 조직 자원

통일 NGO가 통일을 위한 활동과 사업을 추진하는 데 사람, 자금, 정보, 네트워크, 시민의 지지 등과 같은 자원을 필요로 한다. 통일 NGO의 자원은 크게 본다면 사람, 자금, 시설과 같은 유형의 자원과 리더십, 정보, 전략, 네트워크, 지원체제와 같은 무형의 자원이 있다. 통일 NGO의 조직역량을 강화하기 위해서는 이 같은 인적 자원, 물적 자원, 사회적 자원, 정보 자원이 확충되어야 할 것이다.

통일 NGO의 자원동원은 조직의 목적달성이나 성공적인 운영을 위하여 필수적 요건이다. 이러한 자원의 조성과 확보는 제도적·문화적·역사적 요소, 지역적 환경, 국제적 여건 등 여러 요인에 의해 영향을 받는다. NGO는 원활한 활동을 위하여 이러한 자원 확보를 위한 자구적인 노력을 강구하여야 한다.

통일 NGO의 자원은 크게 인적·재정적·사회적·정치적 자원으로 분류할 수 있다. 통일 NGO의 인적 자원은 조직운영의 행위자와 행위자가 지닌 운영 기술로서 활동가, 회원, 자원봉사자의 자질과 리더십, 관리능력 등을 포함한다. 이것은 통일 NGO 조직운영의 핵심이며 가장 중요한 인적 자원이라고 볼 수 있다. 재정적 자원은 NGO의 운영과 사업에 필요한 각종 자금으로서 회비, 기부금, 정부지원금, 서비스 요금, 수익사업 이익금 등이 포함된다. 재정적 자원은 통일 NGO의 활동과 사업 추진의 필수적인 운영 자원이다. 한편 사회적 자원에는 조직의 형성과 교류에서 발생하는 신뢰, 협력, 유대, 네트워크 등과 같은 자본과 조직이 지닌 명성, 정보 등이 포함된다. 정치적 자원은 NGO가 대외적인 지지를 획득하고 정당성을 확보하기 위한 자원으로서 시민들의 지지, 정부의 지지, 언론이나 지역사회의 지지와 영향력이 포함된다. 이를 정리하면 〈표 3-1〉과 같다.[9]

---

9) 박상필, 앞의 책, 194쪽.

〈표 3-1〉 NGO 자원의 분류

종류	특징	주요 자원
인적 자원	조직운영에 관계된 행위자와 행위자의 기술	활동가, 회원, 자원봉사자, 리더십, 조직 관리능력
재정적 자원	NGO 운영과 사업에 필요한 자금	회비, 기부금, 정부지원금, 서비스 요금, 수익사업 이익금
사회적 자원	조직의 형성과 교류에서 발생하여 소유하는 자본	각종 사회자본, 평가, 명성, 정보력, 사회적 조직 연대, 네트워크 능력
정치적 자원	NGO가 외부로부터 얻는 지지	시민, 정부, 언론, 지역사회의 지지

이 같은 자원의 동원 능력은 통일 NGO의 조직 역량 강화의 수단이며 조직과 활동의 평가 준거로 활용될 수 있다.[10] 한국의 통일 NGO의 총체적 역량에는 인적 자원의 확보, 물적 자원인 재정의 상황, 운영 방식 등이 필수적 요소로 포함되어야 한다. 그러므로 NGO의 조직 역량의 강화 방안은 인적 토대인 회원의 확보, 조직의 목표와 이념, 물적 토대인 조직의 재정, 나아가 사회적 자원, 조직 활동에 대한 신뢰도 등 여러 가지 자원을 어느 정도 확보하고 효율적으로 활용하느냐에 달려 있는 것이다.

제2절 통일 NGO의 인적 자원 관리

통일 NGO는 통일이라는 목적을 달성하기 위해서 다양한 인적 자원, 혹은 내적·외적, 혹은 유형·무형의 자원을 필요로 한다. NGO의 인적 자원이란 일반적으로 NGO의 목적달성을 위해 필요한 여러 인간적인 자원과 수단을 말한다.

모든 조직은 사업이나 활동을 위해 외부로부터 인적 자원을 동원하고 획득하여야 한다. 통일 NGO의 조직도 마찬가지이다. 어떤 자원을 어떤 방식으로 획득하느냐에 따라 조직의 운영 보습이 변하고 조직의 활동이나 방향도 달라지게 된다. 시민사회의 인적 자원의 원천과 종류, 질과 양은 조직의 목적달성을 위한 각종 사업계획과 전략에도 영향을 미친다.[11] 통일 NGO의 인적 자원의 구성 실태부터 살펴보기로 한다.

10) 정연정(2000), 정영철(2004), 손기웅 외(2007), 배한동(2009)의 통일 NGO 활동과 조직 평가 관련 논문 참조.
11) 박상필, 앞의 책, 193쪽.

1. 인적 자원의 구성

통일 NGO의 활동이나 역할은 그들의 조직 역량과 불가분의 관계에 있다. 여기에서 통일 NGO의 인적 조직 현황과 그 문제점을 분석하고, 이를 토대로 인적 자원의 확충 방안을 검토해 보려고 한다. 인적 조직 역량은 회원의 규모, 회원의 분포, 회원의 전문성, 지도자의 리더십, 운용 방식, 자원봉사자의 활용 등에 의해 결정될 수 있다. 통일 NGO 활동의 효율화 방안은 이러한 토대 위에서 모색되어야 할 것이다.[12] 통일 NGO의 인적 구성은 어떻게 되어 있는가? 등록된 회원은 회원으로서의 자기 역할에 어느 정도 충실한가?

1) 일반 회원

통일 NGO 회원들의 통일문제에 관한 관심은 어느 정도이며, 참여의 자발성은 어떠한가? 통일문제에 관심 있는 시민들의 적극적인 참여는 통일 NGO의 기본 동력이며 자산이다. 통일 NGO 회원은 통일 여론형성의 매체이며, 대중적 지지 기반이다. 그러므로 통일 NGO 조직의 활성화는 유능한 회원의 확보에 달려 있고, 이는 단체의 위상과 정당성에 직결되어 있다.

통일 관련 NGO별 회원의 규모는 정확히 파악하기 어렵다. 그것은 일반 NGO와 마찬가지로 각 단체에서 공식적으로 발표한 회원의 규모는 신뢰하기 어렵기 때문이다. NGO에 따라 단체의 세력을 과시하기 위하여 회원수를 부풀려 발표한 경우도 있고, 등록만하고 활동을 하지 않는 '잠자는 회원'들도 많기 때문이다. 통일부에 등록된 통일 NGO가 2012년 12월 말 현재 291개에 이르지만 홈페이지에 회원 수를 정확히 밝히고 있는 단체는 전무한 실정이다. 또한 통일 NGO 중에는 자발적인 회원 조직이라기보다는 관변단체나 반관반민 성격의 조직도 있어 단체별 순수한 회원 규모를 파악하기는 더욱 어렵다.

우리나라의 통일 NGO의 실제 회원의 규모는 수십 명의 영세 조직에서부터 1000명 이상의 회원을 확보한 전국적 조직에 이르기까지 규모는 천차만별이다. 과거 권위주의 정권 시절 관변단체로 출범한 보수단체나 중도단체가 비교적 많은 회원을 확보하고 있다. 예컨대 자유총연맹, 민족통일중앙협의회는 비교적 많은 회원을 확보하고, 서울의 중앙조직을 중심으로 전국 조직망까지 확보하고 있다. 이에 비해 진보단체인 범민련과 6·15공동선언실천남측위원회는 회원의 수는 상대적으로 적지만 회원들의 자발적인 참여율은 높은 편이다. 지역사회에서 활동하는 풀뿌리

12) 송재봉, 「지역NGO 조직역량 강화 방안에 관한 연구」, 인터넷자료 epro5692, 2010. 5. 2. 01:08 검색.

NGO는 회원 수는 적지만 회원의 참여율이 비교적 높다.

통일 NGO는 자발적이고 유능한 회원을 많이 확보할수록 통일 관련 사업과 활동을 활발히 전개할 수 있다. 그러나 자발적인 회원 확보는 매우 어려운 과제이다. 대체로 일반 시민들은 통일 NGO에 자발적인 회원으로 참여하기보다는 상근 활동가들과의 친분이나 권유에 의하여 회원으로 가입한다. 통일 NGO는 회원의 자발적인 참여와 결합에 의한 탈중심화된(decentralized) 조직이 될 때 더욱 활성화될 수 있을 것이다.

2) 상근 활동가

통일 NGO의 상근 활동가의 역할은 조직 역량의 핵심이며, NGO 활동의 성패를 좌우한다. 상근 활동가의 업무의 전문성, 역량과 식견은 조직의 운영에 직결되기 때문이다. 상근 활동가들은 통일을 위한 활동 영역, 사업 방향, 추진 방식에 사실상 절대적인 영향력을 미치고 있다.

진보적 단체의 상근 활동가들 중에는 과거 민주화운동 경험이나 통일운동 경험을 상당히 보유하고 그 연장선상에서 활동하는 사람이 많으며, 보수적 단체의 활동가들 중에는 지역 유지나 지역 정치 활동에 참여하는 명망가들이 많다. 진보적 단체의 활동가들은 대체로 정부의 정책에 대하여 반정부적, 비판적 입장에서 활동을 전개하고, 보수적 단체의 활동가들은 정부의 통일정책이나 방침을 대체로 지지하며 친정부적인 활동을 선호한다. 물론 정부의 대북정책이나 통일정책 방향에 따라 통일 NGO의 지지 성향은 달라질 수도 있다.

우리나라에서 통일 NGO가 전문성을 갖춘 상근직 활동가를 유급으로 채용하기는 어려운 실정이다. 대부분의 통일 NGO는 재정 상태가 대단히 열악하며, 상근 활동가들은 무보수로 일하는 경우가 대부분이다. 어느 조사에 의하면 상근자들이 일정한 급여를 받는 경우는 매우 드물고 생계비에도 미치지 못하는 적은 활동비로 활동하는 경우가 많은 것으로 조사되었다.[13] 이로 인해 상근 활동가 중에는 부업이나 겸업으로 생계를 꾸리는 경우가 많다.

보수적 단체는 정부의 지원이나 독지가의 재정적 후원금 등으로 활동이 비교적 수월한 편이고, 진보적 단체는 단체의 이념의 과잉, 반정부적 태도 등으로 인하여 기업이나 정부의 후원이 저조하여 재정적 어려움을 겪고 있다. 예를 들면, 진보진영의 통일 NGO인 평통사의 상근 활동가들은 사실상 급여가 없고, 활동비 명목으로 소액만 지급받고 있는 실정이다. 다른 진보적 통일운동

---

13) 손기웅 외, 『한반도 통일 대비 국내 NGOs의 역할 및 발전방향』, 통일연구원 협동연구총서, 2007, 10~11쪽.

단체들도 이와 별반 차이가 없다. 이에 비해 보수 통일운동 단체들은 비교적 탄탄한 회원조직이나 후원조직을 통하여 재정을 충당하고 있어 비교적 형편이 나은 편이다.

통일 NGO의 상근자의 규모는 어느 정도일까? 통일 NGO의 상근 활동가 수는 환경운동 등 여타 시민단체에 비하여 부족한 편이지만 구체적인 조사도 제대로 이루어지지 않고 있다. 대부분의 통일 NGO는 상근 실무자인 사무처장이나 간사 1~2명이 기획, 조직 관리, 재정 확보, 행사 집행 등 다방면의 업무를 전 방위적으로 수행하고 있다. 심지어 사무실에 전화만 갖추고 1~2인만 상근하는 단체들도 상당수에 이른다. 이는 재정 형편상 상근 활동가를 둘 수 없고, 그것도 지도자나 임원 개인의 친분관계에 의해 근무하기 때문이다.

〈표 3-2〉는 2005년 우리나라의 36개 주요 통일 관련 시민단체의 상근 활동가 수를 조사한 자료이다. 상근자 수가 5명 이하인 단체가 22개로 전체 36개 단체 중 61.11%에 해당된다. 상근자 수는 보수단체와 진보단체 공히 5명 이하인 단체가 상대적으로 많다. 상근자 수가 10명이 넘는 단체는 진보 7개 단체, 보수 4개 단체에 불과한데 이 단체들은 전국적인 조직망을 갖춘 한국자유총연맹, 민족통일중앙협의회, 평통사 등이다.[14]

〈표 3-2〉 주요 통일운동 단체들의 상근자 수

인원	단체 수(빈도)			누적 단체 수(빈도)	누적 백분율
	진보(22개)	보수(14개)	합계(36개)		
1	4		4	4	11.11
2	2	2	4	8	22.22
3	5		5	13	36.11
4		1	1	14	38.89
5	3	5	8	22	61.11
6	1	2	3	25	69.44
10	1	2	3	28	77.78
12		1	1	29	80.56
13	1		1	30	83.33
14	1		1	31	86.11
15	2		2	33	91.67
20	1		1	34	94.44
23	1		1	35	97.22
40		1	1	36	100.00

14) 윤민재, 앞의 논문, 149~150쪽의 내용을 기초로 재작성한 것임.

이상에서 본 바와 같이 대부분의 통일 NGO는 상근활동가가 부족하고, 재정도 열악하여 안정적으로 사업을 추진하기에는 원천적인 한계가 있다. 따라서 통일 NGO는 성향이 유사한 단체들을 통폐합하여 조직 역량을 확충하는 것이 바람직한 일일 것이다. 그러나 통일 NGO들은 단체의 이념 성향에 따라 대립과 갈등이 심하여 조직의 통합은 그리 쉽지 않는 과제이다.

3) 자원봉사자

통일 NGO에 있어서 자원봉사자는 조직의 활동이나 사업의 활성화를 위해 자발적으로 참여하는 인적 자원을 말한다. 자원봉사자는 회원과 비회원이라는 자격과 상관없이 통일 NGO의 활동에 자발적으로 참여하여 활동하는 인적 자원이다. 자원봉사자의 역할이 중시되는 것은 그들의 활동이 시민들의 참여의 폭을 넓히고, 운영경비도 절감할 수 있기 때문이다. 자원봉사 활동 범주는 통일문제의 전문적인 지식, 노력 봉사, 행사 협조 등 다양하게 전개된다. 자원봉사자가 통일 NGO의 조직에서 차지하는 역할의 중요성을 구체화하면 다음과 같다.[15)]

첫째, 회원이나 일반 시민들의 자원봉사 활동은 기부금보다 더 중요한 재정적 역할을 대행할 수 있기 때문이다. 자원봉사 활동은 기부금 모금에도 긍정적인 영향을 미치는데 세계적으로 볼 때 자원봉사 경험이 많은 사람이 기부금을 더 많이 내는 경향이 있다. 자원봉사자는 통일 NGO의 또 다른 형태의 재정적 후원자라고 볼 수 있다.

둘째, 시민들의 자원봉사는 통일문제에 대한 관심을 환기시키고 회원 확충에도 상당히 기여한다. 자원봉사 활동을 계기로 일반 시민들은 통일운동에 관심을 갖고 회원으로 참여하기 때문이다.

셋째, 전문직 종사자의 자문위원회나 정책위원회에의 참여 증대는 통일 NGO의 업무의 전문화에 크게 기여한다. 자원봉사 활동은 전문직 종사자의 재능기부 차원에서 NGO의 발전에 크게 기여할 수 있다. 최근 전문직 자원봉사자의 증가는 서비스 공급의 다양화, 서비스 질의 증대라는 측면에서 NGO 활동에 상당한 도움을 주고 있다.

자원봉사자의 참여율을 조사한 어느 연구에 의하면, 보수단체가 진보단체에 비해 자원봉사자를 더 많이 확보한 것으로 나타났다. 진보단체에 대한 자원봉사자는 10명 이하가 대부분이지만 보수단체에는 20명 이상인 것으로 조사되었다.[16)] 그러나 진보 단체에서 활동하는 자원봉사자는 수적으로는 적지만 이념의 동질성 등으로 더 열성적인 것으로 나타나 있다.

---

15) 박상필, 앞의 책, 232쪽.
16) 윤민재, 앞의 논문, 152쪽.

4) 조직의 지도자

통일 NGO의 지도자란 조직을 대표하거나 운영에 책임을 지는 사람을 말한다. 통일 NGO의 정관에는 상임 대표, 공동 대표, 회장, 이사장 등 다양하게 호칭되지만, 이들은 대체로 조직을 공식적으로 대표하는 책임자이다. 즉 이들은 조직의 목표와 방향 설정, 운영과 사업 전반에 관해 전적으로 책임을 지는 사람이다. 상근 활동가들이 실무적인 계획과 업무를 수행한다면, 조직의 지도자는 모든 업무를 총괄하면서 조직을 대표한다.

지도자의 자질과 리더십은 조직과 운영에 결정적인 영향을 미친다고 볼 수 있다. 조직 지도자의 리더십은 주어진 목표를 달성하기 위해 인적·물적·상징적 자원을 동원하고 이를 적재적소에 투입하며, 조직 성원을 조정·통합하는 기술과 능력이다. 통일 NGO의 지도자의 리더십은 통일에 관한 장·단기적인 비전과 목표를 제시하고, 활동과 사업을 통괄하는 능력이다. 이러한 지도자의 통일에 관한 비전은 멀지 않는 장래에 달성 가능한 조직의 목표이며, 조직의 구성원들이 서로가 공유해야 할 가치이다. 그러므로 지도자의 리더십은 회원들에게 동기를 부여하여 자발적인 행동을 유도하는 수단이 되어야 한다. 창의적인 리더십은 항상 변화를 지향하며 지도자는 이를 위해서 조직 내에서 의사소통이 원활하고, 활발한 토론이 이루어지는 환경부터 조성하여야 할 것이다.

통일 NGO 조직에서 어떤 사람이 지도자가 될 수 있느냐에 대한 이론적 접근은 크게 자질론(trait approach)과 상황론(situational approach)으로 나눌 수 있다. 자질론은 조직의 환경에 관계없이 지도자가 될 수 있는 특별한 능력이나 특성을 강조하는 입장이다. 이에 비해 상황론은 개인의 자질보다 시대적 상황, 조직의 구조, 과업의 성격, 구성원의 특성 등과 같은 상황에 따라 지도자가 결정될 수 있다는 입장이다.[17] 보수적 통일 NGO는 자질론적 지도자가 많고, 진보적 통일 NGO에는 상황론적 지도자가 비교적 많은 실정이다. 전자는 통일문제에 관한 지식이나 전문성과 관계없이 사회적 덕망이나 경력, 재력 등에 의하여 지도자로 추대되는 경우도 많고, 후자는 통일문제에 관한 관심이 많고 통일운동을 통하여 많은 고초를 겪으면서 성장한 지도자가 많다. 이상적인 지도자는 이러한 양면을 겸비하면 좋을 것이다.

NGO 지도자들의 현실 정치에의 직접 참여문제에 대해서는 찬반양론이 있다. NGO 출신 지도자의 현실 정치 참여에 대해 평가가 교차하기 때문이다. 대체로 보수단체와 진보단체 지도자의 정치 참여 행태는 상당한 차이가 있다. 보수단체 지도자의 정치 참여 비율이 약 20% 정도이지만,

---

17) 박상필, 앞의 책, 237~238쪽.

진보단체 지도자의 참여율은 41%나 되어 2배 이상의 차이를 보인다는 연구 결과도 있다.[18] 이는 진보단체의 지도자들은 보수단체 지도자에 비해 정치적 현안에 관하여 공개적으로 입장을 펼치는 기회가 많고, 여러 행태의 정치 활동을 통해 자연스럽게 정치 경험을 축적했기 때문이다. 이러한 정치 활동 경험은 NGO 지도자의 정치 참여에 상당한 영향을 미친다고 볼 수 있다. 진보단체 지도자의 정치적 이슈에 대한 연대 범위의 확대 경험과 기술은 더욱 정치 참여를 가능하게 한다. 그러나 이들의 정치 참여가 NGO 활동의 순수성을 저해한다는 비판도 따르기 때문에 신중할 필요가 있다.

2. 통일 NGO의 조직 특성

여기에서는 통일 NGO의 조직상의 특징과 그 문제점을 동시에 검토하려고 한다. 통일 NGO의 조직의 규모, 충원 방식, 조직의 형태를 중심으로 문제점을 분석하면 다음과 같다.

1) 조직 규모의 영세성

통일 NGO의 특징 중 하나는 대부분의 단체가 회원을 충분히 확보하지 못한 영세한 소규모 조직이라는 점이다. 대부분의 통일 NGO는 회원수가 적으며 상근자 수도 1~5인 정도이며, 자원봉사 인력도 부족하여 사업을 추진하는 데도 많은 어려움을 겪고 있다. 그러므로 상당수 NGO는 통일 관련 사업을 안정적으로 펼치기 어려운 상황이다.[19] 이로 인해 일부 단체들의 무사안일과 책무성이 문제로 지적되고 있으며, 현장 활동가의 실무 경험과 전문성도 누적되어 전수되지 못하고 있는 실정이다.[20]

통일 NGO 조직의 영세성은 회원 모집의 실패 등 NGO 자체 역량에도 책임이 있지만, 근원적으로 시민들의 통일문제에 대한 무관심과 참여 의식의 부족에 기인한다. 사실 우리 사회의 일반 시민들은 통일 NGO에는 능동적으로 참여하기를 기피하고 꺼리는 경향이 강하다. 그것은 일반 시민들이 통일문제를 지극히 정치적 이념적 문제로 인식하는 경향이 강하기 때문이다. 우리나라의

---

18) 윤민재, 위의 글, 56~157쪽.

19) 김두현, 「민주화 이후 대구 경북 지역의 민간 통일운동」, 영남대학교 대학원 정치외교학과 석사학위논문, 2007, 91쪽.

20) 장영권, 「한반도 통일을 위한 통일 NGO의 역할과 개선 방향 - 통일 거버넌스 형성을 중심으로」, 『북한연구학회보』 제12권 제1호, 2008, 32쪽.

통일운동은 과거 독재정권하에서 민주화운동의 일환으로 전개되어, 통일문제나 대북 문제에 대한 적극적인 참여에는 언제나 신변상 불이익이 뒤따랐다. 그러므로 일반 시민들은 직접적인 이해관계가 없는 통일운동 단체에 가입하는 것을 기피하였다. 더구나 1987년 이전 통일운동은 민주화운동의 연장선상에서 추진되었기 때문에 소수의 이념형 활동가들이 다수의 대중을 동원하는 형식을 띠는 경향이 강하였다. 그러나 1990년대 문민 정부 출범 이후 통일 NGO에는 소수 엘리트와 지식인의 적극적인 참여로 그 영향력이 매우 높았지만 역설적으로 일반 시민의 참여 공간이 그만큼 줄어들게 되는 딜레마가 초래되었다.

이 같은 시민들의 관심과 참여 부족은 NGO의 재정 부족 현상으로 바로 연결되어 운영에 많은 지장을 초래한다. NGO의 회원 수가 증가하면 회비 수입 증대로 재정적 원천이 확충되고, 활동 반경과 영향력도 확대될 수 있다.[21] 결국 통일 NGO의 활동 부진은 회원이나 상근 활동가 등 인적 자원 부족이라는 조직의 영세성에 기인하기 때문에 이에 대한 대책이 시급한 실정이다.

2) 조직의 충원 방식

통일 NGO의 조직에 있어서 시민들의 자발적 참여는 조직의 성패를 좌우한다. 통일 NGO의 회원 충원 방식은 어떠한가? 한국 사회에는 연고주의에 바탕을 둔 다양한 모임들, 가령 동창회, 종친회, 향우회 등이 광범위하게 존립하고 있다. 통일 NGO의 조직에 있어서도 이 같은 행태를 탈피하지 못하고 지연과 학연 등에 의한 폐쇄적인 모집 행태를 취하는 경우가 많다.[22] 즉, 통일 NGO는 충원 방식으로서 공개적인 충원 방식보다는 비공식적 연고주의적 충원 방식에 의존하고 있다. 이러한 조직 형태는 조직 관리와 유지, 강력한 지도력 행사 등 몇 가지 긍정적인 측면도 있지만, 시민들의 능동적 참여를 가로막고 정보의 독점, 의사결정의 비민주성, 타 단체와의 연대의 방해 등 부정적 측면을 많이 노출하고 있다.

통일 NGO의 회원 충원에 있어서 보수단체나 진보단체가 공히 공식적인 회원 충원보다는 비공식적인 충원 방식을 취하고 있다. 그러나 보수적인 단체가 진보적인 단체에 비해 학연과 지연, 인맥 등 비공식적으로 충원되는 경향이 높다. 이에 비해 진보단체의 경우 인맥이나 연고보다는 시민들이 자신의 이념 성향에 따른 자발적 의사에 의한 회원 가입이 상대적으로 높은 것으로 조사되었다.[23]

---

21) 박상필, 앞의 책, 244쪽.
22) 박희봉, 「NGO와 사회자본」 김영래·이정희 외, 『NGO와 한국 정치』, 아르케, 2004, 435쪽.

결국 통일 NGO의 이러한 전통적이고 폐쇄적인 충원 방식은 조직 확산에도 부정적 영향을 미쳐 조직의 영세성으로 연결되고 있다. 그리하여 참여율이 높고 활동력이 강한 회원은 부족하고, 소수의 명망가나 활동가들에 의하여 운영되는 엘리트 중심 통일 NGO가 늘어나는 실정이다. 한국의 통일 NGO가 폐쇄적인 조직으로 지도되고 운영될 때 소위 '시민 없는 시민운동'이라는 비판을 면하지 못할 것이다.

3) 조직의 성격

한국의 통일 NGO의 조직상 특성과 문제점을 요약하면 다음과 같다.

첫째, 한국의 통일 NGO는 대부분 지방분산형의 조직이 아닌 중앙 집중식 조직 형태를 취하고 있다. 한국의 NGO는 중앙 정부나 기업에 대한 비판·견제활동에 치중하면서 서울에 본부를 두는 중앙 집중 방식을 선호하게 되었다. 한국의 통일 NGO 역시 군부정권의 유산을 청산하고 사회 민주화를 위하여 정부를 상대로 통일운동을 전개하면서 중앙에 본부를 두는 중앙 집중식 운영방식을 취하게 되었다. 지방 정부를 견제할 필요성이 희박한 통일 NGO의 이러한 중앙 집중 현상은 더욱 가중될 가능성이 높다. 이로 인해 지방에서 독자적으로 창설되어 운영되는 NGO는 소수에 지나지 않으며, 회원이나 상근자 수도 중앙에 비해 현저히 적은 것이다.

둘째, 통일 NGO는 조직의 위계질서가 비교적 적고 수평적으로 구성된 것이 특징이다. 대부분의 통일 NGO는 사람과 기구를 위계적 서열로 구성하지 않고 수평적으로 배열하고 있다. 그러므로 일부 급진적인 통일 NGO를 제외하면 대부분의 조직은 엄격한 상하관계나 내부 규칙과 절차에 따라 명령과 복종에 의해 움직이는 조직이 아니고 민주적이고 평등한 참여형 조직이다. 따라서 통일 NGO는 독자적이고 수평적으로 운영되면서 다른 단체와 연계된 활발한 활동을 전개할 수 있는 것이다.

셋째, 한국의 통일 NGO는 특정 역할이나 전문화된 기능만 수행하기보다 통일을 위한 다양한 활동을 위해 백화점 식으로 사업을 추진하는 단체가 많다. 통일부의 등록 단체 중 '통일 활동 전반'으로 분류되는 단체가 70여 개로 가장 많은 것은 이를 잘 설명한다. 그러므로 우리나라의 통일 NGO는 전문화되어 있지 않고, 개별 단체가 다양한 활동을 전개한다. 따라서 한국의 통일 NGO는 개별영역에 대한 전문능력이 부족하지만, 부족한 식견으로 이념을 앞세워 전문가의 의견

23) 윤민재, 앞의 논문, 154쪽.

을 반박하는 모순도 벌어지기도 한다. 이는 다기능적 일반적인 통일 NGO 조직이 가진 한계이다.

3. 통일 NGO의 조직 운영 실태

통일 NGO는 조직의 성격에 못지않게 조직 내부의 운영 방식이 조직의 활성화에 영향을 미친다. 통일 NGO의 운영 방식의 중요한 과제는 구성원들의 참여를 자발적으로 유도하고 의사를 결집하여 사업을 어떻게 효율적으로 추진하는가 하는 문제이다. 통일 NGO의 운영 실태와 문제점을 분석하면 다음과 같다.

1) 조직의 의사결정 방식

NGO 조직의 의사결정 과정에서 회원들의 적극적인 참여를 유도하고 창의적인 아이디어를 수렴하는 것은 조직의 발전을 위한 중요한 전제이다. 시민사회의 이상과 민주적 가치를 중시하는 NGO의 의사결정 과정은 분권적이고 민주적이어야 하는 이유도 여기에 있다.[24]

NGO 조직은 조직 내부에 명령, 복종관계보다는 상호 존중, 동기 부여, 의견 수렴이라는 민주주의의 원칙과 가치를 중시해야 한다. NGO는 항상 회원들 간의 대화와 토론을 우선시하고 내부 비판에도 개방적이어야 한다. 그러므로 NGO는 원칙적으로 의사전달방식도 쌍방향적인 소통구조가 되어야 하며, 합의를 존중하여야 한다. NGO의 의사결정 구조가 정부조직이나 기업조직에 비해 목표 달성이라는 효율성보다 과정의 민주성을 중시하는 이유도 여기에 있다.[25]

그러나 시민이 주체가 되어 통일운동을 전개해야 하는 통일 NGO는 대중 조직인데도 소수의 활동가 위주로 의사결정이 이루어지는 경우가 많다. 통일 NGO에서 개인 명망가나 활동가들에 의하여 폐쇄적으로 운영되는 통일운동은 시민사회의 지지를 받을 수 없고 지속적으로 성과를 거두기도 어렵다. 특히 명망 있는 지도자가 독단적으로 조직을 이끌고 있다면 그 조직은 발전할 수 없고, 결국은 조직이 해체되거나 와해될 수밖에 없다. 소수 엘리트에 의해 의사가 결정되고 정보가 독점되면 일반 회원은 흥미를 잃고 탈퇴하며, 자원봉사자는 떠나게 되고, 실무자는 불만을 갖게 된다. 결국 이러한 NGO는 시민의 힘으로 통일을 앞당긴다는 통일운동의 원래 목표를 상실하

24) 박상필, 앞의 책, 236쪽.
25) 정부조직은 주민의 선거를 통해 구성되고 공권력을 행사하는 공적 권위를 가지고, 이러한 권위는 위계적 조직에 의해 뒷받침된다.

게 되는 것이다.

통일 NGO의 의사결정 방식에 있어서 상향식은 회원들의 의사를 아래로부터 수렴하여 결정하는 방식이고, 하향식은 조직의 책임자들이나 상부 부서에서 결정하여 하부에 전달하는 방식이다. 우리나라의 대부분의 통일 NGO는 절충형인 혼합형 의사결정 구조를 가지고 있다. 통일 NGO의 하향식 운영 구조는 조직의 관리와 유지, 강력한 지도력 행사 등 몇 가지 긍정적인 측면도 있지만, 시민들의 능동적인 참여를 가로막고 정보의 독점, 의사결정의 비민주성, 타 단체와의 연대의 방해 등 문제점을 파생시킨다. 한국의 통일 NGO 중에는 보수단체가 진보단체에 비해 개인 명망가, 지도자에 의존하는 경향이 강하고, 조직 내부의 구조가 다소 폐쇄적이라는 비판을 받고 있다.[26] 그러므로 모든 통일 NGO는 원칙적으로 상향식 민주적 의사결정 구조로 운영되어야 조직이 활성화될 수 있을 것이다.

2) 조직 운영의 투명성

한국의 대부분의 NGO는 자체 정관이나 규정을 가지고 있으나 내부 비판구조를 제도적으로 보장하는 조직 문화를 갖추지 못하고 있다. 그러므로 대형 NGO조차 조직 내의 민주주의가 제대로 작동되지 않는다는 비판이 따른다. 대표자 1인이나 소수 활동가에 의해 운영되는 NGO일수록 더욱 폐쇄적이고 비민주적인 운영형태를 띠게 된다. 또한 소규모 조직일수록 의사결정 과정이 민주적이지 못하고 재정구조도 투명하지 못한 경우가 많다.

우리나라의 통일 NGO의 운영 역시 공개적이고 민주적이지 못한 운영방식이 비판의 대상이 되고 있다. 한국의 보수적 통일 NGO뿐만 아니라 진보적 NGO도 조직의 운영이 비민주적이라는 비판이 따르고 있다. 회원들의 공개적인 토론이 이루어지지 않고 소수의 지도자나 활동가에 의하여 운영 방향이나 사업이 결정되고, 조직 구성원은 그 방침에 단지 순응할 수밖에 없기 때문이다. 결국 우리 사회 조직의 민주화 수준이 통일 NGO 운영 수준에 비례한다고 볼 수 있다. 한국의 통일 NGO 역시 군부독재하에서 한국사회를 지배해온 반공주의, 권위주의, 성장주의, 속도주의, 연고주의 등과 같은 구시대적 유물을 아직도 청산하지 못하고 있다. 이러한 잘못된 유산과 관행이 NGO 조직의 운영에도 영향을 미치고, 그것이 비민주적 관행으로 자리 잡고 있는 것이다. 이러한 문제점을 청산하는 것이 통일 NGO의 시급한 과제이다.

---

26) 윤민재, 앞의 논문, 167쪽.

NGO의 의사결정 과정뿐만 아니라 운영과 집행 과정도 투명하게 이루어지지 못하고 있다. 정부의 관료조직은 밀폐된 공간에서 소수 간부가 의사를 결정하고 이것을 하부에 지시하는 형태로 운영되는 경우가 많다. 그러나 NGO는 민주주의의 원리를 강조하고 대가 없는 외부의 자원에 의존하는 자발적 조직이기에 의사결정 과정은 더욱 투명하고 공개적이어야 한다. 특히 재정과 관련된 의사결정과 집행은 투명하게 이루어져야 한다. 통일 NGO 스스로 도덕적으로 투명하지 않으면 정부와 시장을 견제할 수 없을 뿐만 아니라 조직운영에 필요한 각종 자원을 동원하기도 힘들기 때문이다.

3) 조직 간의 이념갈등

통일 관련 NGO는 이념적으로 보수, 중도, 진보적 NGO로 나눌 수 있다.[27] 일반적으로 통일 NGO는 북한에 대한 태도, 대북 지원에 관한 태도, 남북관계를 보는 시각, 통일 방안에 대한 입장, 미국에 대한 입장에 따라 이념 성향이 분류될 수 있다. 진보적 성향의 단체들은 대체로 북한의 입장을 이해하고 포용정책을 지지하면서 남북 대화와 협력을 중시한다. 이에 반하여 보수 성향의 단체는 대북 포용정책에 대하여 비판적이고, 북한 체제에 대한 강력한 비판과 미국과의 협조를 중시한다.[28]

그러나 통일 NGO들의 이념 성향을 객관적으로 평가하기는 곤란한 경우가 많다. 이는 진보 성향의 단체가 보수 성향의 활동을 하는 경우도 있고 그 반대의 상황도 종종 볼 수 있는데다가, 보수나 진보단체 내에서도 이념의 스펙트럼이 구분하기 힘들 정도로 애매하기 때문이다.

통일 NGO의 이념 성향은 조직의 활동과 운동 방향에 결정적인 영향을 미친다. 통일 NGO는 통일문제와 민족문제에 관한 이데올로기적 대립으로 조직 내의 갈등뿐만 아니라 조직 간에도 상당한 갈등이 초래되고 있다. 과거 김대중 정부의 대북 포용정책은 통일 관련 시민단체들을 진보와 보수의 진영으로 양분시키고, 그것이 시민사회의 남남 갈등을 확대시켰다. 그뿐만 아니라 같은 진영 내에서도 운동 노선의 추진 방법 차이로 대립이 심각하고, 그것이 주도권 싸움으로 변질되기도 하였다. 특히 같은 운동진영 내의 주도권 갈등은 조직의 분열로 이어져 조직이 해체되거나 운동역량을 약화시키는 원인이 되기도 하였다.[29]

---

27) 한국의 대표적인 보수단체는 민족통일촉진협의회, 바른사회시민회의 등이며, 중도단체는 경실련통일협회, 민족화해범국민협의회 등이며, 진보적 단체는 조국통일범민족연합, 6·15공동선언실천민족공동위원회 등이다.

28) 이우영, 「2000년 이후 남북관계 의제에 대한 시민사회의 활동 평가」, 이화여자대학교 통일학연구원, 『남북관계에 있어서 시민사회의 역할과 진로 모색』 학술 토론회 자료집, 2008, 44쪽.

자유민주주의의 본질상 통일 NGO 간의 이념대립은 불가피한 현상이다. 그러나 통일 NGO의 통일문제에 관한 정부 당국과의 정책 갈등으로 시민사회 내의 국론이 분열되는 것은 심각한 문제이다. 통일 NGO가 서로 상대를 인정하고 당면 통일 과제를 대화를 통해 해결하고 통일 역량을 모으는 것이 시급한 과제이다.

제3절 통일 NGO의 재정 관리

통일 관련 NGO의 재정은 조직 운영을 위한 물적 기반이다. 그러므로 재정 확보는 조직 운영과 사업의 원동력으로서의 중요성을 지닌다. NGO 재정 수입원은 회비, 후원금, 기부금, 정부의 보조금, 자체의 수익금 등으로 구성된다. 이 절에서는 통일 NGO의 재정 수입 현황과 운영 실태, 재정 운영상의 문제점 등을 논의하고자 한다.

1. NGO의 재정 원천

NGO는 본질적으로 공권력과 강제력이 없는 비정부단체이며, 기업처럼 이익을 추구하거나 영리활동을 하는 단체가 아니다.[30] 정부는 재정 수입을 위한 조세법률 체계를 가지며, 기업은 주식과 수입에 관한 발달된 회계 시스템을 갖추고 있다. 그러므로 NGO도 이제 재정 확충을 위한 자체의 모금 전략을 수립하여 효율적인 활동을 벌여야 한다.[31] NGO의 재정 원천은 기본적으로 회원의 회비와 기부금에 의존하지만 이 외에도 정부지원금, 서비스 요금, 수익사업 이익금, 투자 이익금과 이자 등이 있다. 또한 자원봉사 활동의 대가나 정부의 행정지원금, 면세 등도 NGO의 재정적 수입원이 될 수 있다.

선진국의 경우 NGO 재정에서 회비가 차지하는 비율이 10% 미만인 데 비해 우리나라 대부분의 NGO는 재정의 20~30% 이상을 차지하고 있다. NGO의 재정 중 회비 수입 비율이 영국과 프랑스 8%, 호주 7%, 핀란드 6%, 독일 4% 정도이다. 나머지는 수익사업이나 정부 지원에 의존한다.[32]

---

29) 장영권, 위의 논문, 30쪽.
30) NGO도 서비스를 판매하여 이익을 남기지만 그것은 이윤을 남기려는 기업의 영리활동과는 다르다.
31) 박상필, 앞의 책, 195쪽.
32) 박상필, 앞의 책, 198쪽.

임승빈이 국정홍보처 민주공동체 실천사업에 참가한 우리나라 33개 NGO의 1999년 재정현황을 분석한 자료에는 회비 및 자체 수입이 46%로 조사되었다.[33] 이를 미루어 볼 때 오늘날의 대부분의 통일 NGO도 이와 비슷한 재정 현황을 지닌다고 보아야 할 것이다.

〈표 3-3〉은 시민사회운동연구원이 23개 NGO를 대상으로 조사한 NGO의 재정 수입 내역이다. 이 조사에 따르면 재정 총수입 중 회비 및 후원금이 차지하는 비율이 41.2%에 이르고, 정부지원 등 기타 수입이 58.8%나 차지한다.[34]

〈표 3-3〉 한국 NGO의 재정 수입 출처

수입원	비율(%)
회비 및 후원금	41.2
기업협찬	8.5
정부지원/공공기금	21.6
수익사업	12.8
기타	15.9
계	100.0

* 출처: 양용희(1998). 박상필(2011) 재인용.

2. 통일 NGO의 재정 수입

우리는 여기에서 통일 NGO의 주요 재정 수입원을 구체적으로 분석해 볼 필요가 있다. NGO 활동의 자율성 확보를 위한 중요한 과제는 재정의 독립성을 유지하면서도, 재정 수입을 지속적으로 확보하는 것이다. 현실적으로 NGO의 재정에 있어서 회비나 개인 기부금은 부족하기 마련이다. 그렇다고 NGO가 수익사업이나 외부지원에 과도하게 의존할 경우, 조직의 자율성이 침해당하거나 조직의 목적이나 사명에서 일탈될 수도 있다.[35] 따라서 통일 NGO는 재정의 원천을 효과적으로 분산하는 포트폴리오(portfolio) 전략을 수립할 필요가 있다. 여기에서 통일 NGO의 각 부문별 재정 현황과 문제점을 검토하기로 한다.

---

33) 임승빈, 「민주 공동체 실천사업 심포지엄」, 국정홍보처, 『민주 공동체 실천사업 자료집』, 2000, 56쪽.
34) 양용희, 「시민단체의 모금 및 회원 관리 방식의 개선 방안」, 『시민단체의 안정적 재정 확보 및 활성화 방안』, 아시아민주사회운동연구원, 1998, 122쪽.
35) 박상필, 앞의 책, 197쪽.

1) 회비

통일 NGO는 재정 확충을 위하여 기본적으로 회원을 많이 확보하여야 한다. 물론 회원 확보가 반드시 회비의 증대로 이어지는 것은 아니지만, 회원의 수는 회비 확보의 원천이 된다. 대체로 회비 수입은 회장 등 임원 회비, 이사 회비, 일반회원 회비로 구분된다. NGO의 사정에 따라 예산 규모는 달라지는데 전체 재정 규모에서 회비가 차지하는 비율이 높을수록 NGO는 재정의 독립성과 대외적 자율성을 확보할 수 있다. 회비 수입만으로 재정이 확충된다면 회원에 대한 책무성이 강화되고 NGO의 정체성을 확고히 할 수 있다. 그러나 회비 수입만으로는 재정의 어려움을 극복하기는 사실상 어렵다.

우리나라에서 통일 NGO의 회비 수입은 재정의 주요 원천이지만 회비 징수는 그리 쉽지 않다. 그리하여 통일 NGO는 회비 수입 외의 후원금과 기부금에 의존하는 경향이 강하고 사업과 활동은 주로 자원봉사에 의존하는 경우가 많다. 우리나라에서 보수적 통일운동 단체나 진보적 단체도 공히 재정상의 어려움을 겪고 있다. 보수적 단체는 독지가의 지원금이나 정부의 재정지원에 의존하는 경향이 강하고, 진보적 단체는 자발적 회비나 개인의 후원금에 의존하는 경향이 강하다. 통일 NGO가 기업이나 정부에 재정을 의존하는 비중이 높을수록 활동이나 사업의 자율성과 독립성을 유지하기 어렵다. NGO가 정부나 기업의 재정지원을 받되 운영의 독자성을 유지하는 것은 어려운 과제이다.

2) 후원금, 기부금

대부분의 NGO는 회비만으로 재정 충당이 어렵기 때문에 일반적으로 후원금이나 기부금에 크게 의존한다. 기부금은 개인기부금, 기업기부금, 재단기부금으로 나눌 수 있다.[36] 이 중에서 개인기부금은 NGO에게 부담이 적고 NGO가 활동이나 사업을 자율적으로 추진하는 데 많은 도움이 된다. 개인기부금은 NGO에 회비의 부족분을 메워주면서도 그들의 사명과 활동 방향을 크게 왜곡시키지 않는 중요한 재원이기 때문이다.

한편, 기업의 기부는 현대적 의미의 경영 패러다임(management paradigm)의 변화에 대한 대응이라고 볼 수 있다. 기업은 주로 장기적인 시각에서 기업의 이미지를 고양하기 위한 마케팅의 전술로 NGO에 기부하기도 한다. 현대사회에서 소비자는 단순히 상품의 가격이나 품질만 보고

36) 미국에는 가족이나 개인의 헌납에 의한 개인 독립 재단(independent foundation)이 90% 이상이고 나머지는 기업재단, 지역사회재단 등이다.

구매하는 것이 아니라, 기업의 사회적 기여와 이미지를 따져서 구매하기 때문이다. 시민들이 환경 친화적 기업이나 사회적 기업을 선호하는 것도 이 같은 이유이다.

그러나 기업기부금은 NGO에 상당한 부담으로 작용할 수 있다. 기업이 제공하는 자금이나 장비, 물품은 NGO 재정에 보탬이 되지만 그것이 NGO의 역할을 변질시킬 수 있기 때문이다. NGO가 기업으로부터 기부금을 받으면 기업에 대항하여 소비자 권리, 환경권, 경제권 등과 같은 권리를 주장하는 데 한계가 있다.[37] 한국의 환경 관련 NGO의 대기업 후원금 비리가 자주 문제가 되는 것도 이러한 정황을 반영한 결과이다. 통일 NGO 역시 과거 금강산 관광이나 개성공단 관련 기업과 상당한 관련을 맺고, 북한에 대한 교류와 협력 과정에서도 상당한 유대관계를 가졌다. 이들이 기부금의 지원을 받았다면 그 용도와 내용을 분명히 밝혀 투명하게 집행해야 할 것이다.

한편 NGO에 대한 재단의 기부금 역시 시민단체의 목적과 활동에 부담을 가져다 줄 수 있다. 재단 지원금은 NGO의 사명과 후원자의 이해관계가 일치하지 않을 경우, 후원자의 편을 들게 되어 조직의 건강성이 훼손될 가능성이 있다. 우리나라에서는 구미 선진국에 비해 NGO의 재정지원을 목적으로 운영되는 기금이나 재단이 매우 부족한 실정이다. 그것도 대부분 서울에 집중되어 있어 현실적으로 중앙에 있는 NGO 일부만 혜택을 받고 있다. 지역 NGO는 중앙의 지부 형태로 조직된 경우를 제외하면 재단기부금 혜택을 받기는 어렵다. 지방 NGO의 조직 활성화를 위해 재단기부금이 지방으로도 확산되는 방안이 마련되어야 할 것이다.

개발도상국의 NGO는 유엔개발계획(UNDP)이나 선진국의 각종 재단이 제공한 기부금의 지원을 받고 있다. 미국의 경우 정부에 의하여 조성된 아시아재단(Asia Foundation)이나 민주주의기금(NED) 등이 개발도상국 NGO에 대한 많은 지원 활동을 하였다.[38] 또한 독일의 정당 재단인 콘라드 아데나워 재단이나 에버트 재단, 한스 자이델 재단, 나우만 재단이 한국의 민주주의, 인권, 통일 관련 NGO를 돕는 데 상당히 기여하였다. 한국의 많은 시민단체나 통일 NGO는 이들로부터 남북관계 연구, 시민의식 함양 프로젝트, 세미나 등의 경비를 지원 받은 바 있다. 물론 이들 재단의 지원은 독일의 통일 경험을 한국에 전하고, 한국의 시민 의식 고양을 통한 통일의 초석을 다지려는 데 목적이 있다. 그러나 외국 재단의 기부금은 거시적, 장기적 시각에서 보면 지원 국가나 지원 단체의 이익이나 목적을 실현하기 위한 수단으로 볼 수 있기에 기부금의 수용시 냉철히 검토할 필요가 있다.

37) 박상필, 앞의 책, 200~201쪽.
38) 박재영, 『국제 관계와 NGO』, 법문사, 2003, 308쪽.

3) 정부 공공 보조금, 지원금

NGO는 회원의 회비나 외부의 기부금 외의 정부의 지원금에 의존하는 경향이 증대되고 있다. 실제로 대부분의 선진국에서는 정부지원금이 NGO 재정의 상당한 부분을 차지하고 있다. 대체로 독일(64%), 프랑스(57%), 영국(47%) 등 유럽국가의 NGO의 정부 공공 보조금 의존율이 매우 높고, 스페인(32%), 호주(31%), 미국(29%) 등은 낮은 편이다. NGO에 대한 재정지원은 유럽의 복지국가로 갈수록 높고, 미국에서는 재정의 평균 20~30%만 의존하고 있는 실정이다.[39]

우리나라 NGO에 대한 재정지원은 2000년 제정된 비영리민간단체지원법에 근거하고 있다.[40] 그러나 한국에서는 법 제정 이전에도 정부가 다양한 형식으로 NGO에 대하여 적은 규모이지만 재정지원을 했던 것이 사실이다. 그로 인해 정부의 재정지원 원칙과 방식이 일관성이 없다는 주장이 제기되기도 하였다. 친정부 성향의 단체와 반정부 성향의 단체에 대한 지원의 차별이 심하다는 것이다. 그리하여 비영리민간단체지원법이 제정됨에 따라 공개경쟁을 통해 그 기준에 적합한 자금 지원이 이루어져야 할 것이다.

비영리민간단체지원법에 의한 정부지원금은 2000년 150억 원(중앙 50%, 지방 50%)으로 시작하여 2004년 100억 원으로 줄었고, 2008년에 50억 원(중앙 100%)으로 대폭 축소되었다. 그러나 2010년 중앙정부에서 비영리민간단체에 지원하는 전체 지원금은 3227억 원 정도로 대폭 증액되었는데, 이것은 2010년 정부 예산의 0.13%에 해당된다.[41] 그 중 정부의 순수 NGO 지원금은 2000억 원 정도인 것으로 추정된다.[42] 정부의 각 부처가 비영리민간단체에 지원하는 빈도는 31.9개 단체이며, 평균 124억 1000만 원을 지원하는 것으로 나타났으나 지원 건수와 지원액은 부처 간 큰 편차를 보인다.[43] 이 중 통일 NGO에 대한 지원 금액이나 규모에 관해서는 제4장에서 별도로 상세히 다룰 것이다.

---

39) 박상필, 앞의 책, 196쪽.

40) 비영리민간단체지원법이란 비영리민간단체의 자발적인 활동을 보장하고 건전한 민간단체로의 성장을 지원함으로써 비영리민간단체의 공익활동 증진과 민주사회 발전에 기여함을 목적으로(동법 제1조), 2000년 1월 12일 법률 제6118호로 제정된 법률이다. 이 법이 정한 지원을 받고자 하는 비영리 민간단체는 공익활동을 주관하는 장관, 특별시장, 광역시장 또는 도지사에게 등록 신청하여야 하며, 등록 신청을 받은 주무장관 또는 시·도지사는 그 등록을 수리하여야 한다.(법 제4조 제1항)

41) 한국 NPO 공동회의, 『2010년 정부의 비영리민간단체 지원 백서』(UNICEF 한국위원회 발행)에 의함. 비영리민간단체(NPO) 지원 빈도가 높은 대상은 NGO에 해당하는 시민사회 단체(155건, 시민, 인권, 여성, 의식 개혁 등 사업)가 가장 높고, 사회서비스 단체(107건), 국제적 행동 단체(108건), 기업·직업단체·노조(103건), 문화예술 단체(82건), 연구 단체(55건) 등의 순으로 나타나 있다.

42) 박상필, 앞의 책, 201~202쪽을 요약한 내용임.

43) 비영리민간단체 지원 빈도가 높은 부처로는 행정안전부, 여성가족부, 고용노동부, 외교통상부, 보건복지부, 방송통신위원회 순이며, 통일부에 대한 지원은 낮은 것으로 나타나 있다.

정부의 NGO에 대한 재정지원에는 찬반론이 있지만 지원 방식에 관해서는 매칭펀드제가 통용되고 있다. 대북 NGO에 대한 매칭펀드제는 대북활동 NGO에 대한 정부의 체계적이고 원칙에 입각한 지원을 촉구하기 위한 방안이다. 매칭펀드에 입각한 정부의 지원 비율은 지원 단체, 모금방식, 대북 지원품목에 따라 차등을 두어 이루어지고 있다. 예를 들면, 기업이 대북 지원을 할 때보다는 순수 민간단체가 모금을 할 때 높은 매칭펀드 비율을 적용한다든지, 농업협력 사업과 나무심기 사업, 의료지원 사업의 경우에는 높은 매칭펀드 비율을 적용해야 한다는 주장이 그것이다. 이러한 매칭펀드 제도를 운용하는 근본 목적은 제한된 자원을 효율적으로 사용함으로써 대북 지원의 활성화와 전문화를 도모하는 데 있다.

4) 서비스와 수익사업 이익금

NGO는 부족한 재원을 충당하기 위하여 각종 서비스의 대금이나 수익사업의 이익금으로 재정을 충당하기도 한다. 그러나 NGO는 비영리 병원이나 복지기관 등에 비해 제공하는 서비스나 수익사업이 많지 않다. 그러나 서비스 제공형 NGO는 교육, 상담, 견학 등의 대가로 사용료나 실비를 받기도 한다. 또한 NGO는 부족한 재정을 메우기 위해 출판, 서적·간행물 판매, 의류 판매, 보험사·여행사 운영, 신용카드 발급, 농산물 직거래, 바자회 등과 같은 다양한 수익사업을 전개하기도 한다.

사실 통일 NGO도 회비수입 외 북한 관련 상품 판매나 교역 사업 등으로 약간의 수익을 얻어 부족한 재정에 보태기도 하였다. 이들은 재정 확보를 위하여 금강산이나 개성 관광, 통일 음악회, 통일 관련 유료 강의, 북한 영화 티켓 판매, 북한산 주류·건어물 등 상품 판매, 일일호프 등을 기획하였지만 대부분 회원들만 참여하고 일반 시민들의 참여나 호응은 저조하였다.

NGO 재정에서 서비스 대금이나 수익사업 이익금은 일정한 정당성과 도덕적 근거를 가진다. 수익 사업은 기부금이나 정부지원금에 비해 NGO의 재정충원의 독립성과 재정의 지속가능성을 높여주며, 자금의 자유로운 사용이 가능하다는 측면이 있다. 그러나 NGO 활동이 상업 활동에 치중되면 주객이 전도되어 조직 고유의 사명과 목표가 훼손되고 본래의 사명과 기능이 약화될 수도 있다. 따라서 서비스 대금이나 수익사업 이익금은 전체 재정에서 과도한 비중을 차지해서는 안 된다. 물론 이러한 주문도 주창형 NGO와 서비스제공형 NGO 간에 차이가 있으며, 후자는 상대적으로 덜 위험하다고 볼 수 있다.[44] 우리나라의 통일 NGO는 시민을 대상으로 제공할 수 있는 양질의 서비스를 개발하여 수익창출을 위하여 더욱 노력하여야 할 것이다.

3. 정부의 재정지원 논쟁

시민들의 자발적인 결사체이자 정부의 정책을 비판하고 견제해야 할 NGO가 정부의 재정지원을 받는 것을 정당화할 수 있을까? NGO에 대한 정부의 재정지원에 대해서는 찬반 논쟁이 치열하다. 딜룰리오(John Dilulio)와 스카치폴(Theda Skocpol)은 정부 지원이 시민사회의 발달과 재건에 중요한 역할을 한다고 긍정적으로 보았다. 이에 대해 오코넬(Brian O'Connell)과 샴브라(William Schambra)는 정부의 재정지원은 시민사회의 발달을 저해하여 NGO의 사명을 수행하는 데 부정적으로 작용한다고 비판하였다.[45)]

물론 우리나라에서도 통일 NGO에 대한 재정지원 문제에는 찬반양론이 있다. 이에 대한 논쟁은 오래전부터 진행되었다. NGO가 시민사회의 여론을 바탕으로 공적인 역할을 수행하기 때문에 국민의 세금인 재정지원을 받는 것은 당연하다는 입장이 찬성론이다. 이에 비해 정부로부터 지원을 받으면 정부의 정책이나 역할에 대한 견제·비판기능을 상실하기 때문에 받아서는 안 된다는 입장이 반대론이다. 전자는 정부지원금은 무엇보다도 NGO의 성장에 기여할 수 있고, 양자 간의 대화와 파트너십의 증진에도 도움이 된다는 것이다. 후자는 정부지원금은 NGO의 비판능력을 저하시키고 자율성을 침해할 수 있어 반대하는 입장이다. 이처럼 NGO에 대한 정부의 재정지원에는 장단점이 있고, 기회와 위기를 동시에 내포하고 있다. NGO의 재정지원에 대한 찬성론과 반대론의 근거를 보다 상세하게 검토해보자.

1) 재정지원의 찬성론

NGO에 대한 정부 지원의 찬성 근거는 정부의 재정지원은 현실적으로 재정적 어려움을 겪고 있는 NGO가 사업과 활동을 할 수 있는 물적 토대가 된다는 점이다. 그러므로 국민의 세금에서 공익 활동을 하는 NGO에 대한 지원은 당연하다는 입장이다. 나아가 NGO가 살아남고 조직을 효율적으로 관리하기 위해서 정부의 재정 지원은 당연하다는 것이다.

우리나라는 NGO를 지원하기 위하여 2000년 비영리민간단체지원법을 제정하였는데 이는 재정지원의 법적 근거가 되고 있다. 박상필이 1999년 NGO 지도자 270명을 대상으로 조사한 결과와 주성수가 서울지역 NGO 실무자 93명을 대상으로 조사한 바에 의하면 NGO 활동가의 53~57%가

---

44) 박상필, 앞의 책, 203쪽.

45) John Dilulio(1998), Brian O'Connell(1996). 박상필, 앞의 책, 326~327쪽 재인용.

정부의 재정지원을 받는 것을 찬성하였다. 여기에서 통일 NGO에 대한 찬성 근거를 보다 구체화하기로 한다.

첫째, 국가에 의해 침해되거나 시장에 의해 왜곡되는 사회 문제를 시민사회의 자율과 참여의 가치를 통해 방어하기 위해서 NGO에 대한 재정지원을 할 수 있다는 것이다[46]. 이러한 가치는 국가나 시장영역에서는 성취하기 어려운 공익적 가치이기 때문에 지원이 당연하다는 것이다. 정부는 국가 안보와 질서 유지를 명분으로 통일문제를 도외시한 경우가 많았고, 기업도 통일문제로 혼란이 야기되어 기업 이익이 침해될 것이라는 우려 때문에 적극적 관심을 보이지 않았다. 그러므로 통일 NGO는 민족 통일과 화합의 가치를 구현할 수 있고, 통일에 대한 시민사회의 요구를 반영할 수 있기에 재정지원은 당연시되어야 한다는 것이다.

둘째, NGO가 정부의 거버넌스로서 협력하거나, 정부가 실천하기 어려운 공공 서비스를 제공하기 때문에 지원은 정당하다는 입장이다. 현대사회에서 복잡다단한 공적 문제를 정부만이 담당하는 것은 비효율적이며, 정부만의 독점사항도 아니다. NGO는 정부가 제공할 수 없거나, 관료제에 의해 거래비용이 비싼 각종 공적 서비스를 제공할 수도 있다. 따라서 정부가 공공서비스를 생산하는 NGO에 재정을 지원하는 것은 당연하다는 것이다. 특히 통일문제는 남북 정부의 합의만으로 성사될 수 없고, 남북의 주민들의 의사가 반영되어야 한다면 시민사회의 의사를 집약하는 NGO에 대한 재정지원은 당연하다는 것이다.

셋째, 정부를 대신하는 NGO의 서비스 제공이 비용 면에서 효율적이기 때문에 재정지원을 하여야 한다는 것이다. 이것에 대해서는 논쟁의 여지가 다소 있지만 인권, 환경, 평화, 통일, 문화, 여성, 복지 등과 관련된 서비스에서 NGO가 정부보다 효율적으로 공공서비스를 제공할 수 있는 측면이 많다. 특히 남북의 교류·협력 문제는 성격상 정부가 주도하는 것보다는 민간 NGO 활동이 효과적이라는 것이다. 사실 6·15 공동 선언 이후 남북의 교류와 협력·지원 활동에는 통일 NGO가 상당히 기여하였음은 인정할 수 있다.

넷째, NGO가 근원적으로 국가나 기업으로부터 소외받는 사회적 약자의 권익을 대변하기 때문에 재정지원이 정당하다는 것이다. 국가는 공권력을 통해 약자를 억압하기 쉽고, 자본은 이윤 극대화에만 치우쳐 시민사회의 구성원들의 권익 보장에 관심이 적기 때문이다. 그러므로 정부가 시민사회에서 약자와 소수를 위하여 NGO에 자금을 지원하는 것은 지극히 당연하다는 것이다.[47]

---

46) NGO는 정부나 기업에 비해 자율, 참여, 연대, 의사소통, 공동체, 혁신, 유연성, 자원 활동 등과 같은 가치를 구현하려는 공익 조직이라고 볼 수 있다.

다섯째, 정부지원금은 NGO의 아마추어리즘(amateurism)과 비효율성을 개선할 수 있는 기회를 제공할 수 있다는 것이다. NGO는 재정지원을 받기 위해 정부에 프로젝트 기획안을 제출하고, 보고서를 작성하는 과정에서 NGO의 행정 수준과 조직 능력을 습득할 수 있기 때문이다.

2) 재정지원 반대론

NGO에 대한 정부의 재정지원을 부정적으로 보는 반대론도 상당히 많다. NGO의 정당성은 정부로부터 독자성을 유지하는 데 있는데 정부의 재정지원을 받으면 정부에 대한 견제와 비판활동이 사실상 불가능하다는 입장이다. NGO는 회원이나 지지자들로부터의 자발적인 후원금만으로 운영되어야 자율성과 독립성을 유지할 수 있다는 것이다. 정부지원금은 NGO의 비판능력을 저하시키고 자율성을 침해할 수 있으며, NGO의 본래 사명에서의 일탈하여, NGO 간 과열경쟁, 조직의 관료화, 재정독립성의 저해 등과 같은 왜곡된 현상을 초래한다는 것이다. 나아가 이들은 NGO가 정부의 재정지원에만 의존할 때 정부에 대한 견제는 물론 비판적인 담론에도 침묵할 수 있다는 것이다.

NGO가 정부 지원금을 받으면 정부의 정책에 동조할 가능성이 높아 제대로 견제할 수 없다는 주장은 일리가 있다. 또한 정부지원금을 받기 위하여 정부 당국의 요구나 요건에 맞추다 보면 조직이 관료화될 수도 있다. 이는 비정부 시민단체 결성의 원래 취지에도 맞지 않기 때문이다. 나아가 정부지원금을 받기 위해 NGO가 상호 치열한 경쟁을 함으로써 시민사회의 협력과 연대가 손상될 수 있다는 주장도 있다. 결국 정부의 재정지원으로 NGO의 조직 형태나 활동양식이 동형화됨으로써 다원성이라는 NGO의 중요한 가치가 훼손될 수 있다는 우려도 있다. 이처럼 정부의 재정지원에 반대하는 입장도 무조건 반대에서부터 부작용을 우려한 소극적 반대에 이르기까지 그 범주와 강도에는 상당한 차이가 있다.

특히 한국의 진보적인 통일 NGO는 반정부적 재야 정치 운동에서 출발하였기 때문에 정부의 재정지원을 무조건 부정적으로 보고 비판하는 경향이 강하다. 그러나 오늘날 한국의 대부분의 통일 NGO는 정책 파트너로서 정부의 정책 결정에 참여하고 공적 서비스를 제공하고 있어 정부의 재정지원 자체를 원천적으로 거부하거나 부정하기는 힘든 실정이다.

---

47) 박상필, 앞의 책, 328~330쪽.

3) 재정지원 절충론

절충론은 NGO가 정부의 재정지원을 받을 수 있으나 그들의 역할과 기능은 독자성을 유지하여야 한다는 입장이다. 즉 이들은 시민들의 세금이 시민단체의 공적인 활동에 사용되는 것은 정당하다는 입장에서 정부의 재정지원을 받을 수 있지만 사업이나 활동은 독자적, 독립적으로 운영하여야 한다는 입장이다. NGO가 현실적으로 정부의 재정지원을 받을 때는 정부 지원에 대한 NGO 자체의 가이드라인(guideline)을 마련하여 준수할 필요가 있다는 것이다. 그 가이드라인에는 재정 수용의 원칙과 용도, 운영의 투명성, 활동의 독자성 등이 명시되어야 한다는 것이다. 물론 NGO의 자체 정관에도 이 문제를 명확히 규정할 필요가 있다. 또한 NGO에 대한 정부나 자치 단체의 재정지원 조례도 이러한 점을 분명히 해두어야 할 것이다.

또한 절충론은 정부가 직접 재정지원 외에 세금 면제, 기부금 소득공제, 사무실 염가제공, 정보인프라 구축, 상근자의 재교육 등과 같은 NGO에 대한 간접지원을 더욱 늘려야 한다는 입장이다. 우리나라의 2010년 비영리 민간단체 지원백서에 의하면 정부의 비영리민간단체 지원 현황을 소상히 밝히고 있다. 세법에 의한 다양한 세제 혜택과 함께 '비영리민간단체지원법'에 의거한 보조금 지원, 우편요금의 지원, 행정지원 및 협력, 시민참여의 기회 제공 등이 명시되어 있다. 아울러 정부는 '기부금품 모집 및 사용에 관한 법'에 의거한 NGO의 모금에 대한 정부의 규제를 완화하는 방식도 추진하고 있다.

결국 정부의 NGO에 대한 재정지원은 장단점을 지니고 있다. 그러나 NGO에 대한 정부의 재정지원은 NGO의 열악한 재정을 보충하기 위하여 불가피한 현실로 수용하는 나라가 많다. 그러므로 재정지원 문제는 단순한 찬반보다는 지원의 내용과 방식, 그리고 지원 받는 단체의 지출 내용의 투명성 확보 등이 명시되어야 할 것이다.[48)]

4. 재정지원의 방식

정부의 시민단체에 대한 재정지원 방식과 행태는 나라마다 다르다. 정부 당국의 시민단체에 대한 간섭이 많은 나라도 있고, 시민단체의 독립성이 법에 의해 보호받는 나라도 있다. 후자의 경우는 시민단체가 재정적으로 정부에 상당히 의존하더라도 시민단체의 독립성은 보장될 수 있을 것이다.

---

48) 박상필, 앞의 책, 327~328쪽.

우리나라에서도 정부나 지방 자치단체의 시민단체에 대한 재정적 지원을 정당시해야 한다는 입장이 우세하다. 정부의 재정지원에 대하여 우리나라의 통일문제 전문가 그룹의 반응도 대체로 찬성인데 그것은 그들이 통일 NGO의 재정상의 어려움을 잘 이해하고 있기 때문이다.[49] 근년에는 지방의회를 중심으로 NGO에 대한 보조금이나 지원금을 늘려야 한다는 주장도 제기되고 있다. 물론 단순한 지원은 지양하고 학술 행사, 연구 조사 등 연구개발 용역이나 프로젝트 참여에 한정해야 한다는 전제하에서이다.

최근 정부의 재정지원이 통일 NGO의 이념 성향에 따라 차별된다는 재정지원의 형평성 문제가 제기되고 있다.[50] 지원 대상과 규모가 정부의 정략적 판단이나 NGO의 이념 성향에 따라 차별화된다면 이에 대한 시정책도 마련되어야 한다는 것이다. 정부는 NGO를 공적 문제를 해결하기 위한 자발적인 민간 에너지이자 거버넌스의 동반자로 인식하고, 시민사회의 물적 토대를 강화하기 위한 공정한 지원 방식을 마련하여야 한다. NGO에 재정을 지원하는 방식은 국가마다 다르지만, 우리나라의 경우는 아래의 네 가지 방식으로 나눌 수 있다.

첫째, 공개경쟁 방식이다. 이 방식은 정부가 일정한 법적 근거하에 공개적인 경쟁을 통해 NGO에 자금을 지원하는 방식이다. 정부는 매년 일정한 사업이나 주제를 정하고 이와 관련된 사업을 수행할 NGO를 공개적으로 모집하여 지원 단체를 선정하는데, 정부가 계획서를 접수하고 평가단을 구성하여 양적, 질적 평가를 통해 적임 단체를 선정하여 재정을 지원한다. 이 방식은 NGO의 자율성 확보에서는 도움을 주지만 선정 과정에는 아직도 많은 문제가 따른다. 이 방식은 경쟁 NGO 간의 상호 부정적(negative) 경쟁을 조장하고, 보수와 진보단체의 갈등을 더욱 증폭시킬 가능성도 있기 때문이다.

둘째, 단독 프로젝트 지원 방식이다. 이 방식은 정부가 일정한 사업에 대해 공개경쟁 대신에 그 사업을 수행할 전문 NGO를 직접 지정하여 자금을 지원하는 방식이다. 이때 계약은 정부와 NGO 간의 협의를 통해 이뤄진다. 이 방식의 문제점은 프로젝트의 성격이 친정부적인 단체만 선정될 가능성이 높다는 점이다. 정부의 프로젝트에 참여할 경우 친정부 성향의 단체가 아닌 경우 선정되기는 사실상 어려운 것이 현실이기 때문이다. 단독 프로젝트는 특정 NGO의 재정 확충에는 유리하지만, 사업의 신뢰성 구축과 NGO의 자율성 확보에는 상당한 문제가 따른다.

49) 재정자립에 관한 필자의 설문조사에서 응답자의 58.7%가 찬성하고, 21.3%가 시민운동의 순수성을 내세워 재정지원을 반대하는 입장이다.

50) 통일 NGO 실무자와의 인터뷰 과정에서 노무현 정부하에서는 진보적 통일 NGO에 대하여 지원이 많았고, 이명박 정부하에서는 보수적인 단체에 지원이 집중된다는 비판도 있었다.

셋째, 특별사업을 위한 전략적 지원이다. 이 방식은 정부가 공공서비스를 직접 생산하지 않고 NGO에 위임하여 생산하려고 할 때 NGO와 계약을 맺고 전략적으로 자금을 지원하는 방식이다. 이때 위임하는 사업은 대체로 시민계몽이나 의식전환과 관련된 사업이 많고, 계약하는 NGO는 주로 연대체를 구성하여 사업에 참여한다. 이 방식은 정부나 지방 단체가 정책 수행에 호의적인 NGO에 전략적 지원을 결정하거나 정부의 정책에 반대하는 단체에 대한 회유책으로도 활용할 가능성이 높다. 이처럼 특별사업 지원은 재정충족이라는 측면에서 만족스럽지만 NGO의 자율성 확보에는 문제점이 따른다.

넷째, 민간재단을 통한 간접 지원 방식이다. 이 방식은 정부가 NGO에 자금을 직접 지원하지 않고 각종 기금이나 재단에 자금을 출연하고, 이 재단이 NGO에 간접 지원하는 방식이다. 민간재단을 통한 지원도 재단이 정부 감독하에 있을 때 여전히 NGO의 자율성이 침해될 가능성이 높다. 그러므로 이 방식도 정부가 시민사회에 대해 일정한 의무감을 갖고 NGO의 자율성을 보장하려고 노력할 때 가능한 방안이다.

NGO에 대한 정부의 재정지원은 NGO의 자율성 확보, 재정충족도, 신뢰구축 효과 등 여러 관점에서 비교, 평가하여 적절한 지원 방법이 강구되어야 한다. 가장 이상적인 방법은 통일 NGO가 정부의 재정지원을 받으면서도 그 사업과 활동은 자율성과 독자성을 유지하는 방법일 것이다.[51)]

제4절 통일 NGO의 조직 역량 평가

이 절은 통일 관련 전문가를 대상으로 설문조사를 실시하고 그 결과를 토대로 조직 역량 강화 방안을 마련하는 데 목적이 있다. 통일 NGO의 조직 상황은 어떠한가, 소수 엘리트 중심의 조직인가, 아니면 시민 중심의 대중 조직인가, 조직의 이념갈등을 어떻게 볼 것인가, 재정의 자립은 어느 정도인가. 여기에서는 통일 NGO의 조직 역량을 객관적으로 조사하고 평가 분석하려는 것이다.

2000년 6·15 공동 선언을 전후한 김대중 정부와 노무현 정부 10년간의 통일 NGO의 역할이나 활동은 과거 어느 때보다도 활발했던 것이 사실이다. 그러나 지난 2008년 출범한 이명박 정부 5년간은 남북관계의 경색으로 한국의 통일 관련 NGO의 대북 활동은 그 전에 비해 현격히 줄어들고

51) 박상필, 앞의 책, 330~331쪽.

그들의 활동도 위축되어 버렸다. 현재 통일 NGO의 활동 범주도 대북 교류·협력·지원보다는 북한 인권 문제나 탈북자 지원, 통일 준비 교육에 집중되고 있다.

다음의 조사는 김대중·노무현 정부 시기의 통일 관련 NGO의 활동과 역할에 대해 평가한 결과이다. 남북관계가 냉각기에 들어선 이 시점에서 그동안 통일 NGO의 활동과 조직 역량을 평가·분석하여 조직 역량 강화 방향을 모색하는 것은 바람직한 일일 것이다. 먼저 평가의 기준부터 검토하고 설문조사 결과를 분석할 것이다.[52)]

1. 설문조사의 개요

이 설문조사는 일반 시민 대상의 여론조사가 아니라 이 분야 전문가들을 대상으로 한 통일 NGO의 조직 역량에 국한된 평가이다. 이로 인해 조사 대상인 모집단의 표본수가 제한되는 한계가 있다.

1) 본 조사 설계

한국의 통일 관련 시민단체의 조직 역량을 조직의 구성, 이념 성향, 재정의 자립도, 단체의 신뢰도 등 11개 문항으로 나누어 조사하려고 한다.

2) 조사의 대상

통일문제에 관심이 많은 210개의 표본 조사 중 무성의한 50개 표본을 제외한 160표본을 대상으로 하였다. 조사자의 분포는 통일문제 전문 교수·연구원 80명, 통일 교육 관련 교사·공무원 35명, 통일 관련 시민단체 지도자 및 자문위원 25명, 대북 교류·협력 사업가 15명, 언론인 5명이다.

3) 분석 방법

2010년 10월 1일부터 12월 30일까지 조사원의 개별 면접 조사(84명), 우편과 메일을 이용한 설문조사(76명)를 병행하여 실시하였고 그 결과를 통계프로그램 SPSS(ver. 12.0)를 이용하여 분석하였으며, 시민단체의 역할 평가에 대한 성별, 연령별, 직업별 교차 분석은 하지 않기로 하였다.

52) 배한동, 「통일 NGO의 조직 평가를 통한 역량 강화 방안」, 『대한정치학회보』 제19집, 2011, 111~136쪽.

2. 조직 역량의 평가 기준

통일 관련 NGO의 기능이나 역할은 그들의 조직 역량과 불가분의 관계에 있다. 이들의 조직 역량을 어떻게 평가할 수 있으며, 평가 준거나 기준은 어떻게 설정할 것인가? 기존의 선행 연구[53)]를 토대로 설문조사를 위한 조직 역량 평가 기준을 제시하면 다음과 같다.

1) 조직의 구성

통일 관련 각 NGO에 등록된 회원은 어느 정도인가. 회원들의 통일문제에 관한 관심은 어느 정도이며 그 참여의 자발성이 확보되어 있는가. 등록된 회원은 회원으로서의 역할을 어느 정도 충실히 하고 있는가. 우리나라의 통일 관련 NGO의 조직 토대인 공식적인 회원의 규모는 정확히 파악하기 어렵다. 그것은 공식적으로 발표된 회원 수도 세력을 과시하기 위하여 과장한 경우가 많고, 등록만 하고 '잠자는 회원'도 많아 그 신뢰성이 의심스럽기 때문이다.

이 분야의 선행 조사에서 우리나라의 대부분의 통일 NGO는 1~5명의 상근 활동가들을 확보한 것으로 나타나 있다.[54)] 이는 통일 관련 NGO에 상근 활동가가 턱없이 부족하며, 조직의 영세성으로 인해 그들의 활동이나 역할이 제한될 수밖에 없음을 반증한 것이다. 대체로 통일 NGO 회원들의 통일문제에 관한 관심과 참여의 자발성은 다른 시민단체에 비해 높다고 평가되고 있다. 이러한 문제는 본 설문을 통하여 조사하고 확인해야 할 사항이다.

2) 상근 활동가의 역량

통일문제에 관한 상근 활동가들의 전문성은 어느 정도 확보되어 있는가. 통일 관련 NGO의 상근 활동가의 업무의 전문성은 조직 역량의 기본 전제이며, NGO 활동의 성패를 좌우한다. 상근 활동가의 역량과 전문성은 조직의 운영과 직결되는 문제이다. 사실 이 분야의 상근 활동가들은 전문성을 갖춘 사람을 채용하기 어려워 자원봉사자로 대체하는 경우도 많다. 그들의 보수는 다른 시민단체에 비하여 열악하고 생계비에도 미치지 못하는 경우가 허다하다.[55)] 그러므로 활동가

---

53) 손기웅 외(2007), 이기범(2004), 정영철(2004), 정연정(2000)의 통일 NGO 활동 관련 논문 참조.

54) 윤민재, 앞의 논문, 149~150쪽. 우리나라의 36개 주요 활동 단체 중 상근 활동가 수가 5명 이하인 단체가 22개로서 61.11%에 해당된다. 10명 이상의 상근 활동가와 전국적인 조직망을 갖춘 단체는 한국자유총연맹, 평통사 등 11개 단체에 불과하다.

55) 손기웅 외, 앞의 책, 10~11쪽.

들의 역량과 식견, 전문성에 관한 평가는 이 설문을 통하여 평가되어야 할 것이다.

3) NGO 이념 성향

통일 관련 단체들의 이념 성향을 객관적으로 평가하기는 어려운 경우가 많다. 진보 성향의 단체가 보수 성향의 활동을 하는 경우도 있고 그 역의 상황도 더러 있기 때문이다. 일반적으로 통일 NGO의 이념 성향은 북한에 대한 태도, 포용정책에 관한 태도, 미국에 관한 입장, 대북 지원에 관한 태도, 남북관계를 보는 시각, 통일 방안에 대한 입장 등에 의해 분류된다.[56] 우리나라의 통일 관련 NGO의 이념 스펙트럼은 극좌에서 극우, 중도 좌에서 중도 우에 이르기까지 다양한 분포를 보이고 있다. 통일 NGO의 이념 문제도 평가 항목에 반드시 포함되어야 할 것이다.

4) 재정의 자립성

통일 NGO의 운영의 물적 토대인 재정 규모는 어느 정도일까. 대체로 통일 NGO의 재정 규모는 빈약하고 이로 인해 재정의 자립도는 확고하지 못하다. 통일 관련 NGO의 재정은 회비 수입과 후원금, 정부의 보조금, 자체의 수익 사업 등에 주로 의존한다. 통일 NGO가 정부의 프로젝트 참여나 자체 수익 사업을 계획하고 있으나 그것도 친정부 성향이 아니면 수령하기도 어려운 실정이다. 한국의 대부분 통일 NGO는 재정적인 곤란을 겪고 있다. 통일 NGO의 재정 자립도에 관한 객관적인 평가는 이번 설문에서 주요한 조사 항목이 될 수밖에 없다.

5) 조직의 기여도와 신뢰도

통일 NGO는 시민사회의 신뢰를 어느 정도 얻고 있는가. 통일 관련 NGO의 역할과 활동에 대한 기여도와 신뢰도에 대한 평가는 조직 확대와 활동 범주 설정의 토대이다. NGO의 역할과 활동의 성과 부진은 그들의 활동 방법이나 방향에도 문제가 있지만 대부분 각 단체의 조직 역량의 취약함에 기인하며, 그것이 역으로 조직의 신뢰도 형성에도 영향을 미친다. 그러므로 통일 NGO 활동의 대북 인식 변화에 대한 기여도, 북한 인권 개선에 대한 기여도, 활동 전반에 관한 신뢰도 평가는 설문조사를 통하여 객관적으로 평가되어야 할 것이다.

---

56) 이우영, 앞의 책, 44쪽.

3. 설문조사의 결과 분석

1) 조직의 구성

(1) **참여의 폭과 규모**: 한국의 통일 관련 시민단체는 '아직도 참여 폭이 너무 좁고 소수 시민만이 참여하고 있다'는 주장에 대하여 어떻게 생각하십니까?

설문 반응	전문가 빈도(%)
① 매우 그렇다	67(41.9)
② 대체로 그렇다	57(35.6)
③ 보통이다	22(13.6)
④ 약간 반대한다	13(8.1)
⑤ 매우 반대한다	1(0.6)
합계	160(100)

통일 관련 NGO는 여러 분야의 시민들이 광범하게 참여하여 시민사회의 의사와 역량을 집약하여야 소기의 성과를 거둘 수 있다. 위의 통계에서 보듯이 한국의 통일 NGO는 아직도 구성면에서 참여의 폭이 좁고 소수의 시민들만이 참여한다는 반응(77.5%)이 높았다.

이는 우리나라의 대부분의 통일 NGO가 학연이나 지연 등 개인적 연고로 회원을 모집하기 때문이다. 통일 NGO에는 자신의 입지와 정치적 목적을 위해 회원으로 가입하여 활동하는 사람까지 있다. 이로 인해 시민단체는 때때로 '시민 없는 시민단체'라는 비판을 받기도 한다. 통일 NGO의 지도자나 활동가들은 회원들의 참여의 폭과 범위를 넓히는 방안을 적극적으로 강구하여야 할 것이다.

(2) **참여의 자발성**: 한국의 통일 관련 NGO는 '여러 분야의 시민들의 자발적 참여로 운영되고 있다'는 의견에 대하여 어떻게 생각하십니까?

설문 반응	전문가 빈도(%)
① 매우 찬성한다	22(13.8)
② 대체로 찬성한다	67(41.9)
③ 보통이다	57(35.6)
④ 약간 반대한다	13(8.1)
⑤ 매우 반대한다	1(0.6)
합계	160(100)

통일 NGO 회원들의 참여의 자발성은 회원들의 역량과 조직 역량 평가의 전제이다. 위의 설문에 대하여 55.7%가 '자발적으로 참여한다'는 반응을 보이고 있다. 우리나라에서도 통일 NGO에 자발적 참여가 높다는 것은 과거의 관변 단체와 달리 우리 시민사회의 성숙에 기인한다. 그러나 '보통이다'는 반응이 35.6%에 이르고, 자발적인 참여가 이루어지지 않는다는 반응도 상당수 있음에 유의할 필요가 있다. 통일 NGO는 시민들의 공개적인 자발적 능동적 참여를 유도할 수 있는 방안이나 프로그램을 마련하여야 한다.

(3) **참여 유도 방법**: 통일 관련 NGO가 '통일문제에 대하여 시민사회의 관심을 환기하고 참여를 유도하기 위한 가장 효과적인 방법'은 무엇이라고 생각하십니까?

설문 반응	전문가 빈도(%)
① 통일 촉진 결의 대회 개최	2(1.2)
② 통일 교육 활성화	67(41.9)
③ 통일정책 토론회 개최	18(11.3)
④ 통일 관련 문화 활동 전개	61(38.1)
⑤ 통일 관련 온라인 홍보 활동	12(7.5)
합계	160(100)

통일 NGO가 통일문제에 대한 시민들의 관심을 제고하고 참여를 유도하는 것은 조직의 활성화를 위해 중요한 과제이다. 시민단체의 참여 유도 방법에 대해 전문가들은 통일 교육의 활성화(41.9%), 통일 관련 문화 활동(38.1%), 통일정책 토론회(11.3%) 등을 선호하고 있다. 그러나 통일 NGO에는 시민들이 쉽게 접근할 수 있는 자체의 통일 교육 프로그램과 흥미로운 통일 관련 문화 프로그램이 부족한 것이 문제이다.[57] 회원 확보와 관리를 위해서 효율적인 프로그램을 마련하는 것이 통일 NGO의 시급한 과제이다.

(4) **상근 활동가들의 전문성**: 통일 관련 NGO의 활동가들은 통일문제에 대하여 어느 정도의 식견이나 전문성을 갖추고 있다고 생각하십니까?

57) 일부 진보적인 통일운동 단체의 프로그램은 이데올로기적 경직성을 탈피하지 못하여 진보 성향의 제한된 시민들만 참여하는 데 문제가 있고, 보수적인 통일운동 단체는 정부 정책의 맹목적 추종으로 중도나 진보성향의 시민들이 외면하는 데 문제가 있다.

설문 반응	전문가 빈도(%)
① 매우 잘 갖추고 있다	6(3.7)
② 잘 갖추고 있다	88(55.0)
③ 보통이다	44(27.5)
④ 별로 갖추지 못하고 있다	22(13.8)
⑤ 전혀 갖추지 못하고 있다	0(0.0)
합계	160(100)

통일 관련 NGO의 상근 활동가들의 업무의 전문성에 관해서는 대체로 잘 갖추고 있다(58.7%)는 반응이 많았다. 보수와 진보단체의 이념 성향에 따라 다소의 차이가 있지만, 사실 현장의 상근 활동가들은 대체로 NGO 활동 과정상의 학습과 경험을 통해 통일문제에 관한 상당한 식견을 가지고 있다. 그러나 상근 활동가들에 비해 회원들의 관심이나 식견은 여전히 부족한 실정이다. 이를 위해 통일 NGO는 보다 정교한 회원 교육 프로그램을 마련할 필요가 있다.

2) 재정 자립도 평가

(1) **재정 운영의 자립성**: 통일 관련 NGO는 정부나 기업에 의존하지 않고 회원들의 회비나 성금에 의해 운영되고 있다고 생각하십니까?

설문 반응	전문가 빈도(%)
① 매우 그렇다	5(0.3)
② 그렇다	23(14.4)
③ 보통이다	42(26.2)
④ 그렇지 못하다	79(49.4)
⑤ 매우 그렇지 못하다	11(6.9)
합계	160(100)

위의 설문에서 본 바와 같이 통일 관련 NGO가 정부나 다른 단체에 의존하지 않고 순수한 회원들의 회비와 성금으로 운영되고 있다는 반응은 14.7% 뿐이다. 사실 상당수 NGO가 시민단체의 지도자나 이사 등 명망가의 후원금으로 재원을 조달받고, 정부나 기업, 다른 사회단체의 보조금 등에 의해 운영되고 있다. 우리나라의 통일 관련 NGO는 재정이 취약하며 사업을 제대로 수행하지 못하고 수많은 단체가 재정 문제로 해체되고 있다. 통일 관련 NGO는 재정 자립을 위한 방안을 보다 구체적으로 마련하여야 할 것이다.

(2) 정부의 재정지원 문제: 일부의 통일 관련 NGO가 조직 운영을 위하여 정부로부터 보조금 등 재정적 지원을 받고 있는데 이 점에 대해 어떻게 생각하십니까?

설문 반응	전문가 빈도(%)
① 매우 찬성한다	15(9.3)
② 대체로 찬성한다	79(49.4)
③ 보통이다	32(20.0)
④ 약간 반대한다	23(14.4)
⑤ 매우 반대한다	11(6.9)
합계	160(100)

통일 관련 전문가들은 정부의 재정지원을 대체로 정당하다는 입장(58.7%)이 반대하는 입장(21.3%)보다 높다. 이러한 결과는 전문가 집단이 시민들의 세금으로 이루어진 국가 재정이 NGO에 지원되는 것을 긍정적으로 평가하기 때문이며, 시민단체의 열악한 재정 사정을 잘 알고 있기 때문이다. 한편 정부의 NGO에 대한 재정적 지원을 반대하는 반응(21.3%)도 상당하다. 이는 시민운동의 독자성이나 순수성을 내세워 반대하기 때문이다. 통일 NGO에 대한 정부 재정지원 문제는 아직도 논쟁의 소지가 있다.

3) 통일 NGO 간의 이념갈등

(1) NGO 간의 갈등의 원인: 통일 관련 시민단체들 간에는 통일문제에 관한 갈등 양상을 보이기도 합니다. 가장 큰 원인은 무엇이라고 생각하십니까?

설문 반응	전문가 빈도(%)
① 이념적 성향 차이 때문에	114(71.3)
② 대북 사업의 주도권 경쟁 때문에	20(12.5)
③ 시민단체 간의 사업 목표의 차이 때문에	14(8.8)
④ 정부 지원금 분배 문제 때문에	5(3.1)
⑤ 지도부의 개인적 성향 때문에	7(4.3)
합계	160(100)

한국 사회의 통일 관련 NGO 간의 정책 갈등의 원인을 전문가들은 주로 이념 성향의 차이(71.3%)로 보고, 일부만이 대북 사업의 주도권 경쟁(12.5%)이나 사업 목표의 차이(8.8%)로 보고

있다. 사실 NGO의 이념 성향은 사업 목표나 활동의 방향을 결정하고, 그것이 NGO 간의 가장 큰 갈등 요인이 되고 있다. 이를 해소하기 위한 시민사회 내의 자발적인 화해 노력이 선행되어야 하며 통일 관련 학회 등의 중재 등의 노력도 필요하다.

(2) **이념갈등 평가**: 대북·통일정책을 둘러싸고 통일 관련 NGO의 보수단체와 진보단체 간의 이념갈등을 어떻게 생각하십니까?

설문 반응	전문가 빈도(%)
① 매우 당연한 일이다	34(21.3)
② 대체로 당연한 일이다	76(47.5)
③ 보통이다	10(6.2)
④ 별로 당연하지 못한 일이다	32(20.0)
⑤ 전혀 당연하지 못한 일이다	8(5.0)
합계	160(100)

보수와 진보단체 간의 이념갈등에 대해 68.8%가 당연한 것으로 받아들이고, 당연하지 못하다는 반응이 25%에 지나지 않았다. 이는 우리사회의 이념갈등을 불가피한 현상으로 이해하는 전문가 대상의 설문조사 결과이기 때문이다. 그러나 이러한 반응은 통일문제에 관한한 '국론 통일'을 주장하거나, 이념갈등을 심각하게 바라보는 일반 시민의 정서와는 사뭇 다른 반응이다. 통일 NGO는 단체들 간의 이념갈등을 변증법적으로 조화하고 통일에 관한 국민적 합의 기반 강화 방안을 스스로 마련하여야 할 것이다.

4) 활동의 성과

(1) **대북 인식 변화 기여도**: 통일 관련 NGO는 남북 교류·협력 사업을 통하여 일반 시민들의 북한에 관한 인식 변화에 얼마나 기여하였다고 생각하십니까?

설문 반응	전문가 빈도(%)
① 매우 크게 기여하였다	2(1.2)
② 크게 기여하였다	50(31.2)
③ 보통이다	62(38.8)
④ 별로 기여하지 못하였다	43(26.9)
⑤ 전혀 기여하지 못하였다	3(1.9)
합계	160(100)

통일 관련 NGO의 대북 교류·협력 사업이 남한 주민들의 북한에 관한 인식 변화에 '기여하였다'(32.4%)는 반응이 '기여하지 못하였다'(28.8%)는 반응과 비슷하게 나타났다. 이것은 그동안의 NGO의 대북 교류 활동이 시민들의 대북한 인식 구조 전환에 어느 정도 기여하였지만 아직도 흡족한 결과를 가져오지 못했다는 반응의 결과이다.

통일을 위해서는 북한 주민들의 의식 변화도 중요하지만 남한 주민들의 북한에 대한 인식 변화도 동시에 수반되어야 한다. 사실상 우리 사회에는 북한 당국에 대해서는 강한 불신이 내면화되어 있으며 북한 당국과 주민을 분리하여 이해하려는 경향도 부족한 실정이다.

⑵ **북한 인권 개선 기여도:** 통일 관련 NGO가 북한의 인권 문제 개선에 어느 정도 기여하였다고 생각하십니까?

설문 반응	전문가 빈도(%)
① 매우 크게 기여하였다	2(1.2)
② 크게 기여하였다	14(8.8)
③ 보통이다	49(30.6)
④ 별로 기여하지 못했다	73(45.6)
⑤ 전혀 기여하지 못했다	22(13.8)
합계	160(100)

오늘날 북한의 인권 문제의 심각성은 우리사회뿐만 아니라 외국이나 유엔 등 국제 사회에서도 주요 관심사가 되고 있다. NGO의 대북 지원·교류·협력이 북한 인권 개선에 '거의 기여하지 못했다'는 반응(59.4%)이 '기여하였다'는 반응(10%)을 압도하고 있다.

지난 김대중·노무현 정부 10년 동안 정부는 대북 인권 문제를 대화나 협상과정에서 직접적으로 거론하거나 제기하는 것을 금기시하였다.[58] 그러므로 과거에는 통일 관련 NGO도 대북 지원에만 급급하고 인권 문제는 도외시하였던 것이 사실이다. 이제 정부뿐만 아니라 통일 관련 NGO도 대북 지원이나 교류 사업을 북한의 인권 문제와 연계하여 전개할 필요가 있다. 이를 위한 장·단기적인 대안을 마련하여야 할 것이다.

58) 그것은 북한 당국이 인권 문제를 그들의 가장 민감한 문제로 인식하고, 우리 정부도 대북 지원이나 교류·협력에 지장을 초래한다고 자제하였기 때문이다.

(3) **시민단체의 대북 활동 신뢰도**: 통일 관련 NGO가 그동안 추진해온 남북 교류 활동이나 대북 지원 활동에 대하여 어느 정도 신뢰하십니까?

설문 반응	전문가 빈도(%)
① 매우 신뢰한다	9(5.6)
② 대체로 신뢰한다	59(36.9)
③ 보통이다	51(31.9)
④ 별로 신뢰하지 않는다	37(23.1)
⑤ 전혀 신뢰하지 않는다	4(2.5)
합계	160(100)

통일 관련 NGO의 대북 활동 전반에 관하여 '신뢰한다'는 반응(42.5%)이 '신뢰하지 않는다'는 반응(25.6%)보다 높은 것으로 나타났다. 이 조사에서 통일 관련 NGO의 대북 활동에 대하여 '보통이다'는 반응이 31.9%에 이른다. 이 같은 반응은 우리의 어려운 현실 여건에서도 비교적 활발히 추진된 NGO의 대북 활동을 전문가들이 긍정적으로 평가한 결과이다. 그러나 아직도 우리 사회에는 대북 교류·협력·지원에 대한 불신 현상이 상당함을 이번의 조사 결과에서 잘 보여주고 있다.

4. 조직 역량 종합 평가

통일 NGO의 조직 역량 평가는 위의 설문과 같은 양적·경험적 조사뿐만 아니라 인터뷰 등 질적 평가를 병행할 필요가 있다. 통일 관련 NGO는 활동 면에서 과거에 비해 수적인 측면에서 많이 성장을 하였음에도 불구하고 자체 조직 역량을 점검한 결과 질적인 측면에서 아직 많은 취약점이 드러나고 있다. 먼저 설문조사 결과를 종합·평가하기로 한다.

1) 조사 결과 평가

이번 조사에서 한국의 통일 NGO의 조직에 있어서 회원들의 자발적 참여, 활동이나 역할의 신뢰도 등은 긍정적으로 평가되고 있다. 그러나 회원들의 인적 토대가 취약하고, 물적 토대인 재정이 빈약할 뿐만 아니라 이념의 과잉성, 조직의 신뢰성 부족 등 많은 문제점이 노출되고 있다. 이 조사 결과를 통하여 나타난 문제점과 그 개선 방안을 구체화하면 다음과 같다.

첫째, 통일 NGO의 회원 충원방식이 개방적이지 못하고 충원의 폭이 좁기 때문에 시민들의 폭넓은 참여를 유도하지 못하고 있다. 대부분의 NGO가 학연과 지연, 인맥 등 비공식적으로 회원을 충원하는 경우가 많기 때문이다.[59] 조직의 구성에 있어서 지도자나 활동가들의 전문성은 인정되지만 일반 회원 등 구성원들의 통일문제에 관한 소양과 전문성은 여전히 부족한 실정이다. NGO 조직의 역량 강화를 위한 종합적인 충원 대책이 시급히 마련되어야 한다.

둘째, 통일 NGO가 대부분 재정적인 어려움을 겪고 있으므로, 정부의 재정지원 등 물적 기반의 확충 방안이 필요하다. 대부분의 전문가들은 정부의 재정지원 문제에 대해서는 찬성한다는 긍정적인 반응을 보였다. 그러나 NGO의 정부에 대한 감시, 비판, 견제라는 시각에서 볼 때 정부의 재정지원 문제는 여전히 논란의 여지가 있다. 정부 재정의 지원 문제와 NGO의 정당한 역할 정립에 관한 문제는 보다 심도 있게 논의되어 그 해법을 찾아야 할 것이다.

셋째, 전문가들은 NGO 간의 이념 대립과 갈등을 자연스러운 현상으로 평가하지만 이념 과잉을 극복할 수 있는 노력이 수반되어야 한다. NGO 간의 이념의 갈등이 시민사회의 통일문제에 관한 국론을 분열시키고 나아가 NGO와 정부 간의 정책갈등으로 확대될 수 있기 때문이다.

넷째, 그동안의 통일 NGO의 활동에 대해 긍정적인 평가도 많지만, 부정적 평가도 상당함에 유의할 필요가 있다.[60] 통일문제 전문가들은 통일 NGO의 역할이나 활동이 남한 주민들의 통일문제에 관한 인식 변화에는 상당히 기여하였으나 북한 주민의 인식 변화에는 아직도 영향을 미치지 못하고 있다는 반응을 보였다. 더욱이 통일 NGO 활동이 북한 주민의 인권 문제 개선에는 '거의 기여하지 못했다'고 평가하고 있다. 이러한 문제는 통일 관련 NGO가 중·장기적으로 해결해야 할 과제로 등장한다.

결론적으로 한국의 통일 관련 NGO는 대체로 조직 역량이 열악한 것이 사실이다. 그것은 자발적인 회원 확보의 어려움, 전문 인력과 재정의 부족, 시민들의 관심 저조, 이론의 미정립과 이념의 과잉 등으로 요약될 수 있다.

---

59) 일부 개방된 통일 NGO를 제외하면, 상당수의 시민단체가 동창회나 향우회와 비슷한 형태로 조직되어 친목활동과 같은 의례적인 활동을 주로 하는 경우가 많다.

60) 통일 관련 시민단체가 시민들의 통일의식 함양, 교류·협력의 활성화 등 통일문제를 공론화하는 데에는 대체로 긍정적으로 평가하지만, 활동에 있어서 이념의 편향성, 과당 경쟁, 무원칙성, 성과주의 등은 여러 논문에서 부정적으로 평가되고 있다.

2) 조직 역량 강화를 위한 제언

통일 NGO의 조직상의 문제점 개선 방안을 심층적으로 파악하기 위하여 통일 NGO 지도자와 활동가들의 개별 심층 인터뷰를 실시하였다.[61] 서울과 지방의 통일 NGO 중 진보, 중도, 보수단체 소속의 대표적인 시민운동 지도자, 현장 활동가, 실무자 등 총 15명을 대상으로 특별 인터뷰를 실시하였다.[62] 조사 방법은 2011년 1월 12일부터 3월 30일까지 개별 방문 인터뷰와 전화 인터뷰를 병행하였다. 질문의 개요에는 앞의 통계 처리된 설문조사에서 제기된 회원 확보 등 조직의 구성 문제, 재정 운영 상황, 이념의 대립 상황, 조직의 발전 방안 등 시민단체의 조직 역량 강화 방안과 관련한 포괄적인 질문이 포함되었다. 인터뷰에 응한 현장 지도자나 활동가들의 반응을 종합할 때 통일 NGO의 합리적이고 효율적인 역할 정립을 위해서는 아래와 같은 방안이 마련되어야 할 것이다.

첫째, 조직 역량의 토대인 능동적이고 자발적인 회원의 확충을 위하여 더욱 세심한 노력을 기울여야 한다. 과거와 같은 연고주의적 회원 충원에는 한계가 있고 시민들로부터 외면 받기 쉽기 때문이다. 통일 관련 시민단체는 시민들의 광범위하고 자발적인 참여를 유도하기 위하여 다각적인 방법을 강구하여야 한다.

둘째, 조직과 활동의 원천인 재정의 확보 방안을 강구하고 그 운영의 투명성을 보장하기 위하여 더욱 노력하여야 한다. 시민단체는 자체의 재정을 확보하기 위하여 회비, 후원금, 기부금, 정부의 재정지원 등을 위해 다각적인 방안을 마련하여야 한다. 또한 다양한 프로그램 개발을 통해 자체 수익 사업도 계획할 필요가 있다. 이와 함께 재정의 운영과 집행에서도 공정성과 투명성이 보장되도록 재정의 완전 공개 등 제도적인 장치를 마련하여야 할 것이다.

셋째, 조직내부 뿐만 아니라 조직 간의 이념의 갈등을 변증법적으로 극복하여야 한다. 시민단체의 이념갈등이 활동 목표나 사업의 성격을 규정하여 정부와 정책 갈등을 유발하기 때문이다. 이를 해소하기 위한 정부와의 정책 간담회, NGO 간의 대화, 학계 등 제3자의 중재노력이 동시에 요구된다.

넷째, 단체의 신뢰성 향상을 위하여 자율적인 공동 윤리적 규범을 마련하고, 의사결정 과정에

61) 이 면접 인터뷰의 대상도 이데올로기적으로 보수, 중도, 진보적 단체를 균형 있게 선정하였으며, 활동의 범주도 통일운동 단체, 대북 지원 단체, 남북 교류·협력 단체, 북한 인권 단체 등을 망라하였다.

62) 대상으로 한 단체는 평화통일시민연대, 조국통일범민족연합, 6·15공동선언실천남측위원회, 민족화해범국민협의회, 경실련통일협회, 남북민간교류협의회, 민족통일중앙협의회, 한국자유총연맹, 북한민주화네트워크 등이다. 단체의 사정으로 면담이 이루어지지 않은 단체에 대해서는 그 단체의 홈페이지를 검색하여 해당 사항을 점검하였다.

있어서 절차를 준수하는 민주적 운영시스템을 구축하여야 한다. 이를 담보하기 위해서는 시민단체의 활동을 모니터링하고 감시 견제하는 자정적인 노력도 선행되어야 한다. 통일문제 전문가나 언론의 NGO에 대한 비판과 견제 역할도 더욱 강화되어야 할 것이다.

결론적으로 평화와 통일 지향적 가치를 구현하려는 한국형 통일 NGO의 정체성 확립을 위해서는 NGO의 물적 인적 역량을 보다 튼튼히 구축하여야 한다. 한국의 통일 NGO는 통일운동의 대중화, 통일정책의 대안화, 통일논의의 균형화를 위하여 더욱 분발하여야 할 것이다.

제5절 통일 NGO의 조직 역량 강화 방안

한국의 통일 NGO는 1987년 민중항쟁 이후 폭발적으로 증가하였다. 2000년 6·15 공동 선언을 계기로 이들은 많은 사업과 활동을 전개하였으나 아직도 조직 역량은 취약하고 여러 문제점이 노출되고 있다. 통일 NGO들의 조직 역량이 다른 NGO에 비해 취약한 것은 시민사회의 통일문제에 관한 관심 저조, 참여 인력 부족, 재정 부족, 이론의 미정립, 운동 방법의 미숙 등 여러 복합적인 요인이 작용하고 있기 때문이다.[63]

따라서 통일 NGO의 통일이라는 원대한 비전과 목표를 실현하기 위해서는 우선 조직의 역량부터 강화(empowerment)하여야 할 것이다.[64] NGO의 조직 역량 강화 방안이란 우리의 정치·사회·경제적 여건하에서 조직 자체의 능력과 영향력, 신뢰도를 향상시키는 방안을 말한다. 이를 위해서는 회원 확보 등 조직의 취약성을 극복하고, 재정의 자립성 확립, 이념의 과잉성 문제 극복 등 당면한 문제부터 원만하게 해결하여야 한다. 즉 통일 NGO는 시민의 참여를 확대하여 조직 기반을 튼튼히 하고, 의사를 민주적 방식으로 결정하며 그들의 영향력과 신뢰도를 높여가는 방안을 찾아야 할 것이다. 통일 NGO가 시민사회의 변혁 주체로서 안정적으로 성장하고 그들의 역할에 충실할 수 있는 방안을 인적 조직 관리와 재정관리로 나누어 제시하면 다음과 같다.

---

63) 손기웅 외, 앞의 책, 12쪽.

64) 송재봉, 「지역NGO 조직역량 강화 방안에 관한 연구」, 인터넷자료 epro5692, 2011. 5. 2. 01:08 조회.

1. 회원 확보와 관리

통일 NGO의 인적 자원인 회원의 확보는 조직의 기본 토대로서 중요성을 지닌다. 통일 NGO는 새로운 회원의 충원 계획과 함께 기존 회원의 관리를 위한 방안을 마련하여야 한다. 여기에서 회원 확충과 그 관리 방안을 구체화하면 다음과 같다.

1) 회원 확충

우리나라의 통일 NGO의 회원 실태는 대부분 회원이 부족할 뿐만 아니라 그 참여의 폭이 좁은 것으로 나타나 있다. 또한 조직의 근간인 상근 활동가의 확보도 어려운 실정이어서 이로 인해 활동이 정체되거나 중지된 단체도 상당수다. 이를 해결하기 위해서는 시민단체의 조직 개선이라는 하드웨어적 측면뿐만 아니라 통일 NGO 자체의 소프트웨어적인 조직 확대 프로그램이 마련되어야 한다.

일반 시민들은 주로 자신의 사적인 일에 관심을 가지고 사익을 극대화하기 위한 활동에 열중한다. 그러므로 시민들은 사회정의와 공익을 위해 직접 참여하는 NGO 활동에 참여하기를 주저한다. 특히 통일 NGO는 민족 통일이라는 민족적 숙원을 구현하고 민족 공동체의 이익을 위한 단체이지만 민감한 정치적 사안이라서 회원이 자동적으로 참여하기를 기대하기는 어렵다. 그러므로 통일 NGO는 전통적인 회원 충원 방법을 탈피하여 보다 유능한 조직성원을 확보하기 위한 방안을 마련하여야 한다. 회원 충원을 위하여 현실에 맞는 과학적이고 합리적인 충원 방안을 제시하면 다음과 같다.[65]

첫째, 회원 충원 담당자들은 통일 NGO의 유능한 회원을 확보하기 위하여 성, 연령, 직업, 소득, 지역 등에 따른 과학적인 회원 충원 방안을 마련하여야 한다. 통일 NGO는 젊은 학생, 청년층, 통일 분야 연구자, 사회 개혁 운동가, 민주화운동 경험자, 중산층 이상의 지식층을 주요 대상으로 충원 계획을 수립하는 것이 좋을 것이다. 그리하여 통일 NGO는 회원들의 참여 범위와 참여 폭을 넓혀가야 할 것이다.

둘째, 회원확보를 위해서 전문가의 자문이나 태스크포스를 운영할 필요가 있다. 대부분의 NGO는 회원의 모집과 관리를 조직 운영의 부차적인 문제로 간주하다가 최근 이에 대한 자성이 일어나고 있다. 시민참여를 활성화하기 위해서는 다양한 전략과 방안이 필요하다. 예를 들어, NGO의

65) 박상필, 앞의 책, 245~246쪽.

업무에서 회원모집과 관리에 대한 비중을 높이기 위하여 전문가의 자문을 듣고, 특히 은퇴자 등 주변 관심 계층의 참여를 유도하기 위해 개방적인 태도를 가져야 한다. 통일 NGO는 그 지역의 통일문제연구소, 통일 관련 유관기관을 통하여 인적 정보를 파악하여 그 자원을 확보하여 활용하도록 노력하여야 할 것이다.

셋째, 광범위한 회원을 충원하기 위하여 조직 내에 다양한 회원자격 제도를 부여하여 활용할 필요가 있다. 회원으로 가입하려는 사람은 회비를 낼 수 있으나 시간이 없는 사람도 있고, 시간은 있으나 경제적으로 많은 회비를 내기 어려운 사람도 있다. 또한 정기적으로 회비를 내고자 하는 사람도 있고, 한 번에 평생회비를 내기를 원하는 사람도 있다. 따라서 정회원과 준회원, 평생회원과 일반회원, 보통회원과 특별회원, 기관회원과 개별회원, 가족회원과 개인회원 등으로 분류하여 회원이 되려는 사람이 선택할 수 있는 폭을 넓히는 것도 하나의 방법이다.

넷째, 시민들의 광범위한 참여를 유도하기 위해 흥미 있는 통일 관련 프로그램을 마련하여 제공하여야 한다. 통일 NGO는 본질적으로 개인의 이익 증진이 아니라 민족통일이라는 시민사회의 공익을 증진시키려는 조직이다. 그러므로 통일문제에 관한 전문가들의 정책토론회도 중요하지만 보다 많은 시민들의 참여를 유도하기 위한 대중 강연회도 개최할 필요가 있다. 또한 청소년 회원 확보를 위해 그들의 취향과 정서에 맞는 통일 관련 행사 프로그램을 별도로 수립할 필요성도 있다. 청소년, 학생 대상의 통일 글짓기, 통일 장학 퀴즈, 통일 관련 영화, 음악, 연극 상영 등 문화적 프로그램이 요구되는 이유도 여기에 있다.[66] 이러한 방식을 통해 관심있는 시민들의 폭넓은 참여를 유도하여야 할 것이다.

다섯째, 회원 충원을 위해 전 방위적 홍보 전략이 필요하다. 회원모집에서 단체의 사명이나 목적만큼이나 단체의 인지도를 높이는 홍보수단도 중요하다. 대부분의 통일 NGO는 조직을 알리기 위한 홍보 활동에는 관심이 있지만 그 방법에는 문제가 많다.[67] 통일 NGO는 통일 관련 홍보자료나 소식지, 시민 상대 여론조사 결과를 회원들에게 우송하는 등 홍보활동을 보다 적극화하여야 한다. 통일문제를 피부로 느끼게 하는 시민 대상의 교육 캠페인, 학교 등 유관 단체 방문 홍보, 특히 20~30대 청년 학생 회원을 위한 별도의 홍보 방안도 마련하여야 한다. 통일 NGO는 단체의

---

66) 이러한 프로그램에는 북한 영화제, 탈북 음악인들의 공연 활동, 청소년 대상의 통일 골든벨, 하계 휴가를 이용한 통일 캠프 설치, 통일 현장 방문 등이 있다.

67) 이 분야에 관한 윤민재의 경험적 조사에서 보수나 진보단체가 서명, 스티커 붙이기 등 사회 캠페인성 홍보 활동에만 주력하고 있는 것으로 나타났다. 다만 보수단체는 홍보 활동을 연 5회 미만, 진보단체는 10회 이상으로 보다 적극적인 활동을 하는 것으로 나타났다.

팸플릿이나 회원 가입서를 시민들에게 배포하고, 영상물, 활동사진, 조형물, 특별 이벤트 행사를 통해 적극적인 홍보 전략을 세워야 한다. 통일 NGO는 단체의 업적과 활동 실적 등을 소셜 네트워크 등을 통해 보다 적극적으로 홍보할 필요가 있다.

여섯째, 시민들의 관심과 참여를 유도하기 위해 일반 시민의 관심을 끄는 통일 교육을 꾸준히 실시하여야 한다.[68] 시민 대상의 '열린 통일 교육'을 통해 통일의 당위성, 통일의지 형성, 통일을 위한 과제 등을 교육하고 홍보하여 관심 있는 시민들의 참여를 유도하여야 한다. 열린 통일 교육에는 자신들의 이념 성향에 맞는 강사만 초청할 것이 아니라 보다 다양한 이념 성향의 명망가를 강사로 초청하는 것도 하나의 방법이 될 것이다.

2) 회원관리

회원 모집도 중요하지만 회원관리 또한 통일 NGO의 중요한 과제이다. 일반적으로 새로운 회원을 발굴하는 것보다 기존 회원을 잘 관리하고 유지하는 비용이 훨씬 적게 들기 때문이다. 어느 NGO에서나 기존회원을 제대로 관리하지 못하는 경우 단기간 활동하다가 유명무실한 회원이 되거나 탈퇴하는 회원이 많다. 탈퇴 회원은 한 사람의 이탈에 그치지 않고 주위에 NGO에 대한 부정적 이미지를 유포하게 되어 잃는 것이 더욱 많다. 대부분의 탈퇴자는 잠재적 회원이나 중립자가 아니라 NGO 활동을 비판하거나 거부하는 반대자로 전락하는 경우가 많기 때문이다. 따라서 기존회원을 적절하게 관리하는 방안이 심도있게 논의되어야 한다. 통일 NGO의 회원관리를 위해 특별히 유의하여야 할 점은 다음과 같다.[69]

첫째, 평소 회원관리를 위하여 흥미로운 대중적인 이벤트성 행사, 공동 행사 등을 자주 개최하여 회원들을 결속시켜야 한다. 통일 NGO에는 회원관리에 소홀하여 등록된 회원 중에 '쉬는 회원'이나 사실상 탈퇴한 이름뿐인 회원이 많다. 그러므로 통일 NGO는 시민들과 함께하는 북한지역 금강산이나 개성 관광, 중국 연변지역을 통한 두만강·압록강변 탐사 등 다양한 프로그램을 계획할 필요가 있다. 국내의 도라산 역, 임진각, 판문점, 철원, 휴전선 땅굴 등도 통일현장 체험 프로그램으로 활용할 가치가 있다.[70] 나아가 회원들의 참여율을 높이기 위하여 음악과 놀이 등 흥미 있는

---

68) 우리나라의 보수단체는 약 57%, 진보단체는 약 86%가 통일 교육을 시행하여 교육활동은 진보단체가 더 적극적인 것으로 조사되었다.

69) 박상필, 앞의 책, 246~248쪽.

70) 대구평화통일시민연대는 회원의 친목을 위해 '판문점 통일기행', '강화평화기행', '금강산 생명평화캠프', '개성 평화통일의 숲 가꾸기' 등 분단과 통일을 일깨워주는 체험 프로그램을 꾸준히 진행하여 상당한 효과를 거두었다. 이러한 행사에는 시민들의 참여가 비교적 높아 회원 확보와 유지에도 많은 도움을 주었다.

이벤트성 행사를 강구할 필요가 있다. 독자적인 행사가 어려울 경우 관련 학회, 타 NGO 등과의 공동 행사를 통해 회원들의 참여와 관리를 위해 노력해야 할 것이다.

둘째, 제한된 인력과 재정으로 회원을 관리해야 하므로 회원의 경력과 적성을 파악하는 적정한 차별화 관리전략이 필요하다. 예를 들어, 열성적으로 단체 활동에 가담하는 회원에게는 그에 상응하는 권한을 주고, 회비를 장기간 내지 않은 회원에게는 별도 연락을 통하여 관심을 보여야 한다. 또한 회원들의 능력과 자질을 파악하고 점검하여 그들의 경력이나 전문성을 적극 활용해야 할 것이다.

셋째, 현대사회의 정보기술을 활용하여 회원을 치밀하게 관리하여야 한다. 데이터베이스와 같은 전산화 프로그램을 구축하여 전체 회원을 총체적으로 관리하는 장치가 필요하다. 회원 동향에 관한 새로운 정보는 바로 업데이트하고, 단체 활동에 무관심하거나 회비를 내지 않는 회원을 별도로 관리하여야 한다. 통일 NGO 중에는 홈페이지가 제대로 구축되지 않고 회원들의 정보 네트워크 체제도 부실하거나 구축되어 있지 않은 단체가 많다. 이제 정보화 시대에 발맞추어 통일 NGO도 소셜 네트워크를 구축하여 회원의 효율적인 관리에 적극 활용하여야 할 것이다.

넷째, 자원봉사자 활용과 관리를 위한 특별 방안이 마련되어야 한다. 자원봉사자 제도는 일반 회원들의 참여의식을 고양시키고 열악한 NGO 재정에 상당한 보탬이 된다. NGO의 자원봉사자는 NGO 활동이나 역할에 직접적인 도움을 주기 때문에 이를 확보하기 위한 대책도 함께 마련하여야 한다.[71] 일부 통일 NGO는 상당수의 대학생 자원봉사자를 활용하여 다양한 활동을 전개하고 있으며, 일부는 탈북자의 증가에 따라 탈북 청소년들을 자원봉사자로 활용하여 상당한 성과를 거두는 경우도 있다. 한국청년연합(KYC)이 탈북자 어린이 돕기, 탈북자 멘토링 사업 등 새터민과 함께 하는 프로그램에 청년 학생 봉사자를 많이 활용하여 성공한 사례도 있다. 이 같은 사례를 벤치마킹할 필요도 있다.

다섯째, 회원의 자질 향상을 위한 자체의 노력도 주요한 과제이다. 통일 NGO는 일반 회원들과 후원자들의 통일문제에 관한 소양과 전문성 향상을 위하여 노력할 필요가 있다. 통일 관련 NGO의 상근 활동가들의 전문성은 대체로 높지만, 회원들의 통일문제에 대한 식견은 일반 시민들과 별반 다르지 않다. 통일 NGO는 회원들에게 통일문제에 관한 식견과 소양을 향상시키기 위하여 자체

---

71) 윤성민, 앞의 글, 152쪽.

워크숍이나 세미나 등의 기회를 더욱 확대하여야 한다. 이 같은 사업은 회원의 관리에도 상당한 도움을 줄 것이다.

2. 조직의 운영과 신뢰도 증진

통일 NGO의 운영 방식은 업무의 능률성뿐만 아니라 NGO 신뢰도에도 상당한 영향을 미친다. 통일 NGO는 통일문제에 대해 관심이 많은 '자격 있는 회원'들이 중심이 되어 개방적으로 운영되어야 함에도 '소수의 활동가' 중심으로 폐쇄적으로 운영된다는 비판이 많다. 통일 NGO의 민주적이고 효율적인 운영 방안부터 논의하고자 한다.

1) 효율적 운영 방안

통일 NGO의 조직이나 구조는 일반 NGO와 별반 차이가 없다. NGO 내부의 운영이 민주화되고 역량을 극대화할 때 업무의 능률은 향상되고, 조직의 신뢰성이 확보된다. 그러므로 통일 NGO는 효율적이고 체계적인 운영 방안을 마련하여야 한다. 통일 NGO의 운영에 있어서 특별히 유의해야 할 점은 다음과 같다.

첫째, 통일 NGO는 수직적 엘리트 중심의 운영 방식을 지양하고, 수평적 회원 중심으로 운영 방식을 바꾸어야 한다. 한국 NGO의 내부 운영 절차가 허약한 것은 우리의 조직문화에도 연유하지만 NGO 지도자나 활동가들의 운영 방식에도 문제가 있기 때문이다. 일부 통일 NGO들의 비개방적·수직적인 운영 방식은 엄격한 조직 관리, 강력한 지도력 행사를 위해 도움이 될 수도 있다. 그러나 그것은 회원들의 능동적인 참여를 가로막고 정보의 독점, 의사결정의 비민주성, 타 단체와의 연대의 어려움 등 많은 문제점을 파생시킨다. 따라서 통일 NGO의 지도부나 활동가들은 민주적 리더십과 함께 민주적 운영방식, 과학적 관리능력을 육성하여야 한다. 상근자의 재교육을 위해서 전국의 주요 거점 대학에서 실시하는 다양한 NGO 관련 교육 프로그램에 참여하는 것도 하나의 방안이 될 것이다.[72]

둘째, 내부의 의사결정 방식을 상향식으로 개조하여 회원들의 능동적 참여를 적극 유도하여야 한다. 의사결정 방식에서 상향식과 하향식은 각기 장단점이 있으나 회원들의 의사를 하부에서

---

72) 박상필, 앞의 책, 439~442쪽.

결정하여 상부에 반영하는 상향식이 회원의 총의를 모을 수 있다. 그러므로 통일 NGO는 내부 비판 구조를 활성화하고 의사결정 구조를 보다 민주적으로 전환하여 조직 성원의 현안 대응력을 증진시켜야 한다. 보수적 통일 NGO가 진보적 통일 NGO에 비해 상부 지도층에 의존하는 경향이 강하고, 폐쇄적인 운영 행태를 탈피하지 못하고 있다는 비판도 많다.[73)]

셋째, 통일 NGO는 온라인과 오프라인을 유연하게 연결시키는 효율적인 관리를 위해 홈페이지 등 정보 인프라를 새롭게 구축하여야 한다. 대부분의 통일 NGO 홈페이지는 아직도 체계적으로 구축되지 못하고, 정보 인프라 또한 초보적 수준을 벗어나지 못하고 있다. 이로 인해 조직의 현안 대응력과 정책판단의 중요한 자원인 정보력이 취약하며, 네트워크 자원도 특정 조직과 인맥에 한정되어 이용되고 있다. 통일 NGO는 운영에 있어서 온라인을 이용한 회원모집, 회의진행, 의사결정, 시민운동 추진 등을 통해 쌍방 간의 의사소통 구조를 활성화해야 한다. 통일 NGO가 온라인을 통해 개별 의제에 대한 담론을 전개하고, 오프라인에서는 행동을 유도하는 유연한 참여형태를 적극적으로 활용하여야 할 것이다. 통일 NGO는 운영의 질적 향상과 발전을 위해 한국의 수준 높은 정보화 환경을 적극 활용해야 할 것이다.

넷째, 통일 NGO는 시민참여를 활성화하기 위해서 풀뿌리 조직을 강화하여 여론을 수렴하여야 한다. 또한 전국적 범위에서 다양한 여론을 수렴하여 이를 운영에 적극 반영하여야 한다. 대부분의 통일 NGO는 지방 조직이 없거나 빈약하다. 시민사회 단체의 지방 조직을 조사한 자료에 의하면 진보, 보수 집단 모두 30% 이상이 지방조직이 없으며, 60% 이상이 겨우 2~5개의 지방조직을 두고 있다.[74)] 지방 조직의 확대를 위해서는 중앙 NGO가 지방 NGO를 위한 부화기(incubator) 역할을 하여야 한다. 중앙 NGO가 다양한 형태의 교육과 연대활동을 통해 지방 NGO의 능력을 증진하는 데 기여할 수 있기 때문이다. 지방정부도 지방 NGO에 대한 시각을 전환하여 지방자치의 실질적인 발전을 위해 지방 NGO에 대한 지원·육성책을 마련하여야 할 것이다.

다섯째, 통일 NGO는 사익과 공익을 적절하게 조화시키는 운영 방식을 모색하여야 한다. 일반인들은 공적 대의에 앞서 사적 이익을 우선하므로 이를 공익과 적절하게 조화시키는 일이 중요한 과제이다. 시민단체에 참여하는 사람들의 동기는 자신의 사적 욕구 충족도 무시할 수 없는 것이 현실이다. 회원 중에는 통일에 관한 정보 획득, 통일에 관한 사명감, 통일 사업을 통한 이익

73) 윤민재, 앞의 논문, 149쪽.

74) 윤민재, 앞의 논문, 149~151쪽. 그러나 10개 이상의 지방 조직을 가진 곳은 진보 쪽이 많았고, 단지 보수단체인 한국자유총연맹만이 200개가 넘는 지방조직을 가지고 있었다.

추구, 민주화운동의 연장, 자신의 정치적 입지 구축 등 회원 가입의 목적도 다양하기 때문이다. 통일 NGO의 상근 활동가들이 감소하는 것도 이들에 대한 재정적인 지원책이 마련되지 않았기 때문이다. 이들이 통일 NGO 활동이라는 공적인 일을 하는 데에도 어느 정도의 생계가 확보되도록 재정지원책이 마련되어야 한다.

여섯째, NGO는 국가와 시장영역에 상응하는 정책창출 및 대안제시의 전문능력을 갖추어야 한다. 통일 NGO가 직면하고 있는 정체성(停滯性)을 극복하여 NGO 르네상스를 구축하기 위해서는 정책 제안 능력이 어느 때보다 요구된다. 아울러 통일 NGO는 통일을 위하여 젊은 세대의 정책적 제안을 결집하는 데 더욱 노력하여야 한다. 이를 위해 통일 NGO는 젊은 세대들이 자신의 의사를 적극적으로 개진하고, 잠재력을 충분히 발휘할 수 있도록 조직의 폐쇄적인 문화부터 바꾸어야 할 것이다.

2) 조직의 이념 과잉성 극복

이데올로기의 종언시대가 선언된 지 오래되었지만, 한반도에는 아직도 이념갈등 상황이 시민사회 내의 갈등을 촉발시키고 있다. 통일 NGO 중에도 진보와 보수라는 이념갈등뿐만 아니라 같은 진영 내에서도 주도권 문제나 통일운동의 방법상의 차이로 분열현상은 심각한 실정이다.[75] 특히 우리 사회에서는 좌우라는 이념 대립과 갈등이 증폭되어 그것이 통일 논의를 제약하고 있다.

개방된 자유 민주사회에서는 이념의 대립과 갈등이 완전히 해소되거나 극복될 수는 없으며 그것을 기대하기도 어렵다. 이러한 이념의 대립과 분열이 통일문제의 장을 넓힌다는 긍정적인 측면도 있지만 조직 내외의 역량을 소모시키는 부정적 측면도 간과할 수 없다. 통일 NGO 간의 이념갈등이 분단 상황에서 시민사회의 여론을 분열시키고, 정부의 대북정책에 관한 정책 혼선을 초래하기 때문이다. 통일 NGO는 이념과잉에서 비롯된 갈등을 변증법적으로 극복하려는 노력이 수반되어야 한다. 이를 위해서는 NGO의 자정적 노력이 선행되어야 하며, 특히 지나친 좌우의 극단적인 투쟁 방식부터 지양하여야 한다. 이를 위한 원칙적 대안을 제시하면 다음과 같다.

첫째, 진보성향과 보수성향의 통일 NGO는 상호 이념의 과잉성을 극복하기 위한 자율적인 노력을 선행하여야 한다. 진보 성향의 통일 NGO는 과거 독재나 권위주의 정부 시절의 급진적이고

75) 장영권, 앞의 논문, 30~31쪽.

반정부적인 재야 운동 방식만을 고집하지 말고 합법적인 운동 방안을 모색하여야 한다. 특히 진보진영 내의 비생산적인 이념의 선명성 논쟁도 시급히 지양되어야 한다. 또한 보수성향의 NGO도 정부의 통일정책을 맹목적으로 지지하는 수구적인 태도를 불식하여야 한다. 보수적 강경 노선이 애국이라는 감정적인 도식에서 벗어나 합리적이고 실용적인 운동 방식을 모색하여야 한다.

둘째, 보수와 진보단체 간의 갈등 해소를 위한 대화와 소통의 장이 수시로 마련되어야 한다. 보수와 진보단체 간의 상호 불신과 대립은 한국의 불안한 정치 상황과 맞물려 더욱 증폭되고 있다. 이러한 이념의 갈등이 지역과 세대 간의 갈등으로 증폭되어 통일문제에 관한 국민적 합의를 어렵게 하고 있다. 이러한 문제를 해결하기 위하여 민화협이 출범하였으나 아직도 실질적인 성과를 거두지 못하고 있다. 이를 해소하기 위해서는 통일 관련 학계의 학술회의 등을 통한 중재 노력도 필요하지만 당사자들 간의 소통의 장이 우선적으로 마련되어야 할 것이다.

셋째, 통일정책을 주관하는 정부도 보수나 진보 양측의 입장을 공정하게 수렴하여 생산적 실용적인 대북정책이나 통일정책을 수립하여야 한다. 정부 당국이 정부의 통일 정책을 지지하는 특정 단체만 지원하거나 연대할 때 통일 NGO 간의 갈등은 더욱 증폭된다. 한국의 언론도 특정 지지 단체의 입장만 옹호할 것이 아니라 양측의 입장을 공정하게 보도하여야 할 책임이 있다. 언론은 편 가르기 식 보도를 지양하고 시민의 선택권을 보장하면서도 시민사회의 이념갈등을 줄이는 역할에 더욱 충실하여야 할 것이다.

3) 조직의 신뢰 확보

NGO의 활동이나 운동에 대한 시민 사회 신뢰도는 조직의 유지 발전의 중요한 변수이다. 통일 관련 NGO에 대한 기여도와 신뢰도 평가는 조직 확대와 활동 방향 설정의 기준이 될 수 있다. 일반적으로 조직에 대한 신뢰도는 경제적·정치적 상호작용에서 거래비용을 줄여주고, 다양한 사회적 네트워크의 연대성을 촉진시켜 조직성원들 간의 협력을 가능케 한다. 조직의 신뢰도는 공동의 목표를 달성하기 위한 구성원들의 자발적이고 헌신적인 노력을 유도하기 때문이다.

NGO의 신뢰 형성은 사회 성원들이 자발적인 의사로 결사체에 능동적으로 참여하여 조직을 활성화하자는 암묵적인 합의이다. 익명의 성원들이 직간접적으로 참여하여 서로를 신뢰하고 시민 참여의 네트워크를 형성하게 될 때 NGO에 대한 신뢰도는 더욱 높아진다. 그 결과 NGO에는 호혜적인 규범이 확산되고 협력과 연대의 촉진 등 긍정적인 규범 문화가 정착될 수 있다.[76)]

우리나라 통일 관련 NGO에 대한 신뢰도는 긍정적 평가에 못지않게 비판적이거나 부정적 평가도 많다. 그것은 통일 NGO들의 남북 교류·협력 과정에서의 무분별한 활동, 지나친 이념 지향적 행동, 도덕성 상실 등 복합적인 요인이 작용한 결과이다. 통일 NGO는 시민사회의 평가에 앞서 스스로 단체의 정체성과 활동 성과를 객관적으로 점검해 보아야 한다. 사회단체의 자기집단에 대한 인식도 조사에서 신뢰도는 진보적 단체가 보수적 단체보다 높은 것으로 나타나 있다. NGO의 역할에 관한 신뢰 부족은 그들의 활동 방법에도 문제가 있지만 대부분이 각 단체의 조직 역량의 취약함에 기인한다.

지난 김대중·노무현 정부 10년간의 통일 NGO의 활동이나 역할에 대한 신뢰도 평가 결과는 긍정적인 평가가 많다.[77] 통일 NGO의 역할에 대한 평가 기준은 남한 주민들의 대북 인식 변화에 대한 기여도, 북한 인권 개선에 대한 기여도, 대북 교류·협력 활동에 대한 신뢰도 등이 포함될 수 있다. 통일문제 전문가들은 통일 관련 시민단체의 역할에 대하여 대체로 신뢰한다는 입장을 보였다.[78] 통일문제 전문가 그룹이 이 설문조사에서 긍정적인 평가를 한 것은 열악한 환경에서 활동하는 시민단체의 활동을 충분히 이해하겠다는 입장이지 그들의 역할이나 활동 전반을 완전히 신뢰한다는 입장은 아닐 것이다.

결론적으로 통일 NGO는 조직 구성이나 운영의 합리화를 통해 시민사회로부터 신뢰성을 확보하여야 한다. NGO의 신뢰도는 활동의 가장 강력한 무기이며, 단체의 이미지 형성에도 결정적인 역할을 한다. 통일 NGO가 조직 운영의 성과를 제고할 때 그들의 활동이나 역할에 대한 신뢰도는 더욱 증진될 것이다.[79]

3. 조직의 재정 확충 방안

대부분의 통일 관련 NGO의 재정은 열악한 실정이다. 통일 NGO의 열악한 재정은 그들의 역할과 활동에 막대한 지장을 주고 있다. 그러나 우리나라에서 통일 관련 NGO의 재정 규모와 그 운용 실태에 관한 실증적인 조사나 연구논문은 찾아보기 힘들다. NGO의 재정 운영 실태는

76) 임혁백, 『세계화 시대의 민주주의』, 서울, 나남출판사, 2000, 149쪽.

77) 정연정(2000), 정영철(2004), 조한범(2005), 손기웅 외(2007), 배한동(2009)의 통일 NGO 조직이나 역할 평가에 관한 논문을 참조할 필요가 있다.

78) 앞의 배한동의 설문 조사에서, 통일 NGO에 대해 '신뢰한다'는 긍정적인 평가(42.5%)가 '신뢰하지 못한다'는 부정적 평가(25.6%)를 앞서고 있었다.

79) 이기범, 「대북협력 NGO 활동 10년의 평가와 과제」, 『북한연구학회보』 제8권 제2호, 2004, 151쪽.

내부 자료이며 외부에 공개되지 않아 정보접근이 사실상 불가능하기 때문이다. 여기에서 통일 NGO의 조직과 운영의 토대인 재정 확충 방안과 그 투명성 보장 방안을 제안하려고 한다.

1) 재정 수입 확충

통일 NGO의 운영에 있어서 가장 어려운 문제는 재정의 빈곤문제이다. 대부분의 통일 NGO는 자발적으로 회비를 내는 회원은 감소하고, 후원금이나 기부금은 더욱 줄어들어 재정의 영세성을 탈피하지 못하고 있다. 더구나 우리나라는 기부금을 활성화할 수 있는 제도나 문화도 제대로 정착되지 못하고 있다. 그러므로 통일 NGO가 새로운 사업을 계획하거나 장기적인 계획을 수립하여 활동하는 데에는 한계가 있다. 우선 통일 NGO는 재정의 어려움을 해결할 수 있는 최선의 방안을 마련하여야 한다. 통일 NGO의 재정 확보 방안은 다각도로 검토되어야겠지만 우선 재정 확충의 원칙과 방법을 몇 가지 제시하면 다음과 같다.

첫째, 통일 NGO는 회비 수입의 근원인 회원 충원을 위한 합리적이고 적극적인 방안을 강구하여야 한다. 재정의 자립성은 기본적으로 회비를 낼 수 있는 회원을 많이 확보하는 데 달려 있기 때문이다. 회원은 조직을 운영하는 기본 토대이므로 조직의 취지에 동의하는 자발적인 회원을 보다 많이 확보하여야 한다. 회원확보 전략은 앞서 논의한 바 있지만 보다 과학적이고 구체적인 방법을 강구하여야 할 것이다.

둘째, 자체 회원을 잘 관리함으로써 회비나 기부금 확보[80)]에 유리한 환경을 조성하여야 한다. 사실 통일 NGO는 회원 명부상 등록된 회원은 많지만 회비나 후원금을 적극적으로 납부하는 진성 회원이 적은 편이다. 이는 회원들의 통일문제에 대한 관심의 저조에도 기인하지만 회원의 관리가 잘 이루어지지 않은 결과이다.

셋째, 정부의 합법적인 재정지원을 받기 위하여 적극적인 노력을 하여야 한다. 사실 통일 NGO는 과거 다른 시민단체에 비해 정부와 기업에 의한 재정지원 자체를 백안시하여 이에 적극 의존하지도 않았다. 특히 재야 성향의 NGO는 정부지원금이나 기업기부금에 의존하면 자율성이 훼손된다는 입장에서 이를 적극 반대하였다. 통일 NGO는 정부 당국의 시민단체에 대한 재정지원이 합법화된 현실에서 이를 확보하기 위한 적극적인 노력을 강구하여야 할 것이다. 통일 NGO도 이제 정부의 프로젝트 참여 등 보다 전향적인 재정확보책을 마련하여야 한다.

---

80) NGO 중에는 독지가나 지도자의 기부금과 후원금, 개인 성금에 의존하는 경우가 많은데, 이 경우 독지가의 재정지원이 중단될 경우 단체의 존립 자체가 위태롭게 된다.

넷째, 자체적인 서비스 제공이나 사업을 통한 재정 수입 증대책을 마련하여야 한다. 시민단체 회원들의 회비나 후원금에 의존하는 NGO의 재원은 한계가 있다. 이제 통일 NGO는 과거의 회비 의존형 방식에서 벗어나 자체적인 수익 사업을 적극 검토하여야 한다. 일부 진보적 통일운동 단체는 통일 관련 유료 강좌 개설, 북한 상품의 판매, 통일 현장 견학, 금강산 관광 등을 통해 자체의 수익 기금을 마련하고 있다. 그러므로 통일 NGO는 새로운 수익 사업 방안과 구체적인 계획을 수립하여야 할 것이다.

이 같은 재정 확보는 통일문제에 대한 관심 제고뿐만 아니라 사업의 활성화에도 크게 기여할 것이다. 통일 NGO의 기금이 확보되면 보다 많은 사업계획을 실천할 수 있고, 무보수로 봉사하는 대부분 활동가들의 보수나 생계에도 도움을 줄 수 있을 것이다.

2) 투명한 재정 운영

통일 NGO를 운영하는 데 있어 재정의 확보뿐만 아니라 재정 운용에 있어서도 투명성이 보장되어야 한다. 재정 운영의 투명성이 확보되지 못할 때 NGO의 정체성은 사라지고, 국가와 시장을 비판·견제하는 역할도 약해질 수밖에 없다. NGO의 재정에 관한 민주적 의사결정과 투명한 재정 집행 체계를 스스로 갖추는 것이 조직 활성화의 기본 전제이다. 그러므로 통일 NGO의 운영 자금이나 대북 지원 자금에 대한 투명한 공개는 공적 기부자나 일반 시민들에 대한 책무이며, NGO의 재정에 관한 신뢰를 높일 수 있는 기본 요건이다.

그러나 최근 일부 NGO의 비민주적 재정 운영 방식과 운영 행태는 많은 문제점을 야기하고 있다. 더구나 정부나 지자체의 지원금 유용 문제는 시민단체에 대한 불신을 유발한다. 기업으로부터의 부당한 후원과 잘못된 집행은 NGO에 대한 불신을 더욱 조장한다. 심지어 NGO가 국가와 시장에 유착하여 재정을 부당하게 지원받거나 운영상의 비리나 대표자의 공금 횡령 등 도덕적인 타락상이 나타날 때 조직은 해체되거나 와해되기 마련이다.

그러므로 NGO는 재정에 관한 의사결정과 집행과정에 있어서 반드시 민주적 절차를 거쳐야 하며 기금의 사용내역도 투명하게 공개해야 한다.[81] 그러나 현실적으로 재정 운영 내역을 내부적으로 일부 간부와 실무자들에게만 공개하고 대외적으로 공개하지 않는 NGO가 대부분이다. 통일 NGO는 재정의 수입과 지출 내역을 조직의 구성원뿐만 아니라 일반 시민들에게도 홈페이지를

81) 최철영, 「대북 지원 NGO의 공동 행동 규범에 대한 의식 분석」, 『북한연구학회보』 제11권 제2호, 2006, 289쪽.

통해 투명하게 공개하여야 한다. 이것이 NGO의 시민사회에 대한 본질적인 책무이기 때문이다. 특히 정부나 지방 자치 단체의 재정지원 부문은 더욱 투명하게 정산되어야 하며, 기부금이나 회비의 징수내역도 철저하게 공개하는 관행을 만들어가야 한다. 시민들의 회비나 후원금, 정부의 재정 운용에 관한 내역은 NGO의 정관뿐만 아니라 NGO 간의 공동 규범에도 의무사항으로 명시되어야 할 필요가 있다.

| 제4장 |

통일 NGO의 활동론

제1절 통일 NGO의 활동 유형

우리나라의 통일 NGO는 공식적인 인허가 단체만 해도 2012년 말 현재 291개에 이르고, 비공식 단체를 포함하면 300개가 훨씬 넘는다. 통일 NGO는 그동안 어떠한 활동을 전개하였는가? 통일부는 등록된 여러 단체를 활동 목적이나 영역을 중심으로 분류하고 있다. 여기에는 인도주의적 대북 지원 단체, 대북 경제 교류·협력 단체, 사회 문화 협력 단체, 학술 연구 단체, 이산가족·새터민 단체, 북한 인권 단체 등이 있고, 이러한 활동을 종합적으로 수행하는 단체를 통일 활동 전반 단체로 분류하고 있다.[1]

본 절에서는 통일 NGO의 활동을 그들의 사업 추진 방식과 우선순위 등을 중심으로 분류하려고 한다. 정연정은 그 유형을 점진적 통일 준비형, 조건적 대북 지원형, 무조건적 단순 지원형, 남한 내부 개혁 지향형으로 분류하고 있다.[2] 이를 토대로 여기에서는 통일 NGO의 활동 성향이나 활동 목표를 중심으로 다음과 같이 4개의 대비 유형으로 나누어 그 특징을 비교하려고 한다.

1. 점진적 통일 준비형과 급진적 통일 추진형

점진적 통일 준비형은 분단된 현실에서 남북 교류와 협력을 서서히 추진하여 문자 그대로 점진적·장기적으로 통일을 준비하는 유형이다. 이에 대비되는 급진적 통일 준비형은 통일의 장애물을 제거하고, 남과 북이 정치 협상 등을 통해 조속히 통일로 나아가야 한다는 유형이다. 두 유형의 성격을 구체적으로 비교하면 다음과 같다.

1) 점진적 통일 준비형

점진적 통일 준비형은 통일을 장기적 사업으로 간주하고 점진적으로 통일 기반을 착실히 준비하려는 유형이다. 이 유형에 속한 단체는 통일을 서두르지 않고 남한에서부터 통일 교육, 통일에 관한 법제 정비, 남북의 문화, 사회의 교류 등 통일 환경 조성에 주력하는 단체들이다. 북한의 경제위기와 기아 문제를 해결하기 위하여 대북 교류·협력·지원을 장기적으로 서서히 추진해야 한다는 입장도 여기에 속한다.

1) 통일부 홈페이지 등록 단체 현황(http://www.unikorea.go.kr/CmsWeb/viewPage.req?idx=PG0000000403) 참조.
2) 정연정, 「남북관계와 통일 NGO: NGO의 활동 유형과 발전 방향」, 『국제정치논총』 제40집 제4호, 2000, 345~349쪽.

이들은 정부의 대북 화해 협력정책에 대하여 교류·협력 기회의 확대라는 점에서 긍정적으로 평가하고 지지한다. 이들은 대북 물자 지원을 초기단계에 북한과의 우호적인 관계를 만들어가는 필수 과정으로 인식하는 점에서 단순 지원형과 다르며, 북한에 대한 지원을 인권 문제를 해결하는 수단으로 삼지 않는 점에서 조건적 지원형과도 다르다.[3)]

점진적 통일 준비형에 포함되는 전형적인 단체는 민화협이며, 국제옥수수재단, 우리민족서로돕기운동, 월드비전, 어린이어깨동무 등과 같이 북한 체제의 변화를 위하여 대북 지원 활동을 하는 단체도 포함된다. 이들의 활동 분야는 부분적으로 다르지만 장기적·거시적 시각에서 통일을 점진적으로 준비한다는 점에서 공통점이 있다.

2) 급진적 통일 추진형

이 유형은 분단의 역사가 반세기가 넘은 시점에서 남북의 불합리한 통일 환경을 변화시키기보다는 남북의 정치 협상 등을 통해 민족의 통일을 시급히 성취해야 한다는 입장이다. 이 유형에 속하는 단체들은 통일에 장애가 되는 외세 추방과 민족 자주성 회복을 통일의 전제로 인식하고, 이를 실현하기 위하여 적극적으로 투쟁해야 한다는 입장을 견지한다. 또한 이들은 자주적인 통일을 위하여 주한미군 철수, 국가보안법 폐지, 양심수 석방, 민족 공동 행사 추진, 범민족 대회 추진 등까지 급진적인 제안을 하고 있다. 반외세 자주 통일을 주장하는 급진 좌파적 통일운동 단체들이 이 유형에 속하며, 이들은 운동 방식으로 대정부 투쟁, 항의 집회, 거리 투쟁 등을 선호하고 있다. 이명박 정부의 대북 강경정책 이후 이들의 활동은 상당히 위축되고 있는 실정이다. 〈표 4-1〉은 양자의 성격을 대비한 표이다.

〈표 4-1〉 점진적 통일 준비형과 급진적 통일 추진형

	점진적 통일 준비형	급진적 통일 추진형
활동 목적	교류와 협력에 기초한 점진적 통일	통일 환경 변혁과 정치 협상을 통한 급진적 통일
핵심 사업	통일 교육, 남남 갈등 해소, 대북 교류·협력, 북한 지원 활동 등	주한미군 철수, 국가보안법 폐지, 양심수 석방, 민족 공동 행사, 범민족 대회 추진 등
활동 방법	통일의 장·단기적 과제 설정, 인력·기술 지원, 남한사회 내의 캠페인	대정부 성명, 거리투쟁, 촛불집회, 반정부 집회
대북정책에 대한 입장	단계론적 점진적 대북정책 지지, 교류·협력 기회의 확대 주장	대북 강경 정책에 반대하고 대북 포용정책 지지, 교류·협력을 위한 제도적·법적 장애 극복
관련 단체	중도 보수 성향의 단체, 경실련통일협회, 민족통일중앙협의회, 민화협 참가 단체	진보 성향의 단체, 6·15공동선언실천연대, 통일연대, 범민련남측본부

3) 정연정, 앞의 논문, 345쪽.

2. 내부 개혁 지향형과 외부 환경 조성형

이것은 통일운동의 우선순위를 내부의 민주개혁이라는 환경조성에 두느냐, 아니면 외부 환경 조성에 두느냐에 따른 분류 방식이다. 내부 개혁 지향형은 통일을 위한 남한사회 내 민주적 개혁을 강조하고, 외부 환경 조성형은 통일의 전제로 외부의 평화정착이 우선되어야 한다는 입장이다. 두 유형 모두 진보적인 통일운동 단체가 지향하는 활동 유형이다.

1) 내부 개혁 지향형

이 유형의 단체는 통일의 전제 조건으로 남한 내의 정치 개혁이 우선되어야 하며, 통일을 위한 시민사회의 내부 구조를 개혁해야 한다는 점을 강조한다. 이 유형에 속하는 단체들은 공통적으로 정부의 대북정책에 대해 비판적인 입장을 취하고, 악법조항 폐지 등 민주적 통일 환경을 구축하여야 한다고 주장한다.[4]

이 유형은 내부 개혁을 위해 반통일적 악법인 국가보안법 철폐, 미군 철수 등을 주장하면서 급진적인 통일운동을 전개한다. 이들 단체 간에도 이데올로기적 성향에는 강온의 차이가 있으나 활동 목적이나 핵심 사업은 비슷하다. 이 유형의 단체는 정부의 통일정책은 민간 통일운동을 적극적으로 뒷받침해야 하며, 민간 통일운동에 대해 정부의 탄압이나 제재는 중지되어야 한다는 입장을 고수하고 있다. 이를 위해 이들은 정당이나 시민단체들과 광범위한 연대도 지지한다. 과거 민족화해민주주의민족통일전국연합(전국연합) 측이 남한사회의 정치적 민주주의 실현과 통일의 문제를 연계시켜 민주적 환경 조성을 시급한 과제로 설정한 것이나[5] 조국통일범민족연합(범민련)이 국가보안법 철폐를 통한 남한의 정치적 민주화와 미국의 패권주의 논리를 배격하고 자주통일을 주장하는 것도 이 같은 입장을 반영한 것이다.

2) 외부 환경 조성형

외부 환경 조성형은 한반도뿐만 아니라 동북아의 평화 조성이 통일의 전제라는 입장에서 활동하

---

4) 정연정, 앞의 논문, 356쪽.

5) 과거 전국연합은 통일의 전제조건으로 주한미군 철수를 상정하고 대중선전 활동과 대중시위 활동을 주도하였다. 이 단체는 6·15 남북정상회담, 남북장관급회의 등 정부의 긍정적 노력을 인정하고, 정부가 남북공동선언을 성실히 이행해야 한다고 주장하였다. 이 단체는 비교적 급진적 성향이어서 미국의 군사적 개입과 북한에 대한 경제제재의 불가론을 주장했으나 현재는 해체되어 새로운 통일운동 단체에 통합되었다.

는 유형이다. 이 유형의 단체 중에는 통일 환경 조성의 전제로 북한의 비핵화 등 무장 억제를 주장하는 보수적 입장도 있고, 주한미군 철수 등을 우선시하는 진보적 입장도 있다. 이처럼 외부 환경 조성에 대한 단체의 입장은 이데올로기에 의해 다를 수 있다.

이 유형에 속하는 진보적 운동 단체의 활동을 소개하면 다음과 같다. 평통사는 1994년 창설 이래 진보적인 평화 환경 조성 및 정착 사업을 추진하고 있다. 그들은 평화협정 실현 운동 선포식(민주노총, 진보연대와 함께), 평화협정 체결 촉구, 평화협정(시안)에 대한 전문가 심층 토론회, 광화문 반전평화 촛불행사, 평택 미군기지 확장 반대와 강제 토지수용 중단 촉구, 한반도 평화실현 제3차 평화대행진 참가, 제주평화협정 실현 615인 선언(한겨레 하단 광고), 국가보안법 폐지 운동 등의 사업을 전개하였다.[6]

6·15공동선언실천남측본부도 평화 환경 조성 활동을 통일의 전제로 설정하고 다양한 사업을 추진하고 있다. 진보적인 통일운동 연대기구인 '통일연대'의 활동을 이어 받은 6·15공동선언실천남측본부는 한반도 전쟁 방지와 평화실현을 위한 합법적인 환경 조성 활동을 꾸준히 전개하였다. 그들의 실천운동 중에는 한반도에서 군사적 긴장을 고조시키는 행동에 대한 감시와 비판 활동, 한반도 평화와 전쟁 방지를 위한 범국민운동, 평화를 위한 초당파적 연대 확대, 한반도 평화를 위한 민간 외교, 일상 속에서의 평화실천운동, 한반도 평화를 위한 한미공동포럼, 평화·통일기행과 같은 다양한 환경조성 활동이 포함되어 있다.[7]

위의 두 유형을 쟁점별로 비교하면 다음과 같다.

〈표 4-2〉 내부 개혁 지향형과 외부 환경 조성형

	내부 개혁 지향형	외부 환경 조성형
활동 목적	남한사회 내의 정치적 민주화, 국민적 합의에 기반한 통일운동 지향	한반도 주변의 통일 환경 조성, 평화적 방식의 통일운동 지향
핵심 사업	대중적 통일운동, 남한 대중의 인식 전환, 남북 공동 행사, 통일축전 사업	평화를 위한 국제 연대 사업, 한반도 비핵화, 평화 협정 체결 사업, 군축 사업
활동 방법	범국민운동, 국회청원, 정책토론회, 항의 집회, 문화공연 등	비폭력 평화적 방법, 캠페인, 청원 활동, 평화교육 활동 등
대북정책에 대한 입장	반통일적 악법 철폐, 제도 개선 촉구, 자주적 평화통일 실현 촉구	한반도 내외의 평화 환경 조성 촉구, 정부의 반 평화 정책 적극 반대 등
해당 단체	전국연합 소속 단체, 범민련, 통일연대 등	평화통일시민연대, 평통사, 6·15공동선언실천남측본부 등

6) 평화와통일을여는사람들 홈페이지(http://www.spark946.org) 2012. 1. 30. 검색.
7) 6·15공동선언실천남측위원회 홈페이지(http://www.i615.net/) 2012. 1. 30. 검색.

3. 조건부 지원형과 무조건적 지원형

이 유형은 대북 지원 단체에 한정된 분류 방식인데 대북 지원에 있어서 조건의 유무를 기준으로 삼는 분류방식이다. 조건부 지원형은 북한에 대한 지원과 북한의 인권 문제를 결부시키는 유형이고, 무조건적 지원형은 북한 주민들의 경제적 참상을 고려한 조건 없는 지원 유형이다.[8)]

1) 조건부 지원형

조건부 지원형은 북한의 인권 말살 문제를 부각시키고, 대북 지원을 북한 인권 문제와 연계하는 유형을 말한다. 이들은 북한이 주민들의 인권을 개선하거나 해결할 때만 지원을 계속하고 그 범위도 확대할 수 있다는 입장이다.

이들은 국제 인권 회의나 학술대회 등에 참여하여 북한의 인권 참상을 알리고, 미국이나 유럽, 일본 등에 북한 인권 문제의 심각성을 폭로하는 활동을 전개한다. 또한 북한의 인권 문제를 유엔인권위원회 등 국제기구에 호소하고, 북한의 인권 문제를 해결하기 위해 그들이 북한 정부에 압력을 행사해줄 것을 촉구하기도 한다. 또한 이들은 북한의 기아 문제와 탈북 주민들의 신변 보호와 강제 소환 등에도 특별한 관심을 가지고 구호활동을 전개한다.

나아가 이들은 북한체제의 근본적인 변화가 남북관계 개선과 통일의 전제라고 보고, 북한 체제의 개혁·개방 요구와 주민들의 권리 보장을 북한 지원과 연계시키는 활동을 꾸준히 전개한다. 이들은 남한 정부가 북한의 인권 문제를 해결하기 위한 실질적이고 구체적인 대책을 마련할 것도 요구한다. 또한 이들은 정부가 북한 이탈 주민이 제3국에서 겪는 인권 문제의 심각성을 인식하고 이 문제의 외교적 해결책을 강력히 촉구하고 있다.

조건부 지원형에는 대북 인권 개선과 북한 탈북자를 돕는 보수적인 인권 단체가 포함된다. 북한동포의생명과인권을지키는시민연합 등 여러 단체가 여기에 속하며, 이념적으로는 중도 보수적인 단체가 대부분이다. 이들은 탈북자의 생명과 인권을 지키는 운동을 전개하면서 북한 주민에 대한 성금 지원, 식량 지원 등을 북한 인권 문제와 긴밀히 연계시킬 것을 주장하고 있다. 또한 이들은 탈북자 보호를 위해 제3국에서 체포당한 북한 난민이 북한으로 송환되지 않도록 중국과 러시아 정부에 요청하고, 북한 내 강제수용소의 반인도적인 범죄에 대해 국제기구가 관심을 가질

8) 정연정, 앞의 논문, 355~356쪽.

것을 촉구하고 있다. 결국 이 유형은 북한 주민의 인권 개선이 대북 지원의 전제가 되어야 한다는 보수적 입장을 대변한다.

2) 무조건적 지원형

무조건적 지원형은 북한 주민들의 경제적 고통을 감안하여 물품과 성금 등 대북 지원을 조건 없이 지원해야 하며, 인도주의적 입장에서 형편이 어려운 북한 주민을 한민족의 일부로 받아들여 무조건 지원하여 민족의 고통을 분담하자는 입장을 견지한다.

무조건적 지원형이 조건부 지원형과 다른 점은 대북 지원 사업을 대북 인권 문제와 관련짓지 않으며 북한의 인권, 정치적 탄압, 정치체제와 지원 문제를 별개로 본다는 것이다. 이들은 대북 지원이 순수한 동포애에 입각하여 무조건 이루어져야 하며, 민간 차원의 대북 지원이 남북관계 개선에 필수적 요건이며, 정치적 대화나 타협 없이도 이루어져야 한다고 주장한다. 이들은 북한의 경제난과 식량난이 해소될 경우 남북관계 개선에 도움이 될 것이라는 입장에서 북한 지원을 위한 서명이나 성금 마련 등의 활동을 적극적으로 전개한 바 있다.

그러므로 무조건적 지원형은 민간단체의 직접적인 인도적 지원 활동을 더욱 증대하여야 한다고 주장한다. 따라서 이들은 민간단체의 대북 지원활동에 대하여 정부의 규제를 폐지해야 한다는 견해를 가지고 있으며, 정부 차원의 지원도 의미 있는 활동이라고 보고 있다. 이러한 무조건적 지원형의 대표적인 NGO는 남북민간교류협의회와 좋은벗들 등이다. 대북 지원 단체의 활동 성과와 실적에 관해서는 뒤에서 상론하기로 한다.

〈표 4-3〉 조건부 지원형과 무조건적 지원형

	조건부 지원형	무조건적 지원형
활동 목적	북한의 인권 개선을 위한 지원	인권과 연계하지 않는 인도적 차원의 대북 지원
핵심 사업	인권운동, 탈북자 돕기, 이주민 지원 사업	식량 및 물품 지원 사업, 북한 주민 돕기 사업
활동 방법	사회 캠페인, 국제기구에 대한 탄원서, 북한주민 돕기성금 마련 등	대북 지원 국민 서명운동, 물품·모금운동
대북정책에 대한 입장	북한 인권 개선을 대북 지원의 중요한 조건으로 수용할 것을 촉구	민간단체들의 대북 지원 활동의 다원화 촉구
해당 단체	보수적인 인권 단체, 탈북자 단체, 이산가족 관련 단체, 납북자 단체 등	진보적 대북 지원 단체, 남북나눔운동, 좋은벗들, 남북민간교류협의회 등

4. 참여 협력형과 재야 운동형

이 분류는 정부의 대북정책에 대한 NGO의 참여나 협력 여부가 분류 기준이 된다. 참여 협력형은 정부의 대북정책이나 통일정책에 적극 참여하고 협력하는 유형을 말한다. 이에 반해 재야 운동형은 정책 결정에 참여하거나 협력하는 것을 반대하는 반정부적 유형을 말한다. 우리나라의 통일 NGO는 정부의 대북정책에 대한 입장에 따라 친정부적 단체, 중도적 단체, 반정부적 단체로 분류된다. 친정부적 단체나 중도적 단체가 참여 협력형이라면, 반정부적 단체가 재야 운동형 단체라고 분류할 수 있다.

1) 참여 협력형

우리나라의 통일운동 단체는 과거 권위주의 정부하에서는 주로 '민중운동'이나 '재야운동' 등 반정부적 저항 운동에 치중하였다. 그러나 오늘날 대부분의 통일운동 단체는 시민들의 능동적, 자발적 조직으로서, 정책 파트너로서 거버넌스(governance)적 성격을 띠고 정책 결정과 집행에 참여하고 있다. 참여 협력형은 통일 NGO가 통일정책 논의에 있어서 흑백논리에서 탈피하여 정부의 통일정책에 건전한 파트너로서 적극 참여하는 유형이다. 남북의 교류·협력·지원 사업은 정부 당국의 독점물이 아니고, 시민단체의 협력과 지원이 필요하다는 입장이다.

이 유형에 속한 단체에는 정부의 통일정책이나 방안에 적극 협력하는 친정부적인 단체도 있고, 경실련통일협회나 흥사단과 같이 비판적으로 지지하는 단체도 있다. 여기에는 민족통일협의회 등 보수단체에서부터 우리민족서로돕기 등 중도단체, 일부 진보적 단체에 이르기까지 이념 분포가 다양하다.

2) 재야 운동형

이 유형에 속하는 단체는 대체로 정부의 통일정책을 거부하고, 대북정책을 비판하거나 반대하는 입장을 취한다. 과거의 전국연합이나 오늘의 범민련처럼 정부의 통일정책과는 상반되는 재야 통일운동을 주도하는 단체가 이에 속한다. 이 유형의 단체는 반외세 자주통일을 위해 국내외의 통일 환경 조성 운동을 우선 과제로 설정하고, 반미 자주화 통일운동을 적극적으로 전개하고 있다.

이들 재야 단체는 주한미군 철수, 국가보안법 폐지 등 반외세 민족자주 통일운동을 일관되게 전개하고 있다. 이로 인해 범민련처럼 북의 '연방제'를 지지함으로써 불법 단체로 규정된 단체도 있다. 운동 방식의 측면에서 보면, 정부 정책의 모순점을 비판하고 폭로하는 단체에서부터 반정부 강경 투쟁을 선도하는 급진 좌파 단체에 이르기까지 다양하다.

한국 사회의 민주화의 진전에 따라 정부의 대북정책이 과거보다는 신축성을 가짐으로써 재야 운동형 단체는 수적으로 줄어들었다. 과거 전국연합이나 민족회의는 통일운동의 대중화라는 명분으로 재야 운동에서 탈피하여 합법적 운동 방식으로 선회하였다. 오늘날 통일연대의 후신인 6·15공동선언남측위원회도 합법적인 통일운동을 선택하고 있다. 결국 범민련만 재야 단체적 성격을 유지한 채 반정부적인 통일운동을 계속하고 있다. 이 유형을 대비하면 아래와 같다.

〈표 4-4〉 참여 협력형과 재야 운동형

	참여 협력형	재야 운동형
활동 목적	통일문제에 관한 시민사회의 합의 존중, 정부 대북정책에의 참여와 협력	반외세 자주 통일을 위해 국내외의 통일 환경 조성, 자주적인 통일 모색
핵심 사업	정부 정책 프로젝트 참여, 실용주의적 교류·협력 사업 지원, 정부 역할의 대행 사업	주한미군 철수, 국가보안법 폐지, 연방제 지지, 주한미군 기지와 미군 범죄 폭로 운동
활동 방법	대북정책 건의, 온건 타협적 방식, 대화와 설득, 친정부적 성향	반정부 집회, 거리 투쟁, 촛불 집회, 반정부 투쟁 성향
대북정책에 대한 입장	정부의 대북정책 거버넌스로서 참여 협력, 지지와 선택적 비판	정부의 통일정책에 대한 비판과 정책의 모순점 폭로, 반정부적 성격
해당 단체	중도 보수 성향의 단체, 민족통일협의회, 경실련통일협회 등	급진 좌파적 재야 통일운동 단체, 범민련, 범청학련 등

제2절 통일 환경 조성 활동

통일 환경 조성 활동이란 NGO들이 장·단기적 관점에서 통일 인프라 구축 등 통일의 여건과 환경을 조성하는 제반 활동을 말한다. 한국의 통일 NGO는 그동안 시민 대상의 통일 교육, 통일문제 연구, 한반도 평화 정착 사업, 통일을 저해하는 국내 법제의 정비 등 시민사회의 통일 환경 조성을 위한 많은 활동을 전개하였다. 통일을 촉진하기 위한 NGO의 제반 문화 활동도 통일 기반 조성 활동이라고 볼 수 있다. 이 절에서는 통일 NGO가 통일 환경 조성을 위하여 실시한 활동, 실적을 소개하려고 한다.

1. 통일 교육 활동

통일을 위해서는 통일 기금 마련 등 물질적 기반에 못지않게 남북한 주민들의 의식 변화 등 정신적 토양이 중요하다. 정신적 토대에는 통일의 당위성에 대한 인식, 통일을 위한 민족 구성원들의 강력한 의지, 통일과정에서 발생하는 어려움을 극복하려는 정신적인 자세 등이 포함된다. 통일 교육의 주요 목표가 시민들의 통일문제에 관한 인식 제고와 통일 의지 함양에 두는 이유도 여기에 있다.

통일 NGO는 그동안 회원이나 일반 시민 대상으로 바람직한 통일의식을 함양하기 위하여 수많은 교육을 실시해 왔다. 통일부에 등록된 단체 중 그동안 통일 교육 활동을 비교적 많이 한 단체의 실적을 소개하려고 한다. 물론 그들의 교육 활동이나 실적이 홍보용으로 형식적으로 소개되거나 과장된 경우도 있을 것이다. 그러나 이들의 교육 경향, 교육 방식, 교육 계획을 파악할 수 있기에 주요 NGO를 선별하여 소개하기로 한다.

통일 교육을 주목적으로 통일부에 등록된 단체는 〈표 4-5〉에서 보는 바와 같다. 물론 여기에 수록된 단체 외에도 대부분의 단체가 기본적으로 통일 관련 교육 활동을 실시한다. 아래 단체들은 홈페이지를 운용하고 있는 비교적 활동 실적이 많은 단체라고 볼 수 있다.

〈표 4-5〉 통일 교육 관련 등록 단체

법인명	주 소	전화번호
통일교육협의회	서울 마포구 아현동 418-4 재우빌딩 2층	02-392-1785
평화한국	서울 강남구 삼성동 78-3 원일빌딩 1006	02-515-2633
남북교육개발원	경기도 안성시 죽산면 칠장리 380-2	031-670-9483
전국대학통일문제연구소협의회	대전시 유성구 봉명동 537-6 대양오피스텔 814호	042-821-5234
통일사랑교육협의회	서울 종로구 연지동 243-1	02-392-1785
통일교육개발연구원	서울 종로구 견지동 견지동빌딩 905호	02-736-5734
평화통일무지개운동협의회	전남 나주시 산포면 등정리 915-9	061-333-4433

1) 통일교육협의회

통일교육지원법 제10조에 의하여 1999년 창립된 통일교육협의회는 통일 교육을 위주로 하는 비영리민간단체의 협의기구이다. 이 협의회는 정관 제3조에서 설립 목적을 통일 교육의 효율적인 실시를 위한 협의·조정 기타 상호간의 협력증진을 목적으로 한다고 밝히고 있다. 통일교육협의회가 구성되면서 경실련통일협회, 평화통일시민연대, 한국자유총연맹 등 80여 개의 다양한 단체들이 협의회에 가입하여 통일 교육 네트워크를 형성하고 있다.

통일교육협의회에는 보수적 통일단체들과 중도적 통일단체들이 대거 참여하고 있다. 보수성향의 단체들로는 세계평화청년연합, 통일안보여성회, 한국자유총연맹 등이 참여하고 있다. 중도적 통일단체들로는 경실련통일협회, 평화통일시민연대, 평화네트워크 등이 참여하여 통일 교육의 대중화를 꾀하고 있다.

통일 교육 단체들을 지원하기 위한 이 협의체는 그동안 여러 가지 교육 사업과 활동을 전개하였다. 중도 보수적인 성향이 강한 이 협의기구는 통일교육협의회 정관 제4조(사업)에 협의회의 활동과 사업의 범주를 ① 통일 교육에 관한 조사 및 연구, ② 통일 교육에 관한 자료수집 및 간행물 발간, ③ 통일 교육 종사자의 자질향상과 복리증진, ④ 통일에 관한 계몽 및 홍보, ⑤ 통일부장관으로부터 위탁받은 업무, ⑥ 기타 통일 교육의 진흥을 위하여 필요한 사항으로 제시하고 있다.[9)]

이 협의회에 참여한 단체들은 1990년 후반부터 일반 시민들을 대상으로 '북한 바로알기' 차원의 통일 교육과 시민강좌를 잇달아 개설 운영한 결과 좋은 반응을 얻었다. 특히 경실련통일협회의 '민족화해 아카데미', 흥사단 민족통일운동본부의 '통일아카데미', 평화를만드는여성회의 '여성평화 아카데미' 등이 대표적인 프로그램이다.[10)]

2) 남북교육개발원

통일을 대비하여 남북의 상이한 교육 제도와 이질화된 교육 체제를 이해하고 봉합하는 사업은 차세대를 위해서도 중요한 과제이다. 이 단체는 통일에 대비하여 남북한의 교육 제도와 문화를 연구하여 통일 이후 통일로 인한 교육의 사회문제를 미리 대비하기 위한 교육 연구 단체이다. 이들 단체의 설립 취지는 다음과 같다.

> ① 남북한 교육의 실제를 실증적으로 이해하고, 남북한 교육의 차이로 인해 생겨날 수 있는 통일 이후의 사회 문제들을 사전에 진단한다.

9) 통일교육협의회 홈페이지(http://www.tongiledu.org/) 2013. 1. 30. 검색.
10) 정연정, 앞의 논문, 30~40쪽.

② 그 바탕 위에서 남북한의 학력 및 자격의 상호 인정 체계를 형성해 나간다. 서로 이질화되어 있는 학력 및 자격 인정 체계로 인한 민족 구성원 간의 갈등을 사전에 해소하고 민족 후손들을 하나 되게 한다.

③ 남북한 학교교육 격차를 완화하기 위한 노력을 다양하게 전개하고자 한다. 이로써 통일 이후의 바람직한 교육체제를 구안하여 통일한국의 교육입국 기반을 마련한다.

3) 민족통일중앙협의회

민족통일중앙협의회는 통일 관련 문화 활동을 전개하고 전국의 광범위한 지역 조직을 통해 통일 교육과 현장 체험교육을 다양하게 실시하고 있다. 〈표 4-6〉은 민족통일중앙협의회가 그동안 통일 주도 세력 육성을 위하여 실시했던 주요 통일 교육 관련 프로그램이다.

〈표 4-6〉 통일 주도세력 육성 교육 프로그램

주요 행사	일시, 장소
전국 대학생 토론대회	• 1982. 12. 16.~18.(2박 3일), 전국 97개 대학에서 참여
민족 통일문예제전	• 1990년부터 2011년 현재 42회 실시
통일한마음 걷기대회- 통일로·미래로·세계로 화합의 한마음	• 제1회(1992. 7.), 제2회(1994. 5.), 제3회(1996. 6.) 제5회(2000. 10. 21: 잠실 올림픽공원)
광복50주년 기념 통일맞이 한마음대회	• 통일 그림전: 1995. 5. 11~14. 세종문화회관 제3전시실 • 통일염원 성화 봉송 및 통일 염원비 제막식: 1995. 8. 14.~15. 오두산 통일전망대
하나 되는 우리, 하나 되는 남북통일	• 2003. 9. 27: 여의도공원
통일체험 캠프 '바라지'	• 2005. 8. 11: 강화남산유스호스텔
제1회 찾아가는 통일문화원정대	• 2006. 9. 10: 극장식 식당, 한반도
지역연수회	• 1981년부터 시·도 및 시·군·구 협의회별로 매년 1회 이상 실시
민통 전국임원 워크숍	• 시·도 및 시·군·구 협의회 회장, 사무국장 대상으로 실시
다물 민족학교 연수	• 1990년부터 시·도 및 시·군·구 협의회 임원 대상으로 실시
민통 회원 대상 통일연수교육	• 통일연수교육: 연 2회 200명 교육(통일교육원) • 판문점 견학, 땅굴 견학: 연중 수시로 실시

2. 학술 연구 발표 활동

학술 연구 단체는 통일문제나 남북문제에 관한 연구를 주 임무로 하는 단체이다. 통일부에 등록된 허가 단체는 2012년 말 현재 41개에 이르는데 여기에는 일반적인 연구 단체도 있고, 전문 연구 단체도 있다. 이들 단체들은 폭넓은 연구 활동을 위해 정책 토론회, 전문가 초청 강연회, 통일 포럼 등의 활동을 전개하고 있다. 물론 통일 NGO 중에는 통일부의 학술 연구 활동 단체로 분류되지는 않았지만 전문적으로 연구 발표하는 임의 단체도 있다. 〈표 4-7〉은 이들 단체 중 홈페이지를 운영하고 있는 8개 연구 중심의 단체이다. 이들 단체의 활동 상황이나 업적에 대해서는 개별 홈페이지를 보면 상세히 알 수 있다.

〈표 4-7〉 학술 연구 전문 단체

법인명	주 소	전화번호
21세기국가발전연구원	서울 서초구 반포4동 107-18 대영빌딩 3층	02-3447-4311
NK지식인연대	서울 마포구 공덕동 385-63 공덕빌딩 2층	02-718-5570
다물민족연구소	서울 서초구 방배동 2096 다물빌딩 2층	02-592-5005
미래정책연구소 (구 통일시대연구소)	서울 종로구 사간동 36	02-736-4960
북한연구소	서울 동대문구 장안동 431-4	02-2248-2392
통일농수산정책연구원	서울 강남구 수서동 713 현대벤처빌 1208호	02-2040-6454
한겨레통일문화재단	서울 마포구 공덕동 116-25 한겨레신문사 내	02-706-6008
한국발전연구원	서울 서초구 양재2동 275-4 트윈타워오피스텔 B동 117	02-563-6960~1

아래 소개하는 통일 NGO는 전문 학술 단체로 등록되지는 않았지만 실용적이고 대중성 있는 주제로 연구 발표 활동을 비교적 활발히 하는 단체이다.

1) 평화통일시민연대

평화통일시민연대는 '통일운동의 대중화, 통일 논의의 균형화, 통일정책의 대안화'라는 기치를 내걸고 2001년 출범한 학술 연구 단체이다. 비교적 중도적 입장에서 통일운동을 전개하는 이 단체의 근년의 연구, 발표 및 주요 활동 실적을 소개하면 다음과 같다.[11]

〈표 4-8〉 평화통일시민연대의 연구·발표 활동

2008년	2월 15일	• 제8차 정기총회 및 출범식
	7월 12~15일	• 제7기 평화통일아카데미 시민강좌 개최
	7월 22일	• 제2회 동북아평화를 위한 한일 NGO 간 국제세미나 및 역사기행(도쿄)
	10월 27일	• 긴급정책토론회(민변 통일위원회 공동 주최)
	12월 17일	• 시민사회단체 공동정책토론회(민언련, 통일교육문화원, 민변통일위원회, 평화연대)
2009년	2월 18일	• 제9차 정기총회 및 초청강연/하코다 데츠야(아사히신문 서울지국장) 주제: 한반도 정세와 향후전망에 대한 일본의 시각
	4월 8일	• 정책세미나, '북한의 인공위성 발사 어떻게 볼 것인가, 그리고 해법'
	6월 9일	• 시민단체 공동 긴급정책토론회 주제: 2009년 6월 위기의 한반도, 그 해법은?
	7월 30일	• 제3회 한일 NGO 국제학술 세미나 주제: 동아시아 평화와 올바른 역사 수립을 위한 한일 NGO의 과제와 역할
	8월 22일	• 한일 NGO 국제학술 세미나 주제: 1910년 한일병합조약의 역사적 진실규명과 국제법적 평가
	12월 21일	• 송년회 초청강연/정세현 전 통일부장관 주제: 북미관계 정상화와 한반도 평화와 전망
2010년	1월 13일	• 비영리 민간단체 등록(서울시 제1111호)

2) 평화재단

2004년 10월에 창립된 평화재단(이사장: 법륜)은 통일 관련 연구와 토론 활동을 비교적 활발히 전개하는 단체이다. 이 단체는 전문가 포럼, 네트워크 워크숍, 국내외 심포지엄, 공동포럼, 라운드테이블 토론회, 평화리더십 아카데미, 전체 토론회 등을 통해 통일문제에 관한 시민사회의 여론을 환기시키고 있다. 이 단체의 주요 연구 활동 상황을 요약하면 다음과 같다.[12)]

① 정책연구 사업

· 평화: 한반도의 항구적 평화를 위한 연구

· 통일: 남북한의 통일 미래를 대비한 통일 방안 연구

· 인권: 북한 인권 문제의 해결을 위한 연구

---

11) 평화통일시민연대 홈페이지(http://www.peace21.net/) 2012. 1. 31. 검색.

12) 평화재단 홈페이지(www.peacefoundation.or.kr) 2012. 1. 30. 검색.

·한민족네트워크: 700만 재외동포를 포함한 한민족공동체 네트워크 연구

·동북아 평화: 동북아의 평화와 번영을 위한 다자간 협력체제에 관한 연구

·갈등·분쟁 연구: 세계 분쟁지역의 갈등과 그 해결에 관한 연구

② 포럼과 토론회

·전문가 네트워크 포럼: 통일관련 전문가들 간의 네트워크 포럼

·단체 간 네트워크 포럼: 사회단체 간 통일의 비전을 공유하는 활동교류·협력 포럼

·월례 토론회: 관련 쟁점에 대한 정책개발을 위한 전문가 토론회

③ 도서잡지 및 웹진 발간

·계간지 발행, 평화 논평, 신규 보고서

·인터넷 웹진 발행

3) 남북물류포럼

2004년 10월에 창립된 남북물류포럼은 정책토론회, 학술세미나, 총 17차 정기 학술회의, 총 53회 남북물류포럼 조찬 간담회, 남북경협 워크숍, 개성공단 설명회 및 현장방문을 통한 통일 교육 및 연구세미나를 지속적으로 진행하고 있다. 이 단체의 사업계획과 활동 상황을 소개하면 다음과 같다.[13)]

① 학술 정책 연구 사업을 통한 정책개발 및 전망 제시

·조찬간담회 매월 1회 개최

·정기 국내학술회의 연 2회 이상 개최

·특별학술회의(국제학술회의, 남북학술회의) 개최

·남북 물류 관련 전문자료 및 통계집 발간

·연구 용역 과제 수행, 설문조사, 출강 및 집필과제 수탁

·남북물류연구원 설립 및 운영(예정)

② 교육출판 홍보사업을 통한 남북물류 및 경협관련 지식정보 제공

·뉴스레터 발간(주 1회)

13) 물류포럼 홈페이지(www.kolofo.org) 2012. 1. 31. 검색.

· VIP 리포트 시사 칼럼 제공

· 남북 경협 및 물류 정보 제공

· 남북 물류 아카데미 개설 · 운영

· 남북 물류 매거진 발간

③ **대북사업 추진 및 지원 사업을 통한 남북물류 활성화에 실질적인 기여**

· 북한지역 물류센터 건설

· 국 · 내외 물류현장 시찰 현장방문

· 대북 물류사업 지원 및 컨설팅

· 물류 관련 대북 지원 사업 추진

· 개성공단 물류 지원 협의회 운영(예정)

3. 한반도 평화 정착 활동

분단 상황에서 한반도의 평화 정착은 통일 NGO의 또 하나의 환경조성 활동이라고 볼 수 있다. 평화 정착 없는 통일 논의는 성립 자체가 불가능하다. 통일운동 단체 중에는 북한의 비핵화 등 무장 억제를 통일과 평화의 전제라고 주장하는 보수적 단체도 있고, 외세 배격과 주한미군 철수 등이 통일의 전제라는 급진적 단체도 있다. 한반도의 통일을 위한 평화 정착의 과제나 전제는 통일 NGO의 이념 성향에 따라 입장을 달리한다.

한반도 평화 정착을 위해 적극적인 활동을 하는 통일 NGO 중 두 단체의 활동 실적을 소개하기로 한다. 평화와통일을사랑하는사람들(평통사)과 6 · 15공동선언실천남측위원회는 다음과 같은 평화 정착 활동을 전개하고 있다.

1) 평화와통일을사랑하는사람들

진보적 통일운동 단체인 평통사는 1994년 창설 이래 여러 가지 평화 환경 조성 및 정착 사업을 진행하고 있다. 이들의 평화 운동은 사안에 따라서는 정부 당국의 정책과 상반되어 상당한 갈등을 겪기도 하였다. 그들의 홈페이지상에 소개된 주요 사업이나 활동 내용은 다음과 같다.[14)]

14) 평화와통일을여는사람들 홈페이지(http://www.spark946.org) 2012. 1. 30. 검색.

① **평화 실천 활동**

평통사는 평화를 위한 실천적인 활동을 활발하게 진행하고 있다. 민주노총, 진보연대와 함께 평화협정 실현 선포식, 평화협정(시안)에 대한 전문가 심층 토론회 개최, 광화문 반전평화 촛불행사, 평택 미군기지 확장 반대와 강제 토지수용 중단 촉구, 국가보안법 폐지 운동, 한반도 평화실현 제3차 평화대행진, 제주평화협정 실현운동 각계 추진위원 615인 선언, 평화협정 체결 촉구 한겨레 전면 신문광고 게재 등이다.

② **민족 자주와 통일을 위한 활동**

평통사는 민족 자주권 확보라는 차원에서 미군 기지와 주한미군 문제 해결을 위한 활동을 활발히 전개하고 있다. 이들은 매향리 폭격장 폐쇄, 파주 미군 스토리 사격장 폐쇄, 용산미군기지 반환, 두 여중생 살인사건 진상규명, SOFA 전면 개정 등을 촉구하였다. 나아가 이들은 미군범죄 근절 투쟁, 대북 제재 중단 촉구 외교통상부 규탄 기자회견, 대북 제재와 압박 중단 촉구, 북미대화 촉구 기자회견, 북미대화 합의 환영, 100차 반미연대집회 개최, 10·4 선언 이행과 북한에 대한 테러지원국 지정 해제 촉구 한겨레 광고 게재, 노무현 대통령 방미 관련 자주 외교 촉구 청와대 앞 1인 시위 및 성남공항 앞 기자회견 등의 활동을 추진하였다.

③ **국방예산 삭감 활동**

평통사는 방위비와 국방예산 삭감 운동도 전개하고 있다. 이들은 국회 국방예산 예비심사회의 방청, 예결 위원들에게 국방예산 삭감 촉구 서한 전달, 국회와 국방부 앞 집회, 1인 시위 등을 전개하고 있다. 나아가 방위비 분담금 특별협정 서명 규탄 기자회견, 방위비 분담금 협정 국가배상 청구소송, 국방예산 삭감 의견서 국회 전달 등 구체적인 국방 예산 삭감 활동을 전개하였다.

④ **평화군축 실현 활동**

국방부를 비롯하여 청와대, 국회 앞에서 매월 평화군축 월례집회, 파병연장동의안 국회통과 반대 집회, 무기도입 저지 운동, 국제반전행동의 날 집회, 대형 공격용 헬기 도입 저지 투쟁, 2002년 F-15K 도입 저지 투쟁, 차기 구축함 사업(KDX-Ⅲ)과 차기 유도무기 사업(PAC-Ⅲ) 등 MD 관련 무기체계 도입의 부당성을 알리고, 대량살상 무기 확산 실무기구 해체 촉구 기자회견 등을 실시하였다.

⑤ **평화 사랑방 및 평화아카데미 개최**

평통사는 평화 환경 조성을 위하여 '평화와 통일, 그리고 자주'를 이야기할 수 있는 '평화사랑방'(주제: '효순이와 미선이의 죽음을 추모하며')을 운영하고 있다. 또한 '무기 장난감을 평화의 선물로 바꾸어 주기 운동'의 일환으로 무기 장난감이나 폭력 CD를 화분, 문구, 동화책 등으로 바꾸어 주는 행사를 전개하고 있다.

이처럼 평통사는 통일의 전제인 평화 체제 구축을 위한 실천적 활동을 전개하고 있다. 이러한 평통사의 진보적인 활동은 정부의 한반도의 안보 정책이나 보수적인 단체의 주장과 맞물려 상당한 진통과 갈등을 겪고 있다. 특히 평통사의 무기 도입 저지나 국방 예산의 삭감 주장은 친북적 주장이라고 비난받고, 정부나 보수단체의 반대에 부딪쳐 활동상 많은 제약을 받고 있다. 평통사의 활동은 이명박 정권 등장 이후 남북관계의 경색으로 더욱 어렵게 되었으며 이로 인해 이 단체의 활동 범주는 상당히 위축되어 있다.

2) 6·15공동선언실천남측본부

2005년 진보적인 통일운동의 연대기구인 '통일연대'를 계승한 6·15공동선언실천남측본부도 평화 정착 활동을 전개하고 있다. 이 연대 단체는 합법적인 통일운동을 지향하며 한반도 전쟁 방지와 평화 실현을 위한 실천적인 운동을 추진하고 있다. 이 단체는 6·15 합의 정신에 따라 남북관계의 개선과 남북교류·협력의 정상화를 위해 노력하고 있지만, 정부 당국과의 정책 마찰로 활동상 많은 어려움을 겪고 있으며 활동상 많은 제약이 따르고 있다. 이들의 홈페이지에 소개된 사업과 활동 계획을 소개하면 다음과 같다.[15)]

① 군사적 긴장을 고조시키는 행동에 대한 감시와 비판 활동

6·15공동선언실천남측본부는 한반도의 군사적 긴장을 고조시키는 모든 적대적 행동에 대한 정치적 반대 입장을 분명히 하고 있다. 6·15공동선언실천남측본부는 단체의 조직과 상황 등을 고려하여 기자회견, 성명, 논평 등 정치적 대응과 홍보를 강화하는 활동을 병행하여 전개한다.

② 한반도 평화와 전쟁 방지를 위한 범국민운동 전개

6·15공동선언실천남측본부는 한반도 평화를 위한 민간 외교 강화, 일상 속에서의 평화실천운동, 한반도 평화를 위한 한미공동포럼, 평화·통일기행 등을 활동 방법으로 제시하고 있다.

---

15) 6·15공동선언실천남측위원회 홈페이지(http://www.i615.net/) 2012. 2. 15. 검색.

이 단체는 평화를 위한 초당파적 연대를 확대하려고 노력하고 있으나 실효를 거두지 못하고 있다. 이 단체 역시 남북관계의 경색과 이명박 정부 출범 이후 대북 강경 정책과의 입장 차이로 활동이 위축되어 있으며, 남과 북, 해외의 6·15 3자 연대 통일운동은 사실상 중단될 위기에 처해 있다.

4. 통일을 위한 법제 정비 활동

통일 NGO의 법제 정비 활동이란 남북한 교류와 통일을 촉진하기 위한 법 제정 활동과 통일에 장애가 된다고 판단되는 남한 내의 법과 제도의 정비 활동을 말한다. 정부는 남북관계의 진전에 따른 남북관계 발전에 관한 법률, 남북교류협력에 관한 법률, 비영리민간단체지원법, 통일교육지원법 등을 제정하였다. 이러한 법의 제정은 통일 NGO가 주창한 법제 정비 활동의 성과라고도 볼 수 있다.

일부 진보적 단체들은 국가보안법 폐지 주장과 함께 반미 자주화 활동, 주한미군 철수 등을 요구하고, 보수단체들은 국가보안법을 강화하고 친북 좌파 척결을 위한 법제를 강화해야 한다고 주장하고 있다. 이로 인한 갈등은 심각한 실정인데 앞서 '제2장 통일 NGO의 운동론'에서 살펴본 바 있다.

진보적인 통일 NGO는 통일에 지장을 초래하는 남한 사회의 법과 제도, 관행을 바꾸려는 운동을 계속 주창할 가능성이 높다. 이들은 개성공단 지원법과 같은 분야별 교류·협력을 위한 법제뿐만 아니라 통일에 대비한 '통일 헌법'도 마련해야 한다고 주장하고 있다. 이미 시민사회에는 북한법연구회(회장 장명봉)와 같은 단체에서 북한 법제 연구뿐만 아니라 통일 대비 법제에 대한 연구도 진행하고 있는 실정이다.

제3절 대북 교류·협력 활동

정부는 1990년대 초반부터 민간 차원의 남북 경제협력의 중요성을 인식하고 그 제도적·법적 틀을 마련하려고 노력하였다. 1990년 8월 '남북교류협력에 관한 법률'[16]과 '남북협력기금법'이 제정되고, 1991년 12월에는 남북의 총리 간의 '남북 사이의 화해와 불가침 교류·협력에 관한 합의서'가 채택되었다. 특히 합의서 제3장의 '남과 북의 경제 교류와 협력에 관한 사항'은 남북 자원의 공동 개발, 물자 교류, 합작 투자 등 교류·협력에 관한 원칙적인 합의 결과라고 볼 수 있다.[17] 정부는 그 이후 1994년과 1998년 두 차례에 걸쳐 '남북 경제협력 활성화 조치'를 발표함으로써 민간 경제협력이 확대될 수 있는 전기를 마련했다.

통일 NGO는 김대중 정부의 2000년 6·15 선언을 전후하여 남북 교류·협력 사업을 과거 어느 때보다 적극적으로 추진하였다. 이들의 교류·협력 사업은 크게 경제 협력 분야, 사회 문화 협력 분야로 나눌 수 있고, 이에 수반된 남북 공동 행사 등 인적 교류 분야로 나눌 수 있다. 먼저 대북 경제 교류·협력 활동의 실적부터 살펴보기로 한다.

1. 경제 교류·협력 활동

대북 경제 교류·협력 단체는 남북의 화해와 통일을 위하여 경제 교류·협력을 주된 임무로 활동하는 단체를 말한다. 이들은 한반도의 통일은 평화 정착이 우선이라는 '경제평화론'적 입장에서 활동하는 단체들이다. 통일부에 등록된 이 분야의 단체는 정부의 역할을 대행하는 단체, 대정부 협력 단체, 독자적 대북 경제 협력 단체로 나눌 수 있다. 기업의 대북 경제 활동이 이윤을 추구하기 위한 목적 행위라면, NGO의 대북 경제 교류·협력 활동은 한반도의 평화 정착과 남북관계 개선을 위한 비영리적 행위이다.

통일 시대를 대비하여 NGO의 대북 경제 교류·협력 활동이 '남북 합작사업'이라는 이름으로 추진되지만 대부분 무상 지원과 투자의 성격으로 진행되는 경우가 많다. 대북 민간 경협은 1991년부터 2000년까지 11개 사업, 2001년부터 2011년까지 63개 사업 총 74개 사업이 성사되었다. 〈표 4-9〉는 홈페이지가 개설되어 있는 통일부 등록 8개의 대북 경제 교류·협력단체이다.[18]

---

16) 남북교류협력에 관한 법률의 목적은 1조에 규정되어 있다: '이 법은 군사분계선 이남지역(이하 '남한'이라 한다)과 그 이북지역(이하 '북한'이라 한다) 간의 상호 교류와 협력을 촉진하기 위하여 필요한 사항을 규정함으로써 한반도의 평화와 통일에 기여함을 목적으로 한다.' 〈개정 2005. 5. 31.〉

17) 남북기본합의서 제15조: 남과 북은 민족경제의 통일적이며 균형적인 발전과 민족전체의 복리향상을 도모하기 위하여 자원의 공동개발, 민족내부교류로서의 물자교류, 합작투자 등 경제교류와 협력을 실시한다.

18) 통일부 홈페이지 등록 단체 현황(http://www.unikorea.go.kr/CmsWeb/viewPage.req?idx=PG0000000403) 2012. 1. 30. 검색. 개성공단이 건설됨으로써 통일부에 등록된 개성공단기업협회와 개성공업지구지원재단은 NGO는 아니지만 정부를 대행하여 대북 경제 교류·협력에 일조를 하는 민간단체이다.

〈표 4-9〉 대북 경제협력 단체

법인명	주 소	전화번호
경실련통일협회	서울 종로구 동숭동 50-2 경실련회관 3층	02-766-5264
남북IT교류협력본부	서울 용산구 한강로 2가 용성비즈텔 1002호	02-553-4140
남북경협국민운동본부	서울 용산구 청파동 2가 98-4, 1층	02-723-4770
남북교류협력지원협회	서울 강남구 삼성동 143-42,43 원방빌딩 11층	02-564-5011
남북물류포럼	서울 동대문구 장안동 431-4 북한연구소빌딩 5층 513호	02-2249-6674
동북아공동체연구회	서울 서초구 양재동 20-7	02-3461-4242
통일농수산사업단	서울 서초구 양재동 223 양곡도매시장 314호	02-577-7317
통일준비네트워크	서울 중구 남대문로 2가 해운센터빌딩 본관 605호	02-753-5144

통일 NGO의 대북 경제 교류·협력 활동 실적을 소개하기에 앞서 남북 경제 교류·협력을 위한 접촉 과정을 살펴볼 필요가 있다. 남북 경제교류 사업은 1988년 '7·7 선언' 직후 (주)대우가 홍콩 중개상을 통한 북한의 도자기 519점에 대한 정부의 반입 승인을 받으면서 시작되었다. 그 후 남북 경제교류 사업은 일반 교역, 위탁가공, 직접투자 순으로 확대 발전되었다. 남북교역은 시작 당시에 단순 상품교역만 이루어졌으나, 그 이후 우리 측이 원부자재와 설비를 제공하고 북측에서 가공하여 완제품을 들여오는 위탁가공 사업으로 발전되었다. 이 같은 위탁가공 교역은 남북 교역의 장점을 살린 최초의 초보적인 형태의 경제 협력 사업이라고 할 수 있다. 곧이어 규모는 작지만 본격적인 경제협력 사업이라 할 수 있는 기업의 대북 직접 투자가 여러 곳에서 추진되었다.[19] 그 중에서도 개성공단은 북의 토지와 노동력, 남의 자본과 기술에 의하여 이룩된 이상적인 남북 경제 협력 모델이라고 볼 수 있다. 이러한 민간기업의 대북 투자를 계기로 통일 NGO의 경제 교류·협력 활동의 범주와 참여기회도 증가되었다.

남북 경제 교류·협력과정에 참여한 NGO는 어느 정도이며 어떠한 활동을 하였는가. 이들의 경제 교류·협력 사업은 초기에는 인도적 무상 지원이 많았으나 북한의 취약지역 공동 개발이라는 협력 사업도 일부 있었다. 통일 NGO의 대북 교류·협력 활동은 아직도 대북 지원 수준에 머물러 있지만 기업이나 정부의 경제 교류·협력의 분위기 조성에도 일정 부분 기여하였다. 남북 경제 교류·협력 사업에 참여한 통일 NGO는 많지만 특별히 북한 취약지역 경제 협력에 기여한 2개 단체의 활동 실적을 소개하기로 한다.

---

19) 첫 대북투자는 1995년 (주)대우가 남포공단에서 셔츠, 가방, 재킷 등을 생산하는 대북 협력 사업을 승인받으면서 이루어졌다. 그 후 2010년 5월까지 총 62개 협력 사업이 승인되었으나, 북한 측 요인과 업체 사정으로 7개 사업이 취소되어 총55개(개성공단 제외) 사업이 남았다. 민간 기업들의 대북 투자는 개성, 평양, 남포, 고성(금강산) 등 여러 지역에서 추진되었으나, 직접 투자는 개성공단과 금강산과 같은 특구 지역에서 성사되었다.

1) 통일준비네트워크

2006년 2월 창립된 통일준비네트워크(http://www.통일준비.org)는 벼 종자 개량 사업 등 북한 농업을 돕기 위한 협력 사업부터 시작하였다. 이 단체는 황해도 천덕리 농장개발 및 지원을 위해 목화, 벼, 콩, 옥수수, 호박, 씨감자 종자개량 사업과 함께 트랙터 등 농업용 장비를 지원하였다. 그 후 장기간 화학비료 사용으로 산성화된 북한 토지를 개량하기 위해 남한의 유기물 비료와 복합비료 등도 지원하고, 종자개량 기술도 전수하였다. 또한 북한의 유휴 야산을 이용해 초지를 조성하고, 사료생산 기지를 확보해 북한 축산업 지원사업도 병행하였다. 그 후 2007년부터는 생활의 질을 높이기 위한 기반시설 확충을 위해 태양열 발전기를 이용한 가정용 전기 시설 보급 등 '사랑의 불 밝히기 운동'도 추진하였다.[20] 이 단체의 활동 상황을 그들의 홈페이지를 통해 정리하면 다음과 같다.

〈표 4-10〉 통일준비네트워크의 경제 협력 활동

2005년	10월	• 대표단 방북, 복토직파기로 가을 밀 재배
2006년	2월	• 창립 총회, 본부 및 광주지부 설립
	3월 23일	• 농업 3개년 사업 추진 계획 합의서 체결, 복토직파기 2대 지원
	5월	• 황해도 천덕리 벼농사 및 잡곡 시험 재배 • 사) 쌀전업농 단체 대표 천덕리 방문, 종자 시험재배 통일부 승인
	6월	• 태양열 이용한 전등 달아주기 운동 시작 • 황해도 천덕리 학생(유치원, 초중고)을 위한 학용품 및 운동기구 지원사업 논의
	11월	• 북측 민경련과 사업계획 합의서 교환
	12월	• 벼 종자 시험재배 3개년 사업 추진(농업진흥청)
2007년	2월 13일	• 통일부 '대북 지원 사업자' 지정
	3월	• 농기구, Inverter 50대, 비료, 종자, 오대벼 지원, 북한 학생을 위한 학용품 지원
	4월	• 난청 북한 주민 보청기 지원, 과실 묘목 지원, 휠체어 지원
	6월	• 천덕리 1000가구 태양발전기 지원 시작, 휠체어 지원
	7~12월	• 수해주민을 위한 약품 및 생필품 지원(연간 약 15억 원 정도의 물품 지원)
2008년	4월	• 충청북도 남북농업협력사업 3개년 협력사업 체결 • 통일부 대북 지원 사업 지원(친환경 순환농업 남북협력기금 수령 확정 2억 2400만 원) • 황해도 농업협력사업 진행(벼, 옥수수, 콩, 목화 재배 - 14억 원 지원) • 종자개량 합동 사업 통일부 신청
2009년	1월	• 황해도 봉산군 천덕리 목화가공 공장 건립

20) 통일준비네트워크 홈페이지에는 사업의 추진 상황이 상세히 기록되어 있다. 이들의 지원 협력 대상은 2007년 황해도 천덕리 마을 1000가구(공동시설 포함), 2008년도 황해도 4개 농장 5000가구, 2009년 타 지역으로 확산되어 총 1만 가구이다.

이 단체의 대북 농촌 경제 교류·협력 사업은 대북 무상 지원 사업과 구분되기 어렵지만 북한 농촌 개발을 위한 투자적 성격이 강한 것이 특징이다. 또한 이 사업은 통일부의 지원 협력이라는 승인 과정을 거쳐 시행되었으며, 정부의 역할을 대행한 측면도 있다. 물론 교류·협력 과정에서 이 단체 간부들의 빈번한 현지 방북으로 인적 교류가 확대되는 소득도 얻었다.

2) 겨레의숲

사단법인 겨레의숲은 북한 지역의 황폐화된 산림을 복구하기 위하여 2007년 4월 설립된 통일 NGO이다. 이 단체는 북한지역에서 건강하고 풍부한 자연생태계를 복원하고, 농업생산력을 복구하여 장기적으로 식량난, 식수난, 에너지난 극복에 기여한다는 명분으로 출범하였다. 이 단체는 여러 가지 대북사업을 병행 추진하는 단체들과 달리 특정한 소재, 즉 산림녹화라는 특정 분야에 집중하여 남북 네트워크를 구축하여, 남북 간 개발복구 협력의 새로운 모범 사례를 창출하였다고 평가받고 있다.

북한의 자연 환경 파괴는 북한만의 문제가 아니라 체제와 이념을 초월하여 한반도 전체, 나아가서는 동북아 공동의 과제로 대두되는 문제이다. 환경전문가들은 북한 환경 파괴는 환경의식 부재와 경제난에 따른 환경개선 투자부족에 기인한다고 분석하고 있다. 석탄 위주의 에너지 소비로 인한 대기오염, 폐광·해안 간척공장 폐수 등으로 인한 수질오염, 식량증산 목적의 뙈기밭 개간과 연료 확보 목적의 산림 남벌 등이 북한의 환경오염 뿐 아니라 자연 재해의 복합 원인이 되었다. 그러므로 북한의 산림 황폐화는 북한의 열악한 경제사정과 낮은 관심으로 북한 스스로의 힘만으로는 해결하기 어려우며, 앞으로 더욱 악화될 가능성이 높다.

이러한 문제의식에서 이 단체는 북한 땅의 80%나 되는 산림 황폐화 현상을 극복하기 위해 북한의 산에 나무를 심는 협력 사업에 주력하기로 하였다. 북한 전역에서는 추운 겨울철에 땔감을 마련하기 위해 나무를 베어내고, 먹을 것을 마련하기 위해 산을 개간하여 '다락밭'을 만들면서 산은 점점 헐벗어지고, 헐벗은 산 때문에 홍수와 가뭄의 악순환이 되풀이되고 있다. 이 단체는 북한 주민들이 연료난과 식량난을 동시에 겪고 있는 심각한 상황에 유의하여 이를 개선하고자 산림 조성 사업에 주력하였던 것이다.

'겨레의숲'은 서울 숲에서 '한반도 푸른 숲 가꾸기 국민운동 선포식'을 갖고 북한의 산림녹화를 돕기 위한 '1인 10그루 나무보내기' 모금 운동부터 시작하였다. 이를 10개년 사업으로 추진하되, 제1기는 2007년부터 2011년까지 5년간 우선 실시하기로 결정하였다. 이 사업의 추진 방식은 북측이 부지와 노동력을 제공하고, 남측은 시설과 장비, 자재에 대한 지원과 기술지원을 약속하였다. 산림녹화 사업과 관련한 전문 인력은 남북 양측에서 동수로 참여하고, 산림녹화 사업에 소요되는 일반 노동력은 북측이 제공하여, 남북 상호 역할을 분담한 협력 사업의 모델이라고 볼 수 있다.

이 단체는 북한의 양묘생산 기반 구축을 위한 사업, 황폐한 산림을 복구하기 위한 조림, 육림 및 사방사업, 산림 병해충 방제를 위한 사업, 남북 공동의 연구 및 조사 사업을 동시에 추진하였다. 이들은 이 사업의 국민 참여 확대를 위한 남북 공동의 나무심기 행사와 국민 캠페인 및 모금 사업도 병행하였다. 이들은 북한의 개성공단 지역의 야산에도 나무 심기 운동을 민화련과 공동으로 추진한 바가 있다. 이 단체의 활동 사업과 실적은 다음과 같다.[21)]

〈표 4-11〉 겨레의숲 교류·협력 실적

2007년	병해충 방제 사업	• 2월, 북측과 병해충 방제사업을 추진키로 합의 -병해충 피해지역 조사 및 공동방제 실시 • 5월, 평양 용악산 지역 병해충 피해지역(송충이 및 솔잎혹파리 피해) 전문가 조사 실시 - 솔잎혹파리 피해가 심한 지역을 선정하여 우선 지원키로 함 • 400ha분 솔잎혹파리 방제용 농약 및 기자재 지원
2008년	양묘장 사업	• '함북 나선시 양묘장' 추진 현황 -소재지: 함경북도 나선시 -조성 기간: 6월부터 -부지현황: 양묘온실 0.4ha, 노지양묘 11ha -시설내용: 관리시설, 양묘온실 • 물자지원: 농기계(트랙터, 경운기 등), 농자재(종자, 상토, 비료 등) • 기술협력: 시설조성, 파종방식, 생육관리 등 • 사업방식 -남측: 시설조성, 양묘자재 지원 및 기술제공 -북측: 부지관리, 양묘사업 인력제공 • 추진기관 -남측: 겨레의숲, 푸른통일조국가꾸기운동(캐나다) -북측: 나선시 인민위원회, 나선시 양묘장
2009년	조림 사업	• '평양 조림사업' 추진 현황 -조림시기: 4월 -조림면적: 평양시 용악산 일대 100ha -조림실적: 총 30만 본 조림(잣나무 20만 본, 상수리나무 10만 본 등) 남측에서 지원한 묘목으로 조림 • 전문가 현장조사 및 모니터링 실시(3월, 10월)
2010년	국민홍보 및 모금, 연구조사 사업	• 겨레의숲, 북녘 나무심기 모금운동 선포 • '북한 산림녹화를 위한 남북협력 방안 심포지엄'(2월 9일)

21) 겨레의숲 홈페이지(http://www.greenonekorea.or.kr) 2012. 2. 1. 검색.

이 단체의 조림 사업은 북한의 식량문제와 자연 재해라는 악순환 구조의 해결에 실마리를 제공하였다고 볼 수 있다. 이 단체는 미래의 통일국가를 위하여 비무장지대 및 인접지역에 대한 남북공동 생태계조사 등 공동의 환경보전 활동과 한반도 환경공동체 구축에 더욱 매진하려고 노력하고 있다.[22)]

2. 사회 문화 협력 활동

남과 북은 오랜 분단과 체제의 차이로 사회 문화적 측면에서도 이질화 현상이 심화되고 있다. 특히 남북 간에는 6·25 전쟁의 상처로 상호 적대의식이 내면화되어 있다. 통일 NGO들은 남북 체제의 간격을 좁혀 가기 위한 사회 문화적 교류의 필요성을 절감하고 있다.

분단 이후 남북 간에 체결한 각종 합의서에는 사회 문화 분야의 교류에 관한 원칙적인 합의 사항이 명시되어 있다. 1992년 12월 19일 남과 북이 체결한 '남북 사이의 화해와 불가침 교류·협력에 관한 합의서'(남북기본합의서) 제3장에는 남북 교류협력의 이행과 준수를 위한 합의 사항이 규정되어 있다. 이 합의서 제16조에서 '교육·문화·예술·보건·체육과 신문·라디오·텔레비전을 비롯한 출판, 보도 등 여러 분야에서 교류와 협력을 실시'하고, 제17조에는 '민족 구성원들의 자유로운 왕래와 접촉을 실현한다.'고 합의하였다. 나아가 합의서 제22조에는 '남과 북은 경제와 문화 등 각 분야의 교류와 협력과 합의의 이행을 위하여 이 합의서 발효 후 3개월 안에 남북경제교류·협력공동위원회를 비롯한 부문별 공동위원회를 구성·운영한다.'고 규정하고 있다. 그러나 남북 간의 정치적·군사적 긴장으로 이에 대한 실천이 따르지 못함으로써 남북의 사회·문화 교류 협력에 관한 합의서는 사문화되어 있는 실정이다.

2000년 6·15공동선언 제4항에서도 '남과 북은 경제협력을 통하여 민족경제를 균형적으로 발전시키고, 사회, 문화, 체육, 보건, 환경 등 제반 분야의 협력과 교류를 활성화하여 서로의 신뢰를 다져 나가기로 하였다.'고 선언하고 있다.[23)] 이러한 합의들이 남북 간의 긴장으로 실현되지 못하지만 남북 간의 관계가 호전될 경우 교류나 협력의 근거로 삼아야 할 중요한 문건이다.

남북의 사회문화 협력은 1991년부터 2000년까지 17개 사업, 2001년부터 2011년까지 139개 사업 총 156개 사업이 성사되었다.[24)] 통일부에 등록된 사회 문화 교류·협력 단체는 2012년

22) 정연정, 앞의 논문, 130~131쪽.

23) 남북기본합의서와 비교해 볼 때 '교육, 신문·라디오·텔레비전 및 출판물을 비롯한 출판·보도'가 제외되고 '환경'이 추가되었다. 이것은 북한 당국이 체제강화 차원에서 언론, 출판 분야의 교류를 꺼리기 때문이라고 볼 수 있다.

말 현재 35개에 이른다. 물론 이 중에는 통일 NGO라고 보기 힘든 관변 단체도 있고, 민간 NGO를 지원하는 단체도 있다. 〈표 4-12〉는 통일부에 등록된 사회 문화 교류·협력 단체 중 홈페이지가 개설된 비교적 활동이 활발한 9개 단체이다.

〈표 4-12〉 사회 문화 교류·협력 단체

법인명	주 소	전화번호
겨레말큰사전남북공동편찬사업회	서울 마포구 공덕2동 253-42 지방재정회관 12층	02-3725-0815
남북경제문화협력재단	서울 마포구 노고산동 54-38 이한열기념관 2층	02-3142-4925
남북청소년교류연맹	서울 서대문구 충정로 2가 124, 2층	02-757-2248
동학민족통일회	서울 종로구 경운동 88 수운회관 1403호	02-738-6623
세계평화청년연합	서울 용산구 청파동 1가 176-6 성화빌딩	02-717-5607
코리아하나재단	서울 강동구 천호2동 338-23 용강빌딩 101호	02-478-7711
하나를위한음악재단	서울 강남구 신사동 598-6 삼신빌딩 6층	02-725-3342
한민족어깨동무	서울 종로구 연지동 136-46 한국기독교회관 711호	02-743-8801
한반도평화를추구하는모임	서울 중구 태평로 1가 31-20 대원빌딩 903호	02-761-2021

1) 남북경제문화협력재단의 지적 재산권 협력 사업

2004년 창설된 남북경제문화협력재단(이사장: 임종석)은 '6·15 공동선언은 완성이 아니고 시작이므로 실천적 대안을 마련하기 위해서는 남북 간의 신뢰를 공고히 해야 한다.'는 입장에서 사회 문화 협력을 위하여 출범한 단체이다. 이 재단은 남북한의 '신뢰의 다리'는 남북의 경제 교류뿐만 아니라 사회 문화 교류가 병행되어야 한다는 입장을 견지하고 있다. 이 재단은 남북의 사회 문화 교류 중 저작권 등 지적 재산권 교류를 적극 추진하여 상당한 성과를 거두었다.

이 재단은 〈황진이〉 영화 합작 사업, 통일 음반 동인 사업, 김일성종합대학 전자 도서관화 사업, 저작권 교류·협력 사업을 추진하여 남북의 문화 교류에 실질적인 성과를 거누었다. 특히 북측 저작권자의 승인과 확인서가 없는 저작물은 남한에서의 사용은 저작권 침해에 해당된다는 북측 주장에 대하여 어문, 음악, 무대예술, 영상, 미술과 같은 모든 저작물에 대한 사전 협상권을 부여한 합의서를 체결하여 이 문제를 원만히 해결하였다. 이 재단은 북측과 협의하여 인민 대학습당 의향서, 북측 사진 저작권 위임장, 북측 저작권 확인서, 조선 영화 수출입사 위임장, 광고

24) 통일부 홈페이지(http://www.unikorea.go.kr/CmsWeb/viewPage.req?idx=PG0000000403). 2012. 1. 30. 검색.

동영상 동의서, 최승희 사진 사용 합의서, 조선 중앙 TV 저작권 동의서 등도 체결하여 실질적인 남한에서의 사용권을 보장받았다. 〈표 4-13〉은 이 재단의 활동 실적을 정리한 것이다.[25)]

〈표 4-13〉 남북경제문화협력재단의 활동

2004년	5월 12일	• 북측 용천 폭발사고 후 15만 달러 상당의 의약품, 구호물품 보냄
2005년	3월 18~20일	• 저작권 양도 합의
	5월 5~7일	• 북측 소설 『황진이』 영화 각색권 합의, 『임꺽정』 저작권 합의
	6월 6~8일	• 김일성 종합대학 과학도서관 시설현대화 사업 의향서 체결
	10월 29~31일	• 경제·문화인 150명 2박 3일간 평양 방문
	12월 7일	• 남북저작권 교류협력을 위한 심포지엄(문화관광부 주최)
	12월 30~31일	• 북측 민족화해협의회와 인도적 지원 사업 의향서 체결 • 북측 저작권사무국과 포괄적 협상권한 양도 및 저작권 협의에 관한 합의서 체결(31건의 저작권 확인서, 위임장 수령)
2006년	1월 24~25일	• 한약재 수입사업 합의서 체결
	2월 21~22일	• 디자인콘텐츠 개발 협력 사업을 중국에서 진행하기로 합의하고 시범 사업으로 HTML코딩사업을 위탁하기로 함
	5월 18~19일	• 애니메이션 협력사업 논의 및 합의서 체결
2007년	5월 16일	• 남북교류환경정책 증진을 위한 심포지엄 개최(후원: 통일부, 환경관리공단 외)
2008년	6월 11~12일	• 고문헌 공동조사연구 사업 의향서 체결
	10월 30~31일	• 개성회담(고문헌 공동조사연구 사업 논의)

이 재단은 남북 사회 문화 교류에 있어서 '남북 간 저작권 사업' 합의서도 성사시켜 남과 북이 윈-윈(win-win)하는 민족 문화 공동체 실현에 작은 희망을 보탰다고 볼 수 있다. 이 재단은 문화 교류·협력 사업을 추진하는 과정에서 경제협력 지원 사업도 병행하여 사업의 성과를 촉진시켰다.

2) 조국평화통일불교협회의 문화 유적지 복원 사업[26)]

1992년 2월 12일 창립된 조국평화통일불교협회(평불협, 이사장: 법타)는 1989년부터 방북을 시작하여 대북 불교문화 교류 활동을 활발히 전개하였다. 이 단체는 북한 문화유적 복원 사업과 함께 북한의 취약계층을 돕기 위한 금강국수공장을 사리원시 만금동에 설립, 매일 7700명분의

25) 남북경제문화협력재단 홈페이지(http://www.interkorea.org/) 2012. 1. 29. 검색.
26) 조국평화통일불교협회 홈페이지, 2012. 2. 15. 검색.

국수를 생산, 북한의 어린이와 결핵환자들에게 점심을 제공하였다.

평불협은 이러한 대북 지원 사업과 함께 1998년 북한의 조선아시아태평양위원회(위원장: 김용순)와 교섭하여 대한불교 조계종과 함께 금강산 신계사 복원불사 등 금강산 문화유적 복구사업을 추진하였다. 나아가 이 단체는 북한의 조선 문화 보전총국과 교섭하여 2002년부터 지속적으로 평양 대성산 법운암 단청 및 삼존불 개금, 사리원시 성불사 단청 및 대웅전 삼존불 개금불사도 성사시켰다. 또한 천태종과 함께 개성 송악산 영통사 복원 불사 등을 추진하고 북한의 사찰 문화재 보존에 필요한 단청 안료 등을 지원하여 북한의 60여 개 사찰의 단청 공사를 마무리하였다.

평불협이 종교단체로서 6·15 공동 선언 이전부터 대북 불교문화 교류 활동을 활발히 전개하였던 점은 특기할만한 일이며, 이명박 정부 시기에도 북한 불교계에 대한 교류·지원 활동은 계속되었다. 그동안의 주요 성과를 정리하면 다음과 같다.

〈표 4-14〉 평불협의 교류·협력 활동 실적

연도	사업	내용
1989년	북한 방문 (평양, 금강산 회의)	• 신법타 스님의 최초 방북 이래 평불협 임원들이 현재까지 총 24회 북한을 방문하여 조선불교도연맹을 중심으로 각계와 회합, 남북 간 신뢰구축 및 교류협력과 평화통일의 기초를 다짐
1995년	제3국 남북불교회의	• 5월 21일부터 중국 북경 또는 일본 동경, 미국 등에서 총 12회 남북불교 회담 가짐
2000년	불교 문화유적 복원 사업	• 조계종에서 금강산 신계사 터 현장지표 조사, 사찰 단청사업 • 대성산 법운암 단청 및 삼존불 개금 • 사리원시 성불사 단청 및 대웅전 삼존불 개금 • 개성 송악산 영통사 복원 불사
2002년	인권·문화 사업	• 작곡가 고(故) 윤이상 선생 명예회복 운동 추진 • 남북 결식아동 돕기 통일음악회(세종문화회관 대강당) • 1992년부터 북한 불교사진전 전국 각 도시 순회 총 23회 개최, 북한의 불교·사찰 및 명산과 중요 문화재 소개 • 1997년부터 통일서예대전, 북한 유명작가 작품전
	홍보 사업	• 출판사업으로 회지 「하나로」 매월 발행 • 매년 북한 사찰과 문화재가 담긴 달력 제작 배포

3) 겨레말큰사전남북공동편찬사업회의 활동

겨레말큰사전 편찬사업은 1989년에 문익환 목사가 평양을 방문하여 남북한 언어의 통합을 위하여 김일성 주석에게 사전편찬 사업을 제안하고 약속을 받은 데서 비롯되었다. 2004년 4월 5일 남한의 통일맞이와 북한의 민족화해협의회가 이에 관한 의향서를 체결함으로써 우리말 통일문화 사업은 본격적으로 추진되기 시작하였다.

겨레말큰사전남북공동편찬사업회(이사장: 고은)는 2005년 2월 20일 남과 북의 편찬위원들이 금강산에서 결성식을 가짐으로써 남북 공동의 큰사전을 편찬하여 모국어 공동체의 발전과 남북의 통일에 이바지할 것을 다짐하였다. 분단으로 인한 남북 간의 언어 이질화 현상을 하루아침에 해소하기는 어려운 과제이지만, 해방 후 처음으로 남북의 언어 관련 학자들의 만남이 성사되었다는 점은 상당한 역사적 의의를 지닌다. 2005년 9월에 개최된 제16차 남북장관급 회담에서도 남과 북은 겨레말큰사전 공동편찬 사업이 중요하다는 데 인식을 같이하고 이를 적극 추진하고 밀어주기로 공식적으로 합의하였다.

이를 뒷받침하기 위하여 2007년 4월 2일 국회에서는 '겨레말큰사전 남북공동 편찬사업회 법안'이 통과되었는데, 여기에는 남측위원회의 사업 내역과 조직 구성, 예산 관련 내용 등이 명시되어 있다. 이 편찬위원회는 민간 기구이지만 정부의 재원을 공식적으로 지원받는 단체가 됨으로써 사업의 계속성과 안정성을 보장받을 수 있게 되었다.[27] 이 사전 편찬사업은 민간 차원에서 남북 사이의 공동기구 형태로 네트워크가 형성되고, 당국 차원에서 이를 적극적으로 지원함으로써 이중 네트워크가 형성된 최초의 남북 협력 모델로 평가될 수 있다. 그동안의 활동 상황과 중요한 합의 내용을 소개하면 다음과 같다.[28]

〈표 4-15〉 겨레말큰사전남북공동편찬사업회의 활동

2005. 2. 19~21	결성식 및 제1차 공동편찬회의(금강산)	겨레말큰사전남북공동편찬사업회 결성식, 사전 편찬 관련 제반 문제 협의 결정, 공동보도문 발표
2005. 9. 13~16	제16차 남북장관급 회담(평양)	제5항 '남과 북은 겨레말큰사전 공동편찬사업이 중요하다는 데 인식을 같이하고 이를 적극 밀어주기로 하였다.'라는 내용 합의
2005. 11. 24~26	제4차공동편찬위원회 회의(개성)	『겨레말 큰사전』 세부 작업요강 합의
2008. 5. 12~15	제14차 공동편찬위원회 회의(북경)	올림말 재검토 방식과 제3차 시범원고와 새 어휘 교환·검토, 외래어 표기와 형태 표기 등 단일 어문규범 논의
2008. 12. 13~16	제16차 공동편찬위원회 회의(평양)	올림말 재검토 결과물 교환, 새 어휘 10차분 검토결과 협의, 집필 방향과 단일어문규범 논의
2009. 12. 19~23	제4차 집필회의(심양)	총 7098개의 원고를 검토하여 6034개 올림말 원고 완성

27) 손기웅 외, 『한반도 통일 대비 국내 NGOs의 역할 및 발전방향』, 통일연구원 협동연구총서, 2007, 118쪽.
28) 겨레말큰사전남북공동편찬사업회 홈페이지(http://www.gyeoremal.or.kr) 참조.

3. 인적 교류 활동

6·15 공동 선언 이후 한국의 통일 NGO는 남북 공동 행사의 주최 단위가 됨으로써 남북한 인적 교류의 중심 역할을 담당하였다. 그것은 북한 측이 공동 행사 추진 등 인적 교류에서 남한 당국보다는 민간단체와 협의하는 것이 정치적 부담이 적어 이를 선호하였기 때문이다. 남북의 교류·협력·접촉의 범위가 확대됨에 따라 남한의 NGO 실무자, 현장의 관계자, 전문가들의 방북이 원활하게 성사되었다. 남북 공동 행사 개최 주장은 남한의 보수단체보다는 진보적 통일운동 단체의 요구가 강하였으며, 범민련, 통일연대, 6·15공동선언실천남측위원회, 민화협 등은 남북 공동 행사 주최 단체로서 남측의 창구 역할을 담당하였다.

이러한 공식적인 대규모 남북 공동 행사 외에도 남북 간에는 직능 단체별 소규모 화합 등의 인적 교류도 늘어나게 되었다. 노동 분야는 2001년부터 노동절을 남북공동 기념행사로 개최하기로 합의하였으며, 농민 단체는 2001년부터 2박 3일에 걸쳐 500여 명 규모의 농민 통일대회라는 남북 농민 합동행사를 개최하였다. 여성 단체는 2002년 금강산 여성 통일 대회를 필두로 2005년 평양 남북 여성대표자 회의까지 성사시켰다. 2005년 남북의 언어학자들이 결성한 겨레말큰사전 남북공동편찬사업회에 이어 2006년에는 남북의 작가들이 결성한 6·15민족문학인협회 등이 어렵게 성사되었다. 이외에도 각종 종교 행사와 청년학생 통일대회 등이 서울과 평양을 오가며 공동으로 개최되기도 하였다. 이러한 남북의 인적 교류·협력은 정부의 승인하에 이루어졌으나 민간 통일운동의 활동 반경을 넓히는 계기가 되었다고 할 수 있다. 이러한 빈번한 행사 과정에서 많은 NGO 인사들의 방북이 성사되어 인적 교류가 어느 때보다 활성화되었다.

분단 이후 수십 년간 거의 중단되었던 민간 인사 방북은 2000년 남북 정상 회담을 전후하여 서서히 증가하기 시작하였다. 당시 민족화해협력위원회와 6·15공동선언실천남측위원회가 중심이 되어 추진한 남북 인적 교류는 2008년에는 최고조에 달했다. 1989년부터 2011년 말까지 남한에서 북한을 방문한 연인원은 98만 731명(관광객 제외)이며, 북에서 남을 방문한 인원은 7881명이며 합계 98만 8612명에 이른다.[29] 〈그림 4-1〉은 1993년부터 2011년까지 남북 인적 왕래 현황을 그래프로 표시한 것이다.

29) 통일부 홈페이지(http://www.unikorea.go.kr) 통계 자료 참조. 2012. 2. 18. 검색.

〈그림 4-1〉 남북 인적 왕래 현황 (금강산, 개성 관광객 제외)

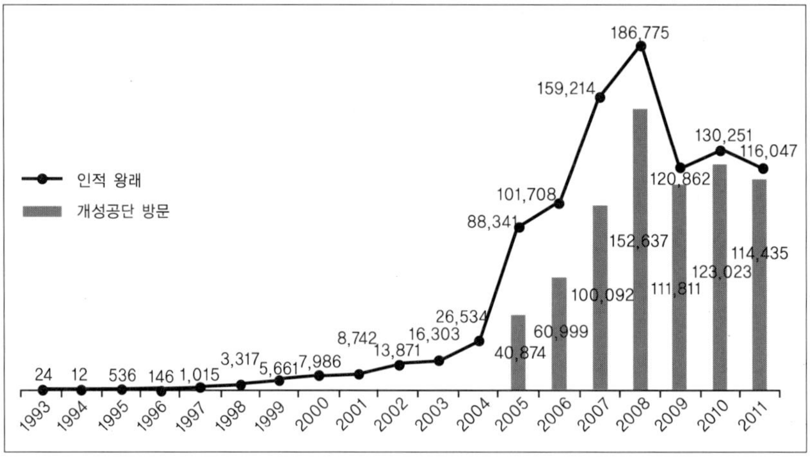

* 출처: 통일부 홈페이지, 정보 마당, 통계(http://www.unikorea.go.kr/CmsWeb/viewPage.req?idx=PG0000000238)

여기에서 이러한 인적 교류 행사를 주도한 민족화해협력범국민협의회와 6·15공동선언실천남측위원회의 활동 상황을 간략히 소개하기로 한다.

1) 민족화해협력범국민협의회

민족화해협력범국민협의회(민화협)는 1998년 9월 3일 정부 주도로 남남 갈등을 해소하기 위하여 설립된 통일 NGO의 중도적인 연대 기구이다. 민화협은 통일문제에 관한 국민적 합의를 도출하기 위하여 보수와 중도, 진보성향의 단체가 함께 참여한 '정당, 종교, 시민사회단체의 공동회의' 성격의 단체로 창설되었다.[30]

민화협은 김대중·노무현 정부 시기 북한의 민화협과 함께 민족공동 행사 등 많은 행사를 공동으로 주최하였다. 남북의 민화협은 베이징 회합을 통해 민족 공동 행사나 민족공동 협력 사업을 추진하기 위하여 인적 교류를 활발히 추진하기로 합의하였다.[31] 2000년 6·15 공동선언 이후 남측의 민화협, 북측의 민화협은 6·15 공동선언 기념 '민족 공동 행사'를 네 차례나 개최하였다. 나아가 민화협은 남, 북, 해외가 함께하는 통일기반 확대를 위한 '해외동포 협력 사업', '국제적인 지지와 연대를 위한 사업' 등을 광범하게 추진하기로 합의하였지만 아직 가시적 성과는 거두지

30) 민족화해협력범국민협의회 홈페이지(http://kcrc.or.kr/) 2012. 1. 30. 검색.

31) 정상회담 이전까지 남측 민화협을 상대하지 않고 범민련만을 대화의 창구로 고집하던 북한 민화협이 비공식적이긴 하지만 남측 민화협 측 인사와 북경에서 만나 범민련과 한총련을 포함한 통일연대와 함께 6·15 공동선언 발표 1주년 기념 '민족통일대토론회'를 개최할 것을 제안함으로써 성사되었다.

못하고 있다. 민화협은 남북의 공동 행사 기간 중 북한 관광 사업에도 적극 참여함으로써 협상과정에서 대두되었던 어려운 문제를 다소 해소하였다.

2001년 금강산에서 열린 6·15 1주년 기념 토론회에는 남한의 민화협, 7개 종단, 통일연대에서 참여하여 성공적으로 행사를 치렀으며, 토론회 종결과정에서 일본의 역사왜곡을 규탄하는 공동성명을 발표하기도 하였다.[32] 그 후 금강산, 개성 관광이 더욱 활성화되었을 뿐만 아니라 2003년 8·15 경축 평양 공동 행사, 2004년에 이은 2005년 6·15 공동선언 발표 다섯 돌 기념 통일대축전, 8·15 광복절 민족대회, 10월 3일 개천절(단군절) 공동 행사도 연례적으로 성사되어 많은 인적 교류를 가능케 하였다. 〈표 4-16〉은 그동안 민화협이 수행한 주요 사업 실적이다.[33]

〈표 4-16〉 민화협의 남북 공동 행사 추진 실적

1999~ 2000년	남북정상 회담과 공동 행사 준비	• 금강호 선상 토론회 '새로운 세기 새로운 한반도를'(2. 20~23) • 민화협 대표 남북 정상회담 참가(2000. 6. 13~15)와 보고대회(6. 22) • 2000년 10월 북 조선노동당 창건 기념행사 참관 • 6·15 남북 공동선언 실천을 위한 2000 통일맞이 대축전
2001년	남북공동행사 시작	• 6·15 남북 공동선언 실천을 위한 2001 민족공동행사(2001. 6. 13~16) -민족화해 한마당(6. 13~17) -금강산 민족통일 대토론회(금강산, 6. 14~16) 6 15남북 공동선언 실천을 위한 거레 대합창(6. 15) • 2001 민족통일 대축전(평양, 남북공동행사, 2001. 8.)
2002년	다방면의 남북 공동 행사 추진	• 새해맞이 남북 공동모임(금강산, 2. 26~28) • 6·15 민족통일 대축전(금강산, 남북공동행사, 6. 14~15) • 2002 남북청년학생 통일대회(금강산, 10. 12~14) • 2002 남북여성 통일대회(금강산, 10. 15~17)
2003년	3·1절과 8·15 공동 행사	• 평화와 통일을 위한 '3·1 민족대회'(남북공동사업, 서울, 3. 1~3. 3) • 한반도 평화와 통일을 위한 8.15민족대회(평양, 8. 14~17) • 광복 58주년 기념 '평화음악회'(한강 뚝섬, 8. 15)
2004~ 2005년	6·15 공동선언 기념 사업	• 6·15 공동선언발표 4돌 기념 '우리민족대회'(인천, 2004. 6. 14~17) • 북한 고구려 문화유적 방북 취재-MBC 공동주최(2004. 5. 28~6. 5), MBC 방영 - 6. 24 '살아오는 고구려!' • 광복60주년 기념 '고구려 대탐험 전'(대전 중앙과학관, 2005. 4. 1~6. 12) • 제4회 정당 종교 시민사회단체 공동회의-남북협력과 통일비용 효과(백범기념관, 2005. 12. 13)
2006~ 2007년	남북공동행사 계승	• 6·15민족통일 대축전 참가(광주, 2006. 6. 14~15) • '금강산 관광 살리기' 민화협 회원단체 통일기행(2007. 1. 12~14)

32) 이장희, 「해방 후 민간 통일운동과 정부의 통일정책」, 『통일경제』 9, 1988, 134쪽.
33) 민족화해협력범국민협의회 홈페이지(http://kcrc.or.kr/) 2012. 2. 20. 검색.

2) 6·15공동선언실천남측위원회

2005년 1월 31일 결성된 6·15공동선언실천남측위원회(상임대표: 김상근)는 남북 당사자의 합의에 따라 6·15 공동선언 실천을 위하여 남측에 설치된 연대협의기구이다. 6·15공동선언실천남측위원회는 127개 진보적인 통일운동 단체와 사회 직능단체들이 참여하여 설립된 연대단체이다.

6·15공동선언실천남측위원회는 6·15 공동선언 4항의 '남과 북은 경제협력을 통하여 민족경제를 균형적으로 발전시키고, 사회, 문화, 체육, 보건, 환경 등 제반 분야의 협력과 교류를 활성화하여 서로의 신뢰를 다져 나가기로 하였다.'라는 합의 정신에 따라 이를 실천하기 위해 설립된 단체이다.[34] 6·15공동선언실천남측위원회는 분야별 본부나 위원회를 두고 2005년부터 2008년까지 직능 분야별 교류 범위를 확대 발전시켰다. 그동안 남북의 학술, 방송, 언론, 체육, 종교 분야의 교류와 접촉 협력도 예상보다 순조롭게 진척되었다. 그러나 이명박 정부 등장 이후 5·24 선언에 의해 남북관계가 전면적으로 중단되고 경색됨으로써 이들의 교류 활동도 중단되어 있는 상태이다.

그러나 6·15공동선언실천남측위원회는 남북 공동 행사를 포함한 사업계획을 다음과 같이 밝히고 있다.[35]

① 6·15민족공동위원회 회의, 공동위원장단 회의 성사

5·24 조치를 넘어 실질적으로 남북 공동회의를 성사시키기 위한 노력을 기울인다. 법률적 대응과 함께 인도지원 단체, 각 사회문화교류 추진단체, 종교계 등과 공동 대응을 강화한다.

② 6·15 11주년 민족공동 행사 성사 및 남측 범국민대회 추진

대북 실무접촉을 통하여 6·15공동위원회 회의 등 민간교류와 흐름을 복원하고, 여러 부문의 교류 사업을 재개한다. 남북공동행사 추진뿐만 아니라 남측의 독자행사로 '한반도 전쟁 반대와 평화 실현을 위한 범국민대회' 등의 행사를 추진한다.

③ 통일 쌀 보내기 사업 지속

긴급 수해 지원 형식으로 쌀 지원, 그 외 영유아 관련 긴급 지원, 통일 쌀을 비롯하여 각종 인도적 지원을 재개시한다.

---

34) 2007년 10·4 선언에서는 '남과 북은 민족의 유구한 역사와 우수한 문화를 빛내기 위해 역사, 언어, 교육, 과학기술, 문화예술, 체육 등 사회문화 분야의 교류와 협력을 발전시켜 나가기로 하였다'고 하여 6·15 공동선언의 계승과 실천을 재확인하였다.

35) 6·15공동선언실천남측위원회 홈페이지(http://www.i615.net/) 2012. 1. 31. 검색.

④ **10·4 선언 기념사업 추진**

10·4 선언 발표 기념식 및 한반도 군사정세 관련 정당 시민사회 합동 토론회를 개최한다.

⑤ **'겨레의 노래'(안) 사업 지원**

한반도 평화와 민족화해를 주제로 이야기가 있는 노래공연을 기획 제작하여 6월 서울공연을 시작으로 전국 주요 도시를 돌며 공연 활동을 추진한다.

그러나 남북관계의 긴장으로 6·15공동선언실천남측위원회의 이러한 활동 계획은 실행이 중단되어 있는 상태이다. 특히 이명박 정부의 6·15 공동선언과 10·4 선언에 대한 비판적·부정적 입장으로 이 단체의 활동도 극도로 제한되고 위축되어 있는 실정이다.

4. 분야별 인적 교류 실적

2000년 남북 정상 회담 이후 김대중·노무현 정부 10년간 사회, 문화, 학술, 언론, 방송, 예술, 체육, 종교, 의료분야 등 여러 분야에서 실질적인 남북 교류·협력 활동이 순조롭게 성사되었다. 통일 NGO는 이 과정에서 인적 교류를 위해서 단체방북 주선 등 중요한 역할을 담당하였다. 당시의 단체별, 부문별 교류 실적을 소개하면 다음과 같다.

1) 문화·예술·체육 분야

2000년에 이루어진 언론사 사장단의 방북을 비롯해 남북 교향악단 서울합동연주회, 2001년의 남측 창극단의 〈춘향전〉 평양 공연, 이영희의 민족 옷 전시회와 패션쇼, 그리고 서울과 평양에서 각각 개최된 '백두에서 한라까지' 남북공동 사진전은 대표적인 남북 문화교류 행사였다. 특히 분단 후 최초로 열린 2002년 남북공동 사진 전시회, 평양에서 열린 KBS교향악단과 조선국립교향악단의 합동연주회 등이 특기할 만한 행사라고 볼 수 있다.

체육 분야에서 2000년 오랜만에 서울에서 '통일축구대회'가 열렸으며, 2000년 시드니 올림픽에는 남북 공동 선수 입장과 공동 응원이 성사되었다. 2001년에는 '금강산 국제자동차 경주대회'가 열렸다. 2002년에는 부산에서 열린 아시아경기대회에 북한 선수단과 응원단 668명이 참가했으며, '북한 태권도 시범단'이 서울을 방문해 두 차례 시범경기를 갖기도 했다. 2003년 8월에는 대구의 유니버시아드 대회에 북한 선수단과 응원단이 참가하게 되었는데 대구의 평화통일대구시민연대 등 35개 단체가 '통일유니버시아드시민연대'를 결성하여 적극적으로 지원하였다.

2) 문학·역사 분야

2006년 10월 30일 남북의 문인들은 금강산에서 6·15민족문학인협회를 결성하였다. 6·15민족문학인협회가 채택한 6·15민족문학인협회 규약 1조 5항에는 '협회는 우리 조국의 자주적 평화통일을 지지하며 전쟁을 반대하고 인류의 평화를 지향하는 세계의 문학조직 및 사회단체들과의 연대를 강화, 발전시킨다.'라는 설립 목적이 규정되어 있다.[36] NGO 성격의 남한의 문인협회에는 비정치적 탈이데올로기적 민족 문학을 지향하는 문인들이 대거 참여하였으며, 이들은 문학 활동을 통해 남북의 화해와 평화에 기여하려고 노력하였다.

이 밖에도 2004년 남북의 역사학자들은 남북역사학자협의회를 결성하였다. 이 협의회는 동북아역사재단의 고구려 역사 공동 연구 사업 등 남북의 역사학자 회합과 세미나 등을 공동 개최하였다. 이 교류 행사에는 남한에서 통일 NGO 운동이나 활동에 참여하였던 학자들이 많이 참가하였다.

3) 학술 분야

남과 북의 학술 분야의 교류가 남북이나 해외에서 분야별로 여러 차례 성사되었다. 자연과학이나 의학 분야의 학술 교류는 한국연구재단의 남북 학술 교류·협력 위원회가 학자들의 프로젝트를 선정하여 경비를 지원함으로써 비교적 원활하게 성사되었다.[37] 통일 NGO로서 6·15공동선언실천남측학술본부와 북측학술위원회는 공동 학술 행사를 추진하기 위해 6차례의 실무 접촉을 가졌으며, 그 결과 성사된 인문 사회 분야의 금강산 공동 학술회의는 특기할 만한 행사가 되었다.[38] 6·15공동선언실천남북학술위원회가 2007년 12월 7~9일 개최한 '남북관계 발전과 학자들의 역할'이란 주제의 금강산 남북공동 학술토론회는 남북의 40여 명의 학자가 참여하여 성황리에 이루어졌으며 이 회의에서 학술 교류에 관한 남북 합의문도 도출되었다.

4) 관광 분야

금강산 관광 사업을 필두로 개성, 평양 관광 사업이 한반도 평화와 통일을 촉진하는 대표적인

---

36) 손기웅·김영윤·김수암, 『한반도 통일 대비 NGOs의 역할 및 발전 방향』, 경제인문사회연구회 협동연구총서(07-10-02), 통일연구원, 2007, 119쪽.

37) 당시 한국학술진흥재단 남북 학술 교류·협력 위원장이었던 저자는 여러 건의 공동 행사를 신청 받아 심의·승인하였으며, 2007년 6·15공동선언실천남측본부의 금강산 학술 대회에도 직접 참여한 바 있다.

38) 6차례의 실무 접촉은 다음과 같다. ① 2007년 남북학술위원회 실무자회의(4. 19~20), 금강산, 금강산호텔/목란각 ② 남북학술위원회 실무자회의(7. 26~28), 금강산, 금강산호텔/목란각 ③ 남북학술위원회 대표자회의(10. 20), 평양, 양각도 호텔 ④ 남북학술위원회 실무자회의(11. 3), 개성공업지구, 봉동관 ⑤ 남북학술위원회 실무자회의(12. 8), 금강산, 금강산호텔 ⑥ 2008년 남북 실무자 회의(5. 15) 개성 공업지구, 봉동관.

평화 촉진사업으로 추진되었다. 통일 NGO들은 금강산, 평양, 개성 지역의 민간 관광사업도 주선함으로써 이 분야 사업의 활성화에 기여하였다. 통일 NGO 활동가들은 관광 사업이 한반도의 평화와 통일에 크게 기여할 것을 확신하였다. 한편 북한 당국도 관광사업이야말로 별도의 투자 없이 상당한 수입을 획득할 수 있는 사업이기 때문에 이를 적극 수용하였다.

북한 관광은 처음에는 현대 아산에 의해 주로 금강산에서 부분적으로 이루어지다가 점차 타 지역으로 확대되었다. 통일 NGO들은 '금강산 사랑운동은 세계유일의 분단국인 한반도의 화해교류와 평화의 상징이며, 민족 간의 평화구축의 지름길'이라는 인식하에 관광사업에 적극 동참하였다. 금강산관광 사업은 2002년 서해교전과 2006년 북한의 미사일 및 핵실험 등으로 중단 위기에 직면했지만, 통일 NGO들의 지속적인 활동과 노력으로 유지될 수 있었다. 그러나 2008년 남한 여성 관광객의 피살 사건은 금강산 관광이 전면 중단되는 계기가 되었다.

한편 북한 노동당 창당 60주년을 기념하는 〈아리랑〉 공연을 계기로 2005년 9월 말부터 10월 말까지 무려 7000명이 넘는 남한의 관광객이 평양을 방문하였다.[39] 이 과정에는 정부의 정책적 지원도 있었지만 통일 NGO의 적극적이고 헌신적인 역할은 결코 무시할 수 없다. 통일 NGO는 6·15 화해 정신에 따라 상호 방문과 교류 활동에 적극 참여함으로써 민족의 동질성 회복에 긍정적으로 기여하였다고 평가할 수 있을 것이다.

제4절 대북 인도적 지원 활동

NGO의 대북 지원 활동이 본격적으로 시행된 시점은 북한이 극심한 식량난을 겪던 1995년 이후라고 볼 수 있다. 북한은 1995년을 전후하여 심각한 경제 위기를 맞이하고, 이를 극복하기 위한 방책으로 '고난의 행군'이라는 슬로건을 걸고 위기를 극복하려고 노력하였다. 통일 NGO의 직접적인 대북 지원 활동의 역사는 오래지 않다.

이 절에서는 1990년대 후반부터 2000년대 후반까지 통일 NGO가 주축이 되어 실시한 대북 지원 활동을 소개하려고 한다. 북한의 경제위기와 식량난에 대한 긴급구호용으로 시작된 정부와 민간 차원의 인도주의적 지원 활동을 비교해 보고, 통일 NGO의 주요 단체별 대북 지원 실적을 소개한다.[40]

39) 손기웅 외, 앞의 책, 31쪽.

1. 정부와 민간의 대북 지원 활동

1990년대 중반 식량위기에 따른 북한 주민들의 참상이 국내외에 전해지면서 정부와 시민단체는 대북 지원 활동을 시작하게 된다. 1995년부터 시작된 대북 지원은 통일이라는 장기적인 계획보다는 당장 북한주민에게 필요한 식량, 의약품, 피복과 같은 긴급 구호적 성격이 강했다.

1) 정부와 민간의 대북 지원 실적 비교

대북 지원은 정부 차원에서 먼저 이루어지고 뒤이어 국내외 민간단체들의 인도주의적 지원이 뒤따랐다. 정부 차원의 지원은 정부의 직접 지원, 민간단체를 통한 간접 지원, 국제기구를 통한 지원으로 나눌 수 있다. 〈표 4-17〉은 정부와 민간 차원의 연도별 대북 지원액을 비교한 표이다(2011년 9월 말 기준).

〈표 4-17〉 대북 지원 규모: 총 3조 1940억 원(29억 6412만 달러) (단위: 억 원)

구 분			'95	'96	'97	'98	'99	'00	'01	'02	'03	'04	'05	'06	'07	'08	'09	'10	'11	합계
정부차원	무상지원	당국차원	1,854				339	944	684	832	811	949	1,221	2,000	1,432		0	183	–	11,249
		민간단체를 통한 지원						34	62	65	81	102	120	134	216	241	77	21	–	1,153
		국제기구를 통한 지원		24	240	154	–	–	229	243	205	262	19	139	335	197	217	–	–	2,264
		계	1,854	24	240	154	339	978	975	1,140	1,097	1,313	1,360	2,273	1,983	438	294	204	–	14,666
	식량차관		–	–	–	–	–	1,057	–	1,510	1,510	1,359	1,787	–	1,505	–		–		8,728
	계		1,854	24	240	154	339	2,035	975	2,650	2,607	2,672	3,147	2,273	3,488	438	294	204		23,394
민간차원(무상)			2	12	182	275	223	387	782	576	766	1,558	779	709	909	725	377	200	84	8,546
총액			1,856	36	422	429	562	2,422	1,757	3,226	3,373	4,230	3,926	2,982	4,397	1,163	671	404	84	31,940
*(참고) 양곡관리 특별회계			–	–	–	–	–	–	–	(6,518)	(6,644)	(1,444)	(6,726)	(1,522)	(2,252)	–	–	(45)		25,151

* 출처: 통일부 홈페이지. 당국 차원의 지원은 무상 식량지원, 비료지원, 긴급구호 지원을 포함한 액수이다.
* 1995년의 정부 지원액이 많은 것은 그 이전 여러 해의 지원을 합한 액수이기 때문이다.

〈표 4-17〉에서 보듯이 1995년부터 2011년까지 대북 인도주의적 지원 규모는 정부 차원의 지원액이 2조 3394억 원으로 민간 차원의 지원액 8546억 원의 약 3배에 이른다. 특히 김대중·노무현 정부(1998. 2~2008. 2) 시기 지원액이 대폭 증가되었으며, 2008년 이명박 정부출범 이후 대폭 감소 추세를 보이고 있다. 이는 남북관계의 긴장에 따른 이명박 정부의 대북 교류·협력 중단 선언인 5·24 조치에 따른 결과이다.

〈표 4-18〉은 1995년 북한의 식량위기 때부터 2010년까지 정부와 민간 차원의 대북 지원

40) 박덕기, 『NGO와 남북한 평화통일론』, 청문각, 2002, 105~106쪽.

품목과 지원 액수를 비교적 소상히 밝히고 있는 자료이다.

〈표 4-18〉 정부와 민간 차원의 대북 지원 내용 비교

연 도	정 부 차 원	민 간 차 원	합 계
1995	**2억 3200만 달러(1854억 원)**	**25만 달러(2억 원)**	**2억 3225만 달러 (1856억 원)**
	쌀 15만 톤: 직접 지원	담요 8000매: 국적 경유	
1996	**305만 달러(24억 원)**	**155만 달러(12억 원)**	**460만 달러 (36억 원)**
	CAB, 분유, 기상 자재: UN기구 경유	밀가루, 분유, 식용유: 국적 경유	
1997	**2667만 달러(240억 원)**	**2056만 달러(182억 원)**	**4723만 달러 (422억 원)**
	CAB, 옥수수, 분유, 보건의료 등: UN기구 경유	옥수수, 밀가루, 감자, 라면 등: 국적/남북적십자 경유	
1998	**1100만 달러(154억 원)**	**2085만 달러(275억 원)**	**3185만 달러 (429억 원)**
	옥수수 3만 톤, 밀가루 1만 톤: UN기구 경유	밀가루, 옥수수, 비료, 한우, 비닐 등: 남북적십자 경유	
1999	**2825만 달러(339억 원)**	**1863만 달러(223억 원)**	**4688만 달러 (562억 원)**
	비료 11만 5000톤: 직접지원	밀가루, 옥수수, 약품, 비료 4만 톤 등: 한적 / 독자창구(2. 10~)	
2000	**8139만 달러(978억 원)**	**3238만 달러(387억 원)**	**1억 1377만 달러 (1365억 원)**
	비료 30만 톤: 직접지원	옥수수, 감귤, 의류, 설탕, 분유 등: 한적 / 독자창구	
2001	**7522만 달러(975억 원)**	**6017만 달러(782억 원)**	**1억 3539만 달러 (1757억 원)**
	내의 150만 벌, 옥수수 10만 톤, 비료 20만 톤, 말라리아 방역: 직접지원/WFP/WHO경유	옥수수, 감귤, 의류, 설탕, 분유 등: 한적 / 독자창구	
2002	**8915만 달러(1140억 원)**	**4577만 달러(576억 원)**	**1억 3492만 달러 (1716억 원)**
	옥수수 10만 톤, 비료 30만 톤, 말라리아 방역: 직접지원/WFP/WHO경유	농기계, 의류, 의료장비, 씨감자 등: 한적 / 독자창구	
2003	**9377만 달러(1097억 원)**	**6386만 달러(766억 원)**	**1억 5763만 달러 (1863억 원)**
	말라리아 방역지원, 취약계층 지원, 비료 30만 톤, 옥수수 10만 톤: 직접지원/WFP/UNICEF경유	동내의, 아동복, 밀가루, 항생제 등: 한적/ 독자창구	
2004	**1억 1541만 달러(1313억 원)**	**1억 3250만 달러(1558억 원)**	**2억 4791만 달러 (2871억 원)**
	의약품, 긴급구호세트, 비료 30만 톤, 말라리아 방역지원, 옥수수 10만 톤: 직접지원/WFP/WHO경유	농자재, 피복, 감귤, 의료설비 등: 한적/독자창구	
2005	**1억 3588만 달러(1360억 원)**	**7666만 달러(779억 원)**	**2억 1254만 달러 (2139억 원)**
	말라리아, 조류인플루엔자 방역지원, 비료 35만 톤, 수해응급구호, 취약계층: 직접지원/WHO/UNICEF경유	밀가루, 의료설비, 농업용 비닐 등: 한적/독자창구	
2006	**2억 2740만 달러(2273억 원)**	**7088만 달러(709억 원)**	**2억 9828만 달러 (2982억 원)**
	비료 35만 톤, 수해복구 지원, 말라리아 방제약품, 영유아 지원: 직접지원/WHO/UNICEF경유	밀가루, 의류, 의료설비, 수해복구 등: 한적/독자창구	
2007	**2억 893만 달러(1983억 원)**	**9568만 달러(909억 원)**	**3억 461만 달러 (2892억 원)**
	비료 30만 톤, 성홍열, 구제역, 산림병충해 방제품, 수해복구, 말라리아 방제약품, 영유아, 식량 지원: 직접지원/WHO/WFP/UNICEF경유	의류, 의료설비, 연탄, 농자재 수해복구 등: 한적/독자창구	
2008	**3996만 달러(438억 원)**	**6460만 달러(725억 원)**	**1억 456만 달러 (1163억 원)**
	말라리아 방제품, 영유아, 의료장비 지원, 민간단체에 대한 기금지원: 직접지원/WHO/WFP/UNICEF/IVI경유	의류, 농자재, 연탄, 양묘장 자재 등: 한적/독자창구	
2009	**3704만 달러(461억 원)**	**2858만 달러(376억 원)**	**6562만 달러 (837억 원)**
	신종플루치료제, 말라리아방제품, 영유아지원, 의료인력교육, 민간단체 기금지원: 직접지원/WHO/IVI/UNICEF 경유	식량, 의약품, 생필품, 연탄 등: 한적/독자창구	
2010 1월 현재	없음	**273만 달러(31억 원)**	**273만 달러 (31억 원)**
		식량, 의약품, 생필품, 연탄 등: 독자창구	
합계	**14억 512만 달러 (1조 4629억 원)**	**7억 3565만 달러 (8292억 원)**	**21억 4077만 달러 (2조 2921억 원)**

* 출처: 통일부 홈페이지(http://www.unikorea.go.kr/) 2011. 2. 28. 검색.

* 〈표 4-17〉과 〈표 4-18〉의 정부 대북 지원 총액의 차이는 회계연도의 차이와 함께 〈표 4-18〉에서 북한의 식량 차관액 약 8728억 원이 포함되지 않았기 때문이다.

앞의 2개의 표에서 보듯이 정부와 민간단체의 대북 지원활동은 다음과 같이 대비된다.

첫째, 정부의 지원규모는 변동 폭이 크고 점차 줄어드는 경향이지만 민간단체의 지원규모는 점차 증가 추세를 보였다. 이는 민간단체가 남북관계의 긴장 등 정치적 사건에 연동되지 않고 비교적 일관된 대북 지원활동을 계속할 수 있었기 때문이다.[41)]

둘째, 정부의 지원규모는 불규칙적이고 단속적인 양상을 보이고 있는 반면, 민간단체의 경우는 지속적인 상승과 함께 변동 폭이 크지 않고 연속적인 지원 추세를 보인다. 이는 국내 민간단체의 대북 지원은 정치, 군사적 변수로부터 상대적으로 자유로울 수 있다는 점을 보여준다.[42)]

셋째, 정부의 대북 지원은 직접 지원과 국제기구(WHO, IVI, UNICEF, WFP)를 통한 간접 지원방식으로 이루어지지만 민간단체의 경우는 초기에는 국제적십자위원회나 대한적십자사를 통해 간접적으로 이루어지다가 점차 독자 창구를 통한 직접 지원이 확대되었다. 결국 민간단체는 대북관계가 악화되거나 남북한의 정치적 마찰이 있을 경우에도 지원이 계속되어 이를 완화시키는 기능을 할 수 있음을 보여주었다.

그러나 국내의 대북 지원이 남북의 긴장완화와 신뢰구축에 긍정적인 영향을 미친다고 단순 도식적으로 설명하기는 어렵다. 북한의 정치, 경제, 사회면에서의 개혁 개방 조치가 이루어지지 않는 상태에서 단순한 인도주의적 지원이 통일 인프라 구축에 기여했다고 속단할 수 없기 때문이다. 민간이나 정부의 대북 지원이 실질적인 북한의 변화에 기여할 것인지에 대한 찬반 논쟁이 아직도 이어지는 이유도 여기에 있다. 그러나 남북 간의 긴장이 해소되고 남북 교류와 대북 지원이 연계되어 지속적으로 이루어질 경우 북한의 변화가 필연적으로 수반될 것이라는 점은 명약관화하다.

2) 정부의 민간단체에 대한 지원 사업

정부는 경협 기금을 통해 대북 지원 민간단체를 지원하고 있다. 1990년 제정된 남북교류협력에 관한 법률과 남북협력기금법에 의해 정부는 남북교류협력추진협의회를 설립하여 민간단체의 대북 지원 문제를 협의하고 조정하고 있다.

유진벨재단, 한민족복지재단, 국제옥수수재단, 월드비전, 굿네이버스, 우리민족서로돕기, 남북나눔운동, 한국JTS 등 8개 단체는 대북 지원 사업자로 선정되어, 남북경협기금으로부터 2000년도 한 해 동안 54억 1000만 원을 받아 대북 지원 활동을 하였다. 이러한 정부의 민간단체에 대한

41) 정연정, 「남북관계와 한국 NGO: NGO의 활동유형과 발전방향」, WTO 협상 부산시민연대 개최 『남북한 농수산업 교류·협력의 과제와 NGO의 역할』 정책세미나 발표문(2000. 5) 참조.

42) 정치, 군사적 마찰이 있을 경우 정부의 대북한 인도주의적 지원은 명분과 정당성이 약화되고 정치적 부담으로 지원액이 줄어들 수밖에 없으나 NGO의 지원은 상대적으로 영향을 받지 않는다.

재정적인 지원은 통일 NGO의 대북 지원 사업의 활성화에 크게 기여하였다.

〈표 4-19〉는 2000년부터 2010년까지 정부의 민간단체에 대한 지원 사업과 지원액을 집계한 통계이다. 정부의 대북 지원 사업 중 개별 단체를 통한 지원 사업은 54개로 가장 많고, 특정 목적 사업에 대한 지원은 18개 사업에 지나지 않는다. 이 표는 정부의 민간단체 지원액이 점차 증가하다가 이명박 정부 출범 이후인 2009년부터 대북 지원 사업과 지원액이 현저히 줄어들고 있음을 보여주고 있다.

〈표 4-19〉 정부의 민간단체 지원 사업 (단위: 억 원)

구 분	'00	'01	'02	'03	'04	'05	'06	'07	'08	'09	'10	계
개별사업(54개 단체)	34	38	55	76	88	78	81	124	98	48	14	734
정책사업(4개 단체)	-	-	-	-	-	16	7	29	18	12	7	89
합동사업(6개 단체)	-	-	-	-	-	10	29	47	27	17	-	130
영유아지원사업(5개 단체)	-	-	-	-	-	-	-	11	78	-	-	89
농산물수송비 지원(3개 단체)	-	24	10	5	14	16	17	5	20	-	-	111
합 계	34	62	65	81	102	120	134	216	241	77	21	1,153

* 출처: 『통일백서 2011』, 통일부 홈페이지(http://www.unikorea.go.kr/) 2012. 2. 2. 검색.

〈표 4-20〉은 대한적십자사와 민간단체의 연도별 대북 지원 금액을 비교한 통계이다. 대한적십자사의 대북 지원은 점차 감소되고 있으며, 민간단체의 지원액은 점차 증가한다. 이 표에서도 이명박 정부 등장 이후인 2008년부터 대북 지원액이 감소하며, 2009년 이후는 정부의 방침에 따라 지원 규모가 급격히 감소하는 현상을 보이고 있다.

〈표 4-20〉 대한적십자사와 민간 차원 대북 지원 현황 (단위: 억 원)

구 분		'95	'96	'97	'98	'99	'00	'01	'02	'03	'04	'05	'06	'07	'08	'09	'10	'11	계
대한적십자사		2	12	182	275	157	113	286	90	70	441	46	44	40	4	0	16		1,778
민간단체	단체	-	-	-	-	10	12	19	25	29	33	44	58	66	64	59	42	28	
	금액	-	-	-	-	66	274	496	486	696	1,117	733	665	869	721	377	184	84	6,768
계		2	12	182	275	223	387	782	576	766	1,558	779	709	909	725	377	200	84	8,546

* 출처: 『통일백서 2011』, 통일부 홈페이지(http://www.unikorea.go.kr/) 2012. 2. 2. 검색.
* 통일부의 대북 지원 사업자로 지정된 민간단체는 2011년 현재 총 91개임.

〈표 4-21〉은 정부의 남북 협력 기금에서 지출되는 민간단체의 분야별 지원 사업과 내역을 밝힌 통계자료이다. 2011년 남북 협력 기금의 지원액 총 426억 7800만 원 중 무상 지원이 297억 원으로 많이 차지하고, 유상지원은 129억 7800만 원으로 적은 편이다. 현재는 남북관계의 단절로 남북 협력기금의 지출도 현저히 줄어든 실정이다.

〈표 4-21〉 남북 협력 기금 지원 내역 (2011년, 단위: 백만 원)

내 역			금 액
무상 지원	인적왕래지원	종교인평화회의(KCRP)의 방북 지원 1건	30
	사회문화 협력지원	겨레말 큰사전 편찬사업 지원 4건	2,338
		2011년 개성 만월대 안전조사 및 복구·보존 사업 지원 2건	249
	이산가족 교류지원	이산가족 교류촉진을 위한 남북협력기금 지원 8건	35
		2010년 금강산 이산가족면회소 유지관리경비 지원 1건	60
	인도적 지원 사업	대북 수해 지원 11건	3,635
		백두산 화산 남북학술토론회 지원 2건	9
		UNICEF의 북한 영유아 지원 1건	6,532
	경협기반 조성	남북 공동체 기반조성 사업 지원 67건	2,938
		남북교류협력지원협회 운영경비 및 위탁사업비 지원 19건	1,114
		개성공단 관리위원회 소요경비 지원 8건	6,120
		개성공단 투자기업 경협보험금 지급 1건	4,376
		남북교역체계 개편 지원 및 관리업무 위탁 지원 3건	589
		남북관리구역 통행체계 보강 지원 18건	284
		공동체 기반조성사업 평가 및 발전방안 연구사업 지원 3건	40
		코리아DMZ협의회 국내외 협력기반 확충 지원 4건	129
		DMZ남북청소년교류센터 스페이스 프로그램 연구 지원 1건	9
		DMZ남북청소년교류센터 운영계획 수립 연구용역 지원 1건	20
		남북청소년교류센터 건립 관련 남북협력기금 지원 2건	233
		동해선 남북출입시설 공용 야드 건설사업 2건	133
		남북교역관리업무 위탁을 위한 남북협력기금 지원 2건	494
		개성공단 소방서 건립을 위한 기금 지원 3건	333
	소계 (164건)		29,700
유상 지원	교역경협 자금대출	특별경제교류협력자금 대출 74건	7,489
	경협기반 조성	개성공단 관리위원회 소요경비 지원 4건	3,617
		개성공단 출퇴근버스 주차장 및 자동차 검사소 설치 지원 1건	1,872
	소계 (79건)		12,978
총계 (243건)			42,678

* 출처: 『통일백서 2011』, 통일부 홈페이지(http://www.unikorea.go.kr/)

2. 대북 지원 민간단체 현황

김대중 정부 출범 이후 정부의 포용정책과 그에 상응하는 대북 지원 활성화 방안이 마련되었다. 우리민족서로돕기운동과 남북민간교류협의회의 활동이 대북 지원을 본격화하는 계기가 되었으며 여타 대북 지원 단체의 활동도 활기를 띠게 되었다. 이는 김대중 정부의 대북 포용정책과 궤를 같이하였기 때문이다.[43] 우선 대북 지원 민간단체의 현황과 대북 교섭 창구부터 살펴보기로 한다.

1) 대북 지원 단체 등록 현황

통일부에 등록된 대북 인도적 지원 단체는 2012년 12월 말 현재 우리민족서로돕기운동, 조국평화통일불교협회 등 59개 단체이다.[44] 〈표 4-22〉는 59개 단체 중 홈페이지가 개설된 17개 단체를 소개한 자료이다. 이들 단체의 성격과 그동안의 활동 실적은 후술하기로 한다.

〈표 4-22〉 인도적 지원·협력 단체

법인명	주 소	전화번호
겨레의숲	서울 영등포구 여의도동 13-4 동우국제빌딩 4층	02-761-3295
국제사랑재단	서울 종로구 연지동 기독교회관 601호	02-744-7607
나눔과평화재단	인천 중구 운남동 1113-70	032-745-8190
나눔인터내셔날	서울 동작구 노량진동 19-6 한국냉장 5층	02-817-1081
남북나눔	서울 종로구 연지동 기독교회관 703호	02-745-5763
남북민간교류협의회	서울 서초구 서초대로 25길 77(방배동) 부림빌딩 3층	02-713-8441~2
남북함께살기운동	경기 안양시 동안구 부림동 1596 동양그라테아 1103호	031-381-0236
남북협력제주도민운동본부	제주 제주시 이도2동 1176-53 제주 상공회의소 2층	064-726-5030
등대복지회	서울 종로구 연지동 136-56 기독교연합회관 1205호	02-708-4701
새누리좋은사람들	서울 종로구 부암동 175-1번지	02-394-0055
생명나눔운동본부	경기 남양주시 평내동 443-13	031-511-1044
세계결핵제로운동본부	서울 종로구 연지동 136-46 기독교회관 910호	02-743-8022
어린이어깨동무	서울 마포구 서교동 481-2, 401호	02-743-7942
어린이의약품지원본부	서울 종로구 이화동 26-1, 3층	02-744-9756
우리겨레하나되기운동본부	서울 마포구 대흥동 252-1 미림빌딩 4층	02-703-6150
우리민족서로돕기운동	서울 마포구 마포동 236-1 덕성빌딩 지하 1층	02-734-7070
조국평화통일불교협회	서울 성북구 성북동 179-74	02-741-9345

2) 대북 지원 단체의 분류

대북 지원 단체는 활동 범주와 성격에 따라 여러 형태로 분류될 수 있다. 우선 국내형 대북 지원 단체는 우리민족서로돕기운동, 좋은벗들, 어린이어깨동무, 우리겨레하나되기운동본부 등이 있고, 국제적 지원 단체는 굿네이버스, 월드비전, 한국JTS, 국제기아대책기구, 한민족복지재단 등이 있다. 또한 대북 지원 종교 단체에는 원불교은혜심기운동본부, 조국평화통일불교협회, 천주교민족화해위원회 등이 있고, 월드비전이나 유진벨재단 등 기독교 계통 단체도 있다. 이들 지원

43) 김선미, 「평화·통일운동과 NGO의 역할」, 홍익문화통일협회, 2001, 23쪽.

44) 통일부는 이들 단체를 포함하여 NGO가 아닌 공공기관이나 순수 종교단체 등 86개 대북 지원 단체(2011. 6. 현재)를 지정하여 허가하였다.

단체 중에는 대한의사협회, 대한결핵협회 등 의료 전문 직능단체도 있으며, 남북협력제주도민운동본부 등 지역 기반 단체도 있다.

지원 단체는 활동 분야에 따라 의료 및 보건위생에 관한 각종 물품 및 기구를 지원하는 보건의료 지원 단체, 농업복구를 위한 종자 및 기자재 등을 지원하는 농업 관련 단체, 생필품과 식량 등을 지원하는 일반 구호 지원 단체로도 나눌 수 있다.[45] 통일 NGO의 대북 지원 활동은 정부의 역할을 대행하는 단체도 있고, 독자적 창구를 개설하여 단독 지원 활동을 하는 단체도 있다.

김대중·노무현 정부 시기의 10년간 대북 지원 사업은 어린이 등의 취약계층의 보건의료 지원 활동과 농업생산성 향상을 위한 지원 활동이 상대적으로 많았다. 〈표 4-23〉은 통일 NGO의 3대 분야별 대북 지원 사업과 지원 단체를 분류한 것이다.

〈표 4-23〉 민간단체의 분야별 지원 사업

지원 분야		지원 사업(지원 단체)
보건의료 사업	전염병 퇴치	결핵치료·간염예방(**유진벨**), 결핵예방(대한결핵협회/**우리민족서로돕기운동**)
	병원 현대화	평양안과병원 건립(**굿네이버스**/라이온스협회), 아동병원 현대화(굿네이버스/**한민족복지재단**), 어린이심장병센터 건립(**한민족복지재단**)
	기타	구충사업(한국건강관리협회/**어린이어깨동무**/한민족복지재단), 어린이영양관리지원(어린이의약품지원본부/어린이어깨동무), 제약생산시설복구지원(**우리민족서로돕기운동**/어린이어깨동무)
농업복구 사업	농기계 지원	수리공장 건설(**우리민족서로돕기운동**), 경운기·파종기 등 각종 농기계 지원(경기도/새마을운동중앙회)
	축산·양계	젖소·젖염소 목장(굿네이버스/우리민족서로돕기운동), 닭목장(굿네이버스), 산란 종계장(새마을운동중앙회), 사료 공장(**남북민간교류협의회**)
	종자개량	씨감자(농발협/월드비전), 옥수수(**국제옥수수재단**)
	기타	솔잎혹파리방제(강원도), 묘목지원(**평화의숲**/겨레의숲), 연어자원보호·증식(강원도), 채소재배 온실 지원(월드비전)
일반구호 사업	식량과 생필품	아동시설 급식지원을 위한 국수·제빵·영양식 공장 운영(남북나눔/**한국JTS**/한마음한몸운동본부/어린이어깨동무/**평불연**)

* 출처: 통일부, 『통일백서 2003』, 243쪽.
* 위 표에서 짙은 표시를 한 단체는 지원 실적이 상대적으로 많은 단체를 뜻한다.

이들 여러 대북 지원 단체 중에는 비영리성 프로젝트에 참여하여 지속적인 지원활동을 하는 단체도 있고, 경제적 협력을 수반한 인도적 지원활동을 꾸준히 하는 단체도 있다. 대북 지원품은 옥수수, 밀가루 등 긴급 구호용 식량에서부터 비료, 종자, 비닐 등 영농 자재, 의약품, 의류 등 그 종류가 다양하다. 특히 2004년 용천역 폭발 참사 돕기나 2007년의 북한의 수해돕기 때처럼 특별한 재난을 계기로 여러 단체들이 연대하여 지원한 경우도 있다.

45) 김영호, 「민간 통일운동의 변천과정과 현황연구: 통일 NGO들의 성장과정과 특징 분석을 중심으로」, 통일부 신진학자 연구논문집, 2003, 132쪽.

통일 NGO들은 대북 지원 규모의 증가와 활동범주의 확대에 따라 점차 지원 형태를 달리하면서 한 단계 성숙한 모습을 보여 주었다. 즉 단순한 인도주의적 긴급 지원을 목표로 했던 초기의 모습을 탈피하고, 남북한이 동참하는 장기적인 남북 협력 지원사업의 비중을 높이려고 노력하였다. 단체에 따라서는 열악한 북한의 개발 지원 사업에 중점을 두면서 일회성 사업에서 벗어나 지속적 개발 지원 사업으로 바꾸려는 모습도 보였다. 보건의료 분야에서는 유진벨재단, 임업 분야에서는 평화의숲, 농업부문에서는 국제옥수수재단 등이 상당 부분 성과를 거둔 단체라고 볼 수 있다. 그러나 통일 NGO가 대북지원의 효과를 거두려면 재정적인 역량과 함께 지원 방식과 효과에 관한 전문성이 뒷받침되어야 할 것이다.

3) 대북 지원 교섭 창구

대북 지원 단체 중에는 정부의 역할을 대행하는 단체도 있고, 독자적인 대북창구를 개설하여 지원 활동을 하는 단체도 있다. 대북 지원 단체 중 원활한 대북 지원 사업을 위하여 독자적 대북 교섭 창구를 개설하고 있는 단체는 〈표 4-24〉와 같다. 아래 단체는 규모면에서 대북 지원액이 많았던 단체이며, 북한 당국이 개별 교섭 창구를 허락할 정도로 인정하는 단체라고 볼 수 있다.

〈표 4-24〉 주요 대북 NGO의 교섭 창구와 지원 내용

단 체 명	성격	지원 개시	북한 측 교섭창구	독자창구 개설일	주요 대북 지원 내용
국제옥수수재단	농업	1998	농업과학원	1999. 5.	비료, 옥수수 종자, 씨감자
남북나눔운동	기독교	1997	조선그리스도교도연맹	1999. 2.	분유, 운동화, 의류, 온실 자재
어린이어깨동무	사회운동	1996	민족화해협의회	2000. 4.	두유, 구충제, 영양과자, 장난감
남북민간교류협의회	사회운동	1999	민족경제협력 연합회, 민족화해협의회	1999. 11.	의류, 원단, 스웨터, 은이온 정수기, 사료공장 건축 자재, 옥수수, 시멘트
불교종단협의회(불추위)	불교	1995	조선불교도연맹	1999. 11.	식용유, 비료, 생활용품, 의류
어린이의약품지원본부	의약계	1996	아태평화위	2000. 11.	콩기름, 기초 의약품
우리민족서로돕기운동	6대 종단	1996	아태평화위	1999. 4.	감귤, 달걀, 건초, 씨감자, 의류, 손수레, 젖염소, 학용품, 냉동차
월드비전	기독교	1994	아태평화위	1999. 3	의류, 분무기, 보일러, 자전거, 온실 기자재, 비료, 밀가루
유진벨재단-한국	기독교	1995	큰물피해대책위	1999. 2.	결핵약, 결핵백신, x-ray 기계, 검진차, 휠체어, 온실세트, 경운기, 양수기
굿네이버스	사회운동	1998	해외동포원호위	1999. 3.	사료용 콩, 비료, 농약분무기, 양말, 담요, 의류, 의약품
천주교민족화해위원회	천주교	1996	조선천주교도연맹, 아태평화위	1999. 5.	옥수수, 분무기, 의류, 설탕, 분유
평화의숲	환경운동	1999	아태평화위		소나무 종자, 묘목, 비료, 전지가위, 비닐, 분무기
한국JTS	불교	1997	나진·선봉인민위원회	1999. 3.	설탕, 분유, 밀가루, 비료, 탁아소, 유아원 물품
한민족복지재단	재미 한인의사	1995	아태평화위	2000. 10.	병원 개보수 자재, 시멘트, 앰뷸런스, 병원용 침대, 의료 기자재, 빵 제조설비

* 출처: 통일부, 『통일백서 2003』.

다음의 대북 지원 단체(표 4-25)는 지원 분야별로 각각 북측 파트너가 있고 남측의 기관이나 단체로부터 협력을 받는 주요 단체이다.

〈표 4-25〉 주요 NGO의 대북 지원 파트너 현황

단체명	협력 지원 분야	북측 파트너	남측 협력기관/단체
굿네이버스	심장병센터 건립	조선의학협회	-
	젖소 목장	민화협	-
우리민족서로돕기운동	수액제 생산 공장	정성제약연구소	국제기아대책기구
	농기계 수리공장	민화협, 농업과학원	새마을운동중앙회 전남남북교류협의회
	젖염소 시범목장		한국대학생선교회
	산란 종계장		새마을운동중앙회 농협중앙회
월드비전	채소 수경재배	민경련	-
	씨감자 생산	민경련, 농업과학원	-
어린이어깨동무	어린이학용품 생산	민경련	(주)이마이크로
	콩 우유 공장	조선의약협회, 민화협, 조선의학 과학원, 어린이영양관리연구소	-
	평양어깨동무어린이병원		서울대어린이병원

* 출처: 통일부, 『통일백서 2003』.

4) 대북협력민간단체협의회

1999년 4월 통일부의 주선으로 20여 개 단체가 참여한 '대북 지원 민간단체 모임'이 결성되고, 동년 10월에는 '대북 인도적 지원 사업 처리에 관한 규정'이 제정되었다. 이 규정에는 민간단체 대북 지원 사업에 대해 남북협력기금에서 매칭 펀드 방식으로 재정지원을 할 수 있는 법적 근거가 마련되었다. 2004년 4월 대북 지원 NGO의 협의체인 '대북협력민간단체협의회'(북민협)는 '용천 돕기 운동본부'를 결성하고 북한에 긴급 구호물품을 전달하기로 결정하였다. 이 운동본부에는 우리민족서로돕기운동을 중심으로 한민족복지재단, 경실련통일협회, 굿네이버스, 어린이어깨동무, 동북아평화연대, 월드비전, 좋은벗들, 흥사단 등 50여 개 단체가 참여하였다.[46]

46) 손기웅 외, 앞의 책, 28~30쪽.

2004년 9월 1일에는 대북협력민간단체협의회와 통일부 간의 회의체인 '대북지원민관정책협의회'(민관협)가 발족되었다. 민관협은 민간과 정부 사이에 포괄적 대북 지원 전략을 모색하는 정책협의의 틀로서 유기적인 협력관계를 유지하게 되었으며, 이로 인해 인도적 대북 지원 사업은 새로운 전기를 맞이하게 되었다.[47)]

3. 통일 NGO의 대북 지원 실적

1990년대 후반부터 북한 경제는 총체적 위기를 맞이하고 주민들의 식량난은 더욱 심각한 상태에 이르게 되었다. 2000년 4월경 세계 식량기구(WFP)는 북한의 식량배급이 하루 150그램으로 위급한 상황임을 알리고 국제사회에 북한에 대한 지원을 호소하였다. 일본 마이니치신문은 '세계 기근 구호' 단체의 북한 황해남도 시찰 보고서를 인용하면서 '북한의 기아상태가 에티오피아와 소말리아에 필적하는 참상이다.'고 전하면서 '북한 탁아소 어린이의 연간 사망률이 10%를 넘었다.'라고 보도한 바 있다. 또한 중국 연변으로 탈북자가 증가하면서 미국을 비롯한 한국의 언론이 북한의 식량난을 소개하기 시작하였으며, 그로 인해 북한 주민들의 참상은 국내외에 널리 알려지게 되었다.

이러한 시기에 김대중 정부는 민간운동단체들의 대북 지원 요구를 적극적으로 수용하여 정부의 대북 지원 정책을 추진하게 된다. 김대중 정부는 1998년 3월 18일 대북 지원 협의 및 모니터링 목적의 민간단체의 방북을 허용하고, 대북 지원 방법을 적극 모색하였다. 당시 정부는 기업과 언론사의 모금행사와 ARS를 통한 모금방송도 허용하는 '대북 지원 활성화 조치'를 발표하였다. 이에 '겨레사랑 북녘동포돕기 범국민운동' 등 민간단체 관계자들은 구호물자의 분배확인 및 대북 지원 협의를 위해 북한을 직접 방문하기도 하였다. 당시 국내의 '북한동포를 위한 국제금식의 날' 행사(1998. 4. 25.)에서는 언론사의 후원으로 ARS 모금이 성사되었다.[48)] 뒤를 이은 노무현 정부하에서도 민간단체의 대북 지원 활동은 더욱 확대되고 활성화되었다.

이처럼 민간단체의 대북 지원 활동은 1990년대 중반부터 본격화되어 10년간 지속되었으나 이명박 정부의 5·24 조치 등으로 전면 중단되었다. 2012년 말 현재 통일부에 총 291개 대북

47) 이종무, 「대북 인도지원 시스템의 발전 방안 연구」, 경남대 북한대학원 석사학위논문, 2005, 33~34쪽.
48) 통일부, 『통일백서 2002』, 213쪽.

지원 사업자가 등록되어 있지만 지원 활동은 거의 중단된 상태이다. 여기에서 김대중·노무현 정부 시기 대북 지원 활동을 활발히 전개했던 주요 대북 지원 단체의 활동을 구체적으로 소개하려고 한다. 단체의 선정 기준은 대북 지원 실적이 비교적 많고, 홈페이지에 그 실적이 잘 정리된 단체에 국한하였음을 미리 밝혀둔다.

1) 우리민족서로돕기운동

우리민족서로돕기운동(상임대표: 영담 외 4인)은 1996년 6월 21일에 창립되었다. 북한의 극심한 식량난이 외부세계에 알려지고 북한이 긴급지원을 호소하던 시기였다. 창립 당시 우리민족서로돕기운동은 한국의 천주교, 기독교, 불교계 등 6대 종단이 주도하고 주요 시민사회단체가 참여하였다.

이 협의체는 대북 인도적 지원과 교류 사업을 통해 남북 간의 반목과 대립을 깨고 한반도의 평화정착과 민족의 화해와 공존을 이루려는 목적으로 설립되었다. 이들은 '식량난으로 고통을 받고 있는 북한 동포를 위하여 한민족이 서로 도우며 공동의 번영을 위한 순수한 노력을 기울이는 것'이 설립 취지라고 밝히고, '북한 주민의 어려움을 남북 공동의 힘으로 해결해 나가야 함'을 강조하였다. 우리민족서로돕기운동은 정관에서 이 단체의 3대 활동 목표를 제시하고 있다:[49]

> 첫째, 인도적 지원 NGO로서 인도주의와 동포애를 구현하고 민족화해와 한민족 공동체 형성에 기여한다.
>
> 둘째, 평화 NGO로서 한반도에서 무력분쟁을 예방하고 항구적인 평화체제 구축을 위한 활동을 전개한다.
>
> 셋째, 남북통합 NGO로서 한반도에서 사회 경제적 불평등의 해소, 지역 공동체의 역량 강화, 민주주의와 인권의 신장, 그리고 갈등의 평화적 해결 능력을 배양하는 데 기여한다.

이 단체는 이러한 목표를 실현하기 위하여 5대 분야의 대북 지원 사업을 추진하였다.[50] 〈표 4-26〉은 이 단체의 분야별 사업 추진 실적을 소개한 것이다.

---

49) 우리민족서로돕기운동 홈페이지(http://www.ksm.or.kr/intro/about.asp) 2012. 2. 2. 검색.
50) 박덕기, 앞의 책, 115쪽.

〈표 4-26〉 우리민족서로돕기운동의 대북 지원 실적(2007~2008)

지원 분야	지원 연도	지원 실적
농업 지원	2007~2008년	• 2007년 2월, 강남군 당곡리 1차 물자지원(종자, 비닐, 비료 등 2억 5000만 원 상당) -남포 대대리 양돈장 1차 물자지원(기초공사 설비 및 자재 1억 3000만 원 상당) • 2008년 2월 20일, 평양 순안종축장 사료 120톤 지원(생명사랑하림재단) • 2월 20일, 개성시 개풍양묘장 용기, 비료 등 양묘물자 9.5톤 트럭 1대(5100만 원 상당) • 3월 20일, 개풍양묘장 관정 및 제2차 건축물자 지원(2억 6000만 원 상당) • 3월 28일, 개풍양묘장 태양광발전기, 관리동 집기, 종자 및 묘목 지원(3억 3000만 원 상당)
보건의료 지원	2007~2008년	• 2007년 11월 28일, 조선적십자종합병원 의약품 40여 종 지원(인천→ 남포) • 2008년 4월 6일, 평안남도 온천군 인민병원 물자 지원(9200만 원 상당) • 4월 12일, 남포산원 외래병동 신축 물자 지원(5100만 원 상당) • 5월 16일, 개성방문 말라리아 공동방제약품 지원(1억 3000만 원 상당) • 6월 21일, 적십자병원 이비/두경부 수술장 3차 개보수 자재 지원(인천→ 남포) (2300만 원 상당) • 8월 28일, 적십자병원 현대화사업 기금으로 보험공단에서 후원 협약(1억 7000만 원)
어린이 급식 지원	2007~2008년	• 2007년 6월 16일, 아동급식용 밀가루 25톤 지원 • 6월 19일, 함경북도 온성군 온성읍 유치원, 남양로 유치원(500만 원) • 2008년 4월 22일, 평안북도 룡천군 육아원, 신의주육아원·애육원, 염주군양생원, 동림중등학원, 삭주군 이부모학원에 급식자재 지원(800만 원 상당) • 11월 18일 함경북도 온성군 온성읍유치원, 남양구유치원에 지원(530만 원), 영유아 지원사업용 영양식 원자재 38톤 지원
IT교육 지원	2008년	• 2006년 5월부터 2008년 12월까지 총 5기에 걸쳐 진행된 교육 과정에 우수한 강사진들이 참여, 5기에 걸쳐 김일성종합대학 등 17개 대학에 187명 교육생 수료 • 2008년 9월 1일 인재양성센터 2차 교육 개강식(중국 단둥 교육센터), 2차 네트워크 전문가 과정
고려인 지원	2008년	• 2월 16일, '볼고그라드 고려인 시설영농단지 조성'을 위한 시설 무상 지원 • 5월 19일, 볼고그라드 제7회 고려인축제 준비회의, 볼고그라드 한글학교, 7개 라이언 10명 참석 • 10월 11일 축제일 확정, 테마로 김치 축제 결정 • 10월 10~17일 제7회 러시아 볼고그라드 고려인 축제 참가(한국참가자 21명)

* 출처: 우리민족서로돕기운동 홈페이지(http://www.ksm.or.kr/intro/about.asp) 2012. 2. 2. 검색.

〈표 4-26〉에서 보는 것처럼 우리민족서로돕기운동은 어린이 급식 등 초기의 긴급구호 방식의 지원에서 점차 북한의 경제적 어려움을 구조적으로 개선할 수 있는 인프라 지원 방향으로 방침을 변경하였다. 즉, 농업과 보건의료 분야의 개발복구 사업을 중점적으로 추진하게 된 것이다. 우리민

족서로돕기운동은 농업분야에서도 북한과 계약재배 방식을 단순 지원 사업에서 협력 지원 사업으로 전환을 시도하였다. 이 단체가 가장 적극적으로 추진한 지원 분야는 북한 농업 인프라 구축 등 농업 협력 사업이며, 남한의 연합체적 협력단체를 구성하여 공동으로 지원한 점이 특징이다.

나아가 이 단체는 대북 지원과 남북교류 활성화 운동을 병행하고, 국내외 지원 단체 간 네트워크 형성을 위한 각종 정책 개발과 캠페인 활동도 적극 추진하였다. 즉 남북한 도서 교류 사업과 보건의료 협력 사업 등을 추가 지원 사업으로 설정하여 범국민 캠페인을 전개하고, 국제 심포지엄을 통해 국제적인 협력방안도 모색하였다. 이 단체는 대북교류·협력 지원 사업을 활성화하기 위하여 정부의 자금지원을 촉구하면서도 대북접촉을 제한하는 법적, 제도적 장치를 해소하기 위한 운동도 동시에 전개하였다.

2) 우리겨레하나되기운동본부

2004년 2월 창립된 우리겨레하나되기운동(이사장: 최병모)은 우리 겨레의 공존과 공영, 통일을 위한 대북 지원 사업을 추진하기 위하여 설립된 시민연대 기구이다. 이 연대 기구에는 우리나라의 여러 통일운동 단체가 참여하여 대북 지원활동을 활발히 전개하였다. 당시 여러 민간단체들은 경쟁적으로 대북 지원 활동을 추진하였는데, 진보적인 성향의 통일연대, 범민련, 민주노총, 전교조 등 90여 개 단체가 이 연대 기구에 참여하였다.

우리겨레하나되기운동본부는 3대 활동 목표를 설정하고 있다. 첫째, 우리 겨레의 공존과 공영, 통일의 길을 열기 위해 남북 간의 지원 사업을 전개한다. 둘째, 민간 차원의 지원 협력과 대화를 통해 남북 간에 잔존하는 편견과 불신을 극복하고 상호 이해 기반을 확산하고 확대하고자 한다. 셋째, 국민 참여형 통일운동의 길을 모색하고자 한다.[51]

이 단체는 이러한 목표를 달성하기 위하여 산하에 남북교육협력추진위원회, 농식품 사업본부, 대학생본부, 북녘어린이 영양빵 공장[52], 북녘국수공장사업본부, 북녘어린이 콩 우유 사업본부, 북녘항생제공장 사업본부, 북녘돼지농장 사업본부, 우리겨레 푸른 숲, 평양치과 병원 사업본부 등을 두고 있다. 이 단체는 이러한 대북 지원 협력 사업뿐만 아니라 사회 문화 교류·협력 사업, 교육 사업, 기타 문화 사업도 병행하였다.

---

51) 우리겨레하나되기운동본부 홈페이지(http://www.krhana.org/) 2012. 2. 2. 검색.
52) 지방에서도 '북녘어린이 영양빵 공장 대구경북 사업본부'(본부장: 배용한, 남명선)는 2004년 11월 사업을 시작하여 2005년 1월 550여 명의 회원을 확보하고, 매달 빵 1만 개 생산 경비를 지원하였다.

이 단체는 2005년 이후 비교적 늦게 대북 사업을 전개하였지만 상당한 지원 실적을 남겼다. 〈표 4-27〉은 2005년부터 2008년까지 이들의 대북 지원 실적을 소개한 자료이다.

〈표 4-27〉 우리겨레하나되기운동본부의 사업 실적

지원 사업	일시	지원 실적
북한 어린이 영양빵 공장 지원 사업	2005. 4. 1.	• 평양 대동강 어린이 빵공장 1일 1만 개 빵 생산
평양 참관 시설 리모델링 지원 사업	2005. 6.	• 리모델링 미장재 지원 참관시설 개보수
국수 공장 건립 및 원료 지원 사업	2005. 9. 16.	• 북측 민화협과 합의, 평양 전승동 영생탑 대로변 국수공장 준공, 평양 락랑구역으로 공장 이동(매월 원료 120톤 지원)
북녘교과서 종이 지원 사업	2005. 12.	• 북한 교육 현대화 사업, 교과서 제작용 종이 지원
도로포장 재료 지원 사업	2005. 12. 5.	• 백두산 관광지구 관광도로 포장재 지원 • 평양 도로 포장 도로 사업 지원
평양 장류 공장 사업	2007. 5. 2.	• 8차 설비지원 공장 건립
항생제 공장 건립 및 원료 지원 사업	2007. 8.	• 김일성 종합대학 내 항생제 공장 건립(매월 80만 캡슐 생산)
콩 우유 기계 및 원료 지원 사업	2007. 8.	• 51개 탁아소와 유치원에 콩우유 기계설비(1대 당 500만 원, 매월 45만 원 원료 북송)
못자리용 비닐보내기 사업	수시	• 통일 쌀 및 못자리용 비닐 보내기
평양 치과 병원 지원 사업	2007. 1. 30. 2008. 10	• 의향서 제출 • 치과 병원 건립

* 출처: 우리겨레하나되기운동본부 홈페이지(http://www.krhana.org/bussiness/bussiness01.php) 2012. 2. 2. 검색.

3) 한민족복지재단

한민족복지재단은 1997년 외무부의 재단설립 허가를 받은 미국의 한인 의사들 중심의 북한 지원 재단법인체이다. 이 단체는 1998년 통일부로부터 보건의료 분야 유일의 '남북협력사업자'로 승인받았으며, 1999년 '남북 이산가족 교류주선 단체'로 공식적으로 인정을 받은 대북 지원 단체이다. 2005년 11월 유엔경제사회이사회(ECOSOC) '특별협의적 지위'로 등록되었다.

이 단체는 2000년 4월 북한보건성과 '북한 어린이 돕기 5대사업'(어린이병원 현대화, 어린이 심장병센터, 어린이급식 사업, 사랑의 의료품나누기, 사랑의 생필품 나누기)에 합의하였다. 한민족복지재단은 평양시 제1인민병원 구내에 있는 소아과 병동을 개수하여 현대화된 의료설비를 갖추는 평양 어린이병원 개조 사업을 우선 추진하였다. 이 단체는 이 사업에 의료설비와 의약품, 의료용 소모품, 건축자재 등을 지원하여, 입원실을 비롯한 치과, 안과, 영양실, 검사실, 수술실 등의 시설을

마무리하였다.[53)]

이 단체는 의료 지원 외에도 2001년 5월까지 국내의 제과업체인 고려당과 협력하여 매주 1만 2000개의 빵을 중국의 단둥에서 생산하여 북한으로 수송했다. 그리고 같은 해 11월에는 고려당에서 기계설비 일체를 제공받아 평양시 중구역 동성동에 급식 빵공장을 준공하여 매일 1만 5000개의 빵을 생산하였다. 이렇게 만들어진 빵이 '평화의 빵'으로 불리면서 당시 18개의 유치원과 17개의 탁아소를 통해 1만 5000명의 북한 어린이들에게 전달되었다.

이들의 1998년 6월부터 2010년 9월까지의 대북 지원 사업과 실적을 보면 다음과 같다.[54)]

〈표 4-28〉 한민족복지재단의 대북 지원 실적

지원 시기	지원 사업	금액
1998. 6.~1998. 12.	로뎀 제약공장 건설	69만 8920달러
1998. 6.~1999. 12.	선봉병원 현대화	31만 3212달러
2000. 1.	식량구호(떡), 의료장비, 약품	15만 8983달러
2000. 3.	로뎀 제약공장 건설	15만 8768달러
2000. 4.	의료용 소모품 외	50만 7997달러
2000. 5.	영양 대용식품(Vita Pro), 의료장비	67만 8519달러
2000. 7.	구충제, 병원용품	201만 743달러
2000. 9.	의약품, 의료용품, 의료장비	256만 2382달러
2000. 10.	제빵 생산설비	22만 6738달러
2000. 12.	창틀, 페인트, 화물차	6만 7170달러
2001. 2.	의약품, 제조설비, 쌀	194만 3907달러
2001. 3.	유리 페인트 외 개수용 건축자재	3만 달러
2001. 4.	밀가루, 설탕, 성형기계, 치과장비, 안과약품	5만 1875달러
2001. 4.	유리, 페인트, 의약품	85만 1653달러
2001. 4.	안과용 시술도구, 페인트	5553달러
2001. 5.	심장병센터 관련 장비, 마취기 외 6종	25만 3023달러
2001. 10.	의약품, 의료 용품	60만 7904달러
	합계	**1112만 7347달러**
2003. 5.	평양의학대학병원 어린이심장병센터 설립 및 시술(서울대병원과 제휴)	
2005. 12.	북한 '복토직파기를 사용한 농업협력사업' 개시	
2007. 4.	북한 협동농장 벼농사 지원(평남 약전리, 평양 순안 300만 평)	
2008. 6.	평양의학대학병원 안과, 홍문직장 외과 현대화 개시	
2010. 9.	북한 신의주 홍수 긴급구호 개시	

* 출처: 한민족복지재단 홈페이지(http://www.hankorea.or.kr/). 2003~2010년 지원사업의 지원액이 기록되지 않음.

53) 박덕기, 앞의 책, 108~110쪽.

54) 한민족복지재단 홈페이지(http://www.hankorea.or.kr/) 참조.

4) 남북민간교류협의회

남북민간교류협의회(이사장: 김승균)는 반독재 민주화운동과 평화통일 운동을 이끌어 오던 재야 정치인, 학자, 교수, 문인, 법조인 등 여러 분야의 인사들이 설립한 대북 지원 단체이다. 이들은 지식인들이 통일문제에 직접 참여하여 통일을 앞당겨야 한다는 취지에서 1989년 3월 남북문화교류협의회를 발족하고, 1993년 8월 이를 남북민간교류협의회로 개편하여 사단법인으로 등록하였다.

이 협의회는 남북한 교류에서 정부보다 민간교류가 중심축을 이루어야 원활한 남북관계가 정착된다는 입장을 꾸준히 주창하였다. 그러나 당시 정부 당국이나 일반 국민들은 남북 민간교류의 중요성을 크게 인식하지 못한 상황이어서 남북교류에는 어려움이 많았다. 김대중·노무현 정부 시기 민간 시민단체가 남북 교류·협력 활동에 참여한 것도 민중항쟁 이후 남북 민간 교류를 주창했던 이 단체의 덕택이라고 볼 수 있다. 6·15 공동선언과 10·4 선언 같은 남북 정상 간의 합의문이 발표되고, 남북간의 민간교류·협력사업, 금강산 관광사업, 개성공단 사업, 이산가족 상봉 같은 사업이 성사된 것도 이들 민간단체의 꾸준한 노력의 결과라고 볼 수 있다.[55)]

이 단체는 북한의 아태평화위원회, 민족화해협의회, 민족경제협력연합회 3개 기관과 민간교류지원합의서를 체결하는 등 독자적인 대북 협력 창구를 개설하여, 대북 교류·협력 지원 사업을 선도하였다. 이 단체는 〈표 4-29〉와 같이 2001년부터 2009년까지 다음과 같은 인도적 대북 지원 사업을 전개하였다. 이 단체의 대북 지원 사업 내용과 지원 금액이 구체적으로 명시되어 있다.

〈표 4-29〉 남북민간교류협의회 주요 지원 사업 실적 (단위: 원)

연도	사업 내용	지원 금액
2001	• 1차 대북 인도지원 사업 의류 지원 사업	29,250,000
2002	• 대북 지원 사업 인형제작용 원단 - 어린이 의약품 지원본부에 위탁 지원	39,725,000
2003	• 의류·원단스웨터 1000매 및 원단 3톤 - 한민족복지재단에 위탁 지원	7,826,459
	• 은이온제조정수기 680대 - 한민족복지재단에 위탁 지원	815,082,216
2004	• 은이온제조정수기 2400대 - 한민족복지재단에 위탁 지원	248,699,963
	• 룡천돕기 조미 김 200박스 - 적십자사에 위탁 지원	6,000,000
	• 보온찜질 물주머니 1만 개, 원단 3톤, 의류	57,737,500

55) 남북민간교류협의회 홈페이지(http://www.nambookex.com/)의 단체 소개 참조. 2012. 1. 30. 검색.

연도	사업 내용	지원 금액
2005	• 어린이 제과 원료 지원 사업 - 밀가루, 설탕 등 100만 달러 지원	1,030,000,000
	• 유기농업 지원을 위한 사료공장 공장동 건축자재 1차 지원	514,974,276
2006	• 유기농업 지원을 위한 사료공장 지원 사업	431,524,880
	• 화물트럭 지원	13,732,048
	• 평양시 강남군에 칼슘비료 72톤 지원 - 후원: (주)해성	24,527,160
	• 6·15 사료공장 항생제 대체재 지원 - 돼지농장 항생제 3톤 지원 - 후원: (주)서봉바이오베스텍	9,225,800
	• 긴급 수해복구 지원물자 지원 - 쌀 15톤	4,353,750
	• 북녘 큰물 피해복구를 위한 시멘트 지원 - 시멘트 120톤	6,000,000
2007	• 6·15사료공장 사료원료 지원 - 옥수수 120톤	172,207,510
	• 김만유 병원 지원 의료장비 지원 - CT, 수술장비, 두유 등	145,828,000
	• 건고구마줄기 지원	150,000,000
	• 수해지원물자 지원 - 1차 이불 3000장, 2차 이불 3000장, 3차 이불 1520장(단둥 → 신의주)	24,627,325
	• 가축질병 예방을 위한 항생제 대체재 60톤 지원	111,000,000
합 계		3,842,321,887
2009	• 6·15사료공장 사료원료 지원 사업 - 사료첨가제 6톤, 농산물 건조기 지원	

* 출처: 남북민간교류협의회 홈페이지(http://www.nambookex.com/) 2012. 1. 30. 검색.

5) 국제옥수수재단

국제옥수수재단(이사장: 김순권)은 북한에 옥수수를 육종하고, 경제적 종자 생산 및 재배 기술의 연구 개발을 통하여 남북한의 농업기술의 발전과 교류에 기여함을 목적으로 1998년에 설립된 단체이다. 이 단체는 '북한의 식량위기를 남북한이 서로 협조하여 해결해야 한다.'는 취지에서 단순한 식량지원이 아닌 북한 지역에 잘 적응되는 옥수수 품종을 개발하여 보급하려고 노력하였다. 이들은 한반도의 옥수수 재배지 72만 정보 가운데 북한지역이 60만 정보를 차지하고 있다는 점에 유의하고, 북한에서 옥수수 우수품종 개발 및 보급이 시급하다는 점을 착안하여 이 사업을 적극 추진하였던 것이다.[56]

국제옥수수재단은 1998년 5월 북한농업과학연구원과 '남북농업기술협력' 계약을 체결한 후,

56) 국제옥수수재단 홈페이지(http://www.icf.or.kr/) 참조.

'북한 적응형 슈퍼옥수수 공동연구' 개발사업을 추진하기 위하여 '북한 옥수수 심기 범국민운동'을 전개하였다. 이러한 결실로 1998년 수원19호 5.2톤을 북한의 84개 마을에서 시범 재배하였고, 뒤이어 수원19호 39.5톤을 북한의 1000개 마을에 파종하였다. 이 재단은 1998년 수원19호가 북한의 우량품종 화성1호보다 수확량이 평균 23% 증가하였고, 1999년에는 30% 증가하였다고 생산력 검정시험 결과를 발표하였다.

이 재단의 활동은 단순한 대북 인도주의적 지원이나 북한의 개혁개방을 전제한 조건부 지원과는 달리 옥수수라는 북한에 매우 중요한 작물을 합작 사업을 통해서 개발하고 보급했다는 점이 특이하다. 이 단체는 이 같은 사업이 북한의 경제난 극복과 더불어 향후 남북관계의 진전을 위한 교류, 협력의 역사를 만드는 계기가 될 수 있음을 강조하였다. 이 재단의 지원 활동은 비록 옥수수라는 제한된 분야에서의 교류·협력·지원이지만, 이러한 선례가 향후 남북한의 사회, 문화, 경제 교류의 토대가 될 수 있음을 보여주었다.[57]

이들의 9차에 걸친 대북 지원 활동 실적을 소개하면 〈표 4-30〉과 같다.

〈표 4-30〉 국제옥수수재단 대북 지원 사업

회수	날짜	출발지	내용/물량
1차	98. 5. 3.	인천	옥수수 종자 5.2톤
2차	5. 30.	군산	요소 400톤, 인산비료 500톤 등 비료 1000톤
3차	7. 3.	여수	요소비료 1000톤, 교배봉투 2만 장
4차	8. 10.	여수	요소비료 1000톤, 자전거 30대
5차	99. 4. 10.	여수	옥수수 종자 39.5톤, 복합비료 2000톤
6차	6. 3.	장항	용성인비 1000톤, 옥수수종자 50킬로그램, 씨감자 100킬로그램
7차	7. 5.	울산	요소비료 1200톤, 교배봉투 8만 장, 자전거 100대
8차	9. 15.	동해	곡물 수분측정기 18대, 그물 백 1만 개
9차	11. 20.	중국 단둥	자전거 1000대

* 출처: 이종무, 앞의 논문(2000. 5.), 36쪽. 국제옥수수재단 홈페이지(http://www.icf.or.kr/).

6) 어린이어깨동무

사단법인 어린이어깨동무는 통일 1세대인 남과 북의 어린이들이 열린 마음으로 대화와 만남을 연습함으로써 밝은 통일시대를 열 수 있도록 지원하고 준비하기 위한 목적으로 설립되었

57) 박덕기, 앞의 책, 112~114쪽.

다. 이 단체는 통일시대를 열어갈 남과 북의 어린이들이 문화적·정서적으로 서로 이해하고 협력할 수 있는 세대로 성장하여야 한반도의 평화와 통일을 이룩할 수 있다는 취지에서 출범하였다.

어린이어깨동무는 2006년부터 2009년까지 〈표 4-31〉과 같은 대북 지원활동을 하였다.

〈표 4-31〉 어린이어깨동무 대북 지원 사업 실적

연도	지원 사업
2006년	• 평양시 장교리 인민병원, 장교리 · 룡교리 콩우유공장 준공 • 평화열차여행 '달려라 열차야, 만나자 친구야'(도라산) • 한국피스메이커협회, 국민일보 제정 제3회 피스메이커상 수상
2007년	• 평양 어린이식료품공장 콩 우유 공장 동 준공 • 북한의료인 교육사업 관련 간담회 개최 • 평화교육 자원 활동가 연수 • 강원도, 철원군, 강원일보 제정 제3회 DMZ 평화상 대상 수상
2008년	• 유엔 경제사회이사회 협의적 지위 획득 • 평양의학대학병원 어깨동무 소아병동 준공 • 북한의료인 교육사업 1차 연수 • 제1회 중국 연길 어린이 그림전 • 마에스트로 정명훈과 함께 하는 어린이를 위한 희망음악회 • 제18회 한국여자의사회 '길 봉사상' 수상
2009년	• 남북 어린이 만남의 길을 잇는 '오작교 기부릴레이' 진행 • 어린이어깨동무의 날 '6·25를 평화의 날로'(1999년부터 총 8회 개최) • 북한 의료인 교육사업 2차 연수(중국) 진행 • '평화지킴이' 교육(2003년 이래 7기 배출) • 평화실천을 위한 청소년모임 '평화이음이' 결성 • 법인 공간 이전(마포구 서교동)

* 출처: 어린이어깨동무 홈페이지(http://www.okfriend.org/) 2012. 2. 2. 검색.

7) 굿네이버스

1991년 6월 설립된 굿네이버스는 1995년 8월 북한 신의주 어린이 급식사업(중국단둥지구 경유)을 시작으로 대북 식량 지원 사업을 추진하였다. 이후 1997년 5월 북한동포 지원을 위한 굿네이버스 대표단이 1차 방북하였고, 1998년 9~11월 대북 낙농개발사업 및 어린이 우유급식을 위한 젖소 200마리를 지원(인천항 선적)하였다. 또한 이들은 육아원 지원 사업을 2000년 12월까지 실시하고, 2001년 3월 아동병원 지원 사업을 추진한 바 있다. 굿네이버스의 대북 식량 및 비료, 의약품 지원규모는 〈표 4-32〉와 같다.[58)]

〈표 4-32〉 굿네이버스의 대북 지원 실적

연도	일자	지원 내용
1997년	3월 11일	마른 국수 20톤
	4월 18일	옥수수 40톤
	5월 17일	요소비료 100톤
	6월 17일	옥수수 300톤
	6월 25일	옥수수 300톤
	7월 20일	옥수수 120톤
	7월 31일	옥수수 240톤
	9월	밀가루 120톤
	11월	의약품 2톤(항생제, 구충제)
1998년	3월	의약품 2톤(항생제 60만 정), 농업용 비닐 5톤
	7월	옥수수 60톤

* 출처: 굿네이버스 홈페이지(http://www.goodneighbors.kr/) 참조.

제5절 북한 인권·탈북자 지원 활동

2008년 이명박 정부 출범 이후 남북관계가 급속히 경색되어 통일 NGO의 대북 교류·협력·지원 활동은 중단된 가운데 북한 인권 및 탈북자 관련 단체는 비교적 활발한 활동을 하고 있다. 이명박 정부 출범 이후 정부의 대북 강경 정책은 보수 성향의 북한 인권 단체와 탈북자 지원 단체가 대거 등장하는 계기가 되었고, 그들의 활동 영역도 과거보다 넓어지고 역할도 증가하였기 때문이다. 북한 인권 단체와 탈북자 지원 단체의 역할은 성격상 중복되는 부문도 상당히 있지만, 우선 통일 NGO의 인권 개선 활동부터 살펴보기로 한다.

58) 박덕기, 앞의 책, 116~117쪽.

1. 북한 인권 개선 활동

통일 NGO의 북한 인권 개선 활동은 다양한 방식으로 추진되고 있다. 대북 지원 단체의 북한 주민에 대한 직접적인 식량지원도 인권 활동의 일환이며, 북한 인권의 심각성을 비판하는 활동도 인권 활동의 일부이다. 일부 인권 단체는 북한 인권 개선을 위하여 국제 인권회의에 참석하여 북한의 열악한 인권 상황을 폭로하고 그 개선책을 호소하기도 하였다. 그동안 한국의 보수적 인권 운동 단체들이 북한체제의 폭정을 폭로하는 반김, 반핵 활동에 초점을 두었다면, 진보적인 통일운동 단체는 북한에 대한 식량지원, 대북 교류·협력에 의한 인권 개선에 역점을 두었다. 그러나 이들 인권 단체들이 북한 주민의 실질적인 인권 개선에 어느 정도 기여하였는지는 아직 평가하기는 이르다.

먼저 우리나라에서 북한 인권 개선을 위하여 활동하는 단체의 현황부터 알아볼 필요가 있다. 2012년 12월 현재 통일부에 등록된 인권 관련 단체는 〈표 4-33〉과 같다.

〈표 4-33〉 북한 인권 관련 단체

법인명	주 소	전화번호
남북언론연구회	서울 마포구 망원동 384-20 배영빌딩 3층	02-870-2012
북한개혁연구원	서울 중구 신당동 290-96 청산빌딩 503호	02-2242-6512
북한민주화네트워크	서울 종로구 필운동 214 필운빌딩 신관 4층	02-723-6711
북한민주화운동본부	서울 서초구 서초동 1603-13 대덕빌딩 503호	02-3486-8086
북한민주화위원회	서울 서대문구 충정로 2가 7-2 공화빌딩 7층	02-543-7152
북한인권시민연합	서울 서대문구 미근동 186 계명빌딩 3층	02-723-1672
북한인권정보센터	서울 종로구 내자동 30 삼호빌딩 3층	02-723-6045
북한전략센터	서울 종로구 신문로 1가 238 신문로빌딩 2층	02-720-8035
성공적인통일을만들어가는사람들	서울 양천구 목동 405-216 미정빌딩 3층	02-6497-5035
열린북한	서울 마포구 서교동 466-3 3층	02-889-7470
일천만이산가족위원회	서울 종로구 구기동 139 통일회관 324호	02-391-8887
자유북한운동연합	서울 송파구 거여동 293-1 세신훼미리타운 301호	02-508-3563
좋은벗들	서울 서초구 서초 3동 1585-16 정토회관	02-407-9620
탈북자동지회	서울 송파구 가락동 19-4 2층	02-587-8996
행복한통일로	서울 종로구 사직동 237-1 한라빌딩 302호	02-737-3397

최근에는 국제적 공조 체제를 구축하여 북한 인권을 폭로하거나 비판하는 인권 NGO가 늘어나고 있다. 북한 인권 관련 단체 중 그동안의 활동 실적이 비교적 많은 단체를 소개하면 다음과 같다.

1) 북한인권시민연합

1996년 5월 4일 창립된 북한인권시민연합(이사장: 윤현)은 인권운동가, 지식인, 탈북자가 중심이 되어 발족한 비영리, 비정부, 비종교 인권단체이다. 북한인권시민연합은 국제적 연대를 통해 북한 인권 개선 활동을 전개하여 상당한 전문성을 축적하고 있다. 비록 이 단체의 적극적인 인권비판 활동이 김대중 정부의 대북정책과 상치되기도 하였지만 상당한 전문성과 활동성을 겸비하여 정부 당국이나 사회여론에 영향력을 미쳤다.

이 단체는 인도주의 정신에 입각하여 북한 주민의 열악한 인권상황을 개선하기 위한 노력뿐만 아니라 고통 받는 탈북난민들을 돕기 위한 활동도 동시에 전개하고 있다. 특히 유엔 등 세계 각국의 인권단체, 인권운동가들과 함께 북한 인권 개선 국제 캠페인을 활발히 벌이고 있다. 또한 젊은 세대가 중심이 되어 국내에 입국한 북한 이탈주민들의 정착을 지원하는 활동도 펼치고 있다.

북한인권시민연합은 창립 이래 중국, 러시아, 동남아시아 등을 떠도는 재외 탈북 난민들을 위한 구호활동도 전개하였다. 이들은 중국공안의 단속이나 북한에로의 강제 송환을 피해 숨어 있는 재외 탈북난민들에게 생활비와 물품을 지원하고, 임시로 숨어 지낼 은신처를 소개해주고 있다. 이 뿐만 아니라 이 단체는 1999년부터 매년 한국, 일본, 체코, 폴란드, 노르웨이, 영국 등 세계 각국에서 '북한 인권·난민문제 국제회의'를 개최하는 등 많은 활동을 전개하고 있다.

또한 2001년부터 계절형 대안학교인 '한겨레 계절학교'를 열어 매년 1월과 8월 방학기간을 맞아 탈북 청소년 교육을 실시하고 있다. 현재까지 300여 명의 탈북청소년들이 수료한 이 프로그램은 탈북청소년들과 학부모들에게 집중적으로 학업을 보충하고, 공부하는 기회를 제공하고 있다. 또한 북한인권시민연합은 국내 탈북 청소년을 돕기 위한 가정 방문 학습지도, 탈북 대학생 리더십 교육, 자원봉사자 교육 등 다양한 교육 프로그램을 운용하고 있다.[59] 〈표 4-34〉는 북한인권시민연합의 그간의 활동 내역을 구체적으로 소개한 자료이다.

59) 북한인권시민연합 홈페이지(http://kor.nkhumanrights.or.kr/main.htm) 2012. 2. 4. 검색.

〈표 4-34〉 북한인권시민연합의 활동 내역(2009~2010)

연도	월	활동 실적
2009년	1월	• 제50차 유엔아동권익위원회 로비활동 참가 • 북한아동실태보고서 『왕이라 불리는 아이들』 국·영문 발간 • 하나원 방문 프로그램 재개
	3월	• 제9회 북한 인권, 난민문제 국제회의 개최(호주, 8개 국, 300여 명 참석)
	4월	• 대한변호사협회와 공동으로 유엔인권이사회의 보편적 정례검토(UPR) 제출하기 위한 북한 인권실태 NGO 대체보고서 작성
	7월	• 개성공단 억류 근로자 유성진 씨 석방을 위한 서명캠페인 전개(2647명 서명)
	9월	• 유엔인권이사회 보편적 정례검토(UPR) 관련 로비활동을 위한 주제별 보고서(정치범수용소, 고문, 여성, 아동) 발행(영문)
	10월	• 스위스 제네바 주재 각국 유엔 대표부에 대한 로비 및 브리핑 • 주한 영국대사관, 주한 외교관 대상 북한 인권실태 브리핑
	11월	• 한·미·일 정부에 서한 발송(북한의 인권에 대한 강력한 다자간, 양자 간 외교, 식량원조, 난민문제에 대한 의견 제시)
	12월	• 유엔인권이사회(UNHRC) 북한 대상 정례검토(UPR) 심의 관련 로비활동 및 미국 북한 인권특사 로버트 킹과의 간담회 • 유엔 여성 특별 보고관과의 아시아태평양 지역 협의회 참석
2010년	1월	• 제18회 탈북청소년을 위한 한겨레 계절학교 개최 • 탈북 아동·여성을 돕기 위한 생명·인권·나눔·희망의 신년자선음악회
	4월	• 제10회 북한 인권·난민문제 국제회의 사전준비를 위한 캐나다 방문
	5월	• 유엔인권최고대표사무소(OHCHR) 북한담당관 Laurent Meillant과의 NGO 간담회
	6월	• 노원 폴 앙상블과 양해각서 체결 북한 인권상황 공동서한 발송 • 제6회 탈북대학생 리더십캠프 • 제12회 탈북동포돕기 자원봉사자 수련회
	7월	• 제1회 고교생 북한 인권 영어에세이 콘테스트
	8월	• 제19회 탈북청소년을 위한 한겨레 계절학교 – 역사·향토문화 탐방 • 제4회 탈북청소년 지원기금 마련을 위한 뷰티플 드림콘서트 개최 • 제10회 북한 인권·난민문제 국제회의
	11월	• 마르주키 다루스만 신임 유엔 북한 인권 특별보고관과의 간담회 참석 • 공동학술토론회 개최 '북한 인권의 현황과 국제캠페인 전략'

* 출처: 북한인권시민연합 홈페이지(http://kor.nkhumanrights.or.kr/main.htm) 2012. 02. 04. 검색.

2) 북한민주화네트워크

북한민주화네트워크(이사장: 유세희)는 1999년 12월 10일 과거 주사파 학생운동권 출신들의 주도로 북한 민주화와 인권개선을 위하여 창설된 단체이다. 그들의 정관(제3조)에는 '인간에 대한 사랑과 보편적 가치를 바탕으로 북한 민중의 인권을 실현하고, 북한의 민주주의를 이룩함으로써 궁극적으로 한반도의 통일과 인류 발전에 기여함'을 설립 목적으로 밝히고 있다. 이 단체는 북한 사정에 비교적 정통하며 북한사회의 민주화를 위하여 김정일 독재정권 타도를 주창하기도 하였다.

북한민주화네트워크는 북한 당국의 납치, 정치범 수용소, 기아 문제, 공개 처형, 탈북자 문제 등을 북한 인권의 핵심 과제로 제시하고 그 해결책을 촉구하고 있다. 그들은 북한 인권 관련 기자 회견, 시민 홍보 캠페인, 국내외 언론과의 인터뷰 등의 선전·홍보 활동을 적극 추진하였다. 이들은 현재의 북한 인권 문제는 독립된 문제가 아니라 핵무기의 개발, 고립체제 유지 등과 인과관계를 가진 문제로 파악하고 있다. 핵개발은 북한의 체제 유지 수단이고, 이러한 독특한 체제 유지를 위해서 북한 내부에서 인권 탄압이 더욱 가중된다고 비판하고 있다.[60]

그들은 북한 인권 문제에 대한 적극적인 대처방식으로 북한의 개혁·개방과 핵개발의 포기를 요구하며, 북한 인권 실상을 수시로 폭로하고 인권 개선을 위한 방법을 강구하고 있다. 이를 달성하기 위하여 북한민주화네트워크는 다음과 같은 사업을 추진하고 있다.[61]

① 북한 민주화 관련 각 분야 네트워크 구축사업
② 민주주의, 인권, 평화, 통일에 관한 시민교육
③ 북한 사회 및 통일에 대한 연구사업
④ 북한 동포, 탈북 난민 지원 사업
⑤ 북한 관련 정보 서비스 사업
⑥ 국가의 통일정책 반영을 위한 홍보 및 여론화 사업
⑦ 국제 연대 사업
⑧ 기타 북한의 민주주의와 인권 실현을 위한 제반 사업

이 단체는 김대중 정부의 대북포용정책과 진보적 통일 운동 진영의 곱지 않은 시선 때문에 활동에 상당한 애로점도 있었다. 그러나 이 단체는 북한 인권 문제의 상당한 전문성을 확보하여 정부정책이나 사회여론 형성에 영향을 미치고 있다.[62] 이 단체의 1999년부터 2009년까지의 북한 인권 관련 주요 활동 실적은 〈표 4-35〉와 같다.

60) 이우영, 앞의 논문, 52쪽.
61) 북한민주화네트워크 홈페이지(http://www.nknet.org/index.html) 2011. 10. 3. 검색.
62) 김영호, 앞의 논문, 133쪽.

〈표 4-35〉 북한민주화네트워크의 활동 실적

연도	월 일	활동 실적
1999년	10월 19일	• (가칭) 북한의 인권실현과 민주주의를 위한 네트워크 결성 결의(대전 유성 청소년수련관)
	12월 1~3일	• 제1회 북한 인권 및 난민문제 국제회의 참석 • 정치범수용소와 탈북 난민 문제에 대한 토론회 개최 '서울선언' 채택
	12월 10일	• 세종문화회관 대회의실에서 창립총회 개최
2004년	12월 9일	• 북한민주화네트워크 창립 5주년 및 「The Daily NK」 창간 후원회 설립
	12월 27일	• 통일부 '탈북자 수용정책 개선안'에 대한 북한 인권단체 간담회 개최(국회의원회관 120호 회의실)
2005년	8월 11일	• 광복60주년 북한인권개선 촉구대회 개최: 북한 인권 운동가, 탈북자, 뉴라이트, 대학생 회원과 일반시민 500여 명 참석(백범기념관)
2006년	1월 16일	• 북한민주화네트워크, 미국 북한인권위원회: 『기아와 인권: 북한 기아의 정치학』(도서출판, 시대정신) 발간, 한국어판 출간 기념 공동저자 마커스 놀랜드 박사 기자간담회 개최
	4월 22~30일	• '북한자유주간' 참석(미국 워싱턴 D. C.)
	8월 10일	• 8·15 북한 인권대회 개최: 탈북자, 납북자, 뉴라이트, 대학생단체 회원과 일반시민 300여 명 참석(백범기념관)
2007년	5월 21~22일	• 미국 프리덤하우스와 북한 인권국제포럼: '6자 회담과 북한 인권 '이라는 주제의 국제회의 개최
2008년	7월 15일	• 금강산 피격사건에 관한 진상규명을 촉구하는 시민사회단체 공동 기자회견 개최
	9월 22~26일	• 유엔인권선언 60주년 기념 2008 북한 인권 국민캠페인: '탈북고아에게 사랑을' 국제행사 개최
	10~11월	• 대학생 북한전문가 아카데미 총 5회 진행
2009년	4월 17일	• 개성공단 한국인 인권 유린, 북한 규탄 공동 기자회견 진행
	9월 24~25일	• 2009 북한 인권국제회의 개최: 주제는 '북한 인권 운동의 국제연대와 협력방안'
	12월 10일	• 세계인권선언기념 대한민국 인권상 수상

* 출처: 북한민주화네트워크 홈페이지(http://www.nknet.org/index.html) 2011. 11. 3. 검색.

3) 북한민주화위원회

북한민주화위원회(위원장: 홍순경)는 2000년 1월에 창립한 북한민주화동맹(위원장: 황장엽)을 확대 개편하여 2007년 4월 10일 창립대회를 통해 재출범하였다.

이 단체는 ① 국내의 친북 좌파 세력 척결 ② 북한 정치범 수용소 해체 ③ 김정일 일당의 사병인 북한 군대의 축소 변화 ④ 탈북자의 성공적인 국내 정착과 재중 탈북자의 구출 ⑤ 북한의 자유민주주의 정권 수립을 목적으로 인권 활동을 전개하고 있다. 이 단체는 궁극적으로 북한에 자유민주주의 체제를 수립하여 남북한의 자유·민주·평화적 통일을 이루는 것을 기본 사명으로 하고 있다. 2000년 이후 2011년까지 이 단체의 주요 활동 상황을 소개하면 〈표 4-36〉과 같다.

〈표 4-36〉 북한민주화위원회의 인권 활동

연도	월 일	활동 실적
2000년	1월	• 북한민주화동맹 창립(위원장: 황장엽)
2005년	4월 21일	• 황장엽 위원장 강연 '북한 핵의 실상과 한반도의 미래'
2006년	11월 6일 11월 20일 12월	• 황장엽 위원장 국회 강연 – '북한 핵문제 어떻게 봐야 하나' • '북한민주화동맹'을 '북한민주화위원회'로 명칭 변경 결의 • 북한민주화위원회 창립준비위원회 결성
2007년	4월 10일 12월 6일	• 북한민주화위원회 창립대회(황장엽 위원장 취임) • 대북 지원 쌀 분배 결과 발표
2008년	7월 5일 9월 6일	• 북한 인권시민대회 진행(청계천 광장) • 탈북자 1000명 초청 대회 진행
2009년	9월 18일 11월 12일	• 북한 인권 사진전시회(종로 탑골공원) • 북한 서해 NLL 침범규탄 기자회견
2010년	4월 12일 10월 7일 12월 9일	• 북한민주화위원회 통일부 산하 사단법인으로 등록 • 북한의 3대 세습을 반대하는 탈북단체들의 연합성명 발표 • 2만 탈북자 총궐기대회
2011년	1월 25일 2월 16일	• 북한민주화 위원회 개소식 • 탈북단체 연합 대북 전단 날리기 행사

* 출처: 북한민주화위원회 홈페이지(http://www.cdnk.co.kr/)에 소개한 실적을 요약 정리한 것임(2012. 1. 30. 검색).

2. 북한 이탈주민 정착 지원 활동

2012년 12월 말 현재 북한 이탈주민[63]은 2만 4614명이며, 김정은 정권 등장 이후 북한 당국의 단속 강화로 탈북 행렬은 다소 줄어들고 있다. 북한 이탈주민들은 남한 사회에 정착을 위해 노력하고 있으나 아직도 취업 등 적응상 많은 어려움을 겪고 있다. 남한의 대부분의 이탈주민 지원 단체는 탈북자 정착 지원을 위한 취업 알선과 시민 교육, 친목 도모 등 다양한 활동을 전개하고 있다. 2012년 말 현재 통일부에 등록된 38개 단체 중 홈페이지가 개설된 18개 이탈주민 정착 지원 단체는 〈표 4-37〉과 같다.

63) 탈북자라는 용어 외에 북한 이탈주민, 이주민, 새터민 등 다양한 용어도 사용되고 있으나 이주민과 이탈주민은 법률적인 용어이며 일반적으로 탈북자란 용어를 많이 사용한다.

〈표 4-37〉 북한 이탈주민 정착 지원 단체

법인명	주 소	전화번호
남북문화통합교육원	서울 양천구 신월7동 981-1, 2층	02-2677-8270
두리하나	서울 서초구 방배동 818-3, 2층	02-1577-9121
부산YWCA새터민지원센터	부산 동구 초량3동 1158-7	051-441-2240
사랑담는사람들	서울 강남구 청담동 38-15	02-514-4340
새문화복지연합회	서울 강서구 화곡동 73-51 한길에이스빌딩 1층	070-4230-1888
새터민회	대전 동구 대동 146-1 대동클리닉 601호	042-286-8122
숭의동지회	서울 중구 남대문로 4가 17-11 흥국생명빌딩	02-756-3839
여명	서울 중구 남산동 2가 49-25	02-830-3514
영통포럼	서울 영등포구 영등포동 585-26 남신빌딩 3층	02-713-0084
좋은씨앗(하늘꿈학교)	서울 송파구 가락 2동 196-16	02-407-9620
탈북여성지원지에프에스 우물가	서울 중구 정동 3	070-8848-4234
탈북자동지회	서울 송파구 가락동 19-4, 2층	02-3402-1616
평화통일탈북인연합회	서울 용산구 원효로 3가 1-33 희망빌딩 401호	02-701-8824
통일을준비하는탈북자협회	서울 양천구 신정 7동 목동2차우성아파트상가 B동 4층	02-2067-8242
한꿈	경기 의정부시 장암동 5 장암주공영구임대아파트종합상가 지층 1호	031-874-2156
한민족문화복지진흥원	서울 구로구 구로동 685-201 천일빌딩 5층 1호	070-8616-1562
한반도평화연구원	서울 중구 남산동 2가 19-8 청어람빌딩 1층	070-8611-7109
함께일하는사람들	서울 성북구 삼선동 4가 336 논현빌딩 501호	02-716-5055

* 출처: 통일부 홈페이지(http://www.unikorea.go.kr/) 허가법인 현황, 2012. 2. 20. 검색.
* 관리부서: 통일부 규제법무담당관(전화번호 02-2100-5714)

북한 이탈주민 지원 단체 중 비교적 활동이 많은 단체를 소개하면 다음과 같다.

1) NK지식인연대

2008년 6월 27일 설립된 NK지식인연대(North Korea Intellectuals Solidarity, 대표자: 김흥광)는 대한민국에 정착한 탈북 지식인들을 중심으로 결성된 탈북자 지원 단체이다. 이 단체는 1000여 명의 탈북 지식인들의 연대와 협력을 통해 북한 및 통일문제 연구 및 정책 개선에 기여하고, 남북한 교류협력과 통일, 통일한국의 미래에 실질적으로 기여할 수 있는 싱크탱크의 역할을 자처하면서 창설되었다.

이 단체는 통일과업의 실천을 위한 자립적 탈북자 사회의 견인차 역할을 다짐하면서 여러가지 활동을 준비하고 있다.[64] 이 단체는 탈북자의 정착 지원 사업뿐만 아니라 북한 인권 문제에도 비상한 관심을 가지고 있다. 주요 사업은 ① 북한 및 통일 관련 학술 연구 활동 ② 북한의 미래발전과 개발을 위한 비전 연구 ③ 북한 정보수집 및 분석 ④ 남북 교류협력 및 대북 지원 사업 자문활동

64) NK지식인연대 홈페이지(www.nkis.kr) 2012. 1. 12. 검색.

⑤ 북한실상 강의 및 안보강연 ⑥ 탈북지식인 능력 배양과 후진양성 등이다.

이 단체는 자체의 연대를 강화하기 위한 워크숍, 학술 토론회, 북한 화가 강명화 초대전 등의 사업을 전개하고, 『북녘 마을』이라는 기관지를 발행하고 있다. 이들은 탈북자 정착 지원을 위하여 탈북자 대상 교육, 탈북자 도서 전시회를 개최하고, 서울 정착 프로그램인 삼흥 탈북청소년 대안학교를 설립 운영하고 있다. 또한 이 단체는 북한 인권 개선을 촉구하기 위하여 북한 인권법 통과 촉구, 통영의 딸 구하기, 탈북자 증언, 인권 교실, 인권강의도 계속하고 있으며 북한 실상 인터넷 방송 'REAL NK'를 방영하고 있다. 이밖에도 내부 활동으로 북한 인권 항의 서한 전달, 단합대회, 이사회, 송년 산악회 활동도 병행하고 있다. 이 단체의 주요 사업 실적은 〈표 4-38〉과 같다.

〈표 4-38〉 NK지식인연대 주요 사업 실적

연도	월 일	활동 실적
2005년	9월 21일	• NK지식인 포럼 발기인 모임 개최
2006년	8월 10~11일	• KISTI와 학술세미나 '북한 과학기술 실태' 개최
	10월 28~29일	• 한국과학기술정책연구원과 합숙세미나 '최근 북한 과학기술 연구동향' 개최
2007년	11월 30~31일	• 제1회 탈북 지식인 학술연구 발표회 '북한의 사회과학, 기술과학의 현재와 미래'
2008년	4월 29일	• NK지식인연대 창립준비위원회 결성
	6월 27일	• NK지식인연대 창립총회
	9월 20일	• 통일부 사단법인으로 등록
	10월 24일	• NK지식인연대 창립 선포식 및 학술 심포지엄 '북한의 3대 권력세습과 급변사태와 전망' 개최
	10월	• 계간지 『북한사회』 발간
2009년	3월 10일~11월 30일	• 탈북자 '인권교실' 운영
	4월 1일~11월 30일	• 탈북자 '법률교실' 운영
	11월 13일	• NK지식인연대 창립 1주년 기념 학술세미나 '도래한 탈북자 2만 명 시대, 지식인들의 사명과 역할' 개최
	12월 30일	• 계간지 『북한사회』를 『북녘마을』로 고쳐 통권 제5호 발행
2010년	1월 25일	• 통일부 비영리민간단체 등록허가
	4월 28일	• 탈북자 일자리 창출 사회적 기업 '류경옥' 오픈
	10월 7일	• 'REAL NK' 인터넷 방송 개설
	11월 20일	• 탈북청소년 대안학교 '삼흥학교' 설립
	6~12월	• '2010 북한이탈주민 선진화시민교실' 진행
	4~12월	• 북한이탈주민 취업활성화 온라인커뮤니케이션 사업 진행
	6~11월	• 상·하반기 북한 내부동향 평가보고서 작성 제출
	1~12월	• 북한주민 의식화를 위한 스텔스 USB프로그램 제작 및 북한내부 투입

* 출처: NK지식인연대 홈페이지(www.nkis.kr) 2012. 1. 12. 검색, 탈북자 정착 지원 활동을 중심으로 재정리한 내용임.

2) 탈북자동지회

1999년 2월 26일 창립된 탈북자동지회(Association of the North Korean Defectors)(회장: 최주활)

는 북한 공산 독재체제를 반대하여 탈출한 탈북 이주민들이 창설한 탈북자 지원 단체이다. 이 단체는 창설 당시 전 북한 노동당 비서 황장엽을 명예회장으로, 전 북한 노동당 간부 김덕홍을 초대 회장으로 추대하여 탈북자들의 성공적인 정착과 해외 탈북자들을 돕기 위한 활동을 전개하고 있다.[65)]

이 단체는 조국의 통일을 위한 투쟁, 북한 동포 구출 활동, 통일 국가 건설을 위한 헌신, 한·미·일 공조체제에 적극 기여하기 위한 활동 목표를 설정하고 있다. 이 단체의 주된 사업 분야는 북한민주화, 탈북자의 권익보호와 정착지원 등이며, 출판물 월간 회보 「망향」, 「민족통일」, 「탈북자들」을 발간하고 있다. 이 단체는 독지가의 기부·후원으로 운영되며, 기획재정부 지정기부금 단체로도 등록되어 있다. 이 단체의 주요 사업 실적을 소개하면 〈표 4-39〉와 같다.

〈표 4-39〉 탈북자동지회 주요사업 실적

연도	월 일	활동 실적
1999년	2월 26일	• 탈북자동지회 창립대회: 김덕홍 제1대 회장 취임
2000년	2월	• 회보 「민족통일」로 개편 발간
2001년	10월 20일	• 탈북자동지회 홍순경 제2대 회장 취임
2002년	12월	• 회보 「탈북자들」로 개편 발간
2003년	9월 24일	• 탈북자북송 반대 항의집회(중국대사관)
2004년	5월 7일	• 북한 용천 구호 성금 모금 및 구호물품 적십자사에 기증
2005년	11월 10일	• UN인권특파원의 북한 인권 문제에 관한 공식면담 • 유엔 북한 인권 결의안 찬성촉구 촛불집회(광화문)
	11월 25일	• 가양 7복지관 '탈북청소년교육과정' 공식 후원
2006년	10월 14일	• KBS '남한생활실태'에 관한 전화 설문조사 300명 실시
2007년	1월 13일	• 탈북자영어교실 1기 수료, 오두산통일전망대 견학
	1월 25일	• '따뜻한 겨울나기 담요 나눔' 행사 진행
	2월 26일	• '고(故) 이한영 씨 서거 10주기 추모기도회' 피랍탈북인권연대 협력 진행
	7월 7일	• 제1회 '태국 탈북난민 돕기 바자회' AIMS 협력 진행
2008년	4월 23일	• 충남 태안 자원봉사활동: 평양민속예술단, 할렐루야평화통일예술단, 북한민주화운동본부, 자유북한방송, 북한민주화위원회 협력 진행
2009년	4월 25일	• 정착지원 교육프로그램 '하나교실' 1기 시작
	11월 5일	• 탈북자 10쌍 합동결혼식 민주평통 송파구협의회 협력 진행
2010년	11월 26일	• 고(故) 황장엽 명예회장 49재
	1월 8일	• 통일인재 양성 및 민주시민강좌 '하나교실' 15회 진행
2011년	4월 2일	• '북한 실상 수기 공모전' 개최, 통일부 후원
	7월 23일	• '나비스피치 서울말 교실1기' 개설, 나비스피치 협력 진행

* 출처: 탈북자동지회 홈페이지(http://nkd.or.kr/) 2012. 3. 5. 검색하여 재정리.

65) 탈북자동지회 홈페이지(http://nkd.or.kr/) 2012. 3. 5. 검색.

3) 기타 탈북자 지원 단체의 활동

탈북자 지원 사업에는 국내의 일반 통일 관련 NGO들도 적극 참여하고 있다. 이들 단체를 소개하면 다음과 같다.

(1) 민족통일중앙협의회

국내에서 역사가 오랜 통일 NGO인 민족통일중앙협의회도 북한 이탈주민 지원 사업을 실행하고 있다. 이 단체는 통일 준비 사업으로써 한민족의 연대감 형성과 서로의 문화에 대한 올바른 이해와 수용의 기회를 마련하고, 한민족으로서의 자긍심을 회복하고 통일을 대비한 적극적인 자세를 갖추기 위한 탈북자 관련 두 가지 사업을 추진하고 있다.

하나는 북한 이탈주민 정착 지원 사업인데 북한 이탈주민을 이 사회의 진정한 일원으로 정착하는데 도움을 주기 위한 사업이다. 특히 북한 이탈주민이 남한 사회 적응에 가장 어려움을 느끼는 사회적·문화적 욕구와 외로움을 해소하는 계기를 마련하고자 '찾아가는 통일문화 원정대' 등의 사업을 전개하고 있다.

다른 하나는 남북청소년 교류 사업으로서 북한이탈 청소년들에게 남한 생활에서 적응상의 어려움을 해소하고 문화에 대한 이질감을 극복하여 남한사회에 순조롭게 적응할 수 있는 교류의 장을 마련하려는 사업이다. 이 청소년 교류 캠프 행사는 북한이탈 청소년들이 남한 청소년과의 교류를 통해 터놓고 얘기할 수 있는 또래의 '벗' 또는 '동무'를 만들고, 서로 믿고 의지할 수 있는 친구가 되는 공간을 마련하기 위한 사업이다.

(2) 좋은벗들

좋은벗들(이사장: 법륜)은 북한 탈출 난민 지원 사업의 일환으로 중국의 탈북자들에게 희망을 주는 사업을 오래전부터 전개해오고 있다. 북한에서는 1990년대 중반 식량난으로 이른바 '고난의 행군' 시기에는 300만 명의 아사자가 발생하였다고 추정되고 있다. 많은 북한 주민들이 아사의 위기를 피해 압록강, 두만강을 건너는 탈북 행렬을 이루었다. 그들은 국경수비대의 감시망을 뚫고 강을 건너다가 목숨을 잃기도 하고 백두산 산속 움막에서 몇 달씩 한겨울을 보내기도 하였다. 어린이들은 도심에서 방랑 생활로 '꽃제비'가 되기도 하고, 여성들은 원치 않는 결혼생활이나 때로는 국경에서 인신매매되어 중국 내지까지 팔려가기도 하였다.

좋은벗들(http://www.goodfriends.or.kr)은 이들을 돕기 위하여 백두산과 두만 강가를 정기적으로 탐사하는 활동을 전개하였다. 이 단체는 1996년 12월 17일 1차 중국 현지 답사를 시작으로 지속적인 답사 활동을 통해 식량난과 난민들의 상황을 국내에 알렸고, 현장에서는 탈북자들의 처소에 생필품을 보급하였다. 또한 이 단체는 이러한 현지 조사결과를 근거로 북한의 심각한 식량난과 교육, 의료 실태를 정확히 파악하여 각종 보고서를 통해 국제사회에도 알렸다.

이 단체는 1999년 당시 약 30만 명으로 추정되는 중국 내 탈북자 문제를 해결하기 위해 국제사회에 난민지위 또는 임시거류증 인정을 요구하고, 중국과 북한당국에 강제송환 반대와 송환 이후의 처벌 중지를 요구해 왔다. 이들은 탈북자 문제의 궁극적인 해법은 대북 지원과 북한 인권 개선이라는 사실로 귀결시키고, 중국 내 체류 탈북난민들에 대한 조사보고서를 작성하여 그 개선책을 호소하고 있다.[66)]

66) 좋은벗들 홈페이지(http://www.goodfriends.or.kr/) 2012. 2. 4. 검색.

| 제5장 |

통일 NGO의 역할론

제1절 통일 NGO 역할 모델

이 절에서는 김대중·노무현 정권 시기의 통일 NGO의 활동을 객관적으로 분석·평가하여 우리나라 통일 NGO의 바람직한 역할 모델을 정립하려고 한다. 그동안 통일 NGO의 통일 관련 활동이나 역할은 남북관계 개선에 긍정적으로 기여하였다는 평가와 그렇지 않다는 부정적 평가가 교차하고 있다. 통일 NGO의 통일 여론 형성, 통일기반 조성, 남북관계의 교류·협력 증진, 정부 역할의 대행 등은 긍정적 활동으로 평가되고 있다. 그러나 통일 NGO의 비민주적 운영 방식, 정파적 편향성과 과도한 이념 성향, 일방주의적 운동 방법, 남북관계의 왜곡 등은 비판적으로 평가된다.[1]

본 절에서는 앞 장에서 살펴본 통일 NGO의 활동을 중심으로 이들의 바람직한 역할 모델을 정립하려고 한다. 통일 NGO의 역할 논의는 분단이라는 한국적 특수 상황에서 검토되는 사안이라 분석에는 어려움이 따른다. 이 분야에 관한 선행 연구 결과와 통일 NGO의 자체 활동 보고 자료, 관련 자료 및 통계 등을 토대로 이들의 역할 범주부터 정립하기로 한다.

1. 통일을 위한 NGO의 역할 모색

한국의 시민사회는 1987년 민중항쟁을 계기로 괄목할 만한 성장을 이루었으며 그 공간에서 NGO의 역할도 점차 증대되었다.[2] 한국 사회가 정치민주화 과정을 거치면서 시민사회의 욕구는 NGO를 통하여 수렴되고 분출되어 사회변혁의 토양이 되었다. 이러한 시민사회의 성장으로 자발적인 시민들의 결사체인 NGO는 수적으로 증가하였으며 환경, 교육, 여성, 경제, 통일 등 여러 분야에서 수많은 NGO가 등장하여 그 영향력을 증대시켜 나갔다.

우리 사회는 사회구성체론에서 말하는 공권력의 상징인 정부, 자본으로 대표되는 시장, 시민사회라는 3영역이 있다. 우리의 후발적인 시민사회가 정부나 시장 영역에까지 영향력을 행사하면서 급속하게 성장한 것은 사회민주화의 커다란 성과라고 볼 수 있다.

우리나라의 정부, 기업, 시민단체는 통일을 위한 대북 사업이나 활동의 3주체가 될 수 있다. 이 3자에게 통일이라는 목표는 같지만 문제에 대한 접근 방식과 해법은 다를 수 있다. 정부는

1) 장영권, 「한반도 통일을 위한 통일 NGO의 역할과 개선방향- 통일정책 거버넌스 형성을 중심으로」, 북한연구학회보 제12권 1집, 2008, 30쪽.
2) 유팔무, 김정훈 편, 『시민사회와 시민운동』, 한울, 2001, 189쪽.

정책적 접근을 통해 통일문제를 해결하려고 노력하고, 기업은 이윤 창출이라는 입장에서 통일문제에 접근하며, 통일 NGO는 시민사회의 여론을 집약하여 통일이라는 목표를 달성하려고 노력한다. 정부는 권력 창출과 유지라는 입장에서 대북정책이나 통일정책을 결정함으로써 정책의 일관성을 기대하기 어렵다. 반면 기업은 이윤 창출이라는 입장에서 접근하기 때문에 이익이 보장되지 않으면 대북 투자나 경제 협력에 무관심할 수밖에 없다. 그러나 통일 NGO는 이와 달리 시민사회의 요구를 반영하여 통일 관련 사업이나 활동을 비권력적이고 비이익적인 입장에서 전개할 수 있다. 그러므로 통일을 위한 통일 NGO의 역할은 정부나 기업에 못지않게 중요한 위치를 차지한다.

통일 관련 NGO의 등장은 탈냉전 시대 사회민주화라는 공간에서 시민들의 통일에 관한 관심의 표현이며 의지의 결집이라고 볼 수 있다. 특히 1990년대 문민정부 출범 이후 한국 사회의 통일 관련 NGO의 급속한 성장은 냉전 체제의 해체와 남북관계의 긴장 완화라는 시·공간에서 얻은 귀중한 결실이다. 특히 2000년 6·15 공동선언을 계기로 남북 교류·협력의 증대라는 시대적 요구를 반영하여 통일 NGO의 기능과 역할은 과거 어느 때보다 확대되었다.

그러나 이명박 정부 출범 이후 남북관계의 급속한 경색, 정부와의 시민단체의 정책갈등, 반북적인 여론의 팽배 등으로 통일 NGO의 활동은 과거에 비하여 현저히 축소되었다. 김대중·노무현 정부 10년 동안 통일 NGO의 화려한 활동과 오늘날의 활동 상황은 너무나 대조를 이룬다. 이들 통일 NGO의 10여 년간의 다양한 활동과 실적에 관해서는 제4장에서 충분히 검토해 보았다.

남북관계가 경색되고 단절된 현 상황에서 통일 NGO는 탈북자 지원이나 북한 인권 문제 등 제한된 활동만 수행할 수밖에 없다. 남북관계가 단절되고 냉전시대로 회귀하는 상황에 비례하여 통일 NGO도 유명무실한 존재로 연명할 수밖에 없는 것이다. 그러나 NGO의 역사가 항상 그렇듯이 통일 NGO의 역할은 일보 전진을 위한 이보 후퇴인 상황일 수도 있다. 지금이야말로 통일 NGO 관계자들이 과거의 활동을 조용히 성찰하면서 통일을 위하여 새로운 역할 모델을 새롭게 구상해야 할 시점이다.

2. 통일 NGO의 역할 평가 기준

우리나라의 통일 NGO는 통일 기반 조성 단체, 통일운동 및 평화 운동 단체, 대북 교류·협력 지원 단체, 북한 인권 관련 단체, 탈북자 지원 단체, 통일 교육 단체, 대북 선교 단체 등으로 분류할 수 있다. 그동안 우리나라의 통일 NGO는 통일기반 조성, 남북의 화해 협력, 인도적 대북 지원, 북한 주민의 인권 개선, 통일정책 거버넌스 역할에 얼마나 충실하였을까.[3] 통일 NGO의 활동을 분석하고 평가하는 기준은 다음과 같은 역할기여도에 따라 평가할 수 있을 것이다.

1) 통일 환경 조성 역할

통일 NGO의 통일 기반 조성 역할은 NGO가 통일을 위하여 시민사회 내에 토대를 구축하는 정도를 말한다. 통일의식과 의지를 함양하는 교육 활동, 통일을 위한 법제 개폐 활동, 통일문제의 남남 갈등을 해소하기 위한 활동 등이 주된 범주에 속한다. 통일 환경 조성에 대한 역할은 이러한 제반 활동이 어느 정도 효율적이고 순기능적으로 이루어졌는가에 따라 평가될 수 있다. 통일 NGO의 이와 관련한 활동 방식과 기준, 그 효과 등에 관해서는 평가가 어렵지만, 통일 NGO의 바람직한 역할 평가를 위해서는 반드시 검토해야 할 사항이다.

2) 남북 화해·협력 역할

통일 NGO가 독자적으로 추진하든 정부의 역할을 대행하든 대북 교류·협력 활동은 남북 화해를 위한 중요한 역할 평가 기준이다. 그동안 통일 NGO는 남북의 경제교류·협력, 사회 문화 교류, 이와 병행된 인적 교류 사업 등 여러 가지 활동을 통해 남북의 갈등 구도를 해소하려고 노력하였다. 통일 NGO는 이러한 교류·협력·지원 활동을 통해 남북관계의 개선이나 남북의 화해·협력에 어느 정도 기여하였는지는 매우 중요한 평가 기준이 될 수 있다.

통일 NGO의 남북 화해 협력 역할은 크게 경제 교류·협력, 사회 문화 교류·협력, 행사 중심의 인적 교류 활동 등으로 분류된다. 우리나라의 종교 단체, 학술 단체, 문화 단체, 언론 단체는 남북 교류·협력 활동을 통해 상호 이해의 폭을 넓히고 남북 화해에 긍정적인 역할을 하였다고 평가할 수 있다. 특히 남북 정부 간의 대화가 원활히 전개되지 못하던 시기에는 이들 시민단체의 대북 접촉과 교류·협력 활동은 정부의 역할을 대행하여 상당한 성과를 거두었다. 그 교류·협력 과정에서 교류의 범주, 방법, 효과 등에 대해서는 입장이 다를 수 있고, 이념 성향에 따라 역할 평가가 달라질 수도 있다. 그러나 통일 NGO는 앞으로 전개될 분야별 교류·협력에 대비하여 이들 역할에 대해 세심하게 준비할 필요가 있다.

---

3) 손기웅 외, 『한반도 통일 대비 국내 NGOs의 역할 및 발전방향』, 통일연구원 협동연구총서(07-10-02), 2007, 25쪽.

3) 대북 인도적 지원 역할

통일 NGO의 대북 지원 활동이 남북의 접촉과 교류·협력을 확대시킨 것은 사실이지만, 그것이 북한 주민 생활환경 개선에 어느 정도 기여하였는지는 하나의 평가기준이 된다. 그러므로 통일 NGO의 대북 지원의 방식과 과정, 그 효과에 관해서는 면밀한 검토가 수반되어야 할 것이다. 사실 대북 지원의 효과는 단기적으로 측정하기 어려운 측면도 있다. 그러나 대북 지원이 북한의 개혁 개방 유도, 북한 당국의 내외 정책 변화, 북한 주민들의 생활 개선 기여도 등 그 효과에 대한 평가는 장기적 관점에서 이루어져야 할 것이다.

대북 지원 통일 NGO는 단순한 북한 식량 지원 단체로부터 농수산, 보건의료, 교육, 산림, 사회 인프라 개발 단체에 이르기까지 다양하다. 이들 단체는 비종교 지원 단체도 있고 종교 지원 단체도 있으며, 정부의 재정지원 유무에 따라 재정지원 단체, 비지원 자립형 단체로 구분될 수 있다. 이들 지원 단체의 역할 평가는 궁극적으로 대북 지원 활동이 북한 체제의 변화와 북한 주민들의 생활 개선에 어느 정도 기여했는가에 따라 결정될 것이다.

4) 북한 인권 개선 역할

최근 북한의 인권 탄압 실상이 외부에 노출됨으로써 북한 주민들의 인권 개선에 관한 시민사회의 관심이 증대되고 이를 개선하기 위해 활동하는 단체도 늘어나고 있다. 이들 인권 NGO는 북한 사회의 민주화, 북한의 개혁 개방 유도, 탈출 난민들의 신변 보호, 남한 이주민들의 지원 등 다양한 활동을 전개하고 있다. 인권 관련 통일 NGO들은 북한 인권 상황 폭로, 북한 이탈 주민의 정착 지원, 정착 교육, 인권 세미나와 연구 활동 등 여러 가지 방식으로 사업을 추진하고 있다. 이들의 활동이 어느 정도 북한 주민들의 인권 개선에 기여하고 이주민의 정착에 도움을 주었는지는 중요한 역할 평가의 기준이 될 것이다.

최근 북한 인권 단체는 대폭 늘어나고 그들의 활동 방식과 행태도 다양해지고 있다. 이들 인권 단체는 북한의 인권과 민주화 촉진, 중국 등 제3국의 탈북자 구호, 국내 이주 탈북자를 돕기 위한 활동을 하고 있다. 과거에는 국내의 내국인 중심의 인권 관련 시민단체가 주종을 이루었으나, 최근에는 탈북자들 중심으로 조직한 인권단체까지 탄생하여 활동 반경이 넓어지고 있다. 북한 탈출 지식인들이 주축이 된 탈북지식인연대의 활동도 늘어나고, 탈북 예술인들이 주축이 된 인권 폭로를 위한 공연 단체까지 활동하고 있다. 이들의 활동과 역할도 보다 장기적, 객관적 관점에서 평가되어야 할 기준이다.

5) 정책 거버넌스 역할

통일 NGO의 통일문제나 대북정책에 관한 거버넌스는 역할 평가의 주요 기준이다. 오늘날 대부분의 통일 NGO는 반정부적인 재야 통일운동 방식에서 탈피하여 정부의 정책 결정의 동반자로 참여하고 있다. 우리 사회의 민주화 공간의 확대에 비례하여 통일 NGO는 대북정책이나 통일정책 결정 과정에 직간접적으로 참여하고 있다. 통일 NGO의 정책 제안, 정부 정책의 감시 비판 활동, 대북 정책의 변화, 통일정책에 대한 추동력 등이 거버넌스 역할의 세부적인 평가기준이 될 것이다.

통일 NGO는 그 이념적 성향에 따라 진보적, 중도적, 보수적 단체로 나눌 수 있다.[4] 진보적 성향의 단체들은 대체로 북한의 입장을 이해하고 포용정책을 지지하면서 민족 간의 대화와 협력을 중시한다. 이에 반하여 보수적 성향의 단체는 포용정책에 대하여 비판적이고, 북한 체제의 붕괴나 전복을 위하여 미국과의 협조를 중시한다.[5] 중도적 단체는 양 극단을 피하고 양쪽의 입장을 중도에서 조정 통합하려는 성향이 강하다. 정부의 대북정책의 성격에 따라 이들 단체의 지지 성향과 활동반경도 달라진다. 민주화 공간의 확대에 따라 재야 성향의 급진 좌파 운동 단체는 줄어들고, 통일정책이나 대북정책에 참여하려는 중도 성향의 단체가 늘어나고 있다. 그러므로 통일 NGO의 정책 거버넌스의 역할은 새로운 기준에 의해 평가되어야 할 것이다.

3. 통일 NGO의 바람직한 역할 모델

통일 NGO가 시민사회의 여론을 수렴하여 바람직한 역할 과제를 원활히 수행하기 위해서는 어떠한 모델이 되어야 할 것인가? 통일 NGO의 바람직한 역할 모델은 어떻게 설정되어야 할 것인가? 통일 NGO의 역할 모델은 통일 NGO의 그동안의 부정적 역할이나 기능을 축소하고 긍정적인 기능이나 역할을 조장한 가설적 모델이다. 이러한 NGO의 역할 모델은 정부와 시장이라는 연관 구도하에서 그 역할 방향이 설정되어야 할 것이다.

통일 NGO는 이러한 역할을 설정하기 위해서는 먼저 수시로 변화하는 내외의 통일 환경 변수를 면밀히 검토 분석하여야 할 것이다. 통일 NGO는 이러한 내외 환경 변수를 적절히 조절 극복하여

---

4) 이들 단체의 이념 성향은 북한에 대한 태도, 미국에 관한 입장, 포용정책에 관한 태도, 대북 지원에 관한 태도, 남북관계를 보는 시각, 통일 방안에 따라 다르게 표출된다.

5) 이우영, 「2000년 이후 남북관계 의제에 대한 시민사회의 활동 평가」, 이화여자대학교 통일학연구원, 「남북관계에 있어서 시민사회의 역할과 진로 모색」 학술 토론회 자료집, 2008, 44쪽.

제 역할에 충실하여야 궁극적으로 민족의 통일에 이바지할 것이다. 통일은 어느 날 갑자기 찾아오는 것이 아니라 정상적인 교류·협력 단계, 진정한 화해 협력 단계를 거쳐야 궁극적인 통일로 나아갈 수 있다. 즉 남북의 교류·협력을 통한 북한의 개혁 개방 유도단계, 북한 체제의 변화와 남한의 민주 복지국가로의 이행단계, '사실상의 통일' 단계를 거쳐 궁극적으로 민족 통일 단계로 나아갈 수 있다. 〈그림 5-1〉은 통일 NGO가 분야별 역할 과제를 충실히 수행하여 남북관계를 활성화하고, 궁극적으로 우리 민족의 이상적인 '대안 사회'인 민족 통일 공동체를 건설해가는 역할 모델을 제시한 것이다.

〈그림 5-1〉 통일 NGO의 역할 모델

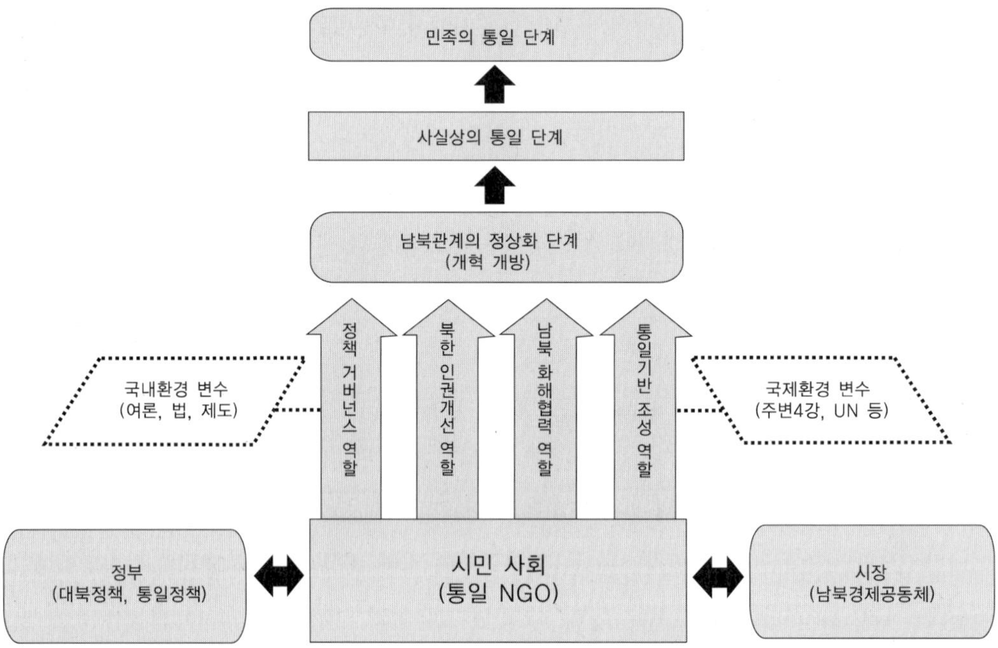

4. 통일 NGO의 정책 거버넌스

오늘날 NGO의 정책 거버넌스는 거시적으로 보면 정부, 시장, 시민사회가 수평적 네트워크에 의한 파트너십을 이루는 새로운 협력 체제의 구축을 말한다. 거버넌스는 정부 중심의 공적 조직과 사적 조직의 경계가 무너짐으로써 3자간의 상호 협력과 조정의 필수적인 장치이다. 결국 NGO의 정책 거버넌스란 통일정책 제안뿐만 아니라 집행과정에도 활발하게 참여하는 정부 정책의 파트너로서의 협치(governance)의 역할에 충실함을 말한다.[6] 오늘날 사회 구조의 복잡화와 정부의 정책 능력의 빈곤은 자본의 욕구에 의한 시장 실패와 맞물려 정책의 실패를 초래할 가능성이 높다. 이에 NGO의 거버넌스 역할은 더욱 중요시되며 그것이 합리적이고 효율적인 정책 산출을 가능케 하는 메커니즘이 되는 것이다.

통일 NGO의 정책 거버넌스(governance)란 정책 제언자(advocacy)로서의 포괄적인 협치적 역할을 말한다. 통일 NGO의 거버넌스 역할을 구체화하면 정책 결정 과정의 의제의 제안자(issue-maker), 조정자(coordinator), 균형자 및 견제자(checker)로서의 협치적 역할을 말한다. 그러므로 통일 NGO는 시민사회의 여론을 수렴하여 자신들의 주장이 통일정책에 반영되도록 정책 결정자들을 설득하는 역할에 충실해야 할 것이다.

통일 NGO는 정책 결정자들을 직접 만나 자신들의 의사를 제안하기도 하고 때로는 언론이나 대중을 통하여 간접적으로 전달하기도 한다. 통일 NGO의 이러한 정책 제안 활동은 통일 관련 법률 제정 및 규제, 정부의 서비스 프로그램 개선 등에 영향을 미친다. 또한 NGO는 통일문제에 관하여 정부와 이익집단, 이익집단과 이익집단 간의 분쟁이 발생했을 때 조정자로 나서서 시민의 피해를 줄이는 역할을 한다. 나아가 통일 NGO는 정부의 정책에 대해 견제자와 정책의 중심추인 균형자 역할을 동시에 한다. 여기에서 정부의 NGO에 대한 정책 유형을 살펴보기로 한다.

1) 정부의 NGO에 대한 정책 유형

정부가 통일 NGO에 대하여 취하는 정책적 대응 방식을 살펴보기로 한다. 정부의 통일 NGO에 대한 정책 유형은 정부 정책과의 조화 정도에 따라 촉진, 관용, 불신, 억압 등 네 가지 정책 유형으로 분류될 수 있다.[7]

첫째, 촉진 정책은 통일 NGO의 이념과 방법이 정부의 입장과 일치하는 경우의 정부의 대응 방식이다. 이 경우에 정부는 시민운동을 지원하고 NGO를 촉진시키는 방식을 택한다. 이런 상황에서 통일 NGO가 정부로부터 운동의 독자성을 유지하지 못하면 관변 단체가 될 가능성이 높다.

둘째, 관용 정책은 통일 NGO의 운동 이념이나 활동 방식이 정부의 이념과 다르지만 그것을 추구하는 방법이 합법적인 경우의 대응방식이다. 이러한 경우 권위주의 정부는 이러한 유형의

6) 이현출, 「거버넌스와 NGOs: 의약분업 사례를 중심으로」, 『한국정치학회보』 제35집 제3호, 2001, 22쪽.
7) 정수복, 『참여민주주의를 위한 시민단체의 역할과 정책 과제』, 박영률출판사, 1996, 213쪽.

통일운동을 억압할 가능성이 높지만, 민주적 정부는 참고 기다리는 관용의 태도를 취할 것이다.

셋째, 불신 정책은 정부가 통일운동의 이념은 수용하지만 그것을 추구하는 방법이 정부와 다를 경우 대응하는 방식이다. 이 경우 정부는 통일 NGO의 운동을 불신하고 정부 정책의 신뢰성과 정당성을 높이려고 노력할 것이다.

넷째, 억압 정책은 통일 NGO의 이념과 방법이 모두 정부의 정책에 합치되지 않는 경우 대응하는 방식이다. 이 경우 정부의 대응방식은 억압과 배제로 나타난다. 이때의 통일 NGO는 재야 운동 단체화되거나 반체제화될 가능성이 높다.

〈표 5-1〉은 정부의 정책과 통일 NGO의 이념과 방법에 따라 4개의 정책 유형으로 나눈 것이다.

〈표 5-1〉 정부의 통일 NGO에 대한 정책 유형

	이념	방법
촉진정책	+	+
관용정책	–	+
불신정책	+	–
억압정책	–	–

* '+'는 일치하여 수용하고, '-'는 불일치하여 거부함을 표시함.

과거 이승만, 박정희, 전두환 권위주의 정권 시절의 NGO 정책은 불신과 억압정책이 주종을 이루었다. 그러나 정부와 항상 마찰관계에 있던 재야 통일 NGO들도 김영삼 문민 정부 이후부터는 상호 조응하면서 협력적인 관계가 조성되었다. 물론 당시에도 일부 급진 좌파 NGO 활동은 정부의 정책적인 틀로부터 이탈하여 정부를 비판하면서 갈등적인 국면을 보인 적도 있었다. 그러나 이에 대해서도 정부의 관용이나 촉진정책이 대체적으로 유지되었다. 당시 중도 진보적인 통일 NGO는 거버넌스 역할에 충실하였고 극좌의 소수 단체만이 정부 정책에 비판적 입장을 견지하였다.

김대중 정부가 대북정책에 있어서 시민사회의 역할을 최대한 활용하려는 촉진 정책적 의지를 보인 점은 역대 정부와는 현저히 다른 점이다. 당시 통일 NGO의 대북 지원 활동은 정부의 정책과 합치하여 한반도 긴장완화와 교류협력에 기여하고, 남북 화해의 경험을 축적했다는 점에 상당한 의미를 부여할 수 있다.

2) 정부와 NGO의 관계 유형

통일 NGO의 대정부 활동은 그들의 이념이나 활동 방법이 정부 정책과의 조화 여부에 따라 결정된다. NGO의 정부 정책에 대한 입장은 대체로 견제와 비판, 옹호, 지지 행태로 나타난다. 정부의 통일정책에 대한 통일 NGO의 정책 성향이나 입장은 지지에서부터 비판에 이르기까지 다양한 반응을 보일 수 있다. NGO와 정부의 관계는 일반적으로 수용 관계, 협조적인 관계, 갈등적 관계, 지배적 관계로 나눌 수 있다. 이 관계를 구체적으로 살펴보면 다음과 같다.

첫째, 수용 관계는 통일 NGO의 요구를 정부가 긍정적으로 수용하는 경우로서 시민단체의 활동이 자유롭고 정부의 지원까지 받을 수 있다.

둘째, 협조적 관계는 통일 NGO와 정부가 갈등 없이 정책 형성과 집행과정에 상호 협조적인 관계를 유지하며, 재정 부담이나 지원은 정부가 하고, 집행은 시민단체가 하는 경우가 많다.

셋째, 갈등적 관계는 통일 NGO가 제기하는 활동 목표나 수단을 정부가 수용할 수 없기 때문에 시민단체는 여론을 통한 문제 제기, 시위나 서명운동, 강경 투쟁 등의 활동을 전개한다. 정부는 이를 통제하려고 하고 시민단체는 이에 반대하기 때문에 항상 갈등 관계가 유지될 수밖에 없다.[8)]

넷째, 지배적인 관계는 정부가 통일 NGO를 인정하지 않고 통제하는 관계로 권위주의 국가에서 흔히 볼 수 있다. 이 경우 NGO는 해산되거나 지하단체화되는 경우가 많으며, 때로는 관변 단체나 어용 단체가 되어 생명을 유지하는 경우도 있다.[9)]

제2절 통일 NGO의 역할 관련 설문조사

이 절에서는 김대중·노무현 정부 시기 10년간 활발했던 남북 교류·협력 과정에서의 통일 관련 NGO의 활동과 역할을 평가하려고 한다. 이 조사는 이 분야 전문가 대상의 설문조사이며, 이를 토대로 한국의 통일 관련 NGO의 새로운 역할 과제를 정립하려는 데 목적이 있다.

2000년 6·15 공동선언을 전후한 10여 년 동안 한반도에서 남북 간의 교류, 접촉, 협력활동이 급격히 증대되어 분단 반세기의 활동보다도 많았다. 이러한 남북 간의 교류·협력의 증가는 정부

8) 인권 단체나 노동 단체 등도 시위나 저항 등의 과격하고 투쟁적인 활동으로 정부와 마찰하는 경우가 많다.
9) 이현출, 앞의 논문, 219쪽.

당국의 대북 정책적 노력에도 기인하지만 민간 통일운동 단체의 자구적인 노력도 결코 무시할 수는 없다. 한반도의 통일은 일시에 이루어지는 것이 아니라 장기적인 협력·조정·통합 과정이라는 점진적 과정을 통하여 이루어질 가능성이 높다. 그러므로 NGO의 대북 교류·협력활동은 통일을 위한 바람직한 일이며 이에 관한 조사와 연구는 중요한 과제가 아닐 수 없다.

이처럼 통일을 위한 민간 시민단체의 역할의 중요성에 대해서 누구나 공감하면서도 우리 학계에서는 이에 관한 실증적인 연구가 아직 초보적 수준에 머물러 있다. 더구나 통일 관련 시민단체의 활동 상황이나 역할 평가에 관한 체계적인 연구는 찾아보기 힘든 것이 우리의 현실이다.[10] 근년 통일 NGO의 역할에 관한 설문조사가 부분적으로 이루어지고 있는데, 이들의 선행 연구가 본 연구의 기본 구도와 설문 작성에 상당한 시사점을 주었음을 밝혀둔다.[11]

본 절은 통일 NGO의 그간의 활동과 역할에 관하여 이 분야 전문가들을 대상으로 한 설문조사 결과이다.[12] 이 설문조사 결과를 바탕으로 통일 NGO 지도자와 활동가에 대한 별도의 인터뷰 과정을 통해 통일 NGO의 실천적 역할 과제를 설정하려고 한다.

1. 설문조사 개요

이 조사는 남북의 교류·협력·지원 활동에 참여한 한국의 통일 NGO의 그동안의 활동 성과와 역할을 이 분야 전문가를 대상으로 평가하려고 설계된 것이다. 통일 NGO가 그동안 이룩한 활동이나 성과를 설문조사를 통하여 분석·평가하여 바람직한 역할 과제를 정립하기 위함이다.

1) 조사 대상

이번 조사의 설문대상(200명)은 통일문제나 대북 문제에 관하여 관심이 많은 이 분야의 전문가

10) 통일문제와 NGO 관련 근년의 연구는 전효관의 「통일관련 시민단체의 역할과 방향모색」(1998), 김동춘의 「통일과정에서의 한국 NGO의 역할 연구」(2000), 박명규의 「한반도 통일과 비정부기구(NGO)의 역할」(2000), 라미경의 「NGO를 통한 북한체제 변화 가능성에 관한 연구」(2001), 박덕기의 『NGO와 남북한 평화통일론』(2002), 피재현의 「사회문화 통합으로서의 남북통일과 NGO의 역할」(2003) 등이 있다. 근년의 논문으로서 우리의 관심을 끌만한 것은 이우영·최수영, 「한국 NGO 통일운동의 실태와 한계」(행정연구원 연구총서 2002-4), 이기범, 「대북 협력 NGO 활동 10년의 평가와 과제」(『북한연구학회보』, 2004) 정영철의 「통일 NGO 10년의 평가와 과제」(2004) 정도이다.

11) 손기웅 외, 앞의 책, 2007. 12. 본 연구의 기본설계와 설문 구상에 상당한 도움을 주었다.

12) 이 부분은 필자의 「한국의 통일 관련 NGO의 역할평가와 과제 설정」 『대한정치학회보』 제17집 제2호(2009) 311~345쪽에 게재된 것을 책의 집필 방향에 맞게 수정 보완한 내용이다.

에 한정하였다. 일반 시민들은 통일 NGO의 역할에 관한 관심과 이해가 상대적으로 부족하기 때문에 대상에서 제외하였다. 현장의 통일 NGO 활동가들은 자신들의 활동에 관한 평가이므로 자기 충족적으로 응답할 가능성이 많아 조사 대상에서 배제하기로 하였다.

2) 조사 및 분석 방법

이 조사는 석 달간(2008. 10. 1~12. 30.) 면접 조사와 메일을 이용한 조사를 병행하였다. 통일 관련 NGO에 관심이 많은 전문가 200명을 대상으로 실시하여 회수된 172개 설문지(회수율 86%) 중 불성실하거나 무의미한 설문지를 제외한 160개의 설문 결과를 통계 처리하였다. 회수된 설문지는 통일문제 전문 교수·연구원 86명, 통일 교육 관련 교사·공무원 30명, 통일 관련 시민단체 지도자 및 자문위원 19명, 대북 교류·협력 사업가 14명, 통일문제 전문 언론인 11명이 포함되어 있다. 성별, 연령별, 직업별 분포 등에 따르는 교차 분석은 전문가 집단만 대상으로 했기 때문에 실시하지 않기로 하였다.

3) 설문 문항의 구성

통일 NGO의 지난 10년간 대북 교류·협력·지원 활동과 그 역할에 대한 설문 문항은 크게 3개의 영역으로 나누어진다.

(1) 대북 교류·협력·지원 활동 평가

통일 NGO가 그동안 이룩한 남북 교류·협력·지원 사업의 성과를 평가하려는 문항이다. NGO의 대북 활동에 대해서는 시민사회 내에서도 찬반양론이 공존한다. 여기에는 통일 기반 조성을 위한 협력 사업, 남북관계 개선 사업의 순위, 언론의 NGO 활동 보도 태도, 북한지역 전단 살포 행위 평가, 남북 교류 사업상의 문제점, 대북 지원 사업 결과의 종합 평가에 관한 설문이 포함되었다.

(2) 대북정책 거버넌스 역할 평가

통일을 위한 정부의 대북정책은 이제 정부 당국의 독점물이 아니다. 통일 NGO는 통일정책 제안뿐만 아니라 대북 교류·협력과정에서 정부의 정당한 파트너가 되고 있다. 한국의 통일 NGO는 과거와는 달리 대북정책의 거버넌스로서 직간접적으로 참여하고 있다. 그러므로 NGO의 정부

정책 비판 역할 평가, 정책 결정 과정의 영향력, 남북관계의 경색과 대북정책, 대북·통일정책 참여 방식 선호도, 시민단체의 정책갈등 문제 등이 설문에 포함되었다.

(3) 남북한 주민의식과 체제 변화에의 기여도 평가

남북통일은 남북한 상호 체제 변화가 수반되어야 하는 멀고도 힘든 장기적인 과제이다. 그동안 남북 교류·협력·지원 사업은 남북한 주민들의 통일의지와 주민들의 인식에 어느 정도 영향을 미쳤을까. 이 문제에 대한 평가를 위해 남한 주민들의 통일 의지형성, 주민들의 대북 인식 변화, 북한 주민의 대남 인식 변화, 북한 인권 개선, 북한 체제 변화에의 기여도, 북한 개방 유도 사업 우선순위 등을 설문에 포함시켰다.

4) 심층 면접 조사

본 연구는 통일 NGO의 역할에 관한 설문조사의 한계를 극복하고 이를 보완하기 위하여 통일 NGO 현장 활동가나 지도자에 대한 직접 인터뷰를 시도하였다. 그 대상은 서울과 지방의 통일 관련 NGO 중 진보, 중도, 보수단체 소속 지도자, 현장 활동가, 통일문제 전문가에 한정하였다. 그 방법으로 개별 방문 혹은 전화 인터뷰를 실시하고 때로는 집담회 성격의 모임도 가졌다.

설문조사 통계 처리 후에 이루어진 이 면접 조사(2008. 12~2009. 5)의 목적은 통계적인 설문조사에서 파악하기 어려운 통일 NGO의 당면한 문제점을 심층적으로 파악하기 위함이다. 여기에서 얻은 면접 조사 결과는 후술하는 통일 NGO의 역할 과제 설정에 상당한 도움을 주었다. 이 인터뷰에 사용한 질문의 개요는 아래와 같다.

① 통일 관련 시민단체의 운영상의 문제점과 애로사항
② 통일 NGO의 재정 상황과 재정 충당 방안
③ 통일 관련 시민단체들 간의 갈등의 양상과 원인
④ 남북한 교류·협력 사업의 우선 사업과 궁극적 목적
⑤ 대북 교류·협력 사업의 자체 평가 계획
⑥ 남북 교류·협력 사업에서 상호주의 원칙의 적용 문제
⑦ 대북 협력 교류 사업에서 가장 해결하기 어려운 점

⑧ 한국 언론의 대북·통일문제의 보도 태도

⑨ 이명박 정부의 대북정책 '비핵·개방·3000' 평가

⑩ 정부의 대북정책에 관한 지지 혹은 반대의사 표시 방법

⑪ 방북 시 북한 주민들의 대남 인식도

⑫ 통일 관련 시민단체의 통일 의지 형성 기여도

⑬ 북한 인권 문제를 해결하기 위한 실적과 노력

⑭ 남북관계 개선을 위한 현실적 방안

2. 대북 교류·협력·지원 사업 평가

통일 NGO의 북한에 대한 교류·협력·지원 활동은 통일 기반을 조성하기 위한 중요한 사업이다. 여기에서는 그동안 이루어진 대북 지원 사업에 대한 평가와 아울러 이 사업을 지속적으로 추진할 방안 등을 설문을 통해 파악하고자 한다.

1) 대북 지원 사업의 종합 평가

- 지난 10년간 통일 관련 시민단체의 쌀, 비료, 의약품 등 각종 대북 지원 사업에 대하여 어떻게 평가하십니까?

설문반응	전문가 빈도(%)
① 매우 잘한 일이다	53(33.2)
② 대체로 잘한 일이다	73(45.6)
③ 보통이다	21(13.1)
④ 대체로 잘못한 일이다	12(7.5)
⑤ 아주 잘못한 일이다	1(0.6)
합계	160(100)

이 설문은 민간 시민단체의 대북 지원 사업에 대한 평가 항목이다. 이 부문에 대해서는 다수인 78.8%가 잘한 일이라고 평가하고 있다. 당시 시민사회의 일반 여론은 대북 지원 사업이 '퍼주기식 지원', '군사비로 전용'이라는 혹평과 함께 지원 시의 상호주의 원칙 무시, 분배의 투명성 문제 등 비판적인 여론도 상당히 많았다. 그러나 전문가 그룹은 북한의 식량위기 등 열악한

경제적 상황을 잘 알기 때문에 북한 주민을 돕는 지원 사업에 대해서는 매우 긍정적인 평가를 하였다.

이명박 정부 등장 이후 남북관계는 완전히 경색되어 남북 당국자 간의 대화 중단은 물론 민간의 대북 지원 사업까지 중단되었다. 통일 NGO의 인도적인 대북 지원 사업은 그 분배의 투명성과 원칙성만 확보된다면 시급히 재개·복원되어야 할 과제이다.

2) 대북 교류·협력과정상의 문제점

– 통일 관련 시민단체의 대북 교류·협력 사업 전개 과정에 있어서 가장 큰 문제점은 무엇이라고 생각하십니까?

설문반응	전문가 빈도(%)
① 정부의 대북정책과의 마찰	52(32.5)
② 정부 지원금 사용의 투명성 결여	21(13.1)
③ 시민단체 간의 과다 경쟁	23(14.4)
④ 북한의 과도한 요구 수용	35(21.9)
⑤ 전시용 행사 개최	29(18.1)
합계	160(100)

이 설문은 그동안 민간단체의 대북 교류·협력과정에서 제기된 문제점을 알아보기 위한 문항이다. 이 설문에서 전문가 그룹은 대북 교류 사업 관련 문제점으로 정부와의 '정책상의 마찰'(32.5%)을 가장 우려하고 있었다. 이는 통일문제의 전문가 집단이 대북 사업이 자칫 북한 당국의 정부와 민간의 분리라는 대남 전략에 이용될 것을 우려한 결과라고 볼 수 있다. 다음으로 북한의 '과도한 요구 수용'(21.9%)을 문제점으로 들고 있다. 이는 대북 교류·협력 과정에 있어서 시민단체의 무조건 지원이나 양보 등 '상호주의 원칙'이 지켜지지 않음에 대한 불만을 표출한 결과라고 볼 수 있다. 이밖에도 시민단체들 간의 '과다 경쟁'이나 '지원 자금의 투명성 결여' 등을 문제점으로 지적하고 있다.

이 같은 반응은 통일 관련 NGO의 대북 교류·협력·지원 사업에 대한 전문가들의 비판적인 입장을 표출한 것이며, 앞으로의 지원 사업에 있어서는 그동안의 경험을 토대로 상호주의 원칙 보강 등 개선책이 요구됨을 암시하고 있다.

3) 통일 기반 조성의 우선 과제

- 현 시점에서 통일 관련 시민단체가 통일 기반 조성을 위하여 가장 우선해야 할 일은 무엇이라고 생각하십니까?

설문반응	전문가 빈도(%)
① 시민들의 통일의식 함양	78(48.8)
② 정부의 통일정책 결정과정에의 참여	19(11.8)
③ 북한이나 통일에 관한 여론 조성	16(10.0)
④ 북한의 인권 개선 노력	19(11.9)
⑤ 시민과 함께하는 통일운동 전개	28(17.5)
합계	160(100)

통일 관련 시민단체의 통일 기반 조성을 위한 우선 과제는 사업의 목적이나 시기에 따라 다르게 표출될 수 있다. 사업의 우선순위를 묻는 이 설문에서 전문가들은 '시민들의 통일의식 함양'(48.8%)을 가장 우선해야 할 과제라는 반응을 보였다. 이 같은 반응은 시민단체의 통일 기반 조성 사업에 있어서 어려운 북한 인권 개선보다는 시민들의 통일의식 함양을 우선하여야 함을 나타낸 결과이다.

우리나라의 민간 통일 단체들은 지난 10여 년간 시민들의 통일의식이나 의지 함양보다는 가시적 성과를 위한 대북 지원 사업에 치우쳐 온 것이 사실이다.[13] 이런 결과를 통해 볼 때 통일 관련 NGO는 통일 기반 조성을 위한 대북 교류·협력 사업에 앞서 시민들의 통일의식을 함양하고 시민들의 폭넓은 참여가 보장되는 통일 사업을 전개해야 함을 암시하고 있다.

4) 남북관계 개선 사업 우선순위 평가

- 통일 관련 시민단체가 그동안 추진해온 남북관계 개선 사업 중 어느 사업이 가장 긍정적인 영향을 미쳤다고 생각하십니까?

설문반응	전문가 빈도(%)
① 북한에 관한 식량이나 비료 등 지원 사업	33(20.6)
② 남북한 민간 교류 등 사회 문화 분야 교류 사업	78(48.8)
③ 6·15 공동 행사 등 남북한 공동 행사 사업	9(5.6)
④ 개성공단과 같은 대북 투자 지원 사업	23(14.4)
⑤ 금강산, 개성 등 대북 관광 활성화 사업	17(10.6)
합계	160(100)

13) 물론 이러한 대북 지원 사업도 직간접적으로 참여하는 사람들과 언론매체를 통해 이러한 보도를 접하는 일반 시민들의 통일의식 함양에 간접적으로 기여할 수도 있지만 그 범위는 제한적이다.

통일 NGO가 그동안 수행해 온 대북 교류·협력 지원 사업을 무작위로 선정하여 그 우선순위를 평가한 설문이다. 남북한의 사회 문화 분야의 교류(48.8%)가 가장 긍정적인 영향을 미쳤다고 평가하고, 뒤이어 북한에 대한 식량 지원 사업(20.6%), 개성공단 등 투자 사업(14.4 %), 금강산, 개성 등 관광 활성화 사업(10.6%) 순으로 나타났다.

이 같은 반응은 통일 NGO가 민족의 동질성 회복을 위하여 무엇보다도 남북 간의 사회 문화 교류 사업을 우선해야 한다는 입장을 반영한 결과이다. 그러나 남북한 민간 교류와 협력은 대북 지원이나 투자가 전제되어야 하기 때문에 순수 민간 교류는 사실상 불가능한 데 한계가 있다. 이를 해결하기 위해서는 정부의 정책적 노력과 함께 남북 사회 문화 교류의 범주를 넓히기 위한 NGO의 자구적인 노력도 강구되어야 할 것이다.

5) 언론의 공정 보도 태도

- 통일 관련 시민단체의 통일 기반 조성을 위한 여러 가지 대북 활동에 대해 언론매체는 어느 정도 공정하게 보도한다고 생각하십니까?

설문반응	전문가 빈도(%)
① 매우 공정하게 보도하고 있다	1(0.6)
② 비교적 공정하게 보도하고 있다	31(19.4)
③ 보통이다	66(41.3)
④ 별로 공정하게 보도하지 않고 있다	55(34.4)
⑤ 전혀 공정하게 보도하지 않고 있다	7(4.3)
합계	160(100)

통일 NGO의 대북 지원 문제나 통일문제에 관한 언론의 보도 행태는 한국의 시민사회의 여론 형성에 지대한 영향을 미친다. 이번 조사에서 전문가 집단은 언론매체가 시민단체의 활동이나 대북 문제에 관하여 공정한 보도를 한다는 입장(20%)보다는 공정한 보도를 하지 않는다는 데에 더 많은 반응(38.7%)을 보였다. 우리 언론은 통일문제에 관한 보도의 중요성을 재인식하여 통일 NGO의 역할에 편파적이지 않는 공정한 보도를 하여야 할 것이다. 이를 위해 언론은 NGO의 대북 사업을 장기적 관점에서 평가하고 보도하는 전문적인 식견을 갖추어야 한다. 또한 통일 NGO는 대북 사업이나 활동에 대해 언론 홍보를 철저히 하고, 언론 모니터링 활동도 병행하여야 할 것이다.

3. 대북·통일정책 참여도 평가

김대중·노무현 정부 시의 통일 관련 NGO는 과거와 달리 거버넌스로서 대북정책의 파트너로 적극 참여하였다. 시민단체는 정부의 대북정책에 대하여 지지 혹은 비판이라는 견제 활동을 넘어 정책 결정 과정에 직간접적으로 참여할 수 있었기 때문이다. 정부의 통일정책은 이제 시민들의 여론을 수렴할 수밖에 없으며, 통일 NGO는 시민사회 여론의 구심체 역할을 하여야 한다.

NGO의 대북 및 통일정책 과정에의 참여는 다양한 행태로 이루어지고 있으나 그 영향력 평가에는 찬반양론이 있다. 즉 NGO의 거버넌스로서의 역할은 긍정적인 측면도 있지만 정부의 대북정책에 혼선을 초래하는 등 부정적인 측면도 무시할 수 없다. 그러므로 통일 NGO의 대북정책 결정 과정에의 참여 행태와 방법, 그 효과에 관하여서는 객관적이고 종합적인 평가가 이루어져야 한다. 아래 설문 결과는 통일 NGO의 거버넌스 역할에 대한 여러 측면의 분석 결과이다.

1) 통일 NGO의 정부 정책 비판

- 이명박 정부의 대북정책인 '비핵·개방·3000'에 대하여 진보적인 통일 단체들이 비판하고 있습니다. 이 점에 대해 어떻게 생각하십니까?

설문반응	전문가 빈도(%)
① 매우 적극적으로 지지한다	16(10.0)
② 적극적으로 지지한다	30(18.8)
③ 보통이다	53(33.1)
④ 별로 지지하지 않는다	49(30.6)
⑤ 전혀 지지하지 않는다	12(7.5)
합계	160(100)

이명박 정부의 대북정책의 기본구도인 '비핵·개방·3000'에 대한 진보적인 통일운동 단체들의 비판에 대해 전문가들은 지지하지 않는다는 반응(38.1%)이 지지한다는 반응(28.8%)보다 약간 우세하다. 이러한 반응은 설문에 참여한 전문가들이 이명박 정부의 대북정책을 대체로 지지하지 않지만 지켜보자는 입장을 반영한 결과이다. 이 같은 반응은 이명박 정부의 대북 강경 정책이 자칫 남북관계를 후퇴시키고 결국 단절시킬 것이라는 우려를 반영한 결과일 것이다. 통일 NGO는 정부의 대북정책을 장기적인 안목에서 보고 거버넌스로서 역할에 보다 충실하여야 할 것이다.

2) 정책 결정 과정의 영향력

- 통일 관련 시민단체의 의견은 지난 10년간 정부의 대북정책 결정 과정에 어느 정도 반영되었다고 생각하십니까?

설문반응	전문가 빈도(%)
① 매우 많이 반영되었다	9(5.6)
② 많이 반영되었다	73(45.6)
③ 보통이다	57(35.6)
④ 별로 반영되지 못하였다	20(12.5)
⑤ 전혀 반영되지 못하였다	1(0.7)
합계	160(100)

김대중·노무현 정권 10년 동안 통일 NGO의 주장이나 의견이 대북정책 결정 과정에 많이 반영되었다는 반응(51.2%)이 그렇지 않다는 반응(13.2%)보다 훨씬 많았다. 이것은 진보 성향의 정부가 실질적으로 시민사회의 개방적이고 진취적인 여론을 대북정책에 반영하여 남북관계를 개선시켰다고 평가한 결과이다.

그러나 통일 NGO의 정책 참여의 증대는 시민단체의 주장이 정부의 대북정책에 적극 반영·수용되었다는 긍정적인 측면도 있지만, 이들의 지나친 주장이나 요구가 정부 정책 형성과 집행 과정에 혼선을 초래한 부정적인 측면도 무시할 수 없다. 그러므로 통일 관련 NGO는 정책 거버넌스로서 근시안적 단체의 이익이나 무분별한 정책 제안에 앞서 궁극적으로 민족 통일이라는 장기적이고 거시적인 시각에서 대북정책 결정 과정에 참여하여야 할 것이다.

3) 남북관계의 경색 원인

- 이명박 정부 등장 이후 남북관계는 김대중·노무현 정부와 달리 현저하게 경색되어 있습니다. 가장 큰 원인은 무엇이라고 생각하십니까?

설문반응	전문가 빈도(%)
① 정부의 대북 강경 정책 때문에	96(60.0)
② 북한의 대남 봉쇄 정책 때문에	32(20.0)
③ 통일 관련 시민단체의 활동 저조 때문에	1(0.6)
④ 국민의 여론 때문에	3(1.9)
⑤ 북한의 핵문제 때문에	28(17.5)
합계	160(100)

이명박 정부하에서 남북관계의 경색 원인에 대하여 정부의 강경 정책(60.0%)이 북한의 대남 봉쇄 정책(20.0%)이나 북한 핵문제(17.5%)보다 훨씬 높다는 반응을 보였다. 전문가들은 '비핵·개방·3000'이라는 대북정책 원칙과 구도를 수정하지 않는 한 이명박 정부의 대북 협상은 상당한 진통을 겪을 수밖에 없다고 판단한 결과이다.

사실 대북 강경 정책은 이명박 정부가 지난 대선 시의 공약을 반영한 결과로서 보수층의 여론을 의식하여 과거의 '포용정책'으로 환원하기는 힘든 한계가 있다. 통일 NGO는 경색된 남북관계를 해소하기 위하여 정부의 대북정책에 대한 비판을 넘어 합리적이고 현실적인 대안을 제시하여야 할 것이다.

4) 대북·통일정책 참여 방법

- 통일 관련 시민단체는 정부의 대북정책이나 통일정책에 대하여 어떤 방법으로 의견을 반영하는 것이 가장 효과적이라고 생각하십니까?

설문반응	전문가 빈도(%)
① 당국자와의 면담	20(12.5)
② 정책 토론회 개최	128(80.0)
③ 성명서 발표	1(0.6)
④ 서명 운동 등 온라인 활동	9(5.6)
⑤ 공개적 시위	2(1.3)
합계	160(100)

설문에 응한 전문가들은 시민단체의 대북정책 참여 방식에 관하여 '정책 토론회를 통한 의견제시 방법'(80.0%)을 압도적으로 선호하고, 부차적으로 정책 당국자와의 면담(12.5%)을 선호하고 있다. 이 같은 반응은 설문에 응한 전문가 그룹이 진보적인 재야 통일 단체들이 흔히 사용하는 시위, 서명 등의 투쟁 방법보다는 정책 토론회를 통한 정부에 대한 정책 제안 방법을 선호한 결과이다. 또한 설문의 모집단이 교수 등 지식인 등으로 구성되어 통일문제에 관한 공개적 시위나 강경책보다는 합리적, 중도적 입장을 선호하기 때문일 것이다.

한국 사회의 통일 NGO는 이제 이념의 잣대에 의한 정부 정책의 지지와 반대라는 단순 도식에서 탈피하여야 한다. 통일 NGO는 정책 토론회나 정책 당국자와의 면담을 통하여 합리적이고 실용적인 대북정책 대안을 제안하고, 이를 관철하기 위하여 시민사회의 여론도 환기시켜야 할 것이다.

5) 시민단체의 정책갈등의 원인

- 통일 관련 시민단체들 간에는 통일문제나 대북정책을 놓고 갈등 양상을 보이기도 합니다. 가장 큰 원인은 무엇이라고 생각하십니까?

설문반응	전문가 빈도(%)
① 이념적 성향 차이 때문에	114(71.3)
② 대북 사업의 주도권 경쟁 때문에	20(12.5)
③ 시민단체 간의 사업 목표의 차이 때문에	14(8.8)
④ 정부 지원금 분배 문제 때문에	5(3.1)
⑤ 지도부의 개인적 성향 때문에	7(4.3)
합계	160(100)

한국 사회의 통일 관련 NGO 간의 정책 갈등의 원인에 대하여 전문가 그룹은 압도적으로 통일문제에 대한 이념 성향의 차이(71.3%)로 보고, 일부만이 대북 사업의 주도권 경쟁(12.5%)이나 사업 목표의 차이(8.8%)라는 반응을 보였다. 사실 시민사회 내에서 보수나 진보 통일운동 단체들 간의 의견 대립과 갈등은 상호 불신으로 이어져 대화마저 기피하고 있다. 시민단체들 간의 통일문제에 관한 지나친 갈등은 시민사회의 여론을 분열시켜 통일 기반 형성에 부정적이고 소모적인 결과를 초래한다. 그러므로 이를 해소하기 위한 시민사회 내의 갈등 해소 등 자구적인 노력이 선행되어야 할 것이다. 여기에는 통일 연구 관련 학회나 연구단체의 중재 노력도 중요하다.

6) 북한 체제 폭로 전단 살포

-최근 일부 통일 관련 시민단체가 북한 체제의 모순을 폭로하기 위하여 고무풍선을 이용하여 북한 지역에 전단을 살포하였다는 보도가 있었습니다. 이 점에 대하여 어떻게 생각하십니까?

설문반응	전문가 빈도(%)
① 매우 잘한 일이다	9(5.6)
② 대체로 잘한 일이다	11(6.9)
③ 보통이다	29(18.1)
④ 바람직하지 못한 일이다	75(46.9)
⑤ 아주 바람직하지 못한 일이다	36(22.5)
합계	160(100)

최근 일부 보수적인 시민단체의 북한 지역 전단 살포 행위에 관한 설문이다.[14] 보수적 단체의

이러한 행위는 북한 통치권자나 북한 체제에 대한 모순을 폭로하기 위한 통일 NGO의 직접적인 선전 방식이지만 이를 자제시킨 김대중·노무현 정권의 정책에 대한 불만의 표출이라고도 볼 수 있다.

그러나 북한 체제 폭로문제에 관하여 전문가들은 대체로 바람직하지 못하다는 반응(69.4%)을 보였다. 이는 북한체제의 모순을 묵인하자는 뜻이 아니라 반복적인 전단 살포가 남북관계 개선에 바람직하지 못하다는 입장을 반영한 결과이다. 즉 북한 체제의 모순을 폭로하기 위한 전단 살포 행위가 북한 당국을 자극하여 남북관계 경색의 원인이 된다는 것이다. 이에 대한 정부 당국의 노력도 중요하지만 이 운동에 참여하는 민간 시민단체의 자율적인 규제 노력이 선행되어야 할 것이다.

4. 남북한 주민의식 변화의 기여도 평가

통일 NGO의 그동안의 남북 교류·협력 활동이 남북한 주민들의 의식 변화에 미친 영향력을 평가하려는 설문이다. 통일을 위해서는 궁극적으로 남북한 주민들의 통일에 관한 관심과 의지, 상호 이해 등 의식 변화가 선행되어야 한다. 그동안 통일 NGO의 활동에 따른 남북한 주민들의 의식 변화 기여도에 관한 설문 결과는 다음과 같다.

1) 통일 의지 함앙 기여도

- 통일 관련 시민단체는 지난 10여 년간 일반 시민들에게 통일의 당위성을 설득하고, 통일 의지를 높이기 위해 어느 정도 기여하였다고 생각하십니까?

설문반응	전문가 빈도(%)
① 매우 크게 기여하였다	9(5.6)
② 크게 기여하였다	43(26.9)
③ 보통이다	54(33.8)
④ 별로 기여하지 못했다	47(29.4)
⑤ 전혀 기여하지 못했다	7(4.3)
합계	160(100)

이번 설문 결과 전문가들은 통일 NGO의 그동안의 활동이 남한 주민들의 의식 변화에 크게 '기여하였다.'는 반응(32.5%)이 '보통'이라는 반응(33.8%), '기여하지 못했다'는 반응(33.7%)과

14) 탈북자 단체인 북한인권연합(대표: 이민복), 납북자가족협의회, 일부 종교 성향의 시민단체가 주축이 되어 여러 차례 대북 전단을 살포하였다. 이에 대해 북한 당국은 남북 군사 당국자 회담을 요구하여, 남한 정부가 제재 조치를 하지 않으면 개성공단도 폐쇄할 뜻을 밝힌 바 있다.

거의 비슷하게 나타났다. 이 같은 반응은 통일 NGO의 교육 활동이 주민들의 통일문제에 관한 관심과 의지 형성에 대한 양면적인 평가가 가능하며, 아직도 평가하기에는 이르다는 측면도 있다.

통일 NGO는 통일의지 함양을 위한 교육적 노력뿐만 아니라, 다양한 시민 참여 프로그램을 준비할 필요가 있다. NGO는 '시민 없는 시민단체'라든지 '당신들만의 활동'이라는 비판에 귀를 기울여 시민 다수의 참여를 유도하고, 그들의 통일문제에 관한 관심과 의지를 제고하는 교육에 지속적인 노력을 경주하여야 할 것이다.

2) 대북 인식 변화 기여도

- 통일 관련 시민단체는 남북 교류·협력 사업을 통하여 일반 시민들의 북한에 관한 인식 변화에 얼마나 기여하였다고 생각하십니까?

설문반응	전문가 빈도(%)
① 매우 크게 기여하였다	2(1.2)
② 크게 기여하였다	50(31.2)
③ 보통이다	62(38.8)
④ 별로 기여하지 못하였다	43(26.9)
⑤ 전혀 기여하지 못하였다	3(1.9)
합계	160(100)

통일 NGO는 다양한 대북 활동이나 사업을 통하여 일반 시민들의 북한에 관한 인식 변화에 기여하였다는 반응(32.4%)이 기여하지 못하였다는 반응(28.8%)을 약간 앞서고 있다. 이러한 반응은 그동안의 제반 활동이 시민들의 대북한 인식 구조를 바꾸는 데 일정 부분 기여하였음을 인정한 결과이다. 그러나 통일 관련 NGO의 그동안의 활동이 주민들의 북한에 대한 인식 변화에 기여하지 못하였다는 반응(28.8%)에도 특별히 유의해야 한다. 그것은 우리 사회에 만연된 북한 당국에 대한 강한 불신을 반영한 결과이며, 북한체제는 특성상 시민단체의 활동만으로 변화하기 어렵다는 인식에도 연유한다. 이 같은 결과는 시민들의 대북 인식 구조가 적대적 인식에서 동반자적 인식 구조로 전환하는 데 상당히 오랜 시간이 요구된다는 점을 암시한 결과이다.

3) 북한 주민의 대남 인식 변화 영향력

- 통일 관련 시민단체가 추진해온 남북 교류·협력 사업은 북한 주민의 대남 인식 변화에

어느 정도 영향을 미쳤다고 생각하십니까?

설문반응	전문가 빈도(%)
① 매우 큰 영향을 미쳤다	2(1.2)
② 큰 영향을 미쳤다	27(16.9)
③ 보통이다	56(35.0)
④ 거의 영향을 미치지 못했다	57(35.6)
⑤ 전혀 영향을 미치지 못했다	18(11.3)
합계	160(100)

북한 주민들의 대남 인식 변화에 관한 북한 현지의 설문조사는 현실적으로 불가능하다. 통일 NGO의 대북 교류·협력 사업이 북한 주민들의 대남 인식 변화에 미친 영향에 대한 예상 조사에서 전문가들은 영향을 미치지 못했다는 반응(46.9%)이 대체로 영향을 미쳤다는 반응(18.1%)을 압도하고 있다. 이는 설문에 응한 전문가 그룹이 경직된 북한체제와 북한 주민들의 가치관이 내부의 통제 장치에 의해 외부의 영향을 거의 받지 않는다는 사실을 잘 알기 때문일 것이다. 또한 이러한 반응은 엄격히 통제된 북한 체제에 대한 오래된 불신에도 기인한 결과이다.

그러나 북한 주민들은 남북의 접촉과정을 통해 남한 사람들의 가치, 태도 등을 접하고 그들의 대남 인식이 내면적으로 달라지고 있지만, 그들의 통제 체제의 특성상 노출될 수 없기 때문일 것이다. 통일 NGO의 꾸준한 교류·협력·지원 사업은 독일 통일과정에서 보았듯이 장기적으로 보면 북한 주민들의 대남 인식 구조에 상당히 영향을 미칠 것은 분명하다.

4) 북한 개혁 개방에 대한 영향력

- 통일 관련 시민단체의 남북 교류·협력 사업은 북한의 개혁·개방 등 북한 체제의 변화에 어느 정도 영향을 미쳤다고 생각하십니까?

설문반응	전문가 빈도(%)
① 매우 큰 영향을 미쳤다	3(1.9)
② 큰 영향을 미쳤다	25(15.6)
③ 보통이다	46(28.8)
④ 별로 영향을 미치지 못했다	72(45.0)
⑤ 전혀 영향을 미치지 못했다	14(8.7)
합계	160(100)

통일 NGO 활동이나 역할이 북한 개혁 개방 등 체제 변화에 미친 영향에 대한 총괄적인 평가 문항이다. 북한의 개혁 개방 등에 영향을 미치지 못했다는 반응(53.7%)이 영향을 미쳤다는 반응(17.5%)을 압도하고 있다. 북한의 체제 변화는 개혁 개방을 향한 북한의 정책 변화가 선행되어야 하는데 현재로서는 그들의 의미있는 정책 변화의 징조를 기대하기 어렵기 때문이다.

그러나 통일 NGO의 대북 교류·협력 활동이 북한의 경직화된 체제 변화에까지는 영향을 미치지 못해도, 그들의 부분적인 정책 변화에는 영향을 미친다고 볼 수 있다. 사실 북한 당국은 경제적 위기를 극복하기 위한 합영법 도입, 부분적인 분권화 정책, 종합 시장의 설치 등 7·1 경제 개선 조치를 통해 경제 정책의 변화를 추구하였기 때문이다. 통일 NGO가 북한과의 교류·협력을 지속적으로 추진할 경우 그들의 개방과 개혁의 폭은 넓어지고 속도는 더욱 가속화되어 결국 체제 변화에까지 영향을 미칠 것이다.[15] 그러므로 통일 NGO는 북한의 개혁 개방을 유도할 수 있는 장·단기적이고 전문적인 프로그램을 마련하여야 할 것이다.

5) 북한 체제 변화를 위한 우선 사업

- 통일 관련 시민단체가 통일 기반 구축 과정에서 굳어져 있는 북한 체제의 변화를 유도하기 위하여 가장 중요시해야 할 사업은 무엇이라고 생각하십니까?

설문반응	전문가 빈도(%)
① 남북한 민간 교류 접촉	99(61.9)
② 남북한 공동 행사 개최	20(12.5)
③ 북한 동포 돕기 운동 전개	26(16.3)
④ 북한 당국자의 남한 초청	10(6.2)
⑤ 북한 지역에 북한 모순 폭로 전단살포	5(3.1)
합계	160(100)

북한의 변화를 유도하기 위한 통일 NGO의 활동과 사업의 우선순위로 남북한 민간 교류(61.9%)가 압도적으로 많고, 북한 동포 돕기(16.3%), 남북 공동 행사(12.5%)가 뒤를 잇고 있다. 전문가 그룹은 남북한의 민간 교류와 접촉이 실질적인 남북관계 개선뿐만 아니라 북한 체제 변화에 상당한 영향을 미칠 것으로 보기 때문이다.

15) 북한 당국은 개혁 개방 과정에서의 체제 붕괴를 가장 두려워하여 조심스러운 정책 변화를 꾀하고 있는데 그것이 북한 지도부의 이중적 딜레마라고 볼 수 있다.

남북한 민간 교류는 남북 이산가족 상봉이나 의료, 예술, 종교, 학술, 언론 등 각 분야의 회합과 인적 접촉을 통하여 이루어질 수 있다. 현재 북한 당국은 북한에 대한 지원이나 협력이 전제되지 않은 민간의 교류와 접촉은 일체 허용하지 않고 있다. 정부뿐만 아니라 민간 통일운동 단체는 교류·협력이라는 기본 틀을 유지하면서 이를 개선하기 위한 다각적인 노력을 경주하여야 할 것이다.

5. 종합적 평가와 제언

통일 NGO의 역할은 다양한 기준에 의하여 평가할 수 있겠지만 앞의 설문조사에서는 남북 교류·협력·지원 활동, 통일정책 수립에의 기여도, 남북한 체제 변화에 대한 기여도라는 3개 영역 16개 문항을 통하여 조사·분석하였다.

통일문제 전문가들은 한국의 통일 관련 NGO가 통일 기반 조성을 위한 시민들의 통일의식 함양, 통일문제의 공론화, 교류·협력의 활성화 등에는 긍정적으로 기여하였다고 평가하였다. 그러나 교류·협력과정에서는 이념의 편향성, 과당 경쟁, 성과주의에의 집착 등을 문제점으로 지적하여 부정적으로 평가하고 있다. 통일 NGO의 대북 지원 활동 역시 긍정적으로 평가하고 있으나 아직도 무원칙적인 대북 지원, 업무의 중복성, 업적 전시용 활동 등 역기능적 측면은 부정적으로 평가하고 있다.

또한 정책 거버넌스로서의 통일 NGO의 역할에 대하여 정책 결정 과정의 영향력은 증대되었으나 이념적 편향성, 참여 방법의 혼선, 정부와의 정책 갈등 등 부정적인 측면도 무시할 수 없다. 나아가 통일 NGO의 활동의 성과로서 남한 주민들의 통일문제에 관한 인식 변화에는 어느 정도 기여하였으나, 북한 주민의 의식 변화와 북한의 개혁 개방 등 체제 변화에는 아직도 기여하지 못한 것으로 평가하고 있다.

결론적으로 통일 관련 시민단체의 통일을 위한 그동안의 활동과 역할은 통일 기반 조성을 위하여 긍정적으로 기여한 점이 많지만, 대북 접근 자세 등 남북 교류협력 과정에서 역기능적이고 부정적인 측면도 무시할 수 없는 것으로 나타나 있다. 그러므로 통일 NGO는 통일을 위하여 앞으로 긍정적인 역할은 더욱 활성화하면서, 그동안 제기된 부정적이고 역기능적인 문제점은 해소하도록 노력하여야 할 것이다. 이번 설문조사와 현장 활동가들의 면접을 통하여 얻은 통일 관련 NGO의 역할과 방향에 대한 제언을 정리하면 다음과 같다.

첫째, 한국의 통일 NGO는 양적 성장에 만족하지 않고 질적인 측면에서 자체의 인적·물적 역량을 더욱 강화하여야 한다. 통일 NGO는 시민들의 광범한 참여를 유도하고 이념과잉에서 탈피하고 운영 방식의 민주성과 재정의 투명성을 확보하는 등 조직의 능력을 향상시켜 시민사회의 신뢰성부터 확보하여야 할 것이다.

둘째, 통일 NGO는 그동안 사업이나 활동의 중복성과 무분별성, 연계 활동의 부진, 활동 규칙의 미비 등을 개선하여 새로운 대북교류 활동을 전개하여야 할 것이다. 이를 위해 단체들 간의 합리적인 논의 구조를 마련하고 사업을 분담하는 등 역할을 합리적으로 조절할 필요가 있다.

셋째, 통일 NGO는 교류·협력 사업의 평가 결과를 토대로 사업의 다양화와 전문화를 위한 방안을 마련하여야 한다. 나아가 대북 지원 단체 협의회 등을 통해 대북 지원 사업을 특화하거나 전문화하여 사업의 효율성을 위하여 더욱 노력하여야 할 것이다.

넷째, 통일 NGO는 통일문제나 대북정책의 실질적인 거버넌스로서의 역할에 더욱 충실하여야 한다. 통일 NGO는 아직도 경직된 보수와 진보라는 이념 도식을 탈피하지 못하고 있다. 통일 NGO는 시민사회의 개방화와 사회 민주화의 진전에 따라 진보나 보수의 이념 편향성에서 탈피하여 정책에 대한 지지나 비판을 넘어 합리적인 정책 대안을 제시하여야 할 것이다.

제3절 통일 NGO의 활동과 역할 평가

한국의 통일 NGO의 그동안의 활동은 어떻게 평가할 수 있을까? 분단 이후 통일 NGO는 통일운동의 침체기와 부활기, 성장기, 재정비기를 거치면서 다양한 활동과 역할을 추진한 것은 사실이다. 그러나 그들의 활동이나 역할에 대한 객관적 평가는 상대적으로 소홀했으며 관심도 부족했던 것이 사실이다. 본 절에서는 한국의 통일 관련 NGO들의 그동안의 활동과 역할을 종합적으로 분석 평가하려고 한다.

한국의 통일 관련 NGO는 그동안 경색된 남북관계를 완화하는 데 크게 기여했다는 긍정적인 평가도 있고, 성과주의에 집착하여 아무런 원칙이나 기준도 없이 무분별하고 조급한 활동을 했다는 부정적인 평가도 있다. 통일을 대비한 국내 통일 NGO들의 역할의 적절성을 개괄적으로 묻는 어느 설문조사에서 '역할을 제대로 하지 못한다.'는 응답(41.2%)이 '역할을 잘하고 있다.'는 응답(24.7%)보다 많은 것으로 나타나 있다.[16]

통일 NGO의 역할 중 긍정적이고 순기능적인 측면은 어떤 것이며, 부정적이고 역기능적인 측면은 어떤 것일까? 우리는 통일 NGO의 역할에 관하여 반북이나 친북 혹은 좌파와 우파라는 이데올로기적 평가 기준에서 탈피하여 객관적으로 그들의 역할을 평가해볼 필요가 있다. 이를 위해서는 그 평가의 준거를 보다 명료하게 설정하여 분석할 필요가 있다.

통일 관련 NGO는 시민사회의 성장과 발전에 따라 시민들의 폭넓은 참여, 시민사회의 통일 관련 여론의 집약, 건설적인 정책 대안 제시, 활동의 전문성과 대중성 확보 등을 통해 조직 역량을 강화하여야 한다. 앞으로 통일 NGO의 바람직한 활동과 새로운 역할 과제를 설정하기 위하여 통일 기반 조성, 남북한의 화해 협력, 북한 인권 개선, 정책 거버넌스라는 네 가지 범주로 나누어 그 역할부터 평가하고자 한다.

1. 통일 기반 조성 역할 평가

통일 NGO의 통일 기반 조성에 기여한 역할을 먼저 점검하고 평가하려고 한다. 이는 통일 NGO가 그동안 전개한 다양한 활동을 통하여 얻은 결과에 대한 평가라고 볼 수 있다. 통일 NGO는 통일 기반 조성을 위하여 기여한 긍정적인 측면을 살펴보고 나아가 부정적인 측면을 점검하려고 한다. 바람직하고 긍정적인 역할은 더욱 조장하고 그렇지 못한 부정적인 역할은 꾸준히 시정하고 해소하여야 할 것이다.

1) 긍정적인 측면

(1) 통일문제의 공론화 역할

통일문제의 공론화란 통일 NGO가 통일에 대한 시민사회의 관심을 환기하고 통일의 당위성을 인식케 하고 구성원들의 통일 의지를 확산하는 데 기여한 긍적적인 역할을 말한다. 통일 NGO는 다양한 활동을 통하여 통일문제에 대한 시민사회의 여론 환기 등 여론의 공론화에 긍정적으로 기여하였다고 볼 수 있다.

우리 시민사회에서 통일의 당위성이나 필요성을 자각하고 공동체 구성원들이 이를 성취하겠다

16) 손기웅 외, 앞의 책, 42쪽. 이 조사에서 '역할을 제대로 하지 못한다.'는 것은 '적절한 역할을 하지 못하고 있다.', '전혀 역할을 하지 못하고 있다.'는 반응이 포함되었으며, '역할을 잘하고 있다.'는 것은 '매우 적절한 역할을 하고 있다.', '적절한 역할을 하고 있다.'는 반응이 함께 포함된 응답이다.

는 의지가 확고할 때 통일은 가까워질 수 있을 것이다. 레이 클라인(Ray Cline)은 국력으로서 영토와 경제력 등 물질적 토대도 중요하지만 국가의 전략적 목표와 국민들의 의지 등 정신적 토대를 더욱 중요시하였다. 통일 NGO는 그동안 통일을 위한 시민사회의 정신적 토대 형성에 긍정적으로 기여하였다고 평가할 수 있다.

과거 권위주의 정부하에서는 대북 문제나 통일문제가 정부 당국의 독점 영역이었으며 시민사회에서 그것을 거론하는 것 자체를 금기시하였다. 당시에는 시민사회의 통일문제 논의 자체가 반정부적, 반체제적 관점으로 오해되어 문제 제기 자체가 엄격히 금지되었기 때문이다. 그러나 오늘의 통일 NGO는 통일 이슈를 공공의 문제로 끌어들이는 매개집단으로서의 역할을 충실히 수행하고 있다. 통일 NGO들은 시민들과의 직접적인 접촉을 통해서 남북관계와 통일문제에 관한 여론을 형성하고, 이러한 과정에서 얻어진 결과를 다시 대중에게 새로운 정보로 전달함으로써 통일문제를 시민사회에 공론화시켰다. 그동안 통일 NGO가 시민들의 통일의 필요성이나 대북한 인식 전환에 긍정적으로 기여하였음은 설문조사의 결과에도 잘 나타나 있다.

우리사회에서 통일문제에 관한 구성원들의 완전한 합의는 쉽게 도출되지 않는다. 통일문제는 정치적 이데올로기적 입장이 강하게 작용하여 보수와 진보진영 간의 상호 불신과 대립이 빈번하기 때문이다. 통일 NGO들은 시민사회에서 통일문제에 관한 합리적 의사소통의 장을 마련하여 갈등을 해소하는 데 상당히 기여하였다.[17] 최근 통일 NGO가 대북정책이나 통일정책에 관한 강연회나 토론회를 자주 개최하고 이를 통해 통일문제에 관한 시민들의 공감대 형성과 인식을 공유케 한 것은 바람직한 현상이라고 볼 수 있다. 통일 NGO는 앞으로도 통일의 당위성과 필요성을 시민사회에 공론화하여 시민들의 통일의 꿈과 의지를 배양하는 역할에 더욱 충실해야 할 것이다.

(2) 남북의 정치·군사적 긴장 완화 역할

통일 NGO는 남북 간의 정치적 군사적 긴장 시에 이를 완화하는 긍정적인 역할을 하였다고 평가할 수 있다. 김대중 정부와 노무현 정부 시절 남북한 사이에 정치·군사적 마찰이 빚어졌을 때도 국내 NGO들의 남북교류나 대북 지원 사업은 지속될 수 있었다.[18] 이처럼 NGO들의 대북

17) 최근의 이러한 활동은 몇 가지 경향성을 보이고 있다. 첫째, 대북 관련 토론회들이 급증하면서 주제들이 상호 보완적인 측면이 강하고, 둘째, 눈에 드러나는 공개적인 토론회보다 오히려 비공개적인 토론회가 활성화되고 있으며, 셋째는 개별 NGO를 넘어선 토론의 연대 활동이 본격화되고 있는 점이다.

18) 손기웅 외, 앞의 책, 72쪽.

교류·지원 활동은 남북관계의 긴장 시에도 파국으로 치닫지 않도록 하는 완충제 역할을 하였다고 볼 수 있다. 결국 민간의 교류와 협력이 남북한 당국의 정치·군사적 마찰에서 파생될 수 있는 불협화음의 완화에 기여하고, 정부 당국 간의 대화나 협력 기반을 마련하는 데 일정 부분 긍정적인 역할을 하였다고 볼 수 있다.

결국 통일 NGO는 정부가 추진하는 대북 교류·협력 정책이 위기에 처했을 때 당국 간의 대화 재개와 신뢰 형성의 매개 역할을 하였다. 통일 NGO는 정부 당국 간 마찰이 발생하는 상황에서도 여론을 조성하여 당국 간의 대화와 관계개선을 위한 명분과 토대를 제공해 주었기 때문이다.[19] 또한 국내외 평화 NGO들도 남북한의 갈등 상황 발생 시 한반도 긴장 완화를 위한 일정 수준의 갈등 관리 역할을 하였다고 평가할 수 있을 것이다.

지난 1999년 서해교전이나 금강산 관광객 억류 사건 등으로 남북 당국 간의 긴장이 조성되었을 때에도 통일 NGO는 이를 해소하는 촉매자로서 민간 분야 교류와 협력을 계속할 수 있었다. 그 후 여러 차례 남북 간의 갈등 상황이 조성되어도 NGO를 통한 대북 지원 및 교류 사업은 별다른 영향을 받지 않고 유지됨으로써 당국 간 대화가 재개될 수 있는 발판을 제공하였다. 이명박 정부 출범 후에도 천안함 피격 사건, 연평도 포격 사건 이후에는 민간단체의 대북 사업은 극도로 제한되었지만 유진벨재단 등 민간단체의 대북 지원은 재개되어 남북 대화의 불씨를 마련하였다. 이처럼 NGO를 통한 대북 지원 및 교류 사업은 남북관계의 긴장을 완화하고, 갈등 관리와 조정이라는 긍정적 역할을 하였다고 평가할 수 있다.

2) 부정적인 측면

(1) 통일 NGO 간의 이념갈등

통일 NGO의 통일 문제 논의 구조가 과거 권위주의 정부 시절에는 정부 대 시민사회의 대립 구도였으나, 민주화 이후에는 점차 시민사회 내의 진보 대 보수의 대립 구도로 바뀌었다.[20] 1987년 민중항쟁 과정에서 NGO 간의 이념의 대립은 통일운동 단체 간의 분열과 갈등으로 비화하였다. 2000년 역사적인 정상회담 이후에도 포용정책을 지지하는 진보단체와 이를 반대하는 보수단체의 갈등은 더욱 증폭되었다.

---

19) 정영태 외, 「한반도 평화형성을 위한 국내 NGO 교류협력 활성화 및 인프라 구축방안」, 『동북아 지역 내 NGO 교류협력 활성화 및 인프라 구축방안』, 통일연구원, 2006, 61~62쪽.

20) 이우영, 앞의 논문, 36쪽.

통일 NGO들은 지난 2001년 6·15 남북공동 행사에 참가한 남측 대표단이 평양에서 대립되었던 문제를 기억할 필요가 있다. 당시 우리 측 대표단 내의 상호 비난은 민간 통일운동의 이념의 대립과 난맥상을 단적으로 보여준 사례이다. 강정구 교수의 만경대 방명록 파문 사건은 NGO와 정부 당국, 또는 진보, 보수 NGO 간의 시각 차이를 여실히 보여준 사건이다. 2001년 6월 21일 국가보안법 위반 혐의로 수사기관에 연행된 강정구 교수는 연행 직전 자신의 심경을 "김일성 주석 가문이나 주체사상을 찬양할 의사가 없었고, 단지 순간적으로 나타난 단상을 방명록에 가벼운 마음으로 적었다."라고 밝힌 바 있다.[21] 이 문제를 보는 시각도 통일 NGO들의 이념 성향에 따라 긍정과 부정으로 갈라지고, 그로 인해 시민사회의 여론도 상반될 수밖에 없었다.

통일운동은 본질적으로 지역과 이념을 초월한 민족 통일과 국민 통합을 위해 시민사회의 힘을 모아가는 과정이 되어야 한다. 그러나 통일문제에 대한 진보와 보수단체 간의 이념갈등은 정치권과 지역, 세대 간의 이념의 대립을 더욱 촉발하고, 시민사회를 분열시키는 데 문제가 있다. 보수와 진보단체의 이념적 갈등은 대화와 합의보다는 아직도 상호 비방과 폭로로 연결되어 비생산적인 논의 구조를 그대로 존속시키는 데 문제가 있다.

보수적 통일 NGO들은 지난 10년간 김대중·노무현 정부 시기의 대북정책을 '좌파 용공 정책'으로 비난하고 '잃어버린 10년'이라고 규정하였다. 이에 진보적인 통일 운동 단체는 이명박 정부의 대북 강경 정책을 시대에 뒤진 '수구 냉전적 정책'으로 비난하였다. 대북정책이나 통일정책을 둘러싼 통일 관련 NGO 간의 이념갈등은 상호 비판의 수준을 넘어 상호 부정하고 거부하는 비생산적인 네거티브(negative) 게임으로 이어지고 있다. 나아가 그것이 그들만의 문제가 아니라 시민사회의 이념갈등을 조장하고 증폭시키는 데 문제의 심각성이 있다. 이명박 정부의 대북 강경 정책에 관하여 보수적인 통일 NGO들의 맹목적인 지지도 문제이지만, 일부 진보적 통일운동 단체의 비난과 거부도 문제가 아닐 수 없다.

결국 통일 NGO 조직 간의 이념적인 반목과 대립은 통일 기반 조성에 부정적인 영향을 미친다. 통일문제에 관한 NGO들 간의 입장 대립과 갈등이 지속되면 정책 갈등이 초래되고 결국 시민사회의 여론 분열이라는 악순환 구도가 반복될 수 있다. 이러한 통일운동 단체 간의 이념갈등은 통일의 길목에서 걸림돌이 될 뿐만 아니라 통일 이후에도 후유증은 잔존할 가능성이 높다. 따라서

21) '한겨레신문' 2001. 8. 23. 강 교수는 "만경대는 단순히 김일성주의나 주체사상을 의미하는 것이 아니라 다른 해석이 가능한데도 언론에 그것이 김일성주의로만 치환되어 버린 것"은 문제라고도 지적하고, "전혀 예상치 않았던 이 사건으로 개인적으로 국민 여러분에게 큰 심려를 끼쳐 송구스럽게 생각한다."라고 하였다.

통일 NGO는 상호 파괴적인 부정적 게임(negative game)을 상호 생산적인 긍정적 게임(positive game)으로 바꾸어 나가야 할 것이다.

(2) 시민사회의 남남 갈등

자유 민주주의 사회에서 통일 관련 NGO 간의 이념대립과 갈등은 불가피한 현상(78.8%)이며, 다원주의 사회의 부수적인 문제이다.[22] 그러나 그것이 통일문제에 관한 시민사회의 남남 갈등으로 이어지는 데 문제의 심각성이 있다. 남북관계와 통일문제의 현안에 대하여 진보와 보수라는 시민사회의 상반된 입장이 남남 갈등으로 비화되고, 그것이 정부의 대북정책에 관한 추동력을 약화시킨다. 이명박 정부의 '비핵·개방·3000' 정책에 관해서 여론은 '지지하지 않는다.'는 입장(38.1%)과 '지지한다.'는 입장(28.8%)으로 팽팽히 양분되었다.[23] 통일정책에 관련된 시민사회의 이러한 상반된 입장은 보수와 진보단체의 갈등을 그대로 반영하고 있다. 이 같은 시민사회 내의 남남 갈등은 결국 통일문제에 관한 소모적인 논쟁으로 국론 분열만 초래한다.

결국 통일문제 전반에 관한 기본 입장에 있어서 우리 사회는 아직도 정부와 통일 NGO, 당국과 비당국, 보수 세력과 진보 세력 사이에 상당한 괴리가 있다.[24] 이러한 맥락에서 시민사회 내부에서 통일을 바라보는 기본 시각에 있어서도 극단적인 대립 상황이 노출되고 있다. 그러므로 보수적 NGO의 북한체제에 대한 맹목적인 비난과 적대시 입장도 지양되어야 하고, 일부 진보적 단체의 북한의 입장을 대변하는 듯한 친북적이거나 종북적 입장도 반드시 극복되어야 할 문제이다.

통일 NGO의 북한주민을 돕기 위한 식량 지원 활동에 대해서도 시민사회의 여론은 상반된다. 대북 지원이 북한 주민들의 식량문제 해결에 실질적인 도움을 준다는 긍정적 평가와 함께 북한 당국의 오만하고 경직된 자세를 키웠다는 부정적 평가도 있다. 그동안의 대북 지원 활동에 대한 정치권뿐만 아니라 시민사회 내에서 '퍼주기 논쟁'도 이러한 상반된 평가의 결과이며 이로 인해 시민사회의 여론은 더욱 분열될 수밖에 없다. 또한 통일 관련 NGO의 대북 교류 활동이 남북관계의 긴장 완화뿐만 아니라 남북주민 간의 화합에 긍정적으로 기여한다는 평가와 이들의 활동이 이벤트적인 행사에 치중하여 실질적인 통일문제 해결에 기여하지 못한다는 부정적 평가가 교차되고 있다.[25]

---

22) 배한동, 「한국의 통일 관련 NGO의 역할 평가와 과제 설정」, 『대한정치학회보』 제17집 제2호, 2009, 296쪽.
23) 배한동, 『새로운 통일교육론』, 경북대학교출판부, 2009, 120~124쪽.
24) 안성호, 「남북통일과 NGO 역할」, 『북한연구학회보』 제6권 제2호, 북한연구학회, 2002, 136쪽.
25) 손기웅 외, 앞의 책, 2쪽.

이러한 시민사회의 남남 갈등은 국민적인 합의가 요구되는 정부의 대북정책이나 통일정책에 대한 갈등을 유발하여 국론 통일을 어렵게 한다. 통일 NGO들은 통일문제에 관한 분열된 시민사회의 여론을 합리적 토론의 과정을 통해 해소하려는 다각적인 노력을 경주하여야 할 것이다.[26]

2. 남북 화해·협력 역할 평가

김대중·노무현 정부 시기의 통일 NGO의 대북 교류·협력·지원 활동을 어떻게 평가할 것인가. 통일 NGO의 대북 활동의 효과에 대해서는 정부와 시민사회 내에서도 찬반양론이 있다. 찬성론의 근거는 인도적 대북 지원은 남북의 화해와 협력 등 남북관계 개선에 크게 기여한다는 점이고, 반대론의 주된 근거는 시민단체의 대북 지원이 상호주의 원칙에 위배될 뿐만 아니라 분배의 투명성이 보장되지 않고, 수혜자인 북한의 태도 변화에 기여하지 못했다는 점이다. 통일 NGO의 대북 교류 협상과정에서의 문제점은 통일 NGO의 역할에 관한 설문조사 결과에도 잘 나타나 있다. 즉 대북 협상 시 문제점으로 북한의 '과도한 요구 수용'(21.9%), 시민단체의 과당 경쟁(14.4%), 정부 지원금의 투명성 결여(13.1%) 등으로 나타났다.[27] 이 분야에 관한 통일 NGO의 역할상의 공과를 평가하면 다음과 같다.

1) 긍정적인 측면

통일 NGO의 대북 교류·협력·지원 활동은 긍정적으로 평가할 수 있는 측면이 많다. 남북의 교류·협력 사업이 남과 북이 갖고 있는 비교우위 요소들을 상호 보완케 함으로써 단기적으로는 상생의 이익을 도모하고, 장기적으로는 한반도 전체의 민족경제 역량을 높일 수 있다는 것이다. 남과 북은 경제 분야에 있어서 부문적인 교류·협력을 시도함으로써 두 지역 경제가 하나의 경제공동체로 결합될 가능성을 보여주었다. 이것은 통일 이후 예상되는 막대한 통일비용을 사전에 줄여줄 수 있다는 전망도 가능케 한다. 여기에서는 대북 교류·협력과 지원 활동을 통해 나타난 희망적이고 긍정적인 측면을 구체화하기로 한다.

---

26) 서경석, 「남남 갈등 극복의 길: 대북 지원 NGO의 입장에서」, 한국NGO학회 주최 학술회의(11월 5~6일), 2002, 4쪽.

27) 배한동, 앞의 책, 320쪽.

(1) 남한 사회의 대북 인식 변화

대북 교류·협력·지원 활동은 남한 사람들의 북한에 대한 인식 변화에도 긍정적인 영향을 미쳤다고 볼 수 있다. 이것은 통일 NGO의 역할에 관한 전문가 대상 설문조사 결과에서 잘 나타나 있다. 즉 통일 NGO의 남북 교류·협력 활동이 민족 동질성 회복에도 상당히 긍정적으로 기여하였다는 여론조사 결과도 그 같은 입장을 뒷받침하고 있다.[28)]

통일 NGO의 북한 방문과 공동행사 추진은 남한 주민들의 고정된 대북 인식 틀을 변화시키는 데에도 일정 부분 기여하였다. 통일 NGO의 인도적 대북 지원 사업, 북한 동포 지원에 관한 모금 운동은 남한 사회에 굳어져 있는 맹목적 반북·반공의식, 적대의식을 변화시키는 계기가 되었기 때문이다. 결국 통일 NGO의 북한 주민 돕기 운동이나 교류·협력 운동은 냉전시대 반공교육 등에 의해 굳어진 북한에 대한 도식적인 인식의 틀을 바꾸는 데 상당히 기여하였다고 평가할 수 있다.

(2) 북한 당국 및 주민의 인식 변화

1995년 통일 NGO가 대북 지원 사업을 시작하기 전 남북한 당국은 서로 상대를 적대적 시각으로 바라보는 반목과 불신 현상이 심각하였다. 그러나 북한 당국은 통일 NGO의 다양한 대북 지원 활동을 거부감 없이 받아들였으며, 그것이 북한 주민들의 태도변화에도 상당한 영향을 미쳤다고 볼 수 있다.

통일 NGO가 수행하는 대북 지원 사업은 대북 경직성을 완화시켜 대북 접근을 용이하게 하였으며, 그것이 북한 당국의 태도 변화에도 일정 부분 기여하였다고 볼 수 있다. NGO의 대북 지원 사업의 초기에는 북한 당국이 지원 물자에 대해 엄격하게 모니터링하고, 지원 현장을 직접 방문해서 감독하거나 지원 단체와 북한 주민과의 접촉을 엄격히 금지하는 등 제한조치를 취하였다. 그러나 시간이 지남에 따라 북한 당국은 NGO의 지원 사업에 대해 호의적인 반응을 보였고, NGO 실무자들의 직접 방북을 허용하였으며, 지원 물자의 분배 확인을 위한 남한 측 NGO 관련자들의 방북까지 허용하였다.

통일 NGO의 남북 교류·협력 과정에서의 여러 차례의 행사와 만남을 통하여 상호 이해의 폭은 예상보다 넓어졌다. 역설적으로 NGO의 남북 교류·협력 과정에서 북한 당국이 그것을

---

28) 손기웅 외, 앞의 책, 41~75쪽. 교류·협력 활성화를 통한 주민의식 변화 기여도에 관한 설문 3~6항, 동질성 회복 기여도 3~7항 참조.

체제 선전에 이용한다는 주장도 제기되었지만, 그 성과나 효과는 무시해도 좋을 정도이다.[29] 오히려 이 교류·협력 과정에서 북한 주민들이 남한 사람과 남한 사회를 이해하는 계기가 될 수 있었다. 남북한은 모두 반세기 이상의 분단으로 언어, 문화, 사상 등에서 상당한 이질감을 보이고 있다. 그러나 남과 북은 지속적인 NGO의 교류·협력 활동 등을 통해 서로 간의 차이를 확인하면서도 서로를 이해할 수 있는 계기를 마련하였던 것이다. 북한 주민들은 상호 접촉을 통해 남한의 다원주의적이고 개방적인 태도와 문화를 접할 수 있었을 것이다. 그 결과 통일 NGO의 대북 교류·협력·지원 활동은 결국 북한 당국뿐만 아니라 주민의 태도 변화에 일정 부분 기여함으로써 긍정적으로 평가할 수 있을 것이다.[30]

또한 북한 주민들은 교류·협력을 추진하는 과정에서 자신들이 자랑하던 북한 체제의 우월성의 허구성을 자각하고 남한이라는 실체를 바르게 인식하는 계기가 되었을 것이다. 그들은 항상 자랑하던 그들의 '사회주의 강성 대국' 신화가 별것 아니라는 것도 깨닫게 되었을 것이다. 북한 주민들은 계속된 남북 실무자 간의 만남과 대화를 통해 남쪽의 삶의 방식과 가치관까지 접할 수 있을 뿐만 아니라, 이를 통해 자신들의 초라한 정체성을 확인하는 계기가 되었을 것이다.[31] 단지 그들이 이러한 점을 겉으로 표현하지 않고 있을 뿐이다.

(3) 북한 주민들의 식량난 해소

남북 간의 경제 교류·협력·지원 사업은 북한 주민들의 심각한 식량위기 해소에 기여하고, 북한의 경제난 해소에도 일정부분 기여하였다.[32] 북한 인구 2400만 명이 필요한 식량은 연간 약 600만 톤인데 북한의 연 평균 생산량은 400만 톤이어서 약 200만 톤이 부족한 실정이었다. 당시 매년 50만 톤의 남한의 대북 식량과 비료 지원은 주민들의 고통 해소에 실질적인 도움이 되었다고 볼 수 있다. 한편 통일 NGO는 남한 물자의 대북 지원 과정에서 발생할 수 있는 북한 당국의 경계와 주민들의 충격을 완화시키는 완충제 역할도 하였다.

물론 우리 사회 일각에서는 대북 지원이 퍼주기에 그치고 말았다는 부정적인 평가도 있다. 또한 대북 지원이 평양에 집중되어 지원이 시급히 요구되는 지방 주민들에게는 도움이 되지

29) 2001년 무렵부터 북측은 자기 체제의 정통성과 자랑스러움을 선전하였지만 우리와의 교류를 추진하는 과정에서 자신들이 자랑하던 업적들이 별것 아니라는 것을 깨닫게 되었기 때문이다.
30) 안성호, 앞의 논문, 124쪽.
31) 손기웅 외, 앞의 책, 55쪽.
32) 신용석, 「남북관광 교류협력을 통한 남북경제협력방안」, 민주평통 62차 경제위원회 발표자료, 2007년 6월, 8~9쪽.

못했다는 비판도 따른다.[33] 그러나 김대중·노무현 정부 10년간의 대북 지원이 규모 면에서도 상당한 수준에 도달하여 북한 주민들의 식량난을 줄이는 데 일정 부분 기여한 것은 부정할 수 없다. 북한 동포에 대한 NGO의 인도적인 지원 활동이 긍정적으로 평가받는 주된 이유도 여기에 있다.

통일 NGO들이 제공하는 대북 지원은 북한 주민들의 경제적 궁핍을 완화시켜 주었을 뿐만 아니라 남한과 자본주의 세계에 대한 그들의 맹목적인 불신이나 적대감을 완화시켜 주는 계기를 제공했다고 볼 수 있다.[34] 특히 인도적 대북 식량 지원은 식량난으로 고생하는 북한동포를 지원 대상으로 하였기 때문에 일시적이지만 대남 적대감을 완화시키는 효과적인 기제로 작용하였다고 평가할 수 있다.

(4) 북한의 개혁·개방 가능성 증가

앞서 본 바와 같이 통일 NGO의 대북 교류·협력·지원 활동은 북한 주민이나 당국의 남한에 대한 인식 변화에도 상당한 영향을 미쳤다. 동시에 통일 NGO들의 대북 지원 활동은 북한 당국의 폐쇄성을 완화시키고, 개방화로 이끌어가는 데에도 일정 부분 기여하였다고 볼 수 있다. 결국 대북 교류·협력·지원 활동은 북한 체제의 개방과 개혁이라는 큰 틀의 변화는 초래하지 못해도 정책변화라는 '작은 변화'를 유도한 점은 인정할 수 있을 것이다.

NGO들의 대북 협력 지원 과정의 접촉 활동은 앞으로 예상되는 본격적인 남북 교류 시대를 대비하여 사전에 그 영향력을 체험하고 그 파급효과를 감지하고 대처할 수 있는 능력을 길러 주었다. 통일 NGO들은 향후 남한 또는 외부의 정보, 물자, 인력이 대량으로 북한에 유입되는 과정에서 발생할 충격에 북한체제가 대응하는 기회를 제공한 셈이다. 남한 정부 당국 차원의 북한에 대한 원조와 교류는 정치적 상황에 따라 북한 당국의 태도를 돌변시키는 요인이 될 수도 있다. 그러나 민간단체들이 수행하는 지속적인 대북 지원 활동은 북한을 예측 가능한 형태로 유도하는 계기를 마련할 수도 있을 것이다.

통일 NGO들이 북한이 시급히 필요로 하는 분야에 대한 긴급 지원을 확대하고, 경제평화론적 협력 기능을 더욱 확대한다면 종국적으로 북한 당국도 폐쇄적인 경제 관리정책의 개혁 필요성을 인식할 것이다. 대북 민간교류와 협력의 확대를 위한 인도적 지원이 더욱 필요한 이유도 여기에

33) 이기범, 「대북 협력 NGO 활동 10년의 평가와 과제」『북한연구학회보』,제8권 제2호, 2004, 312~313쪽.
34) 길병옥·라미경, 「한반도 평화통일 논의와 비정부기구(NGO)의 역할」, 『정치정보연구』 제8권 제1호, 2005, 22쪽.

있다. 결국 통일 NGO의 대북 협력과 지원 범주의 확대에 비례하여 북한 당국의 개혁 개방의 폭도 확대될 수 밖에 없을 것이다. 초기의 대북 지원이 평양을 중심으로 진행되다가 차츰 평양 이외의 남포, 청진, 해주 등으로 지원 지역이 확대되고, 이러한 개방 지역의 확대는 북한 내부의 개혁 개방으로 연결될 가능성을 높여 줄 것이다.

2) 부정적인 측면

통일 NGO의 대북 협력 교류 지원은 그 실행 과정이나 결과에서 초래되는 문제점으로 인해 부정적으로 평가될 수도 있다. 대북 지원 단체들의 대북 협상의 원칙 붕괴, 지원 사업의 분배의 투명성 결여, 지원 단체들 간의 과당 경쟁, 지원 사업의 효과 등이 문제점으로 제기되었다.[35] 여기에서는 김대중·노무현 정부 시기 10년간 통일 NGO의 남북 교류·협력 과정에서 제기된 방법상의 문제점이나 부정적 측면을 구체적으로 검토하기로 한다.

(1) 대북 교류·협력 원칙 붕괴

먼저 민간단체의 대북 교류·협력·지원 사업은 성과나 실적에 대한 조급한 기대 때문에 아무런 원칙 없이 이루어졌다는 비판이 따른다. 특히 북한에 대하여 무분별한 퍼주기는 국제 외교관례인 '보편적 상호주의 원칙'에 위배된다는 것이다. 이로 인해 대북 지원의 성과까지 반감시킨다는 여론도 상당히 많았다.

민간단체의 대북 지원사업의 투명성과 효과성을 묻는 어느 설문조사에서, 교류·지원 활동에 참여한 시민단체들마저 스스로 '신뢰하는 국민이 많다.'고 생각하며(58%), 학계와 정부 공무원의 경우도 반신반의(50%)하는 것으로 나타났다.[36] 결국 통일 NGO의 그동안의 무분별한 대북 지원 행위가 남북 교류·협력의 원칙까지 붕괴시켰다고 부정적으로 비판받는 이유도 여기에 있다. 이러한 통일 NGO의 협상 원칙의 붕괴는 정부의 일관성 없는 대북정책에도 기인하지만 NGO 간의 무분별한 지원 경쟁에도 문제가 있다. 근년 대북 지원 NGO에 대한 공적 책무성(public accountability)에 입각한 공동 행동 규범을 제정해야 한다는 주장도[37] 이 같은 입장을 반영한 것이다.

---

35) 최철영, 「대북 지원 NGO의 공동 행동 규범에 대한 의식 분석」, 『북한연구학회보』 제11권 제2호, 2006, 292쪽.
36) 최철영, 앞의 논문, 300쪽.
37) 통일 관련 NGO의 공적 책무성이란 대북 지원 교류·협력 사업의 신뢰성을 확보하기 위하여 NGO의 이해관계자인 기부자, 후원자, 수혜자의 권리를 보장하기 위한 책임과 의무를 말한다.

(2) 대북 협상 시의 저자세와 과당 경쟁

통일 NGO는 지나친 성과주의에 집착함으로써 대북 협상 시의 지나친 저자세에 대한 비판도 적지 않다. 이는 대북 협상 과정에서 북한 당국의 무리한 요구를 우리 측이 협상의 파행을 막기 위하여 일방적으로 수용한 결과이다. 이러한 협상 시의 저자세는 정부 차원의 회담에서부터 민간단체의 실무회담에 이르기까지 광범위하게 확산되었다.

특히 대부분의 남북 공동 행사에는 우리 정부의 재정이 일방적으로 투입되었다는 점이 또 다른 문제점으로 지적되고 있다. 통일 관련 NGO의 사회 문화 전 분야의 회합에 있어서 북한 측은 우리 측의 체재비, 숙박비, 회의 개최비 등의 명목으로 많은 금전적인 대가를 요구하였다. 그러나 회합의 원만한 성사를 위하여 정부 당국과 남한의 민간단체들도 이를 수용했던 것이다. 이는 남북의 지속적인 교류협력을 위해서도 바람직하지 못한 일이며, 그것이 대북 교류·협력·지원의 전제와 관행이 되었기에 더욱 문제가 많다.

또한 시민단체들의 대북 지원 사업에 있어서 업적을 위한 주도권 경쟁이나 과당 경쟁이 심하게 표출된 점도 부정적으로 평가된다. 이로 인해 그동안 대북사업에 있어서 비슷한 성격의 NGO가 난립하고, 사업계획이 비슷한데도 개별적으로 사업을 수행하여 상호 불신과 갈등이 초래되기도 하였다. 결국 이러한 태도는 민간과 정부의 '분할 지배'라는 북한 당국의 통일 전선 전술에 이용될 가능성마저 배제할 수 없다. 이 같은 통일 NGO의 대북 지원 협력 과정에서의 과당 경쟁과 시행착오의 문제점에 대해서는 개선책이 시급히 마련되어야 하며, 이에 대해서는 통일 NGO의 역할 과제에서 충분히 논의해야 할 사안이다.

(3) 북한의 대남 선전의 창구

통일 NGO의 그간의 남북 교류·협력의 장이 북한의 선전장으로 전락했다는 비판적 시각도 적지 않다. 또한 남북 교류·협력 과정의 문제점으로 통일 NGO의 '과시성 행사 개최'(47.6%)로 보는 설문조사 결과도 있다. 그동안 통일 NGO의 빈번한 남북의 공동 행사나 단독 행사가 소기의 성과보다는 북한 당국의 대남 전략 전술에 일정 부분 이용되었다는 주장도 이를 반영한다.

통일 NGO의 대북 접촉과정이나 회합에서 북한 측 참여자들이 체제 선전에 열중하는 것은 흔히 접할 수 있는 장면이었다. 2002년 금강산 여성 통일대회 경제 분야 만남에서 남북 양측 대표 간 현격한 인식 차이는 한동안 고성이 오가게 하였다. 예컨대 '위대한 김일성 수령에 대한 이야기'와 '위대한 김정일 장군의 업적' 선전은 어느 회합에서나 볼 수 있는 장면이었다. 북한 측이 '최고인민회의 대의원의 21%를 여성이 차지하는데 남조선은 6%에 불과하다.'며 남한의 여성 정치 참여 문제를 비판하고, 또한 북한 측은 '북한에서는 경공업과 상업부문 대표는 거의가 여성이고, 기타 기관이나 업체 대표, 지배인, 위원장을 맡은 여성도 많다.'는 등 북한 체제의 우월감을 선전하기도 하였다.[38)]

또한 북한 측과 접촉과정에서 그들은 6·15 공동선언 이행의 중요성과 고 정주영 회장에 대한 김정일 국방위원장의 배려를 장황하게 언급하는 등 정치성을 띠는 발언도 자주 하였다. 이러한 체제 선전적 발언에 부담을 느낀 남한 측 대표들이 이를 항의하여 회의가 중지되거나 충돌한 사건도 여러 번 있었다. 남한 측이 대북 협상 과정에서 회의 진행 방식과 회담 범위의 제한을 요구했으나 북한 측은 "남측에서 위대한 장군님의 위대성을 얼마나 알겠는가, 왜 조급해 하는가." 라고 맞받는 등 상당한 인식 차를 드러내기도 했다. 이는 민간단체의 만남에서조차 정치적 의도를 자주 노출하는 북한 당국의 체제 선전적 전략의 일환이라고 볼 수 있다.

그로 인해 남북의 공식적인 회합에서조차 남북 대표들 간 의사소통이 제대로 되지 않는 경우도 많았다. 남북 시민단체의 만남의 장에서 북측 기자들은 우리가 외래어를 쓰면 민족주체성이 없다고 비난하며, 이를 쓰지 못하게 했다. 북한 측은 '남한'이라는 말 대신 '남측'이라고 써야 한다는 주장을 반복하여 남한 대표들이 이를 수용한 것을 '지나친 저자세'라는 비판도 따랐다.[39)] 그 후 회합에서 체제에 관한 문제와 개인 신상에 관계된 문제는 대화에서 서로 회피하는 분위기가 조성되기도 하였다.

통일 NGO의 방북 인사 중에는 그 정도 문제는 북한 체제의 특성상 이미 예측한 일로 면역이 되어 그들의 선전 효과나 영향력은 크지 않다는 주장도 있었다. 통일 NGO의 사업 추진 과정에서 북한의 참석자들이 의도적으로 북한 체제나 김일성 부자의 선전장으로 이용하려 했음은 부정할 수 없다. 그러므로 앞으로의 교류·협력 과정에서는 이에 대한 대비책도 마련하여야 할 것이다.

---

38) 「충청리뷰」, 2002. 10. 26.

39) 우리 방북단이 외국어, 외래어를 쓰면 북한 측은 그게 무슨 뜻이냐며 정색을 하고 묻는 바람에 대화가 단절되기도 하였다.

3. 북한 인권 개선 역할 평가

북한 내부의 정치권력의 일인 독점화 현상, 경제 위기 심화와 주민들에 대한 통제 등으로 북한 인권 탄압은 심각한 수준이다. 식량위기로 인해 기본적인 생존권마저 확보하지 못한 북한 주민들의 탈북 행렬이 이어지고, 정치범들의 수용소격인 특별 독재 구역에서의 사상범들의 비참함은 북한 인권의 현주소를 극명하게 보여 주고 있다.

통일 NGO의 북한 인권 개선 역할은 통일 NGO가 지속적으로 추진해야 할 과제 중의 하나이다. 통일 NGO의 그간의 인권 관련 활동이 북한 인권 개선에 어떠한 영향을 미쳤을까. 설문조사의 결과는 아직까지 통일 NGO의 활동이 북한 인권 개선에 '기여하지 못했다.'는 반응(59.4%)이 '기여하였다.'는 반응(10%)을 압도하고 있다. 이는 설문에 응한 통일문제 전문가들의 다수가 통일 관련 NGO가 북한 인권 개선에 거의 기여하지 못한 것에 대한 비판적인 인식의 결과일 것이다.

통일 NGO가 북한 주민들의 인권 개선에 크게 기여하지 못한 것은 여러 가지 요인이 작용했다고 볼 수 있다. 먼저 통일 NGO가 대북 협상 과정에서 직접적으로 북한 인권 문제를 제기하면 교류·협력 활동이 중단될 것을 우려하여 이를 제기하지 않았기 때문이다. 또한 정부도 북한 인권 문제의 심각성을 알면서도 대화와 교류를 이어가기 위하여 이에 대한 거론을 자제했기 때문이다. 또한 인권 문제의 제기에 따른 북한 인권의 개선 상황은 타 활동이나 사업에 비해 가시적 성과가 적기 때문에 통일 NGO가 인권 개선 활동을 기피할 뿐 아니라, 문제의 제기 방식도 효율적이지 못했기 때문이다.

그로 인해 통일 NGO 중 진보적인 단체에는 그동안 인권 문제를 등한시했다는 비판이 따르고, 보수적인 단체에는 북한 인권 문제의 폭로에만 치중하여 남북관계를 경색시켰다는 비판이 따른다. 진보적 단체는 한반도의 인권 문제를 분단체제의 모순에 기인한다고 보고, 남한 사회의 인권 문제도 동시에 제기하여 개선해야 한다는 입장이다. 물론 보수 성향의 단체도 현재는 북한 인권 문제를 직접적으로 거론하지만, 과거 대북 교류 협상 과정에서는 문제를 제기하지 않고 정부의 당시 정책에 따랐다고 볼 수 있다. 이처럼 진보 보수 양쪽 모두 북한 인권 문제의 인식과 대처 방식에 있어서는 상당한 문제점을 안고 있다. 그러므로 정부뿐만 아니라 통일 NGO가 남북 교류 협력 과정에서 북한 인권 문제 개선에 크게 기여하지 못했다는 비판을 겸허히 수용하여야 할 것이다.

오늘날 통일 NGO의 북한 인권 문제와 북한 민주화운동, 탈북 이주민들을 위한 활동은 증가되고 그들의 활동 반경도 넓어지고 있다. 앞서 본 바와 같이 북한 인권 관련 단체와 탈북 이주민을 보호하기 위한 단체가 2010년 이후 50개가 넘을 정도로 폭증되고 있는 실정이다. 이러한 통일 NGO의 지나친 인권 활동이 북한 당국을 자극하여 남북관계 개선에 부정적인 영향을 미칠 가능성도 배제할 수 없다. 그렇다고 통일 NGO가 북한 인권 문제 개선을 위한 활동을 중단할 수도 없으며, 더구나 남북관계의 경색을 우려하여 문제 제기 자체를 포기할 수도 없다. 통일 NGO는 이에 대한 대비책도 체계적으로 마련하여야 할 것이다.

4. 정책 거버넌스적 역할 평가

통일 NGO는 정부의 통일정책에 관한 의제 설정이나 정책 결정 과정에 적극 참여하려고 노력한다. 이들의 정책 거버넌스 역할은 과거보다는 증대되었지만 이에 대한 평가는 긍정적인 측면에 못지않게 부정적인 측면도 많다. 통일 NGO의 거버넌스적 역할을 평가하면 다음과 같다.

1) 긍정적인 측면

통일 NGO가 정책 거버넌스로서 긍정적으로 기여한 측면은 다음과 같다.

(1) 대북정책의 감시 비판 역할

NGO의 정부 권력에 대한 비판과 견제, 정책에 대한 지지와 협력은 정책 거버넌스의 기본 임무이다. NGO는 정책 결정 과정의 의제의 제안자(issue-maker), 조정자(coordinator), 균형자(balancer) 및 견제자(checker) 역할에 충실하여야 한다. 과거 권위주의 정권 시절 대북정책이나 통일정책은 정부 당국의 전유물이었으나, 오늘의 민주사회에서는 시민사회의 여론이나 NGO의 주장을 대북정책에 반영하지 않을 수 없다.

과거의 재야 통일운동은 반정부적인 주장 때문에 정부 당국으로부터 탄압의 대상이 되었다. 재야 단체나 민중 단체는 민주화운동과 통일운동을 병행함으로써 정부로부터 많은 탄압을 받았고 정치적으로 희생된 인사도 상당수에 이른다. 그러나 오늘날 통일 NGO는 민·관 협력의 통일정책을 모색하는 매개자로서의 거버넌스 역할에 충실할 수 있다. 과거 우리의 통일이나 대북 관련 정책은 정부 당국이나 정책 결정자들의 입장과 논리만 반영되어 이에 대한 정당성 시비가 많았다.

그로 인해 시민들은 과연 그러한 통일정책을 원하는가, 그리고 그것이 정당한 결정과정을 통해 이루어졌는가에 대한 시비가 이어졌으며 이에 대한 반대 운동이 나타나기도 하였다. 그러나 오늘날 통일 NGO는 정부의 통일정책 결정과정에 직간접적으로 참여하여 정책에 대한 감시와 비판 역할을 제대로 하고 있음을 긍정적으로 평가할 수 있다.

우리나라에서 통일 NGO의 정책 거버넌스 역할이 증가되었다고 해서 NGO가 정부의 기능과 역할을 대체하거나 시민단체가 남북관계에서 주체적인 행위자로서 역량을 발휘해야 한다는 뜻은 아니다.[40] 오늘날 대부분 통일 관련 NGO는 합법적으로 거버넌스 역할에 충실하려고 노력하고 있을 뿐이다. 통일 NGO는 정부뿐만 아니라 통일에 저해되는 모든 세력과 요소들을 감시하고 비판하는 역할이나 기능은 긍정적으로 평가될 수 있다.[41] 결국 통일 NGO들이 그동안 민의에 기반한 대북정책을 제안하고 정책을 감시하고 비판하는 거버넌스의 기본 역할에 충실한 점은 긍정적으로 평가되어야 할 것이다.[42]

(2) 정부의 대북정책의 추동 역할

김대중·노무현 정권하에서 통일 NGO의 대북정책 참여 활동은 과거 어느 때보다 광범하고 활발하였다. 특히 진보적인 통일 NGO는 정책 결정 과정에 직간접적으로 참여하여 정부의 역할 대행 등 거버넌스 역할에 긍정적으로 기여하였다. 설문조사 결과에서 보듯이 통일 관련 시민단체의 주장이나 의견이 정부의 대북정책 결정 과정에 '많이 반영되었다.'는 응답(51.2%)이 '그렇지 않다.'는 응답(17.5%)보다 훨씬 많은 것은 이를 잘 입증한다.[43]

이것은 정부의 대북 포용정책에 관한 입장을 진보 성향의 NGO가 적극 지지하고 수용한 결과이며 때로는 정부의 대북정책이 진보적 NGO의 주장보다 앞서가기도 하였다. 결국 김대중·노무현 정부 시기의 남북관계는 과거 어느 때보다 활성화될 수 있었으며 포용정책이라는 큰 틀의 대북정책이 추진된 것도 진보적 통일운동 단체의 적극적인 지지가 선행되었기 때문이다. 이는 진보적 통일 NGO가 정부의 전향적인 대북 포용정책을 적극 추동한 결과라고 볼 수 있다.

40) 라미경, 「비정부기구와 정부의 상호작용을 통한 남북한 관계 개선 방향」, 『21세기정치학회보』 제11집, 2001, 355쪽.
41) 손기웅 외, 앞의 책, 121쪽.
42) 정연정, 「남북관계와 통일 NGO: NGO의 활동 유형과 발전 방향」, 『국제정치논총』 제40집 제4호, 2000, 334~336쪽.
43) 배한동, 「한국의 통일 관련 NGO의 역할평가와 과제 설정」(2009), 손기웅 외, 『한반도 통일 대비 국내 NGO의 역할 및 발전 방향』(2007) 등 NGO의 역할 평가에 관한 논문 참조.

2) 부정적 평가

통일 NGO의 거버넌스 역할에는 긍정적인 측면 못지않게 부정적인 측면도 있다. 통일 NGO의 지나친 견제와 비판, 정책적 요구가 정부의 대북정책에 혼선을 초래하는 등 부정적 측면이 노출되었기 때문이다.

(1) NGO의 권력 유착적 행위

한국의 일부 통일 NGO는 정부를 감시하고 비판하는 역할을 포기하고 오히려 정부의 대북정책을 맹목적으로 지지·추종하여 관변단체화되었다는 비판이 따른다. 일부 보수 성향의 NGO는 과거 권위주의 정권 시절부터 정부의 대북정책을 맹목적으로 추종하여 견제와 감시 기능을 포기했다는 것이다. 나아가 이들은 자기들과 입장이 다른 세력이나 집단을 종북 세력이나 불순 세력으로 매도하여 사회 혼란을 부추기는 부정적인 측면이 많다는 것이다.

최근 정부의 NGO에 대한 행정적, 재정적 지원이 강화되면서 더욱 문제가 되는 것은 일부 통일 NGO가 정부나 지자체로부터 예산을 받기 위해 권력 유착적 활동을 전개하는 문제이다. 이러한 통일 NGO의 행태는 시민사회의 입장을 대변하는 NGO의 본질에서 벗어나는 일이며, 권력에 대한 감시와 견제라는 원래의 기능도 포기한 탈선행위이다. 일부 통일 NGO의 이러한 권력 유착적인 행위는 NGO의 본질이나 위상에 대한 시민사회의 불신을 초래하게 된다. 통일문제에 관하여 정치권력 견제와 감시 기구로 출발한 NGO가 정부를 제대로 비판하지 못하고 정부의 입장을 대변하는 권력 유착적인 행태를 보이는 것은 부정적으로 평가될 수밖에 없다.

정권의 이념 성향에 따라 통일 NGO에 대한 협력과 지원이 차등화되는 것은 결코 바람직하지 못하다. 그러므로 설령 정부의 재정지원을 받는다 하더라도 정부의 정책에 대한 건전한 견제와 비판이라는 역할을 유지하는 것은 통일 NGO의 기본적 책무일 것이다. 통일 NGO의 권력유착적 행태를 방지하는 대책이 수립되어야 할 것이다.

(2) 정부의 통일정책의 혼선 초래

우리는 선거를 통하여 새로운 정부를 구성한다. 새 정부는 지지 기반인 시민사회나 시민단체의 여론이나 요구를 무시할 수는 없다. 설혹 그 여론이나 요구가 합당하지 않을지라도 정책으로 수용하지 않을 수 없는 경우도 있다. 이명박 정부의 '비핵·개방·3000'이라는 대북정책은 선거공약으로 채택된 후 보수적 여론을 반영하여 정부의 대북정책으로 확정되었다. 이렇게 시민사회의 보수적, 혹은 진보적 여론이나 정책적 요구에 부응하여 정부의 통일정책이나 대북정책이 일관성 없이 굳어진 경우도 허다한 일이다.

정부의 통일정책이나 대북정책은 이제 합리적이고 치밀하게 계획되어 일관성 있게 추진되어야 한다. 독일의 통일은 정당 간의 정권 교체와 관계없이 일관성 있게 추진된 동방정책의 결과라고 평가받고 있다. 그러나 우리나라의 대북정책은 정치적 목적에 따라 수시로 변하고 임기응변적이고 일관성이 결여된 정책결정이 너무나 많았다. 이에 대해서는 일차적으로 정부 당국의 책임이 크지만 통일 NGO의 비합리적인 무리한 정책적 요구도 문제가 아닐 수 없다.

일반적으로 통일 관련 NGO의 정부의 대북정책에 관한 적극적인 지지는 정책의 추동력과 효율성을 높일 수 있다. 반대로 적극적인 반대나 거부는 정책의 국민적 합의 기반을 어렵게 하고 정책의 추동력도 약화시킨다. 통일문제 전문가 대상의 설문조사에서 통일 관련 시민단체의 가장 심각한 문제를 정부의 '대북정책과의 마찰'(32.5%)이라고 지적한 것도 이를 잘 반영한 결과이다.[44] 통일 NGO 간의 통일문제에 관한 시각차나 이념갈등은 시민사회의 여론을 분열시키고 그것은 정부의 대북정책이나 통일정책에도 혼선을 초래하여 정부 정책의 실패로 이어진다. 그것은 결국 정부의 정책적 부담으로 연결될 수도 있기에 양자 간에는 바람직한 대화와 합리적인 대안 모색이 요구되는 것이다.

그러므로 통일 NGO는 정부정책의 견제나 비판뿐만 아니라 합리적인 대북정책을 지지하고, 정책의 '정당성'의 근거를 밝히는 정책 보완 역할에 보다 충실하여야 할 것이다. 통일 NGO는 민·관이 협력하는 통일정책을 수립하고 집행하는 매개자 역할에 더욱 충실하여야 한다. 통일 NGO가 이러한 역할에 충실치 못하고 정책 갈등을 유발할 때 정부의 대북정책의 추동력은 떨어지기 때문이다.

제4절 통일 NGO의 바람직한 역할 과제

한국의 통일 NGO는 남북한 교류·협력 시대에 있어서 통일을 위하여 어떠한 역할을 수행해야 할 것인가? 본 절에서는 한국의 통일 NGO가 지난 김대중·노무현 시기의 10년간의 활동 성과와 경험을 토대로 앞으로 수행해야 할 바람직한 역할 과제를 설정하려고 한다. 이를 위해서는 앞의

---

44) 배한동, 앞의 논문, 2009, 320~326쪽.

통일 NGO 역할 평가에서 제기된 긍정적인 역할 과제를 더욱 조장하고, 부정적으로 평가된 문제점의 개선 방안을 적극 모색하여야 한다. 여기에 제시하는 통일 NGO의 바람직한 역할 과제는 이 분야에 관한 선행 연구뿐만 아니라 이 분야 전문가나 현장 활동가의 심층 면접 결과를 토대로 이루어졌음을 미리 밝혀 둔다.[45)]

1. 통일의 정신적 기반 조성 과제

통일을 이루기 위해서는 물질적 경제적 기반도 중요하지만 통일에 관한 공동체 구성원들의 관심과 의지 등 시민들의 정신적 기반이 더욱 중요시된다. 통일 관련 NGO의 통일 기반 조성 과제는 남북한 주민들의 통일을 위한 정신적 토대를 마련하는 과제이다. 여기에는 남북의 주민들이 상호 적대적 감정을 해소하고, 상대의 체제나 문화를 이해하는 것뿐만 아니라 통일의 당위성에 대한 인식과 실천적 의지의 육성까지 포함된다. 나아가 여기에는 정부의 대북정책이나 통일정책에 관한 시민사회의 합의기반 형성 방안까지 포함되어야 할 것이다. 독일 통일과정에서 보듯이 통일은 정치적, 법률적 통일에 앞서 통일 당사자인 동·서독 구성원 간의 상호 이해라는 정신적 토양과 통일 의지가 선행되었다. 한국의 통일 관련 NGO는 통일의 정신적 기반 조성을 위하여 다음의 과제를 더욱 충실히 수행하여야 할 것이다.

1) 바람직한 통일 교육의 실천 과제

통일 기반 조성을 위한 NGO의 역할에 관한 설문조사에서 '통일의식 함양'(48.8%)을 최우선적 과제라는 반응을 보였다. 통일 NGO들도 그동안 시민들의 통일의식 함양을 위한 강연, 강의, 세미나 등 나름대로의 통일 교육을 실시하였다. 그러나 그동안 통일 NGO의 교육 활동은 시민들의 통일의식 변화에 '별로 기여하지 못했다.'는 반응(33.7%)이 '기여하였다.'는 반응(32.5%)보다 앞서 있다.[46)] 통일 관련 NGO는 시민들의 통일문제에 관한 관심이나 의지 함양을 위하여 더욱 적극적인 방안을 강구하여야 할 것이다.

통일 교육은 누구나 그 중요성을 인식한다. 그러나 우리나라의 사회 교육이나 학교 교육을

45) 인터뷰는 한국의 통일 관련 NGO의 실무 책임자와 지도자를 대상으로 심층 면접 조사(2008. 12.~2009. 5.)를 하였으며 보수적, 중도적, 진보적 단체에 치우치지 않게 대상자를 선정하였다. 활동 단체도 통일운동 단체, 대북 지원 단체, 남북 교류·협력 단체, 북한 인권 단체 등을 고루 망라하였다.

46) 배한동, 앞의 논문, 2009, 326~328쪽.

통한 통일 교육은 형식적으로 이루어지는 경우가 대부분이다. 독일의 통일도 서독 정부의 정책적 노력뿐만 아니라 통일을 위한 독일 특유의 통일 교육인 정치 교육의 성과라는 점은 이미 잘 알려진 사실이다. 통일 NGO는 먼저 시민들이 통일 교육의 필요성이나 당위성부터 철저히 인식하는 교육이 되도록 노력하여야 한다. 우리나라의 통일 NGO는 통일 교육의 소기 목표 달성을 하기 위해서 다음과 같은 점을 특별히 유의해야 할 것이다.[47)]

첫째, 통일 교육의 기본목표는 평화 통일의 중요성을 강조하는 방향으로 설정되어야 한다. 분단 이후 남북은 동족 간의 전쟁으로 상호 불신과 적대적 감정이 더욱 심화되었다. 그러므로 통일 교육은 분단의 역사를 극복하는 과정으로서 '사실상의 통일(de facto unification)'에 크게 기여하는 평화 교육과 접목되어야 한다. 통일은 반드시 평화적인 방법으로 달성되어야 하며, 이를 위해서 통일 NGO는 남북 간의 화해·협력과 평화를 정착시키는 교육적 노력을 더욱 강화하여야 한다.

둘째, 통일 교육은 통일에 관한 시민들의 보다 많은 관심과 공감대를 형성하는 교육이 되도록 하여야 한다. 남북의 분단과 통일문제는 남북 당국뿐만 아니라 남한 시민사회 내에서도 계층·지역·이념에 따라 인식상의 차이가 매우 크다. 분단의 고통을 직접 체험하고 6·25 전쟁을 겪은 세대와 그렇지 못한 세대 간의 통일문제에 관한 시각차는 상당히 크고, 젊은 세대일수록 기성세대에 비해 통일문제에 관하여 무관심하다는 조사 결과도 있다.[48)] 앞으로의 통일교육은 우리 사회에 존재하는 시각의 차이를 인정하고 이를 변증법적으로 조화시키고 적절한 합의점을 발견하는 교육이 되도록 하여야 할 것이다.

셋째, 통일 교육은 급변하는 남북관계와 통일 환경의 변화에 대하여 객관적으로 이해하고 적응하는 교육이 되어야 한다. 1980년대 후반부터 국제적인 냉전체제가 무너지기 시작하면서 한반도에도 화해와 협력을 추구하려는 정책적 노력이 가속화되어 왔다. 우리는 먼저 통일을 위해 21세기 변화하는 동북아 정세와 통일 관련 이해 당사국의 입장을 정확히 이해하여야 한다. 이러한 상황에서 NGO의 통일 교육은 우리 국민이 통일과정에서 일어나는 대내외적 통일 환경의 변화를 정확히 인식하고, 새로운 외교 환경에 적응해 가는 교육이 되도록 하여야 한다. 통일 교육은 통일문제와 관련된 정책과 정보, 자료 등을 시민들에게 정확하게 알리고 그 내용에 대한

---

47) 통일부, 『2010 통일 교육 기본지침서』, 3~4쪽.

48) 남북의 분단과 관련된 문제에 관하여 분단을 몸소 체험하고 분단 문제로 고통을 겪었던 기성세대들과 그런 경험이 없는 청년 세대들의 사고방식은 차이가 크다. 세대 간의 차이는 단지 연령대의 차이가 아니라 경험과 가치관의 차이로 인해 분단에 대한 인식에도 상당한 간격이 있다.

시민사회의 의견을 수렴하는 통로가 되어야 하기 때문이다.[49)]

넷째, 통일 교육은 남북의 '차이'에 의한 '대립과 갈등'을 상호 의사소통을 통한 '조화와 합의'의 공동체가 형성되도록 하는 교육이 되어야 한다. 그러므로 통일 교육은 남북관계에서 '다름'을 배제하거나 '갈등'의 시각으로만 바라보는 것이 아니라 '다양성'과 '관용'의 자세로 바라보는 교육이 되도록 해야 한다.[50)] 통일 NGO의 통일 교육은 우리 사회의 구성원들에게 통일문제에 관한 합의 형성이 가능한 교육이 되도록 노력하여야 한다. 이를 위한 통일 NGO의 교육 목표, 내용, 방법에 대한 유기적이고 효율적인 교육 과정이 마련되어야 할 것이다.[51)]

다섯째, 통일 교육은 우선 일반 시민들이 통일문제에 관한 관심과 흥미를 가질 수 있는 구체적인 프로그램을 마련하여야 한다. 이는 통일 NGO가 시민들의 자발적인 참여를 유도하기 위하여 새롭고 매력적인 프로그램을 마련하여야 한다는 뜻이다. 이를 위해 통일 NGO는 시민들의 눈높이에 맞춘 통일 교육 프로그램을 개발하여야 한다. 여기에는 통일 관련 영화, 음악, 연극 등 문화적 프로그램도 포함되어야 할 것이다.[52)] 피교육자의 눈높이에 맞는 통일 퀴즈대회, 글짓기 대회, 통일 아카데미 등의 행사는 학생들의 통일에 관한 관심과 의지를 함양하는 데도 많은 도움을 줄 것이다. 일부 통일 NGO의 하나원 방문이나 금강산 관광이나 개성공단 등의 현지 체험, 중국을 통한 두만강 압록강 지역의 견학 프로그램은 상당한 성과를 거둔 적이 있다. 이러한 성공한 현장교육 사례는 NGO 간 상호 벤치마킹하여 널리 활용할 필요가 있다.

여섯째, 통일 교육은 통일을 대비한 내외의 민족 역량을 결집하는 교육이 되어야 한다. 한반도의 통일은 남북한 주민뿐만 아니라 세계 곳곳에 흩어진 700만 재외동포에게도 민족적 자긍심을 회복시켜 줄 기회가 된다. 그러므로 통일 교육은 남북한 주민뿐만 아니라 재외동포 간에 있을 수 있는 통일문제에 관한 입장을 조율하여 하나의 통일의지로 결집하여, 새로운 민족공동체를 이루려는 교육이 되어야 한다. 이런 점에서 통일 NGO가 주관하는 남북 학자, 예술인, 종교인들의 만남은 한반도뿐만 아니라 세계를 무대로 활동하는 우리 민족 구성원의 통일 역량 결집을 위한 훌륭한 교육의 장이 될 수 있을 것이다.

---

49) 통일교육원, 『통일 교육 지침서』, 통일부, 2005, 3~4쪽.
50) 김명옥 외, 「한반도 평화통일 논의와 비정부기구의 역할」, 『정치·정보연구』 제8권 제1호, 한국정치정보학회, 2005, 7쪽.
51) 배한동, 『새로운 통일 교육론』, 경북대학교출판부, 2009. 참조.
52) 북한 영화, 북한 취재 다큐멘터리, 탈북자들의 탈북 수기, 다큐멘터리 '천국의 국경을 넘어'(총 4부)와 탈북자를 다룬 영화 〈크로싱〉(차인표 주연) 등이 통일교육에 활용될 수 있다.

2) 시민사회의 남남 갈등의 해소 과제

시민사회에서 바람직한 통일 여론을 조성하기 위해서 통일 NGO가 해야 할 역할은 많지만 통일문제에 관한 남남 갈등의 해소 노력은 시급한 과제이다. 이를 위한 통일 NGO의 주요 역할 과제를 정리하면 다음과 같다.

첫째, 통일문제를 시민사회의 공론으로 끌어 올리는 작업을 계속하여야 한다. 아직도 통일문제는 시민들의 관심사가 아니라 민족 통합이라는 거창한 담론으로 인식되고 있다. 통일 NGO는 통일 여론 형성의 매개집단으로서의 통일 관련 정책의 개발, 생산, 제공하는 역할을 지속적으로 수행하여야 한다. 통일 NGO는 공공성, 자발성, 다원성, 연대성을 활용하여 정책 공론화를 위한 역할에 더욱 충실해야 한다는 뜻이다.[53] 결국 통일 NGO는 분단의 장기화로 인해 통일의 당위성이 점차 소진되는 공간에서 통일문제가 자신의 문제로 인식되도록 공론화하는 역할을 지속적으로 해야 할 것이다.

둘째, 통일 NGO는 공론화 과정에서 보수나 진보단체 간의 통일문제에 관한 심각한 이념갈등을 조절 해소하려는 노력을 하여야 한다. 시민사회 내에는 재야 성격의 진보단체와 보수단체뿐만 아니라 민중 통일운동 단체와 시민 통일 단체 간의 이념 대립과 갈등이 심각하다. 같은 진보적 통일운동 진영 내에도 평화를 우선하는 진보적 운동 단체와 통일을 우선하는 재야 민중 진영으로 분열되어 있다. 평화 우선의 단체는 한반도의 평화적 통일, 비핵화, 군축, 북한 돕기 운동 등 평화를 우선시하는 입장에서 활동하고, 통일 우선의 운동단체는 과거의 재야 민중 진영의 입장을 대변하여 민족자주화, 미군기지 철수 등을 주장하여 친북적이라는 오해도 받고 있다.[54] 통일문제에 관한 NGO 간의 입장 대립은 시민사회 내의 건전한 토론과정을 거쳐 합리적 통일 대안으로 조율되어야 하며, 사안별로 협력 방안을 마련하는 것도 하나의 방안이다.

셋째, 통일 NGO는 통일문제에 관한 시민사회 내의 갈등을 조정하기 위한 적극적인 노력을 강구하여야 한다. 통일문제는 통일 NGO 간의 이념갈등뿐만 아니라 시민사회 내에서도 입장이 대립되며 상당한 진통과 갈등을 겪고 있기 때문이다. 기존의 냉전구도하의 북한에 대한 경직된 인식이 남북 교류 협상을 통해 얻은 현실적 인식과 상당한 괴리를 빚고 있는 것이 현실이다.[55] 남북 정상회담 이후 한국 시민사회는 통일문제에 관한 계층 간의 이념 대립과 지역 간의

53) 정연정, 「남북관계와 통일 NGO: NGO의 활동 유형과 발전 방향」, 『국제정치논총』 제40집 제4호, 2000, 333~334쪽.
54) 이우영, 앞의 논문, 44쪽.
55) 김영래, 「남북화해 시대와 NGO 역할」, 『통일문제연구』 제14집 제17호, 조선대학교 통일문제연구소, 2001, 20쪽.

갈등으로 상호 불신이 더욱 심화되었다. 한국 사회는 아직도 온존한 국가주의, 반공주의, 지역주의, 천민자본주의라는 이데올로기가 보수 언론과 결합하여 시대에 뒤진 수구적인 냉전 논리를 더욱 확대 재생산하고 있다. 다원주의 사회에서 사회적 갈등은 불가피한 측면도 있지만 통일문제 관련 남남 갈등은 바람직하지 못한 사회 문제이다. 따라서 통일 NGO는 갈등을 유발하는 행위는 자제하고, 범시민적 차원에서 남남 갈등을 해소하기 위한 다양한 노력을 전개해야 할 것이다.

넷째, 통일 NGO는 남남 갈등의 원인을 제공하는 언론 매체의 보도 태도를 주기적으로 모니터링하여 그 개선책을 마련할 필요도 있다. 통일문제에 관한 언론의 보도 태도는 그 자체가 시민들의 통일에 관한 인식 구도에 상당한 영향을 미친다. 남북관계나 통일에 관한 언론의 보도 태도에 관한 어느 설문조사에서 '공정하게 보도하지 못한다.'는 반응(38.7%)이 '공정하게 보도한다.'는 반응(20.0%)을 압도하고 있다. 언론의 북한 관련 왜곡, 과장, 허위, 추측 보도는 통일에 관한 참된 여론마저 호도할 가능성이 있다. 우리 사회에는 아직 보수적 기류가 차지하는 영향력을 무시할 수 없기에 권력, 언론, 자본의 합작에 의한 보수적인 공세를 막아야 한다.[56] 또한 종북적이고 친북적 태도로 오해를 받는 급진적인 통일운동 단체도 진보적 매체에만 의존하는 편향된 언론관을 극복하여야 한다. 그러므로 통일 NGO는 통일문제에 관한 언론의 공정하지 못한 보도 태도를 시정하기 위한 모니터링 역할에 더욱 충실하여야 한다. 물론 언론도 무책임한 보도가 여론을 호도할 가능성이 높다는 사실을 인식하고 자체 모니터링을 통해 시정책을 강구하여야 한다. 사실 언론사의 이념 성향에 따라 남북관계나 통일문제에 대한 보도 태도가 완전히 달라질 수 있다. 통일 NGO는 언론 관련 시민단체와 연대하여 이를 개선하기 위한 다양한 방책을 마련하여야 할 것이다.

결론적으로 통일 NGO는 통일문제에 관한 시민사회의 남남 갈등을 해소하기 위한 적극적인 노력을 강구하여야 한다. 언론과 통일 NGO의 대화와 토론, NGO 학회와 언론 학회의 공동 토론회 개최 등이 하나의 방법이 될 수도 있다. 통일 관련 NGO는 수시로 통일문제나 대북정책에 관한 자신의 입장을 언론에 홍보하여 시민사회의 여론을 선도하면서 정부의 합리적인 통일정책 수립에도 적극 참여하여야 할 것이다.

---

56) 정영철, 「민주화와 통일의 역동성과 시민사회의 발전」, 이화여자대학교 통일학연구원, 『남북관계에 있어서 시민사회의 역할과 진로 모색』 학술 토론회 자료집, 2008, 30쪽.

3) 통일을 위한 법제 정비 과제

통일 NGO는 통일 기반 조성의 일환으로 남북화해 시대의 장애 요인이 되는 각종 법과 제도의 문제점을 제기하고 이를 개선하기 위한 활동도 주도적으로 수행해야 한다. 현재 북한은 물론 남한에도 남북한의 교류·협력을 확대하는 데 장애가 되는 비현실적인 법규나 제도가 존치되고 있다. 남한에서는 1989년 6월 '남북 교류·협력에 관한 지침'이 제정되고 1990년 8월 '남북교류·협력에 관한 법률'과 '남북협력기금법'이라는 법적 토대가 마련되었다.[57] 북한에서도 개성공업지구법이나 금강산관광특구법이 제정되어 이 지역의 투자와 교류·협력의 토대가 되었다. 남한의 국가보안법, 남북교류협력법, 각종 세법 등을 비롯하여 많은 법규와 제도가 시대의 흐름을 반영하지 못하고 있다는 비판도 제기되고 있다. 이에 대해서도 통일 NGO가 시민사회의 여론을 주도적으로 수렴하여 법제를 개선하거나 정비하는 데 앞장설 필요가 있다.

2. 대북 교류·협력·지원 과정의 개선 과제

통일 NGO의 대북 지원 활동은 주로 1994년 김일성의 사망, 북한의 대홍수와 극심한 식량난 등 '고난의 행군' 시기 이후 이루어졌다. 또한 2000년 6월 15일 역사적인 정상회담은 민간단체의 대북 인도적 지원 활동이 이루어지는 계기를 마련하였다. 김대중·노무현 정부 10년간 한국의 통일 관련 NGO가 수행한 남북한의 교류·협력·지원 실적은 분단 이후 수십 년간의 대북 활동보다 훨씬 많은 것이 사실이다. 그러나 이들 통일 NGO의 교류·협력·지원 활동은 긍정적 측면에 못지않게 부작용도 드러나고 있었다. 그 동안 노출된 부정적인 측면을 해소하면서 바람직한 남북 교류·협력·지원 활동을 위하여 통일 NGO가 개선해야할 역할 과제를 정리하면 다음과 같다.

1) 대북 교류·협력·지원의 원칙 설정

통일 NGO는 통일을 위하여 장기적이고 지속적인 대북 교류·협력·지원 활동계획이 필요함을 인식해야 한다. 우리는 독일 통일이 동서 화해 정책에 따른 장기간의 경제 교류와 협력·지원의 결과임을 새겨볼 필요가 있다. 우리의 대북 지원과 남북 경협은 장기적으로 보면 통일을 위한

57) 손기웅 외, 앞의 책, 25쪽.

민족 공영과 번영의 물질적 토대가 될 수 있다. 한국의 시민사회 내에서도 대북 지원이 지속적으로 추진되어야 하는 이유도 여기에 있다. 대북 경제 지원은 북한에 대한 물질적 원조에 그치는 것이 아니라 지속적인 인적·물적 교류를 통해 남북한 간의 화합과 신뢰, 통합의 가치를 정착시키는 계기가 되기 때문이다.[58)]

김대중·노무현 정부 시절 민간을 통한 대북 경제 교류·협력·지원 활동이 가능했던 것은 북한 당국이 정부 차원의 직접적인 협상보다는 남한의 민간단체와의 교류 협상 방식을 선호하였기 때문이다. 즉 북한 당국은 정부의 지원보다는 국내 민간단체의 대북 지원에는 거부감이 적었으며 '민족공조'라는 이름으로 조건 없는 지원을 원했던 것이다. 앞으로 통일 NGO가 그간의 대북 협력·지원 과정에서 발생한 문제점을 극복하기 위해서는 아래와 같은 교류 원칙부터 설정하여야 한다.

첫째, 정부는 대북 교류·협력·지원 과정에서 엄격한 상호주의보다는 신축적 상호주의 원칙을 적용하는 것이 좋을 것이다.[59)] 남북한 교류·협력·지원 과정에서 상호주의 원칙 적용 문제는 오늘날도 대북 지원에 대한 효과 문제와 결부하여 주요 쟁점이 되고 있다. 상호주의 원칙을 비판하는 입장은 남한의 북한에 대한 무조건적인 지원이 북한의 변화를 실질적으로 유도하지 못하고, 북한 당국의 오만한 협상 자세만 유도했다는 주장이다. 그들은 북한이 각종 교류 협상 과정에서 과도한 요구를 하고, 심지어 무리한 금전적 요구까지 하였는데 남측이 이를 용인하였다고 비판한다. 이에 대하여 상호주의 원칙 옹호 입장은 엄격한 상호주의의 적용은 남북의 국력 차이로 사실상 불가능하고, 그로 인해 교류와 협력 사업에 지장이 된다는 것이다. 그러므로 대북정책의 원칙으로 상호주의 원칙을 신축적으로 적용해야 할 필요성이 있다. 이에 대해 대체로 보수적인 시민단체는 소극적이고 비판적이지만, 진보적인 통일운동 단체는 적극적으로 찬성하는 입장이다.

둘째, 통일 NGO는 대북 교류·협력·지원 과정에서 업적이나 실적주의에 급급하여 무조건적, 맹목적으로 북한의 요구대로 지원할 것이 아니라 선별적으로 지원해야 한다. 독일 통일 과정의 선례를 보더라도 서독은 상호주의를 엄격히 적용하기보다는 신축적 상호주의를 통해 동독을 지원하면서 활발한 양독 교류와 협력이라는 대가를 유도하였다. 대북 지원은 경제 교류와 협력을 원활히 하기 위한 수단이기에 북이 주장하는 '유무상통의 원칙'도 포용할 수 있는 '신축적 상호주의'

58) 김종갑, 「대북 지원의 효율성 제고 방안」, 『통일정책연구』 제14권 제2호, 2005, 8~9쪽.
59) 이금순, 「대북 인도적 지원의 실효성 연구: 평가지표와 과제」, 『통일정책연구』 제14권 제2호, 2005, 20~21쪽, 39~41쪽.

를 대북 지원의 기본 원칙으로 삼아야 할 것이다.

셋째, 통일 NGO는 대북 지원이 북한사회의 내적 변화 동력으로 확대되도록 연계하는 지원 전략을 세워야 한다. 반세기 이상 나름대로 견고한 사회주의 체제를 유지해온 북한사회를 조금이라도 변화시키기 위해서는 대북 지원이 북한 변화의 동력으로 확대시키는 계기가 되도록 해야 할 것이다. 여기에는 단기적인 성과를 기대하기보다는 많은 인내와 시간이 소요된다. 물론 대형 참사나 대규모 수해 등에 거국적으로 나서서 북한을 돕는 것은 인도적 차원에서 바람직한 일이지만 그 자체가 내적 변화의 동력이 되기는 어렵다. 그러므로 통일 NGO는 지속적인 북한 지원을 통해 북한 사회의 내적 변화를 유도하는 방식을 치밀하게 연구, 계획하여 추진해야 할 것이다.

2) 교류·협력·지원의 장·단기적 종합 프로그램 개발

통일 NGO는 대북 교류·지원 활동을 장기적으로 추진할 수 있는 종합 프로그램을 마련할 필요가 있다. 과거 많은 NGO들이 일시적, 시혜적인 차원의 대북 지원을 추진했지만 앞으로는 장·단기적 프로그램을 설정하여 지원하여야 한다. 통일 관련 시민단체의 사업은 임기응변적이 아닌 거시적 민족적 차원에서 우선순위를 결정하는 장·단기적 프로그램을 필요로 하기 때문이다.

남북관계의 개선을 위한 대북 교류·협력 사업의 우선순위를 묻는 전문가 대상 설문조사에서 사회 문화 교류 사업(48.8%), 대북 지원 사업(20.6%), 개성공단 투자 사업(14.4%), 관광 사업(10.6%) 순으로 나타나 있다. 전문가들이 남북의 사회 문화 교류 사업을 대북 교류의 우선 사업으로 책정하였지만 그 사업이 독자적으로 수행되는 경우는 드물고 대부분 다른 지원 사업과 연계하여 실시되는 경우가 많다. 통일 NGO는 지난날의 교류·협력 경험을 토대로 대북 지원과 교류·협력을 연계하여 운용될 수 있는 종합적인 프로그램을 개발하여야 한다. 또한 대북 지원 사업은 남한 측의 지원 방침이나 계획보다는 북한 당국의 요구에 의하여 이루어지는 경우가 대부분이기 때문에 이에 대한 대비책도 마련하여야 한다.[60] 이러한 종합 프로그램 개발에 있어서 특별히 유의해야 할 점은 다음과 같다.

첫째, 대북 교류·협력에 관한 종합 프로그램에는 통일 NGO 간의 대북 교류·협력·지원에 관한 자율적인 협의 조정과 조율과정이 필요하다. 정부도 민간단체의 대북 지원 문제를 허가나

60) 북한 주민들은 함경북도와 양강도 등에 대한 지원을 호소하고 있으나 북한 당국의 당해 지역 접근 금지로 인해 지원하지 못한 경우도 있고, 북한의 지원 요구가 있었으나 우리 정부의 '대북 반출 금지 품목'에 묶여 지원하지 못한 품목도 있다.

금지로만 대처할 것이 아니라 통일 NGO와의 역할 분담에 관한 규정을 심도 있게 마련하여야 한다. 통일 NGO도 정부의 대북정책과 상충되지 않는 범위 안에서 단체 간의 자율적 협의를 통하여 종합 프로그램을 마련하여야 한다. 정부도 남북관계의 경색 국면이 해소되고, 관계 정상화를 위한 조정 기간이 끝나면 정부가 내세운 스텝 바이 스텝(step by step) 정책에 따라 교류·협력의 폭과 수준을 점차 높여 가야 할 것이다.[61] 이에 대비한 통일 NGO 간의 대북 협의기구인 북민협을 적극 활용할 필요도 있다.

둘째, 이 프로그램에는 통일 관련 NGO의 대북 교류·협력·지원 과정에서의 과당 경쟁을 지양하고, 역할이나 활동을 적절히 분담하는 계획이 포함되어야 한다. 대북 사업에 있어서 NGO들은 그동안 업적이나 성과주의에 집착하여 주도권 경쟁 등 대립과 갈등이 심하게 표출되었다. 그동안 대북사업에 있어서 비슷한 성격의 단체가 난립하고, 업무나 사업계획이 비슷한데도 독자적으로 사업을 수행하여 상호 불신과 갈등이 초래되기도 하였다. 더욱이 NGO 간의 지나친 사업 경쟁이 대북 교류 협상 과정에서 북한 측의 무리한 요구에 굴종이나 저자세로 나타나기도 하였다. 결국 그것은 북한 당국의 정부와 민간의 '분할 지배'라는 통일 전선전술에 이용될 가능성마저 컸던 것이다. 이를 해소하기 위한 정부의 조정 역할에 앞서 자율적인 '대북 교류·협력·지원 민간단체 등의 협의기구'가 논의 구조를 더욱 활성화시켜야 할 것이다.

셋째, 이 프로그램에는 통일 NGO의 대북 민간단체 협의회 등을 통해 사업별로 업무나 역할을 특화하거나 전문화하는 계획이 포함되어야 한다. 시민단체의 대북 역할이나 임무에 대한 '선택과 집중'이 필요하기 때문이다. 가령 보수단체가 북한의 인권이나 탈북자 지원에 집중한다면, 진보 성향의 단체는 대북 교류·협력·지원 사업에 집중할 필요가 있다. 통일 NGO 조직 간의 과당 경쟁을 지양하기 위해서는 역할이나 활동의 분담이 시급히 이루어져야 할 사안이다.

넷째, 이 프로그램에는 통일과정과 통일 이후를 대비한 통일 비용을 마련하기 위한 구체적인 방안도 포함되어야 한다.[62] 통일비용에는 경제적·사회적 통일비용을 자발적으로 부담하고자 하는 공동체 구성원들의 참여의식이 뒷받침되어야 한다. 독일은 통일 후에도 정치적, 경제적 후유증이 남아 있고, 동독의 재건과 경제 회복을 위한 프로젝트에는 아직도 많은 비용이 투자되고 있다. 서독인들은 엄청난 통일 비용이 소요되어 통일 전보다 세금을 더 부담하고 있다. 동·서독인들은

---

61) 예를 들면, 북한 주민을 위한 식량이나 생필품을 우선 지원하고 의약품, 비료, 북한 기반 시설은 차순위로 지원하여야 할 것이다.

62) 한반도의 통일비용에 관하여 영국 이코노미스트 지는 매년 500억~600억 달러로 10년간 5000억 달러 내지 6000억 달러가 소요된다고 추정하고, 한국 개발원(KDI)은 9800억 달러로 추산하고 있다.

정서적 이질감과 차별 의식을 아직도 완전히 극복하지 못하고 있다. 그러나 그들은 통합에 따른 경제 부흥으로 게르만의 자존심을 회복하고 있다. 독일이 유럽 공동체의 중심 국가로 우뚝 서 있는 것도 서독이 투자한 막대한 통일 비용의 시너지 효과라고 볼 수 있다. 정부뿐만 아니라 통일 NGO도 통일 비용을 비축하기 위한 자체적인 방안을 마련하여야 할 것이다.

3) 대북 교류·협력·지원을 위한 공동 규범 제정

통일 NGO의 그동안의 대북 지원 사업은 많은 시행착오를 겪었으며, 무분별한 교류와 협력 사업은 목적과 상치되는 결과를 초래하기도 하였다. 대북 지원 시 동일 대상에 대한 중복 지원, 의료나 식량 등의 지역적 편중, 북측의 변화나 협력을 이끌어 내지 못한 맹목적 지원, 저자세의 협상능력 등이 핵심 문제점으로 지적되고 있다.

대북 지원 협력 사업의 효과와 지속적인 발전을 위하여 통일 NGO의 인도주의적 지원 원칙, 조직운영의 원칙, 기부자에 대한 책무 등이 포함된 공동 행동 규범을 마련해야 한다는 주장이 제기되고 있다.[63] 공동 규범의 제정은 NGO의 활동에 대한 기부자나 지원자들에 대한 공적 책무성(accountability)에 근거해야 하기 때문이다.[64] 통일 NGO의 공적 책무성이란 대북 지원의 이해관계자로서 기부자, 후원자, 그리고 수혜자의 권리 및 책임에 대한 포괄적인 행동 규범을 포함한다. 여기에는 대북 협상, 사업수행, 재정 및 회계처리의 원칙과 기준, 북한 및 남한 정부에 대한 권고 사항도 포함되어야 하고 나아가 남북 협력 사업의 평가, 대북 지원과 대북 지원 단체의 활동 평가, 대북 지원 단체의 연례보고서 제출 등의 의무사항이 포함되어야 한다는 것이다. 그리하여 NGO의 대북 교류·지원 활동이 이 공동 행동 규범에 따라 추진될 경우 업무의 책임성과 신뢰성은 더욱 확보될 수 있을 것이다.

1992년 적십자사가 중심이 되어 열 가지에 달하는 대북 지원 행동규범(code of conduct)을 제정하였는데, 옥스팜 등 여러 대북 관련 NGO들이 이 행동규범에 서명하였다. 따라서 대북 경제 교류·지원 활동뿐만 아니라 사회문화 교류활동에도 기본적인 원칙인 공동규범이 적용되어야 할 것이다. 대북 인도적 지원 분야에서는 민간단체 차원에서 공동행동 규범의 제정이 필요하다는 공감대가 이미 형성되어 있다. 현재 북민협 내에서도 대북 지원 공동 행동강령을 만들려고 준비하

---

63) 최철영, 앞의 논문, 279쪽.

64) 여기의 행동 규범(code of conduct)에는 윤리 규범(code of ethics), 지침(guide), 규칙(code of practice), 기준(standards), 헌장(charter) 등의 자율적 규범이 포함된다.

고 있다. 남한의 대북 지원 단체들끼리 공고한 협력과 협의를 통한 공동의 행동규범을 만들 경우 북한의 과도한 요구에도 공동으로 대응할 수 있기 때문이다.[65] 실제로 지켜지지 않는 경우가 있다손 치더라도 이 원칙이 있는 것과 없는 것은 차이가 크므로 공동 행동규범이 있다는 것 자체가 통일 NGO의 활동이나 역할에 상당한 영향을 미칠 것이다.

우리나라에서 통일부 주도의 대북 지원 협의체는 대북 지원에 관한 아무런 결정 능력과 구속력이 없으며, 대북 지원에 관한 느슨한 규칙과 원칙만이 존재한다. 그러므로 통일 NGO의 대북 공동규범의 제정은 대북 지원·교류·협력의 규범적 정당성을 뒷받침하고 사업의 책무성을 더욱 강화시켜줄 것이다. 결국 대북 활동 공동 규범의 제정은 대북 NGO가 공유하는 가치와 원칙을 내외에 천명하는 일이며, 그것이 사업 현장에 실질적으로 도움을 주고 사업의 투명성과 효율성을 높일 것이다.

3. 북한 인권 문제 해결 과제

우리나라의 대북 인권 관련 통일 NGO는 최근 수적으로 급격하게 증가되고 있다. 이들의 활동상황과 업적에 대해서는 앞의 장에서 충분히 살펴보았다. 통일 NGO는 북한의 심각한 인권 문제에 대한 해결 방안을 다각도로 마련하여야 한다. 통일 관련 NGO는 이제 인권 문제의 제기 방식과 목표 달성 방법에 가장 합리적인 대안을 마련할 필요가 있다. 또한 탈북 이주민들의 열악한 생활환경을 감안하여 취업 등 그들을 실질적으로 돕기 위한 활동과 역할에 보다 충실하여야 한다. 다음은 통일 NGO가 북한 인권 관련 문제를 해결하기 위하여 추진해야 할 과제이다.

1) 대북 인권 문제의 제기 방식

통일 NGO는 이제 대북 인권 문제의 제기 방식을 새롭게 마련하여야 한다. 북한 당국은 북한 인권 문제의 제기나 노출은 북한 체제의 모순을 노출하는 아킬레스건으로 인식하여 남한의 북한 인권 관련 대화나 협상 제의는 엄격히 봉쇄하고 있다. 통일 NGO의 대북 인권 문제 제기 방식에 있어서 특별히 유의해야 할 점은 다음과 같다.

첫째, 남북대화가 재개되고 대북 지원 교류 활동이 속개되면 북한 인권 문제와 대북 지원을

65) 손기웅 외, 앞의 책, 134쪽.

기술적으로 연계시키는 방안을 강구하여야 한다. 협상의 틀이 유지되는 선에서 북한에 감금된 국군 포로 문제와 납북자 문제도 인권 문제라는 시각에서 다시 제기하여야 한다. 정부는 독일식의 '정치범 교환'이나 '정치범 사오기'와 같은 방법도 원용해 볼 필요가 있다. 통일 NGO는 대북 지원과 인권 문제 해결이라는 연계 고리를 적절히 활용할 구체적 방안을 마련하여야 할 것이다.

둘째, 일부 보수적인 시민단체처럼 인권 문제의 해결 방식으로 전단 살포 등 직접적인 폭로 방식은 자제하는 것이 좋을 것이다. 이에 관한 설문조사에서도 일부 보수적 시민단체의 북한 인권 문제 폭로 '전단 살포 행위'는 '바람직하지 못하다.'는 반응(69.4%)이 다수를 차지하고 있다. 통일문제 전문가들의 이 같은 반응은 남북이 이미 여러 차례 합의한 상호 비방 금지 조항에 위배될 뿐만 아니라, 남북 상호 폭로로 인한 남북관계의 경직성을 우려했기 때문이다. 물론 일부 진보단체들의 북한 인권에 대한 무관심 태도도 시급히 지양해야 할 문제이다.

셋째, 통일 관련 NGO는 북한 인권의 폭로 수준이나 방법에 관한 입장을 정부와도 조율하여 하나의 인권 대책 가이드라인을 설정할 필요가 있다. 이 문제는 대북 NGO의 공동규범에 포함하기는 곤란하므로 정부와 협의하여 북한 인권 NGO에 관한 별도의 규정이나 가이드라인을 제정할 필요가 있다.

2) 국제 공조를 통한 북한 인권 개선

통일 NGO는 국제 인권 NGO와 연계하여 북한 인권 문제를 해결하는 방안을 적극 탐색하여야 한다. 북한 인권 문제를 해결하기 위해 정부가 전면에 나서기는 사실상 어려운 측면이 있다. 정부가 나서서 북한 인권상황을 지적하고 시정을 요구할 경우 자칫 내정간섭으로 비춰져 대화 단절 등 남북관계가 더욱 경색될 가능성이 높다. 또한 정부가 북한 인권 침해의 사례를 수집했다하더라도, 그것을 정부가 직접 폭로하거나 시정을 요구하는 것은 좋지 못하고 거기에는 문제가 따른다.

그러므로 통일 NGO는 정부가 직접 나서기 어려운 북한 인권 활동과 역할을 대행할 수 있으며, 국제사회에 직접 인권 문제를 제기하고 시정책을 요구할 수도 있다. 인권 관련 NGO는 북한 사회의 개인 혹은 집단의 인권침해 사실을 국제 인권 단체나 국제 인권 NGO에 전달할 수 있으며, 인권 침해의 가해 국가에 대해서 직접적인 배상을 청구할 수도 있다. 이러한 인권 활동은 북한 당국으로부터 고의적인 무시나 반발을 불러일으킬 수도 있지만, 국제 사회로부터는 많은 지지와 반향을 불러일으킬 수 있을 것이다.[66] 그러므로 통일 NGO는 신뢰성 있고 객관적인 북한 인권 보고서를 작성하여 국제사면위원회나 북한 인권 조사 단체, 유엔인권위원회에 제출하고 북한의 심각한 인권 상황을 설명하고 그의 해결 방안을 적극적으로 강구하여야 한다.

미국 국무부는 2000년 2월 25일 『연례인권보고서』를 통해 '북한은 조선노동당의 절대적 통제하의 독재국가로 주민들의 인권을 무시하고, 아직까지 식량난이 지속되고 있으며 경제활동 또한 국가 통제하에 운영되고 있다.'고 지적하였다. 이 보고서는 북한에서 헌법상에 규정되어 있는 기본권인 '공민의 권리' 역시 명분상일 뿐 실제 보장되지 못한다고 비판하였다. 또한 종교의 자유에 대해서도, 북한에서 헌법상 '종교적 신앙의 자유'가 규정되어 있지만 공식기구에 의해 감독을 받는 종교 활동을 제외하고는 정부가 통제를 하고 있다고 비판하였다. 그러므로 북한에서는 진정한 의미의 종교와 종교의 자유는 존재하지 않는다는 것이다. 또한 국제사면위원회(AI: Amnesty International)와 미국의 인권단체인 프리덤하우스(Freedom House) 등의 인권보고서에서도 북한의 인권상황에 대해 심각한 우려를 표명하고 있다. 또한 이들은 북한 인권침해 실태에 대한 조사와 정확한 정보자료 접근이 사실상 불가능하다는 점을 한결같이 강조하고 있다.

2013년에도 스위스 제네바에서 열린 유엔인권이사회는 '북한 인권 결의안'을 47개 이사국 전체 합의를 통해 표결 절차 없이 통과시켰다. 2003년 유엔인권위원회에서 처음으로 대북한 인권 결의안이 채택된 이래 10여 년간 계속 북한의 인권 개선을 위한 대북 결의안이 채택되고 있다. 이 회의에는 한국의 북한인권시민연합이 참여하여 북한 인권의 폭로 활동을 적극적으로 전개한 것은 특기할 만한 일이다. 이 결의안은 북한에서 자행되는 고문과 강제노역 등 반인도적 범죄행위에 대한 광범위한 조사를 촉구하고 있다. 또한 이 결의안에서는 북한 주민의 식량 문제, 고문과 잔인하고 비인간적이고 굴욕적인 처우, 종교와 신앙의 자유 말살, 자의적 구금, 의견 및 표현의 자유 금지, 여성에 대한 폭력 등이 현안으로 제기되었다. 이 결의안에는 북한 강제수용소에서의 인권 유린 실태도 과거에 비해 명백하게 기록되어 있다.[67]

이러한 북한의 심각한 인권 침해 실태를 바탕으로 통일 NGO는 국제적 공조를 더욱 튼튼히 하여 북한 인권 문제를 해결할 수 있는 방안을 강구하여야 한다. 한국의 인권 관련 통일 NGO는 북한의 구체적 인권 실태 보고서 작성, 국제 인권 기구를 통한 문제 제기, 유엔의 북한 인권 결의안의 적극적 지지 등의 활동을 보다 적극화하여야 할 것이다. 또한 통일 NGO는 북한 인권 개선을 위한 그동안의 내외 활동과 그 활동 결과를 국제사회에 널리 알릴 필요도 있다. 즉 통일 NGO는 유엔개발계획(UNDP), 유엔식량농업기구(FAO), 세계식량계획(WFP) 등 국제기구를 통

66) 김명옥 외, 앞의 논문, 24쪽.
67) 허만호, 『북한의 개혁·개방과 인권』, 명인문화사, 2009, 89~177쪽.

한 북한 식량 지원 상황과 북한 경제의 근간인 농업기반 확충을 위한 그간의 인도적인 사업성과를 적극적으로 홍보할 필요도 있다.[68] 이를 통해 국제적인 인권 지원 단체들의 인권 프로그램 개발 및 참여를 더욱 유도할 수 있을 것이다.

4. 대북정책 거버넌스 역할 과제

오늘날 통일 NGO의 통일정책 결정과정에의 참여는 거버넌스라는 시대적 흐름을 반영하고 있다. 통일 NGO의 거버넌스(governance)란 통일 NGO가 정부의 정책 결정의 동반자, 정책의 파트너, 정책의 대행자로서 협치적(協治的) 역할을 수행하는 기능을 말한다.[69] 이는 통일 NGO가 정부의 공식 구조 밖에서 정부의 통일정책에 영향을 미치는 촉매 역할을 하는 것을 말한다.

통일 관련 NGO가 대북정책이나 통일정책 결정 과정에 시민사회의 올바른 여론을 수렴하여 적극적으로 참여할 때 거버넌스의 기능은 더욱 활성화된다. 통일이란 정치적, 법제적 통일뿐만이 아니라, 궁극적으로 남북한의 주민이 하나의 민족 사회 공동체를 형성하는 일이다. 이렇게 볼 때 NGO를 통하여 시민사회의 여론을 통일정책 결정에 적극 반영하는 것은 당연하고 바람직한 일이다. 그러므로 오늘날 통일 NGO는 통치의 객체나 대상이 아니라 정책의 주체로서 협치의 주요 대상이 되는 것이다.

우리나라의 통일 NGO는 과거 권위주의 정부하에서는 주로 '민중운동'이나 '재야운동' 등 반정부적 저항 운동에 치중하였다. 그러나 오늘날 탈권위주의 시기의 통일 NGO는 정부의 능동적, 자발적인 정책 파트너로서 협치적 기능을 원활히 수행하여야 한다. 이는 과거 우리나라의 통일 NGO가 정부 정책에 관한 비판이나 견제, 저항에 초점을 두었다면 오늘날은 참여와 협력, 보완이라는 거버넌스적 성격으로 역할이 변모하고 있음을 의미한다.[70] 그러므로 이제 통일 관련 NGO는 과거의 재야단체처럼 대정부 투쟁이라는 흑백논리에서 탈피하여 정부의 정책 파트너의 역할에 보다 충실하여야 한다. 통일 NGO는 통일을 위한 남북 간의 정치, 군사, 경제, 문화 통합의 효율적인 거버넌스 역할에 보다 충실하여야 할 것이다.

---

68) 안성호, 앞의 논문, 130쪽.
69) 그러므로 NGO의 정책참여는 거시적으로는 복잡한 현대사회의 구조하에서 정보화로 인한 NGO의 참여 기술 발달의 소산이지만 미시적으로는 정당, 노동조합, 이익집단에 대한 불신 증대 등으로 인한 NGO의 역할 증대의 결과라고 볼 수 있다.
70) 정영철, 앞의 논문, 2008, 24쪽.

한국에서 NGO의 정책 참여는 주로 의제설정 단계에서 활발하고, 그 영향력도 그 단계에서 가장 강하며, 정책 결정과 집행단계에서는 참여 정도와 영향력이 낮다는 주장도 있다.[71] 통일 NGO의 대북정책 결정 과정별 참여 범주와 역할 과제는 다음과 같이 정리할 수 있다.

1) 합리적인 통일정책 제안

통일 NGO는 정부 당국에 합리적 대북정책이나 통일정책을 꾸준히 제안하여야 한다. 통일 NGO는 진보나 보수라는 이념 편향성에서 탈피하여 통일에 관한 합리적이고 장기적인 정책 대안을 제시하여야 한다. 물론 여기에는 정부 당국의 통일 NGO에 대한 긍정적 태도와 정책적 수용 의지가 선행되어야 한다. 통일 NGO는 통일에 대한 시민사회의 합리적 여론을 수렴하고 이를 정부의 통일정책에 반영되도록 정책적 제안 능력을 더욱 배양하여야 한다.

시민단체의 통일정책 제안 방식은 다양하지만 토론회 등을 통한 정책 제안 방식이 우선되어야 한다는 주장이 많다. 전문가들의 설문조사에서도 시민단체의 대북정책 제안 방식에 관하여 정책 토론회를 통한 의견 제시 방식을 가장 선호(80.0%)하였다.[72] 정책 거버넌스로서의 통일 NGO는 자체의 정책 토론회 등을 통하여 여론을 수렴하여 합리적인 정책 대안을 마련하도록 노력하여야 할 것이다.

그러므로 통일 NGO의 정책 토론회는 내부의 단순한 자체 의견 수렴과 결집을 위한 토론회가 아닌 생산적인 정책 토론회가 되도록 노력하여야 한다. 통일 NGO의 역할이 정부의 정책에 대한 단순한 지지나 반대라는 견제 차원을 넘어 합리적인 정책 대안이 요구되기 때문이다. 통일 NGO의 정책 토론회는 적절한 주제의 선정, 균형적인 시각을 가진 발표자나 토론자의 참여, 보수와 진보라는 이념에 치우치지 않는 열린 정책 토론의 장이 되어야 할 것이다. 통일 관련 보수와 진보단체의 정책 토론회에는 서로 이념 성향이 다른 인사를 초청하여 상호 이해의 폭을 넓혀 통일정책에 관한 균형적이고 합리적인 방안을 마련하는 것도 좋은 방안일 것이다.[73]

나아가 통일 NGO는 대정부 정책 개진 방법으로 진보적인 통일 단체나 재야 운동 단체가 흔히 사용하는 데몬스트레이션, 피케팅 등 항의 집회를 지양하고, 정부 당국과의 대화를 통해 합리적인 정책 대안을 제시하여야 한다. 물론 정부 당국도 통일 NGO의 통일문제나 대북정책에

71) 박상필, 앞의 책, 336쪽.
72) 배한동, 앞의 논문, 2009, 324쪽.
73) 보수 성향의 시민단체는 진보적 인사를 초청하여 발표 기회를 주고, 진보적 단체는 보수 성향의 발언을 경청하는 것도 하나의 대안이 될 수 있다.

관한 입장이나 정책적 건의를 겸허히 수용하는 개방적인 자세가 요구된다. 통일 NGO는 통일부, 외교통상부, 청와대, 국회 등 통일 관련 부서에 직접적으로 정책을 건의하거나 언론 매체를 이용하는 방식으로 자신들의 입장과 의사가 충분히 전달되도록 노력하여야 할 것이다.

2) 정책 집행의 견제와 협조

통일 NGO는 정책의 제안뿐만 아니라 정부의 정책 집행 과정과 결과에 대한 감시 비판 역할도 충실히 수행하여야 한다. 통일 NGO는 정부 당국 간의 대북정책에 관한 갈등과 마찰이 있을 경우 이를 합리적으로 해결하는 방안도 찾아야 한다. 정부와 통일 NGO 간의 대북정책의 갈등은 시민사회의 통일 여론을 분열시켜 남남 갈등의 원인으로 비화하기 쉽기 때문이다. 정부와 통일 NGO 간의 대북·통일정책에 관한 갈등을 슬기롭게 해소하기 위해서는 상호 대화를 할 수 있는 협조적 분위기가 평소부터 조성되어야 할 것이다.

과거 우리 사회에는 통일정책에 관해 정부의 '일방적 억제'와 재야 단체의 '비타협적 저항' 관계를 유지해온 것이 사실이다. 그러나 오늘날 통일 NGO는 정부에 대한 '비판적 협조자'라는 새로운 역할관계로 전환하게 되었다. 그러므로 통일 NGO는 때로는 정부가 추진하기 어려운 역할을 대행하고, 상호 역할 분담과 보완적 영역을 확대하여 정부와 NGO 간의 효율적인 상보관계를 설정하는 것이 중요하다. 이러한 관계가 성립될 때 민간 NGO는 정부의 대북 통일정책에 대해서 적절한 감시와 견제뿐만 아니라 협조나 협력을 할 수 있으며, 정부는 민간 차원의 대북 통일운동에 대한 이해뿐만 아니라 때로는 후원까지 할 수 있는 것이다.

결국 통일 NGO는 민·관이 협력하여 통일정책을 창출하는 매개자 역할에 더욱 충실해야 한다. 통일 NGO는 정부의 통일정책에 대하여 비판적 역할에 충실함과 동시에 정부의 통일정책을 인정하여 추동하는 역할도 동시에 수행하여야 한다. 그러므로 통일 NGO들은 정부활동에 대한 견제와 함께 민의에 기반을 둔 정책 결정을 유도하는 정책 보완자 역할도 수행하여야 한다. 이를 위해 통일 NGO는 정부의 대북 및 통일정책 관련 전문적인 지식과 정보를 공유할 수 있는 능력도 길러야 한다.[74] 또한 합리적인 정책 결정을 위해 정부와 통일 NGO 및 일반 시민 간의 쌍방향 의사교환 체제를 확립하여야 한다. 통일 NGO는 언론매체 및 사이버상의 '열린 토론마당'을 만들고 시민들이 자유롭게 참여할 수 있는 '공공 논의의 장'을 마련하는 것도 중요한 과제일 것이다.

---

74) 김명옥 외, 앞의 논문, 20쪽.

3) 통일정책 네트워크 결성

통일 NGO는 정부·자본·시민사회 간의 통일문제에 대한 입장의 차이와 정책 대결을 극복하기 위하여 정책 네트워크를 구축할 필요가 있다. 이를 위해서는 세 주체 간의 통일에 관한 국민적 '평화협약'의 체결이 필요하다는 주장도 제기되고 있다.[75] 통일 NGO는 정부, 시장, 시민사회의 협력적 정책 네트워크를 구성하여 각자의 분야에서 정책 참여도를 높여가야 할 것이다.

그러나 정부는 종종 통일 관련 NGO와의 관계를 평등적, 호혜적 관계보다는 수직적, 통제적 구도로 이끌어 가려는 유혹에 빠지기 쉽다. 그러므로 정부와 NGO의 바람직한 관계는 정부의 지원과 민간단체의 자율성이라는 상보적·상생적 관계가 수립되어야 한다. 결국 통일정책 네트워크의 역할은 주체 간의 연결성을 강화하여 통일 기반 구축의 효율성을 증가시키고, 남북한 통합이라는 궁극적 목적을 달성하는 정책 결정 과정이 되어야 할 것이다.[76]

정부와 시민단체 간의 바람직한 정책 네트워크 결성을 위해서는 정부와 민간 시민단체 간의 역할 분담에 관한 합의가 먼저 이루어져야 한다. 예컨대 남북관계의 큰 틀과 정치 군사적 문제는 정부가 전담하고, 사회 문화 교류와 인도적 지원과 협력 사업은 민간이 담당하는 것도 하나의 방안이 될 수 있다.[77] 또한 통일 관련 NGO는 남북 대화가 단절된 상황에서 대북 협상을 위해 정부를 대신하여, 혹은 정부의 메신저 역할을 수행할 필요도 있다. 이를 위해 정부와 민간단체의 반관반민의 상설 협의체인 민족화해범국민협의회(민화협)의 실질적 역할과 기능도 회복되어야 할 것이다.

이러한 네트워크를 활용하여 통일 NGO는 분단과 통일이라는 민족적인 과제에 대해 정부 권력이 일방적으로 정치 논리화하는 것을 견제하고 방지할 책임도 있다. 특히 통일문제나 남북관계가 특정 정치세력의 정략적인 필요에 이용되지 않도록 대처하여야 한다. 정치권력이나 정부는 통일정책을 쟁점화하여 자신들의 정략적 이익을 우선할 가능성이 상존하기 때문이다. 선거 국면에서 특정 정치세력이 자신들의 승리를 위해 한반도의 위기 상황을 이용한다면, NGO는 이에 대해 단호하게 비판하는 태도를 견지하여야 한다.[78] 그동안 국내 NGO들이 한반도 통일 문제나 평화 조성과 관련하여 다양한 이슈를 생산해서 정부의 한반도 통일 관련 정책 결정에 간여하고 견제한 이유도 여기에 있는 것이다.

---

75) 장영권, 앞의 논문, 35쪽.
76) 손기웅 외, 앞의 책, 37쪽.
77) 정영철, 앞의 논문, 2008, 28쪽.
78) 과거 대선이나 총선 과정에서 '북풍'이라는 정치 공세에 대항하여, 진보적인 통일 NGO가 통일 문제나 북한 문제가 정치 쟁점화되지 않도록 노력한 점은 특기할 만한 업적이라고 볼 수 있다.

부 록

1. 통일 관련 법제

남북 교류·협력에 관한 법률

남북관계 발전에 관한 법률

통일 교육 지원법

통일 교육 지원법 시행령

2. 남북 관계 합의 문서

남북 공동 성명(7·4 남북 공동 성명)

남북 사이의 화해와 불가침 및 교류·협력에 관한 합의서

남북 공동 선언(6·15 공동 선언)

남북관계 발전과 평화 번영을 위한 선언(10·4 선언)

1. 통일 관련 법제

남북 교류·협력에 관한 법률

[시행 2010. 12. 30] [법률 제9846호, 2009. 12. 29, 타법개정] [법률 제4239호, 1990. 8. 1. 제정]

제1조 (목적) 이 법은 군사분계선 이남지역과 그 이북지역 간의 상호 교류와 협력을 촉진하기 위하여 필요한 사항을 규정함으로써 한반도의 평화와 통일에 이바지하는 것을 목적으로 한다.

제2조 (정의) 이 법에서 사용하는 용어의 뜻은 다음과 같다.

1. "출입장소"란 군사분계선 이북지역(이하 "북한"이라 한다)으로 가거나 북한으로부터 들어올 수 있는 군사분계선 이남지역(이하 "남한"이라 한다)의 항구, 비행장, 그 밖의 장소로서 대통령령으로 정하는 곳을 말한다.

2. "교역"이란 남한과 북한 간의 물품, 대통령령으로 정하는 용역 및 전자적 형태의 무체물(이하 "물품등"이라 한다)의 반출·반입을 말한다.

3. "반출·반입"이란 매매, 교환, 임대차, 사용대차, 증여, 사용 등을 목적으로 하는 남한과 북한 간의 물품등의 이동(단순히 제3국을 거치는 물품등의 이동을 포함한다. 이하 같다)을 말한다.

4. "협력사업"이란 남한과 북한의 주민(법인·단체를 포함한다)이 공동으로 하는 문화, 관광, 보건의료, 체육, 학술, 경제 등에 관한 모든 활동을 말한다.

제3조 (다른 법률과의 관계) 남한과 북한의 왕래·접촉·교역·협력사업 및 통신 역무(役務)의 제공 등 남한과 북한 간의 상호 교류와 협력(이하 "남북교류·협력"이라 한다)을 목적으로 하는 행위에 관하여는 이 법률의 목적 범위에서 다른 법률에 우선하여 이 법을 적용한다.

제4조 (남북교류협력 추진협의회의 설치) 남북교류·협력에 관한 정책을 협의·조정하고, 중요 사항을 심의·의결하기 위하여 통일부에 남북교류협력 추진협의회(이하 "협의회"라 한다)를 둔다.

제5조 (협의회의 구성) ① 협의회는 위원장 1명을 포함한 18명 이내의 위원으로 구성한다.

② 위원장은 통일부장관이 되며, 협의회의 업무를 총괄한다.

③ 위원은 다음 각 호의 어느 하나에 해당하는 사람 중에서 국무총리가 임명하거나 위촉한다. 이 경우 위원 중 3명 이상은 제2호에 해당하는 사람으로 한다.

1. 차관 또는 차관급 공무원

2. 남북교류·협력에 관한 전문지식과 경험을 갖춘 민간전문가

④ 위원장이 부득이한 사유로 직무를 수행할 수 없을 때에는 위원장이 미리 지정한 위원이 직무를

대행한다.

⑤ 제3항제1호에 해당하는 위원이 회의에 출석하지 못할 부득이한 사유가 있을 때에는 대통령령으로 정하는 바에 따라 그가 소속된 기관의 다른 공무원으로 하여금 회의에 대리출석하여 그의 권한을 대행하게 할 수 있다.

⑥ 협의회에는 위원장이 지명하는 간사 1명을 둔다.

제6조 (협의회의 기능) 협의회는 다음 각 호의 사항을 심의·의결한다.

1. 남북교류·협력에 관한 정책의 협의·조정 및 기본원칙의 수립
2. 남북교류·협력에 관한 승인이나 그 취소 등에 관한 중요 사항의 협의·조정
3. 제14조에 따른 반출·반입 승인대상 물품등의 공고에 관한 사항
4. 협력사업에 대한 총괄·조정
5. 남북교류·협력 촉진을 위한 지원
6. 관계 부처 간의 협조가 필요한 남북교류·협력과 관련된 중요 사항
7. 그 밖에 위원장이 회의에 부치는 사항

제7조 (협의회의 회의와 운영) ① 협의회의 회의는 위원장이 소집한다.

② 협의회의 회의는 재적위원 과반수의 출석과 출석위원 과반수의 찬성으로 의결한다.

③ 그 밖에 협의회의 운영에 필요한 사항은 대통령령으로 정한다.

제8조 (실무위원회) ① 협의회에는 협의회에 상정할 의안(議案)을 준비하고, 협의회의 위임을 받은 사무를 처리할 실무위원회를 둔다.

② 실무위원회의 구성과 운영 등에 필요한 사항은 대통령령으로 정한다.

제9조 (남북한 방문) ① 남한의 주민이 북한을 방문하거나 북한의 주민이 남한을 방문하려면 대통령령으로 정하는 바에 따라 통일부장관의 방문승인을 받아야 하며, 통일부장관이 발급한 증명서(이하 "방문증명서"라 한다)를 소지하여야 한다.

② 방문증명서는 유효기간을 정하여 북한방문증명서와 남한방문증명서로 나누어 발급하며, 다음 각 호와 같이 구분한다.

1. 한 차례만 사용할 수 있는 방문증명서
2. 유효기간이 끝날 때까지 여러 차례 사용할 수 있는 방문증명서(이하 "복수방문증명서"라 한다)

③ 복수방문증명서의 유효기간은 5년 이내로 하며, 5년의 범위에서 연장할 수 있다.

④ 통일부장관은 방문승인을 하는 경우 대통령령으로 정하는 범위에서 북한 또는 남한에 머무를 수 있는 방문기간(이하 "방문기간"이라 한다)을 부여하여야 하고, 남북교류·협력의 원활한 추진을 위하여 대통령령으로 정하는 바에 따라 북한방문결과보고서 제출 등 조건을 붙일 수 있다.

⑤ 방문승인을 받은 사람은 방문기간 내에 한 차례에 한하여 북한 또는 남한을 방문할 수 있다.

⑥ 복수방문증명서를 발급받은 사람 중 외국을 거치지 아니하고 북한 또는 남한을 직접 방문하는 사람 등 대통령령으로 정하는 사람은 제5항에도 불구하고 방문기간 내에 횟수에 제한 없이 북한 또는 남한을 방문할 수 있다. 다만, 방문기간 내에라도 방문 목적이나 경로를 달리하여 방문할 경우에는 통일부장관의 방문승인을 별도로 받아야 한다.

⑦ 통일부장관은 제1항 및 제6항 단서에 따라 방문승인을 받은 사람이 다음 각 호의 어느 하나에 해당하는 경우에는 그 승인을 취소할 수 있다. 다만 제1호의 경우에는 그 승인을 취소하여야 한다.

1. 거짓이나 그 밖의 부정한 방법으로 방문승인을 받은 경우
2. 제4항에 따른 조건을 위반한 경우
3. 남북교류·협력을 해칠 명백한 우려가 있는 경우
4. 국가안전보장, 질서유지 또는 공공복리를 해칠 명백한 우려가 있는 경우

⑧ 다음 각 호의 어느 하나에 해당하는 사람(이하 "재외국민"이라 한다)이 외국에서 북한을 왕래할 때에는 통일부장관이나 재외공관(在外公館)의 장에게 신고하여야 한다. 다만, 외국을 거치지 아니하고 남한과 북한을 직접 왕래할 때에는 제1항에 따라 발급된 방문증명서를 소지하여야 한다.

1. 외국정부로부터 영주권을 취득하였거나 이에 준하는 장기체류허가를 받은 사람
2. 외국에 소재하는 외국법인 등에 취업하여 업무수행의 목적으로 북한을 방문하는 사람

⑨ 제8항에 따른 신고절차 등에 관하여 필요한 사항은 대통령령으로 정한다.

제9조의2 (남북한 주민 접촉) ① 남한의 주민이 북한의 주민과 회합·통신, 그 밖의 방법으로 접촉하려면 통일부장관에게 미리 신고하여야 한다. 다만, 대통령령으로 정하는 부득이한 사유에 해당하는 경우에는 접촉한 후에 신고할 수 있다.

② 방문증명서를 발급받은 사람이 그 방문 목적의 범위에서 당연히 인정되는 접촉을 하는 경우 등 대통령령으로 정하는 경우에 해당하면 제1항의 접촉신고를 한 것으로 본다.

③ 통일부장관은 제1항 본문에 따라 접촉에 관한 신고를 받은 때에는 남북교류·협력을 해칠 명백한 우려가 있거나 국가안전보장, 질서유지 또는 공공복리를 해칠 명백한 우려가 있는 경우에만 신고의 수리(受理)를 거부할 수 있다.

④ 제1항 본문에 따른 접촉신고를 받은 통일부장관은 남북교류·협력의 원활한 추진을 위하여 대통령령으로 정하는 바에 따라 북한주민접촉결과보고서 제출 등 조건을 붙이거나, 3년 이내의 유효기간을 정하여 수리할 수 있다. 다만, 대통령령으로 정하는 가족인 북한주민과의 접촉을 목적으로 하는 경우에는 5년 이내의 유효기간을 정할 수 있다.

⑤ 통일부장관은 필요하다고 인정할 경우 제4항에 따른 유효기간을 3년의 범위에서 연장할 수 있다.

⑥ 제1항에 따른 신고의 절차 등에 관하여 필요한 사항은 대통령령으로 정한다.

제10조 (외국 거주 동포의 출입 보장) 외국 국적을 보유하지 아니하고 대한민국의 여권(旅券)을

소지하지 아니한 외국 거주 동포가 남한을 왕래하려면 「여권법」 제14조제1항에 따른 여행증명서를 소지하여야 한다.

제11조 (남북한 방문에 대한 심사) 북한을 직접 방문하는 남한주민과 남한을 직접 방문하는 북한주민은 출입 장소에서 대통령령으로 정하는 바에 따라 심사를 받아야 한다.

제12조 (남북한 거래의 원칙) 남한과 북한 간의 거래는 국가 간의 거래가 아닌 민족내부의 거래로 본다.

제13조 (반출·반입의 승인) ① 물품등을 반출하거나 반입하려는 자는 대통령령으로 정하는 바에 따라 그 물품등의 품목, 거래형태 및 대금결제 방법 등에 관하여 통일부장관의 승인을 받아야 한다. 승인을 받은 사항 중 대통령령으로 정하는 주요 내용을 변경할 때에도 또한 같다.

② 통일부장관은 제1항의 승인 또는 변경승인을 할 때에는 중요하다고 인정되는 사항은 미리 관계 행정기관의 장과 협의하여야 한다.

③ 통일부장관은 제1항에 따라 반출이나 반입을 승인하는 경우 남북교류·협력의 원활한 추진을 위하여 대통령령으로 정하는 바에 따라 반출·반입의 목적 등 조건을 붙이거나, 승인의 유효기간을 정할 수 있다.

④ 통일부장관은 제1항에 따라 반출이나 반입을 승인할 때에는 물품등의 품목, 거래형태 및 대금결제 방법 등에 관하여 일정한 범위를 정하여 포괄적으로 승인할 수 있다.

⑤ 통일부장관은 제1항에 따라 물품등의 반출이나 반입을 승인받은 자(이하 "교역당사자"라 한다)가 다음 각 호의 어느 하나에 해당하는 경우에는 그 승인을 취소할 수 있다. 다만, 제1호의 경우에는 그 승인을 취소하여야 한다.

1. 거짓이나 그 밖의 부정한 방법으로 반출이나 반입을 승인받은 경우
2. 제3항에 따른 조건을 위반한 경우
3. 제14조에 따라 공고된 사항을 위반한 경우
4. 제15조제1항에 따른 조정명령을 따르지 아니한 경우
5. 제15조제3항에 따른 보고를 하지 아니하거나 거짓으로 보고한 경우
6. 남북교류·협력을 해칠 명백한 우려가 있는 경우
7. 국가안전보장, 질서유지 또는 공공복리를 해칠 명백한 우려가 있는 경우

제14조 (반출·반입 승인대상 물품등의 공고) 통일부장관은 물품등의 반출이나 반입에 관하여 협의회의 의결을 거쳐 다음 각 호의 사항을 미리 공고하여야 한다. 공고한 사항을 변경할 때에도 또한 같다.

1. 반출이나 반입에 관한 승인이 필요한 물품등 또는 금지 물품등의 구분
2. 반출이나 반입에 관한 승인이 필요한 물품등에 관한 제한 내용 및 승인 절차

제15조 (교역에 관한 조정명령 등) ① 통일부장관은 다음 각 호의 어느 하나에 해당하는 경우에는 교역당사자에게 반출하거나 반입하는 물품등의 가격·수량·품질, 그 밖의 거래조건 등에 관하여 필요한 조정(調整)을

명할 수 있다. 다만, 중요하다고 인정되는 사항은 미리 관계 행정기관의 장과 협의하여야 한다.

1. 조약이나 일반적으로 승인된 국제법규 또는 「남북관계 발전에 관한 법률」에 따라 체결·발효된 남북합의서의 이행을 위하여 필요한 경우

2. 국제 평화 및 안전유지를 위한 국제적 합의에 이바지할 필요가 있는 경우

3. 이 법 또는 관련 법령을 위반한 경우

4. 반출 또는 반입 시 공정한 경쟁을 해칠 우려가 있는 경우

5. 신용을 손상하는 행위를 방지하기 위하여 필요한 경우

② 통일부장관은 제1항에 따라 조정을 명하는 경우에는 그 목적달성에 필요한 정도를 넘지 아니하도록 하여야 한다.

③ 통일부장관은 교역당사자에게 물품등의 반출·반입 실적 등 대통령령으로 정하는 교역에 관한 사항을 보고하게 할 수 있다.

④ 제1항에 따른 조정명령의 절차와 제3항에 따른 보고의 절차 등에 관하여 필요한 사항은 대통령령으로 정한다.

제16조 삭제 〈2009. 1. 30〉

제17조 (협력사업의 승인 등) ① 협력사업을 하려는 자는 협력사업마다 다음 각 호의 요건을 모두 갖추어 통일부장관의 승인을 받아야 한다. 승인을 받은 협력사업의 내용을 변경할 때에도 또한 같다.

1. 협력사업의 내용이 실현 가능하고 구체적일 것

2. 협력사업으로 인하여 남한과 북한 간에 분쟁을 일으킬 사유가 없을 것

3. 이미 시행되고 있는 협력사업과 심각한 경쟁을 하게 될 가능성이 없을 것

4. 협력사업을 하려는 분야의 사업실적이 있거나 협력사업을 추진할 만한 자본·기술·경험 등을 갖추고 있을 것

5. 국가안전보장, 질서유지 또는 공공복리를 해칠 명백한 우려가 없을 것

② 통일부장관은 제1항의 협력사업의 승인을 하려면 미리 관계 행정기관의 장과 협의하여야 하며, 변경승인을 하려면 중요하다고 인정되는 경우에 한하여 미리 관계 행정기관의 장과 협의하여야 한다.

③ 통일부장관은 제1항에 따라 협력사업의 승인을 하는 경우 남북교류·협력의 원활한 추진을 위하여 대통령령으로 정하는 바에 따라 사업범위 등 조건을 붙이거나 승인의 유효기간을 정할 수 있다.

④ 통일부장관은 제1항에 따라 협력사업의 승인을 받은 자가 다음 각 호의 어느 하나에 해당하면 관계 행정기관의 장과 협의하여 6개월 이내의 기간을 정하여 협력사업의 정지를 명하거나 그 승인을 취소할 수 있다. 다만, 제1호 및 제5호의 경우에는 그 승인을 취소하여야 한다.

1. 거짓이나 그 밖의 부정한 방법으로 협력사업의 승인을 받은 경우

2. 제1항 각 호의 요건을 갖추지 못하게 된 경우

3. 제1항 각 호 외의 부분 후단에 따른 변경승인을 받지 아니하고 협력사업의 내용을 변경한 경우

4. 제3항에 따른 조건을 위반한 경우

5. 협력사업 정지기간 중에 협력사업을 한 경우

6. 제18조제1항에 따른 조정명령을 따르지 아니한 경우

7. 제18조제3항에 따른 보고를 하지 아니하거나 거짓으로 보고한 경우

8. 제25조의4제1항에 따른 조사를 정당한 사유 없이 거부·기피하거나 방해한 경우

9. 협력사업의 승인을 받고 최근 3년간 계속하여 협력사업의 실적이 없는 경우

10. 협력사업의 시행 중 남북교류·협력을 해칠 명백한 우려가 있는 행위를 한 경우

11. 국가안전보장, 질서유지 또는 공공복리를 해칠 명백한 우려가 있는 경우

⑤ 통일부장관은 제4항에 따라 협력사업의 정지를 명하거나 승인을 취소하려면 청문을 실시하여야 한다.

⑥ 제1항부터 제4항까지의 규정에 따른 승인, 협력사업 정지, 승인취소의 절차 등에 관하여 필요한 사항은 대통령령으로 정한다.

제17조의2 (협력사업의 신고) ① 소액투자 등 대통령령으로 정하는 협력사업을 하려는 자는 제17조제1항에도 불구하고 같은 항 제2호와 제5호의 요건을 갖추어 대통령령으로 정하는 바에 따라 통일부장관에게 신고하고 협력 사업을 할 수 있다. 신고한 협력사업의 내용을 변경할 때에도 또한 같다.

② 제1항에 따른 신고를 받은 통일부장관은 남북교류·협력의 원활한 추진을 위하여 대통령령으로 정하는 바에 따라 사업범위 등 조건을 붙이거나 유효기간을 정하여 수리할 수 있다.

제18조 (협력사업에 관한 조정명령 등) ① 통일부장관은 다음 각 호의 어느 하나에 해당하는 경우에는 협력사업을 하는 자에게 협력사업의 내용·조건 또는 승인의 유효기간 등에 관하여 필요한 조정을 명할 수 있다. 다만, 중요하다고 인정되는 사항은 미리 관계 행정기관의 장과 협의하여야 한다.

1. 조약이나 일반적으로 승인된 국제법규 또는 「남북관계 발전에 관한 법률」에 따라 체결·발효된 남북합의서의 이행을 위하여 필요한 경우

2. 국제평화 및 안전유지를 위한 국제적 합의에 이바지할 필요가 있는 경우

3. 이 법 또는 관련 법령을 위반한 경우

4. 협력사업의 공정한 경쟁을 해칠 우려가 있는 경우

5. 신용을 손상하는 행위를 방지하기 위하여 필요한 경우

② 통일부장관은 제1항에 따라 조정을 명하는 경우에는 그 목적 달성에 필요한 정도를 넘지 아니하도록 하여야 한다.

③ 통일부장관은 협력사업을 하는 자에게 북한측 상대자와의 사업 약정 또는 계약의 체결 등 대통령령으로 정하는 협력사업의 시행 내용을 보고하게 할 수 있다.

④ 제1항에 따른 조정명령의 절차와 제3항에 따른 보고의 절차 등에 관하여 필요한 사항은 대통령령으로 정한다.

제19조 (결제 업무의 취급기관) ① 통일부장관은 남북교류·협력에 필요하다고 인정할 때에는 기획재정부장관과 협의하여 결제 업무를 취급할 기관을 지정할 수 있다.

② 제1항에 따른 결제 업무 취급기관이 하는 결제의 범위·방법 및 절차 등에 관하여 필요한 사항은 대통령령으로 정한다.

제20조 (수송 장비의 운행) ① 남한과 북한 간에 선박·항공기·철도차량 또는 자동차 등(이하 "수송장비"라 한다)을 운행하려는 자는 통일부장관의 승인을 받아야 한다.

② 통일부장관은 제1항에 따라 수송장비의 운행을 승인하는 경우 남북교류·협력의 원활한 추진을 위하여 대통령령으로 정하는 바에 따라 운행노선 등 조건을 붙이거나, 5년 이내의 유효기간을 정할 수 있다.

③ 통일부장관은 제1항에 따라 운행 승인을 받은 자가 다음 각 호의 어느 하나에 해당하면 그 승인을 취소할 수 있다. 다만, 제1호의 경우에는 그 승인을 취소하여야 한다.

1. 거짓이나 그 밖의 부정한 방법으로 운행 승인을 받은 경우
2. 제2항에 따른 조건을 위반한 경우
3. 남북교류·협력을 해칠 명백한 우려가 있는 경우
4. 국가안전보장, 질서유지 또는 공공복리를 해질 명백한 우려가 있는 경우

④ 제1항에 따른 승인의 기준 및 절차와 제2항에 따른 유효기간의 설정 등에 관하여 필요한 사항은 대통령령으로 정한다.

제21조 (수송장비 등의 출입 관리) 수송장비와 그 승무원이 출입장소에 드나들 때에는 「출입국관리법」 제69조부터 제73조까지, 제73조의2 및 제74조부터 제76조까지의 규정을 준용한다.〈개정 2010. 5. 14〉

제22조 (통신 역무의 제공) ① 남북교류·협력을 촉진하기 위하여 우편 및 전기통신 역무를 제공할 수 있다.

② 남한과 북한 간에 제공되는 우편 및 전기통신 역무의 제공자, 종류, 요금, 취급 절차 등에 관하여 필요한 사항은 대통령령으로 정한다.

[전문개정 2009. 1. 30]

제23조 (검역 등) ① 북한에서 오는 수송장비와 화물 및 사람은 검역조사(檢疫調査)를 받아야 한다.〈개정 2009.5.28〉

② 제1항에 따른 검역조사에는 「검역법」 제9조부터 제28조까지, 제34조, 제35조 및 제39조부터 제41조까지의 규정을 준용한다. 다만, 통일부장관이 필요하다고 인정하는 경우에는 관계 행정기관의 장과 협의하여 검역조사 또는 그 절차의 일부를 생략할 수 있다.〈개정 2009. 5. 28, 2009. 12. 29〉

③ 삭제〈2009. 5. 28〉

[전문개정 2009. 1. 30]

제24조 (남북교류·협력의 지원) 정부는 남북교류·협력을 증진시키기 위하여 필요하다고 인정하면 이 법에 따라 행하는 남북교류·협력을 위한 사업을 시행하는 자에게 보조금을 지급하거나 그 밖에 필요한 지원을 할 수 있다.

[전문개정 2009. 1. 30]

제25조 (협조 요청) ① 통일부장관은 남북교류·협력을 증진시키고 관련 정책을 수립하기 위하여 필요하다고 인정하면 관계 행정기관의 장에게 남북한 간에 이동하는 인원, 물품등 및 수송장비에 대한 통계자료 등 정보의 제공을 요청할 수 있다. 이 경우 관계 행정기관의 장은 이에 협조하여야 한다.

② 통일부장관은 남북교류·협력을 증진시키고 관련 정책을 수립하기 위하여 필요하다고 인정하면 관계 전문가와 남북교류·협력의 경험이 있는 자에게 의견의 진술 등 필요한 협조를 요청할 수 있다.

[전문개정 2009. 1. 30]

제25조의2 (업무의 위탁) ① 통일부장관은 대통령령으로 정하는 바에 따라 다음 각 호의 업무 중 일부를 제24조에 따른 지원을 받은 자 또는 관련 법인·단체에 위탁할 수 있다.

1. 정부와 북한 당국 간에 합의한 사업의 추진
2. 남북교류·협력의 촉진을 위하여 필요한 업무
3. 그 밖에 이 법에 따른 통일부장관의 업무

② 통일부장관은 제1항에 따라 업무를 위탁받은 관련 법인·단체가 해당 업무를 원활하게 수행할 수 있도록 필요한 지원을 할 수 있다.

제25조의3 (남북교류·협력의 전자적 처리기반 구축) ① 통일부장관은 남북교류·협력을 증진시키고 관련 정책을 수립하기 위하여 남한과 북한을 이동하는 인원, 물품등, 수송장비 등의 통계유지와 정보의 수집·분석을 위한 전자적 관리체제를 개발·운영하여야 한다.

② 제1항에 따른 전자적 관리체제의 운영 등에 필요한 사항은 대통령령으로 정한다.

제25조의4 (지도·감독 등) ① 통일부장관은 남북교류·협력의 원활한 추진을 위하여 협력사업을 하는 자, 이 법에 따른 보조금을 받거나 그 밖에 필요한 지원을 받은 자에 대하여 지도·감독을 하며, 필요한 경우 사업운영 상황에 대하여 조사를 할 수 있다.

② 통일부장관은 제1항의 조사를 위하여 관계 행정기관의 장에게 인원 지원이나 그 밖의 필요한 협조를 요청할 수 있다.

③ 통일부장관은 제1항에 따른 조사 결과 위법 또는 부당한 사실을 발견한 경우에는 그 시정을 명하거나 그 밖에 필요한 조치를 할 수 있다.

④ 제1항에 따른 조사의 대상, 방법 및 절차 등은 대통령령으로 정한다.〈개정 2009. 5. 28〉

제26조 (다른 법률의 준용) ① 교역에 관하여 이 법에 특별히 규정되지 아니한 사항에 대하여는 대통령령으로 정하는 바에 따라 「대외무역법」 등 무역에 관한 법률을 준용한다.

② 물품등의 반출이나 반입과 관련된 조세에 대하여는 대통령령으로 정하는 바에 따라 조세의 부과·징수·감면 및 환급 등에 관한 법률을 준용한다. 다만, 원산지가 북한인 물품등을 반입할 때에는 「관세법」에 따른 과세 규정과 다른 법률에 따른 수입부과금(輸入賦課金)에 관한 규정은 준용하지 아니한다.

③ 남한과 북한 간의 투자, 물품등의 반출이나 반입, 그 밖에 경제에 관한 협력사업과 이에 따르는 거래에 대하여는 대통령령으로 정하는 바에 따라 다음 각 호의 법률을 준용한다. 〈개정 2010. 4. 5〉

1. 「외국환거래법」
2. 「외국인투자 촉진법」
3. 「한국수출입은행법」
4. 「무역보험법」
5. 「대외경제협력기금법」
6. 「법인세법」
7. 「소득세법」
8. 「조세특례제한법」
9. 「수출용원재료에 대한 관세 등 환급에 관한 특례법」
10. 그 밖에 대통령령으로 정하는 법률

④ 제1항부터 제3항까지의 규정에도 불구하고 관계 행정기관의 장은 협의회의 의결을 거쳐 그 특례를 정할 수 있다.

제26조의2 (벌칙 적용 시의 공무원 의제) 협의회의 위원 중 공무원이 아닌 위원과 제25조의2제1항에 따라 위탁한 업무에 종사하는 법인이나 단체의 임직원은 그 직무와 관련하여 「형법」과 그 밖의 법률에 따른 벌칙을 적용할 때에는 공무원으로 본다.

제27조 (벌칙) ① 다음 각 호의 어느 하나에 해당하는 자는 3년 이하의 징역 또는 1000만 원 이하의 벌금에 처한다.

1. 제9조제1항 및 제6항 단서에 따른 승인을 받지 아니하고 북한을 방문한 자
2. 거짓이나 그 밖의 부정한 방법으로 제9조제1항 및 제6항 단서에 따른 승인을 받은 자
3. 제13조제1항에 따른 승인을 받지 아니하고 물품등을 반출하거나 반입한 자
4. 제17조제1항에 따른 승인을 받지 아니하고 협력사업을 시행한 자
5. 제20조제1항에 따른 승인을 받지 아니하고 남한과 북한 간에 수송장비를 운행한 자
6. 거짓이나 그 밖의 부정한 방법으로 제13조제1항, 제17조제1항 또는 제20조제1항에 따른 승인을 받은 자

② 다음 각 호의 어느 하나에 해당하는 자는 1년 이하의 징역 또는 500만 원 이하의 벌금에 처한다.

1. 제15조제1항에 따른 조정명령을 따르지 아니한 자

2. 제17조의2제1항에 따른 신고를 하지 아니하고 협력사업을 시행한 자

3. 거짓이나 그 밖의 부정한 방법으로 제17조의2제1항에 따른 신고를 한 자

4. 제18조제1항에 따른 조정명령을 따르지 아니한 자

③ 제1항 각 호의 미수범은 처벌한다.

제28조 (양벌규정) 법인의 대표자나 법인 또는 개인의 대리인, 사용인, 그 밖의 종업원이 그 법인 또는 개인의 업무에 관하여 제27조의 위반행위를 하면 그 행위자를 벌하는 외에 그 법인 또는 개인에게도 해당 조문의 벌금형을 과(科)한다. 다만, 법인 또는 개인이 그 위반행위를 방지하기 위하여 해당 업무에 관하여 상당한 주의와 감독을 게을리하지 아니한 경우에는 그러하지 아니하다.

[전문개정 2008. 12. 26]

제28조의2 (과태료) ① 다음 각 호의 어느 하나에 해당하는 자에게는 300만 원 이하의 과태료를 부과한다.

1. 제9조제8항에 따른 신고를 하지 아니하고 북한을 왕래하거나 거짓이나 그 밖의 부정한 방법으로 신고를 한 자

2. 제9조의2제1항에 따른 신고를 하지 아니하고 회합·통신, 그 밖의 방법으로 북한의 주민과 접촉하거나 거짓이나 그 밖의 부정한 방법으로 신고를 한 자

3. 제9조의2제4항 또는 제17조의2제2항에 따른 조건을 위반한 자

4. 제15조제3항에 따른 보고를 하지 아니하거나 거짓으로 보고한 자

5. 제18조제3항에 따른 보고를 하지 아니하거나 거짓으로 보고한 자

6. 제25조의4제1항에 따른 조사를 정당한 사유 없이 거부·기피·방해하거나 같은 조 제3항에 따른 시정명령을 따르지 아니한 자

② 제1항에 따른 과태료는 대통령령으로 정하는 바에 따라 통일부장관이 부과·징수한다.

제29조 (형의 감경 등) 제27조제1항 또는 제27조제2항제2호 및 제3호의 죄를 범한 자가 자수하면 그 형을 감경(減輕)하거나 면제할 수 있다.

제30조 (북한주민 의제) 이 법(제9조제1항과 제11조는 제외한다)을 적용할 때 북한의 노선에 따라 활동하는 국외단체의 구성원은 북한의 주민으로 본다.

부칙 〈법률 제4239호, 1990. 8. 1〉

① (시행일) 이 법은 공포한 날부터 시행한다.

남북관계 발전에 관한 법률

[시행 2006. 6. 30.] [법률 제7763호, 2005. 12. 29. 제정]

제1장 총칙

제1조 (목적) 이 법은 「대한민국헌법」이 정한 평화적 통일을 구현하기 위하여 남한과 북한의 기본적인 관계와 남북관계의 발전에 관하여 필요한 사항을 규정함을 목적으로 한다.

제2조 (기본원칙) ① 남북관계의 발전은 자주·평화·민주의 원칙에 입각하여 남북공동번영과 한반도의 평화통일을 추구하는 방향으로 추진되어야 한다.

② 남북관계의 발전은 국민적 합의를 바탕으로 투명과 신뢰의 원칙에 따라 추진되어야 하며, 남북관계는 정치적·파당적 목적을 위한 방편으로 이용되어서는 아니 된다.

제3조 (남한과 북한의 관계) ① 남한과 북한의 관계는 국가 간의 관계가 아닌 통일을 지향하는 과정에서 잠정적으로 형성되는 특수 관계이다.

② 남한과 북한 간의 거래는 국가 간의 거래가 아닌 민족내부의 거래로 본다.

제4조 (정의) 이 법에서 사용하는 용어의 정의는 다음과 같다.

1. "남북회담대표"라 함은 특정한 목적을 위하여 정부를 대표하여 북한과의 교섭 또는 회담에 참석하거나 남북합의서에 서명 또는 가서명하는 권한을 가진 자를 말한다.
2. "대북특별사절"이라 함은 북한에서 행하여지는 주요 의식에 참석하거나 특정한 목적을 위하여 정부의 입장과 인식을 북한에 전하거나 이러한 행위와 관련하여 남북합의서에 서명 또는 가서명하는 권한을 가진 자를 말한다.
3. "남북합의서"라 함은 정부와 북한 당국 간에 문서의 형식으로 체결된 모든 합의를 말한다.

제5조 (다른 법률과의 관계) 이 법 중 남북회담대표, 대북특별사절 및 파견공무원에 관한 규정은 다른 법률에 우선하여 적용한다.

제2장 남북관계 발전과 정부의 책무

제6조 (한반도 평화증진) ① 정부는 남북화해와 한반도의 평화를 증진시키기 위하여 노력한다.

② 정부는 한반도 긴장완화와 남한과 북한 간 정치·군사적 신뢰구축을 위한 시책을 수립·시행한다.

제7조 (남북경제공동체 구현) ① 정부는 민족경제의 균형적 발전을 통하여 남북경제공동체를 건설하도록 노력한다.

② 정부는 남북경제협력을 활성화하고 이를 위한 제도적 기반을 구축하는 등 남한과 북한 공동의 경제적 이익을 증진시키기 위한 시책을 수립·시행한다.

제8조 (민족동질성 회복) ① 정부는 사회문화 분야의 교류협력을 활성화함으로써 민족동질성을 회복

하도록 노력한다.

② 정부는 지방자치단체 및 민간단체 등의 교류협력을 확대·발전시켜 남한과 북한 간 상호이해를 도모하고 민족의 전통문화 창달을 위한 시책을 수립·시행한다.

제9조 (인도적 문제 해결) ① 정부는 한반도 분단으로 인한 인도적 문제해결과 인권개선을 위하여 노력한다.

② 정부는 이산가족의 생사·주소확인, 서신교환 및 상봉을 활성화하고 장기적으로 자유로운 왕래와 접촉이 가능하도록 시책을 수립·시행한다.

제10조 (북한에 대한 지원) ① 정부는 인도주의와 동포애 차원에서 필요한 경우 북한에 대한 지원을 할 수 있다.

② 정부는 북한에 대한 지원이 효율적이고 체계적이며 투명하게 이루어질 수 있도록 종합적인 시책을 수립·시행한다.

제11조 (국제사회에서의 협력증진) 정부는 국제기구나 국제회의 등을 통하여 국제사회에서 남북공동의 이익을 증진시킬 수 있도록 노력한다.

제12조 (재정상의 책무) 정부는 이 법에 규정된 정부의 책무를 이행하기 위하여 필요한 재원을 안정적으로 확보하기 위하여 노력한다.

제13조 (남북관계발전기본계획의 수립) ① 정부는 남북관계발전에관한기본계획(이하 "기본계획"이라 한다)을 5년마다 수립하여야 한다.

② 기본계획은 통일부장관이 남북관계발전위원회의 심의를 거쳐 이를 확정한다. 다만, 예산이 수반되는 기본계획은 국회의 동의를 얻어야 한다.

③ 기본계획에는 다음 각 호의 사항이 포함되어야 한다.

1. 남북관계 발전의 기본방향
2. 한반도 평화증진에 관한 사항
3. 남한과 북한 간 교류·협력에 관한 사항
4. 그 밖에 남북관계 발전에 필요한 사항

④ 통일부장관은 관계중앙행정기관의 장과 협의를 거쳐 기본계획에 따른 연도별 시행계획을 수립하여야 한다.

⑤ 기본계획 및 연도별 시행계획을 수립한 경우 통일부장관은 이를 국회에 보고하여야 한다.

제14조 (남북관계발전위원회) ① 기본계획, 그 밖에 남북관계 발전을 위한 중요사항을 심의하기 위하여 통일부에 남북관계발전위원회(이하 "위원회"라 한다)를 둔다.

② 위원회는 위원장 1인을 포함하여 25인 이내의 위원으로 구성하며, 제3항제2호의 위원의 임기는 2년으로 한다.

③ 위원장은 통일부장관이 되고, 위원은 다음 각 호의 자가 된다. 다만, 제2호의 위원 중 7인은 국회의장이 추천하는 자로 한다.

1. 대통령령이 정하는 관계중앙행정기관의 차관급 공무원
2. 남북관계에 대한 전문지식 및 경험이 풍부한 자 중에서 위원장이 위촉하는 자

④ 위원회에 간사 1인을 두되, 간사는 통일부 소속 공무원 중에서 위원장이 지명하는 자가 된다.

⑤ 위원회의 구성·운영 등에 관하여 필요한 사항은 대통령령으로 정한다.

제3장 남북회담대표 등

제15조 (남북회담대표의 임명 등) ① 북한과 중요사항에 관하여 교섭 또는 회담에 참석하거나 중요한 남북합의서에 서명 또는 가서명하는 남북회담대표의 경우에는 통일부장관이 관계기관의 장과 협의한 후 제청하고 국무총리를 거쳐 대통령이 임명한다.

② 통일부장관은 북한과의 교섭 또는 회담 참석, 남북합의서의 서명 또는 가서명에 있어 남북회담대표가 된다.

③ 제1항 및 제2항의 경우를 제외한 남북회담대표는 통일부장관이 임명한다.

④ 대북특별사절은 대통령이 임명한다.

⑤ 2인 이상의 남북회담대표 또는 대북특별사절을 임명할 경우에는 서열을 정하고 수석남북회담대표 또는 수석대북특별사절을 지정하여야 한다.

⑥ 그 밖에 남북회담대표 및 대북특별사절의 임명 등에 관하여 필요한 사항은 대통령령으로 정한다.

제16조 (공무원의 파견) ① 정부는 남북관계의 발전을 위하여 필요한 경우 공무원을 일정기간 북한에 파견하여 근무하도록 할 수 있다.

② 공무원의 파견과 근무 등에 관하여 필요한 사항은 대통령령으로 정한다.

제17조 (정부를 대표하는 행위금지) 이 법에 의하지 아니하고는 누구든지 정부를 대표하여 다음 각 호의 어느 하나에 해당하는 행위를 할 수 없다.

1. 북한과 교섭 또는 회담하는 행위
2. 북한의 주요 의식에 참석하는 행위
3. 북한에 정부의 입장과 인식을 전달하는 행위
4. 남북합의서에 서명 또는 가서명 하는 행위

제18조 (지휘·감독 등) ① 통일부장관은 남북회담대표 및 파견공무원의 임무수행, 남북회담 운영에 관하여 필요한 지휘·감독을 한다.

② 남북회담대표 및 파견공무원의 임무수행, 남북회담 운영 등 그 밖에 필요한 사항은 대통령령으로 정한다.

제19조 (공무원이 아닌 남북회담대표 등에 대한 예우) 정부는 공무원이 아닌 자를 남북회담대표 또는 대북특별사절로 임명한 때에는 대통령령에 의하여 예우를 하고 수당을 지급할 수 있다.

제20조 (벌칙 적용에 있어서의 공무원 의제) 공무원이 아닌 자가 남북회담대표 또는 대북특별사절로 임명되어 이 법에 의한 직무를 수행하는 때에는 「형법」 제127조 및 제129조 내지 제132조의 적용에 있어서는 이를 공무원으로 본다.

제4장 남북합의서 체결

제21조 (남북합의서의 체결·비준) ① 대통령은 남북합의서를 체결·비준하며, 통일부장관은 이와 관련된 대통령의 업무를 보좌한다.

② 대통령은 남북합의서를 비준하기에 앞서 국무회의의 심의를 거쳐야 한다.

③ 국회는 국가나 국민에게 중대한 재정적 부담을 지우는 남북합의서 또는 입법사항에 관한 남북합의서의 체결·비준에 대한 동의권을 가진다.

④ 대통령이 이미 체결·비준한 남북합의서의 이행에 관하여 단순한 기술적·절차적 사항만을 정하는 남북합의서는 남북회담대표 또는 대북특별사절의 서명만으로 발효시킬 수 있다.

제22조 (남북합의서의 공포) 제21조의 규정에 의하여 국회의 동의 또는 국무회의의 심의를 거친 남북합의서는 「법령 등 공포에 관한 법률」의 규정에 따라 대통령이 공포한다.

제23조 (남북합의서의 효력범위 등) ① 남북합의서는 남한과 북한 사이에 한하여 적용한다.

② 대통령은 남북관계에 중대한 변화가 발생하거나 국가안전보장, 질서유지 또는 공공복리를 위하여 필요하다고 판단될 경우에는 기간을 정하여 남북합의서의 효력의 전부 또는 일부를 정지시킬 수 있다.

③ 대통령은 국회의 체결·비준 동의를 얻은 남북합의서에 대하여 제2항의 규정에 따라 그 효력을 정지시키고자 하는 때에는 국회의 동의를 얻어야 한다.

부칙 〈법률 제07763호, 2005.12.29〉

① (시행일) 이 법은 공포 후 6월이 경과한 날부터 시행한다.

② (경과조치) 이 법 시행 전에 국회의 동의를 받아 체결·비준한 남북합의서는 이 법에 의한 남북합의서로 본다.

통일 교육 지원법

[시행 2012. 7. 1] [법률 제10972호, 2011. 7. 28, 일부개정][법률 제5752호, 1999. 2. 5제정]

제1조(목적) 이 법은 통일 교육을 촉진하기 위하여 필요한 사항을 규정함을 목적으로 한다.

제2조(정의) 이 법에서 사용하는 용어의 뜻은 다음과 같다.

1. "통일교육"이란 자유민주주의에 대한 신념과 민족공동체 의식 및 건전한 안보관을 바탕으로 통일을 이룩하는 데 필요한 가치관과 태도를 기르도록 하기 위한 교육을 말한다.

2. "지역통일교육센터"란 지역주민을 대상으로 통일교육을 하고, 통일교육에 관한 정보를 수집·제공하는 기능 등을 수행하기 위하여 제6조의3에 따라 통일부장관이 지정하는 기관·단체 또는 시설을 말한다.

제3조(통일교육의 기본원칙) ① 통일교육은 자유민주적 기본질서를 수호하고 평화적 통일을 지향하여야 한다.

② 통일교육은 개인적·당파적 목적으로 이용되어서는 아니 된다.

제3조의2(통일교육 기본사항) ① 통일부장관은 제3조의 기본원칙에 따른 통일교육을 하기 위한 기본사항을 정한다.

② 통일부장관은 통일교육에 관한 기본사항을 정할 때에 미리 관계 중앙행정기관의 장과 협의를 하여야 한다.

제4조(통일교육기본계획의 수립) ① 통일부장관은 통일교육을 효율적으로 추진하기 위하여 통일교육 기본계획(이하 "기본계획"이라 한다)을 수립한다.

② 기본계획에는 다음 각 호의 사항이 포함되어야 한다.

1. 통일교육의 기본원칙·추진목표와 방향
2. 통일교육과 관련하여 각 부처 및 기관·단체의 협조에 관한 사항
3. 통일교육에 관한 전문인력의 양성·지원에 관한 사항
4. 통일교육 실태의 조사·평가 및 시정에 관한 사항
5. 그 밖에 통일교육에 관한 중요한 사항

③ 통일부장관은 기본계획을 수립할 때에 미리 관계 중앙행정기관의 장과 협의하여야 한다.

④ 통일부장관은 기본계획을 수립할 때에 통일교육에 관한 학식과 경험이 풍부한 전문가의 의견을 들을 수 있다.

제5조 삭제〈2008. 12. 31〉

제6조(국가 및 지방자치단체의 책무) ① 국가는 이 법에서 정하는 바에 따라 통일교육의 실시, 통일문제 연구의 진흥, 통일교육에 관한 전문인력의 양성·지원, 통일교육에 관한 교재의 개발·보급, 그 밖의

방법으로 통일교육을 활성화하여야 한다.〈개정 2009. 10. 19〉

② 국가는 통일교육을 하는 자(법인 또는 단체를 포함한다. 이하 같다)에게 예산의 범위에서 대통령령으로 정하는 바에 따라 필요한 경비의 전부 또는 일부를 지원할 수 있다.〈개정 2009. 10. 19〉

③ 지방자치단체는 지역 내 통일교육을 활성화하기 위하여 노력하여야 하며, 지역주민을 대상으로 통일교육을 하는 자에게 예산의 범위에서 필요한 재정적·행정적 지원을 할 수 있다.〈신설 2009. 10. 19〉

제6조의2(공공시설의 이용) 통일교육을 하는 자는 통일교육을 위하여 필요한 경우에는 공공시설을 그 본래의 용도에 지장이 없는 범위에서 대통령령으로 정하는 바에 따라 이용할 수 있다.

제6조의3(지역통일교육센터의 지정·운영) ① 통일부장관은 통일교육을 주된 목적으로 하거나 통일교육을 할 능력이 있다고 인정되는 기관·단체 또는 시설(이하 “기관등”이라 한다)을 지역통일교육센터로 지정할 수 있다.

② 지역통일교육센터로 지정된 기관등의 장은 그 지정된 내용 중 대통령령으로 정하는 중요 사항이 변경된 경우에는 통일부장관에게 그 사실을 신고하여야 한다.

③ 통일부장관은 지역통일교육센터로 지정된 기관등이 다음 각 호의 어느 하나에 해당할 때에는 그 지정을 취소할 수 있다. 다만, 제1호에 해당할 때에는 그 지정을 취소하여야 한다.

1. 거짓이나 그 밖의 부정한 방법으로 지정을 받았을 때
2. 통일교육을 할 능력이 크게 부족하다고 인정될 때

④ 통일부장관은 지역통일교육센터로 지정된 기관등이 다음 각 호의 어느 하나에 해당할 때에는 6개월 이내의 범위에서 기간을 정하여 업무정지를 명할 수 있다.

1. 제3조에 따른 통일교육의 기본원칙을 위반하여 통일교육을 하였을 때
2. 거짓이나 그 밖의 부정한 방법으로 경비지원을 받거나 지원받은 경비를 목적 외의 용도에 사용하였을 때
3. 제2항에 따른 변경신고를 하지 아니하였을 때

⑤ 통일부장관은 제3항에 따라 지역통일교육센터의 지정을 취소하려면 청문을 하여야 한다.

⑥ 그 밖에 지역통일교육센터의 지정 및 운영 등에 필요한 사항은 대통령령으로 정한다.

제7조(통일교육의 반영) 국가나 지방자치단체가 설립한 교육훈련기관 및 대통령령으로 정하는 사회교육기관을 설치·운영하는 자는 대통령령으로 정하는 바에 따라 교육훈련과정에 통일교육(제3조의2제1항에 따른 통일교육에 관한 기본사항을 포함한다)을 반영하도록 노력하여야 한다.

제8조(학교의 통일교육 진흥) ① 정부는 「초·중등교육법」 제2조에 따른 학교(이하 “초·중등학교”라 한다)의 통일교육을 진흥하기 위하여 노력하여야 한다.

② 통일부장관은 대통령령으로 정하는 바에 따라 통일교육(제3조의2제1항에 따른 통일교육에 관한 기본사항을 포함한다)이 초·중등학교의 교육과정에 반영될 수 있도록 교육과학기술부장관 또는 특별

시·광역시·특별자치시·도 및 특별자치도 교육감(이하 "교육감"이라 한다)에게 요청할 수 있으며, 요청을 받은 교육과학기술부장관 또는 교육감은 교육과정에 통일교육이 반영될 수 있도록 노력하여야 한다.〈개정 2009. 10. 19, 2011. 7. 28〉

③ 정부는 대학 등 「고등교육법」 제2조에 따른 학교를 설립·경영하는 자에게 통일문제와 관련된 학과의 설치, 강좌의 개설, 연구소의 설치·운영 등을 권장할 수 있다.

제9조(통일교육의 수강 요청 등) ① 통일부장관은 통일교육을 하는 자, 남북교류·협력사업에 종사하는 자, 통일대비 업무에 종사하는 자, 그 밖에 통일교육을 받을 필요가 있다고 인정되는 자에게 통일교육을 받도록 요청할 수 있다.

② 통일부장관이 제1항에 따라 통일교육 대상자를 선정하려면 미리 해당 행정기관 또는 단체의 장과 협의하여야 한다.

제9조의2(통일교육 전문강사의 양성) ① 통일부장관은 통일교육원에 통일교육 전문과정을 개설하여 그 과정을 수료한 사람에게 통일교육 전문강사 자격을 부여할 수 있다.

② 제1항에 따라 개설되는 통일교육 전문과정의 운영 등에 관한 구체적인 사항은 통일부장관이 정한다.

제10조(통일교육협의회) ① 통일교육을 하는 자는 효율적인 통일교육을 위한 협의·조정, 그 밖에 상호 간의 협력증진을 위하여 통일부장관의 인가를 받아 통일교육협의회(이하 "협의회"라 한다)를 설립할 수 있다.

② 협의회의 조직과 운영 등에 필요한 사항은 대통령령으로 정한다.

제10조의2(통일교육위원) ① 통일부장관은 통일교육 활동을 통하여 대국민 통일의지와 역량을 강화함으로써 평화통일 기반조성에 기여하기 위하여 통일교육위원을 위촉한다.

② 통일부장관은 다음 각 호의 어느 하나에 해당하는 사람을 통일교육위원으로 위촉한다.

1. 각급 교육기관 및 지역사회에서 통일교육 활동에 적극 참여하고 있는 사람
2. 제9조의2에 따라 통일교육 전문과정을 수료한 사람
3. 그 밖에 통일문제에 관한 지식과 경험이 풍부한 사람으로 통일부장관이 인정하는 사람

③ 통일교육위원은 다음 각 호의 활동을 수행한다.

1. 통일교육의 실시
2. 통일교육 관련 행사의 지원
3. 그 밖에 통일교육 활성화를 위한 사항으로 통일부장관이 필요하다고 인정하는 활동

④ 통일부장관은 통일교육위원에게 예산의 범위에서 통일교육 활동에 필요한 경비를 지원할 수 있다.

⑤ 이 법에 따른 통일교육을 실시하는 기관, 단체 등은 통일교육위원의 활동을 장려하기 위하여

각종 행정적 지원을 할 수 있다.

⑥ 통일교육위원의 위촉 등에 필요한 사항은 대통령령으로 정한다.

제11조(고발) 통일부장관은 통일교육을 하는 자가 자유민주적 기본질서를 침해하는 내용으로 통일교육을 하였을 때에는 수사기관 등에 고발하여야 한다.

부칙 〈법률 제5752호, 1999. 2. 5〉

이 법은 공포 후 6월이 경과한 날부터 시행한다.

부칙 〈법률 제7355호, 2005. 1. 27〉

이 법은 공포 후 6월이 경과한 날부터 시행한다.

통일 교육 지원법 시행령

[시행 2010. 5. 5] [대통령령 제22151호, 2010. 5. 4, 타법개정]

제1조(목적) 이 영은 「통일교육 지원법」에서 위임된 사항과 그 시행에 필요한 사항을 규정함을 목적으로 한다.

제2조(통일교육기본계획) ① 통일부장관은 「통일교육 지원법」(이하 "법"이라 한다) 제4조에 따라 수립한 통일교육기본계획(이하 "기본계획"이라 한다)을 관계 기관 및 단체의 장에게 통보하여야 한다.

② 통일부장관은 기본계획을 원활하게 시행하기 위하여 필요한 경우 관계 기관 및 단체의 장에게 협조를 요청할 수 있으며, 협조를 요청받은 관계 기관 및 단체의 장은 특별한 사유가 없으면 협조하여야 한다.

제3조(경비의 지원 등) ① 법 제6조제2항에 따라 국가가 통일교육을 하는 자(법인 또는 단체를 포함한다. 이하 같다)에게 지원할 수 있는 경비는 다음 각 호와 같다.〈개정 2010. 4. 13〉

1. 통일교육 시설·설비의 설치 및 운영에 필요한 비용
2. 통일교육 자료의 개발 및 보급에 필요한 비용
3. 통일문제 관련 조사 및 연구에 필요한 비용
4. 통일 관련 강좌의 개설 및 운영에 필요한 비용
5. 그 밖에 통일부장관이 통일교육을 위하여 필요하다고 인정하는 비용

② 통일부장관은 통일교육을 하는 자의 수행 능력, 전년도 실적 및 해당 연도의 사업계획 등을 고려하여 제1항에 따른 경비를 지원할 것인지를 결정하여야 한다.

③ 통일부장관은 법 제6조제2항에 따른 경비지원의 효과를 지원 대상자별로 3년마다 심사하여 제1항에 따른 경비를 계속 지원할 것인지를 결정하여야 한다.

④ 통일부장관은 거짓이나 그 밖의 부정한 방법으로 경비지원을 받거나 지원받은 경비를 목적 외의 용도로 사용하는 자에 대하여 그 지원을 중지하거나 이미 지급한 경비를 회수할 수 있다.

제4조(공공시설의 이용) ① 통일교육을 하는 자는 법 제6조의2에 따라 통일교육을 위하여 각급 학교의 강당, 구민회관 등 공공시설을 이용하려는 경우 미리 해당 공공시설의 관리자에게 협조를 요청하여야 한다.

② 제1항에 따라 협조를 요청받은 공공시설의 관리자는 특별한 사유가 없으면 협조하도록 노력하여야 한다.

제5조(지역통일교육센터의 지정 등) ① 법 제6조의3제1항에 따라 지역통일교육센터로 지정을 받으려는 자는 별지 제1호 서식의 지역통일교육센터 지정신청서에 다음 각 호의 서류를 첨부하여 통일부장관에게 제출하여야 한다. 이 경우 통일부장관은 「전자정부법」 제36조제1항에 따른 행정정보의 공동이용을

통하여 법인등기부 등본(신청인이 법인인 경우에만 해당한다)을 확인하여야 한다.〈개정 2010. 5. 4〉

1. 정관(법인인 경우에만 해당한다)

2. 통일교육 전문인력의 보유 현황 및 운용계획서

3. 업무 수행에 필요한 시설·장비의 보유 현황 및 운용계획서

4. 사업계획서(재정운용계획서를 포함한다)

② 통일부장관은 법 제6조의3제1항에 따라 지역통일교육센터를 지정한 경우에는 별지 제2호 서식의 지역통일교육센터 지정서를 신청인에게 발급하여야 한다.

③ 지역통일교육센터로 지정된 기관·단체 또는 시설의 장은 제1항제1호 또는 제4호에 관한 사항이 변경된 경우 법 제6조의3제2항에 따라 통일부장관에게 그 사실을 신고하여야 한다.

제6조(통일교육의 반영) ① 법 제7조에서 "대통령령으로 정하는 사회교육기관"이란 다음 각 호의 기관을 말한다.

1. 「공공기관의 운영에 관한 법률」 제4조에 따른 공공기관이 설립한 교육훈련기관

2. 「교원 등의 연수에 관한 규정」 제2조에 따른 연수기관

3. 「평생교육법」에 따라 설치된 평생교육시설

4. 국가 및 지방자치단체로부터 통일교육을 위탁받은 기관

5. 그 밖에 통일부장관이 지정하는 공공연수기관

② 국가 및 지방자치단체가 설립한 교육훈련기관과 제1항에 따른 사회교육기관은 법 제7조에 따라 해당 교육훈련과정에 다음 각 호의 구분에 따른 통일교육을 반영하도록 노력하여야 한다.

1. 2주 이상 3개월 미만인 교육훈련과정: 1시간 이상

2. 3개월 이상 6개월 미만인 교육훈련과정: 4시간 이상

3. 6개월 이상인 교육훈련과정: 8시간 이상

③ 통일부장관은 통일교육의 기준과 내용(법 제3조의2제1항에 따른 통일교육에 관한 기본사항을 포함한다)에 관한 지침을 정한 경우에는 그 지침을 관계 기관 및 단체의 장에게 통보하여야 한다.

제6조의2(학교의 통일교육 진흥) 법 제8조제2항에 따라 통일부장관은 「초·중등교육법」 제2조에 따른 학교(이하 "초·중등학교"라 한다)의 교육과정에 통일교육이 반영될 수 있도록 다음 각 호의 사항을 교육과학기술부장관 또는 특별시·광역시·도 및 특별자치도 교육감(이하 "교육감"이라 한다)에게 요청할 수 있다.

1. 초·중등학교의 교육과정 중 창의적 체험활동 시간을 활용한 통일교육의 실시

2. 통일교육 관련 자료의 보급 및 활용

3. 「교원 등의 연수에 관한 규정」 제2조에 따른 연수기관에 통일교육 관련 과정 개설 및 교원을 대상으로 하는 통일교육 실시

4. 통일교육 관련 연구학교의 지정 및 운영 활성화

5. 초·중등학교 통일교육 실태 조사 및 관련 자료 협조

6. 제1호부터 제5호까지에서 규정한 사항 외에 초·중등학교의 통일교육 활성화를 위하여 통일부장관이 필요하다고 인정하는 사항

제7조(통일교육협의회) ① 법 제10조에 따른 통일교육협의회(이하 "협의회"라 한다)는 다음 각 호의 사업을 수행한다.〈개정 2010.4.13〉

1. 통일교육에 관한 조사 및 연구
2. 통일교육에 관한 자료 수집 및 간행물의 발간
3. 통일에 관한 인식 제고 및 홍보
4. 통일교육 종사자의 자질 향상과 복리 증진
5. 통일부장관으로부터 위탁받은 업무
6. 그 밖에 통일교육의 진흥을 위하여 필요한 사항

② 협의회는 해당 업무를 효율적으로 수행하기 위하여 협의회에 사무국과 지방협의회를 둘 수 있다.

제8조(통일교육위원) ① 통일교육위원의 임기는 2년으로 한다.

② 통일교육위원에게는 별지 제3호서식의 통일교육위원증을 발급한다.

③ 통일부장관은 통일교육위원에게 필요한 교육을 실시할 수 있다.

부칙 〈대통령령 제21546호, 2009. 6. 19〉

이 영은 공포한 날부터 시행한다.

부칙 〈대통령령 제22121호, 2010. 4. 13〉

제1조(시행일) 이 영은 2010년 4월 20일부터 시행한다.

제2조(경과조치) 이 영 시행 당시 통일교육위원으로 위촉된 사람은 이 영에 따라 위촉된 것으로 본다. 이 경우 통일교육위원의 임기는 종전 임기의 남은 기간으로 한다.

2. 남북 관계 합의 문서

남북 공동 성명(7·4 남북 공동 성명)

최근 평양과 서울에서 남북관계를 개선하며 갈라진 조국을 통일하는 문제를 협의하기 위한 회담이 있었다.

서울의 이후락 중앙정보부장이 1972년 5월 2일부터 5월 5일까지 평양을 방문하여 평양의 김영주 조직지도부장과 회담을 진행하였으며, 김영주 부장을 대신한 박성철 제2부수상이 1972년 5월 29일부터 6월 1일까지 서울을 방문하여 이후락 부장과 회담을 진행하였다.

이 회담들에서 쌍방은 조국의 평화적 통일을 하루빨리 가져와야 한다는 공통된 염원을 안고 허심탄회하게 의견을 교환하였으며 서로의 이해를 증진시키는 데서 큰 성과를 거두었다.

이 과정에서 쌍방은 오랫동안 서로 만나보지 못한 결과로 생긴 남북 사이의 오해와 불신을 풀고 긴장의 고조를 완화시키며 나아가서 조국통일을 촉진시키기 위하여 다음과 같은 문제들에 완전한 견해의 일치를 보았다.

1. 쌍방은 다음과 같은 조국통일원칙들에 합의를 보았다.

첫째, 통일은 외세에 의존하거나 외세의 간섭을 받음이 없이 자주적으로 해결하여야 한다.

둘째, 통일은 서로 상대방을 반대하는 무력행사에 의거하지 않고 평화적 방법으로 실현하여야 한다.

셋째, 사상과 이념, 제도의 차이를 초월하여 우선 하나의 민족으로서 민족적 대단결을 도모하여야 한다.

2. 쌍방은 남북사이의 긴장상태를 완화하고 신뢰의 분위기를 조성하기 위하여 서로 상대방을 중상 비방하지 않으며 크고 작은 것을 막론하고 무장도발을 하지 않으며 불의의 군사적 충돌사건을 방지하기 위한 적극적인 조치를 취하기로 합의하였다.

3. 쌍방은 끊어졌던 민족적 연계를 회복하며 서로의 이해를 증진시키고 자주적 평화통일을 촉진시키기 위하여 남북 사이에 다방면적인 제반 교류를 실시하기로 합의하였다.

4. 쌍방은 지금 온 민족의 거대한 기대 속에 진행되고 있는 남북적십자회담이 하루빨리 성사되도록 적극 협조하는 데 합의하였다.

5. 쌍방은 돌발적 군사사고를 방지하고 남북 사이에 제기되는 문제들을 직접, 신속 정확히 처리하기 위하여 서울과 평양 사이에 상설 직통전화를 놓기로 합의하였다.

6. 쌍방은 이러한 합의사항을 추진시킴과 함께 남북 사이의 제반 문제를 개선 해결하며 또 합의된 조국통일원칙에 기초하여 나라의 통일문제를 해결할 목적으로 이후락 부장과 김영주 부장을 공동위원장으로 하는 남북조절위원회를 구성·운영하기로 합의하였다.

7. 쌍방은 이상의 합의사항이 조국통일을 일일천추로 갈망하는 온 겨레의 한결같은 염원에 부합된다고 확신하면서 이 합의사항을 성실히 이행할 것을 온 민족 앞에 엄숙히 약속한다.

서로 상부의 뜻을 받들어

이 후 락 **김 영 주**

1972년 7월 4일

남북 사이의 화해와 불가침 및 교류·협력에 관한 합의서

1992년 2월 19일 발효

남과 북은 분단된 조국의 평화적 통일을 염원하는 온 겨레의 뜻에 따라, 7·4 남북공동성명에서 천명된 조국통일 3대 원칙을 재확인하고, 정치군사적 대결상태를 해소하여 민족적 화해를 이룩하고, 무력에 의한 침략과 충돌을 막고 긴장완화와 평화를 보장하며, 다각적인 교류·협력을 실현하여 민족공동의 이익과 번영을 도모하며, 쌍방 사이의 관계가 나라와 나라 사이의 관계가 아닌 통일을 지향하는 과정에서 잠정적으로 형성되는 특수관계라는 것을 인정하고, 평화통일을 성취하기 위한 공동의 노력을 경주할 것을 다짐하면서, 다음과 같이 합의하였다.

제1장 남북화해

제1조 남과 북은 서로 상대방의 체제를 인정하고 존중한다.

제2조 남과 북은 상대방의 내부문제에 간섭하지 아니한다.

제3조 남과 북은 상대방에 대한 비방·중상을 하지 아니한다.

제4조 남과 북은 상대방을 파괴·전복하려는 일체 행위를 하지 아니한다.

제5조 남과 북은 현 정전상태를 남북 사이의 공고한 평화 상태로 전환시키기 위하여 공동으로 노력하며 이러한 평화상태가 이룩될 때까지 현 군사정전협정을 준수한다.

제6조 남과 북은 국제무대에서 대결과 경쟁을 중지하고 서로 협력하며 민족의 존엄과 이익을 위하여 공동으로 노력한다.

제7조 남과 북은 서로의 긴밀한 연락과 협의를 위하여 이 합의서 발효 후 3개월 안에 판문점에 남북연락사무소를 설치·운영한다.

제8조 남과 북은 이 합의서 발효 후 1개월 안에 본회담 테두리 안에서 남북정치분과위원회를 구성하여 남북화해에 관한 합의의 이행과 준수를 위한 구체적 대책을 협의한다.

제2장 남북불가침

제9조 남과 북은 상대방에 대하여 무력을 사용하지 않으며 상대방을 무력으로 침략하지 아니한다.

제10조 남과 북은 의견대립과 분쟁문제들을 대화와 협상을 통하여 평화적으로 해결한다.

제11조 남과 북의 불가침 경계선과 구역은 1953년 7월 27일자 군사정전에 관한 협정에 규정된 군사분계선과 지금까지 쌍방이 관할하여 온 구역으로 한다.

제12조 남과 북은 불가침의 이행과 보장을 위하여 이 합의서 발효 후 3개월 안에 남북군사공동위원회를 구성·운영한다. 남북군사공동위원회에서는 대규모 부대이동과 군사연습의 통보 및 통제문제, 비무장지대의 평화적 이용문제, 군인사교류 및 정보교환 문제, 대량살상무기와 공격능력의 제거를 비롯한 단계적 군축실현문제, 검증문제 등 군사적 신뢰조성과 군축을 실현하기 위한 문제를 협의·추진한다.

제13조 남과 북은 우발적인 무력충돌과 그 확대를 방지하기 위하여 쌍방 군사당국자 사이에 직통전화를 설치·운영한다.

제14조 남과 북은 이 합의서 발효 후 1개월 안에 본회담 테두리 안에서 남북군사분과위원회를 구성하여 불가침에 관한 합의의 이행과 준수 및 군사적 대결상태를 해소하기 위한 구체적 대책을 협의한다.

제3장 남북교류·협력

제15조 남과 북은 민족경제의 통일적이며 균형적인 발전과 민족전체의 복리향상을 도모하기 위하여 자원의 공동개발, 민족내부교류로서의 물자교류, 합작투자 등 경제교류와 협력을 실시한다.

제16조 남과 북은 과학·기술, 교육, 문학·예술, 보건, 체육, 환경과 신문, 라디오, 텔레비선 및 출판물을 비롯한 출판·보도 등 여러 분야에서 교류와 협력을 실시한다.

제17조 남과 북은 민족구성원들의 자유로운 왕래와 접촉을 실현한다.

제18조 남과 북은 흩어진 가족·친척들의 자유로운 서신거래와 왕래와 상봉 및 방문을 실시하고 자유의사에 의한 재결합을 실현하며, 기타 인도적으로 해결할 문제에 대한 대책을 강구한다.

제19조 남과 북은 끊어진 철도와 도로를 연결하고 해로, 항로를 개설한다.

제20조 남과 북은 우편과 전기통신교류에 필요한 시설을 설치·연결하며, 우편·전기통신교류의 비밀을 보장한다.

제21조 남과 북은 국제무대에서 경제와 문화 등 여러 분야에서 서로 협력하며 대외에 공동으로 진출한다.

제22조 남과 북은 경제와 문화 등 각 분야의 교류와 협력을 실현하기 위한 합의의 이행을 위하여 이 합의서 발효 후 3개월 안에 남북경제교류·협력공동위원회를 비롯한 부문별 공동위원회를 구성·운영한다.

제23조 남과 북은 이 합의서 발효 후 1개월 안에 본회담 테두리 안에서 남북교류·협력분과위원회를 구성하여 남북교류·협력에 관한 합의의 이행과 준수를 위한 구체적 대책을 협의한다.

제4장 수정 및 발효

제24조 이 합의서는 쌍방의 합의에 의하여 수정 보충할 수 있다.

제25조 이 합의서는 남과 북이 각기 발효에 필요한 절차를 거쳐 그 문본을 서로 교환한 날로부터 효력을 발생한다.

1991년 12월 13일

남북고위급회담	북남고위급회담
남측대표단 수석대표	북측대표단단장
대한민국	조선민주주의인민공화국
국무총리 정원식	정무원총리 연형묵

남북 공동 선언(6·15 공동 선언)

조국의 평화적 통일을 염원하는 온 겨레의 숭고한 뜻에 따라 대한민국 김대중 대통령과 조선민주주의인민공화국 김정일 국방위원장은 2000년 6월 13일부터 6월 15일까지 평양에서 역사적인 상봉을 하였으며 정상회담을 가졌다.

남북정상들은 분단 역사상 처음으로 열린 이번 상봉과 회담이 서로 이해를 증진시키고 남북관계를 발전시키며 평화통일을 실현하는 데 중대한 의의를 가진다고 평가하고 다음과 같이 선언한다.

1. 남과 북은 나라의 통일문제를 그 주인인 우리 민족끼리 서로 힘을 합쳐 자주적으로 해결해 나가기로 하였다.

2. 남과 북은 나라의 통일을 위한 남측의 연합제 안과 북측의 낮은 단계의 연방제 안이 서로 공통성이 있다고 인정하고 앞으로 이 방향에서 통일을 지향해 나가기로 하였다.

3. 남과 북은 올해 8·15에 즈음하여 흩어진 가족, 친척 방문단을 교환하며, 비전향장기수 문제를 해결하는 등 인도적 문제를 조속히 풀어 나가기로 하였다.

4. 남과 북은 경제협력을 통하여 민족경제를 균형적으로 발전시키고, 사회, 문화, 체육, 보건, 환경 등 제반분야의 협력과 교류를 활성화하여 서로의 신뢰를 다져 나가기로 하였다.

5. 남과 북은 이상과 같은 합의사항을 조속히 실천에 옮기기 위하여 빠른 시일 안에 당국 사이의 대화를 개최하기로 하였다.

김대중 대통령은 김정일 국방위원장이 서울을 방문하도록 정중히 초청하였으며, 김정일 국방위원장은 앞으로 적절한 시기에 서울을 방문하기로 하였다.

2000년 6월 15일

대한민국	조선민주주의인민공화국
대통령	국방위원장
김대중	김정일

남북관계 발전과 평화 번영을 위한 선언(10·4 선언)

1. 남과 북은 6·15 공동선언을 고수하고 적극 구현해 나간다.

남과 북은 우리민족끼리 정신에 따라 통일문제를 자주적으로 해결해 나가며 민족의 존엄과 이익을 중시하고 모든 것을 이에 지향시켜 나가기로 하였다.

남과 북은 6·15 공동선언을 변함없이 이행해 나가려는 의지를 반영하여 6월 15일을 기념하는 방안을 강구하기로 하였다.

2. 남과 북은 사상과 제도의 차이를 초월하여 남북관계를 상호존중과 신뢰 관계로 확고히 전환시켜 나가기로 하였다.

남과 북은 내부문제에 간섭하지 않으며 남북관계 문제들을 화해와 협력, 통일에 부합되게 해결해 나가기로 하였다.

남과 북은 남북관계를 통일 지향적으로 발전시켜 나가기 위하여 각기 법률적·제도적 장치들을 정비해 나가기로 하였다.

남과 북은 남북관계 확대와 발전을 위한 문제들을 민족의 염원에 맞게 해결하기 위해 양측 의회 등 각 분야의 대화와 접촉을 적극 추진해 나가기로 하였다.

3. 남과 북은 군사적 적대관계를 종식시키고 한반도에서 긴장완화와 평화를 보장하기 위해 긴밀히 협력하기로 하였다.

남과 북은 서로 적대시하지 않고 군사적 긴장을 완화하며 분쟁문제들을 대화와 협상을 통하여 해결하기로 하였다.

남과 북은 한반도에서 어떤 전쟁도 반대하며 불가침의무를 확고히 준수하기로 하였다.

남과 북은 서해에서의 우발적 충돌방지를 위해 공동어로수역을 지정하고 이 수역을 평화수역으로 만들기 위한 방안과 각종 협력사업에 대한 군사적 보장조치 문제 등 군사적 신뢰구축조치를 협의하기 위하여 남측 국방부 장관과 북측 인민무력부 부장 간 회담을 금년 11월 중에 평양에서 개최하기로 하였다.

4. 남과 북은 현 정전체제를 종식시키고 항구적인 평화체제를 구축해 나가야 한다는 데 인식을 같이하고 직접 관련된 3자 또는 4자 정상들이 한반도지역에서 만나 종전을 선언하는 문제를 추진하기 위해 협력해 나가기로 하였다.

남과 북은 한반도 핵문제 해결을 위해 6자회담·9·19 공동성명과 2·13 합의가 순조롭게 이행되도록 공동으로 노력하기로 하였다.

5. 남과 북은 민족경제의 균형적 발전과 공동의 번영을 위해 경제협력사업을 공리공영과 유무상통의 원칙에서 적극 활성화하고 지속적으로 확대 발전시켜 나가기로 하였다.

남과 북은 경제협력을 위한 투자를 장려하고 기반시설 확충과 자원개발을 적극 추진하며 민족내부협력사업의 특수성에 맞게 각종 우대조건과 특혜를 우선적으로 부여하기로 하였다.

남과 북은 해주지역과 주변해역을 포괄하는 '서해평화협력특별지대'를 설치하고 공동어로구역과 평화수역 설정, 경제특구건설과 해주항 활용, 민간선박의 해주직항로 통과, 한강하구 공동이용 등을 적극 추진해 나가기로 하였다.

남과 북은 개성공업지구 1단계 건설을 빠른 시일 안에 완공하고 2단계 개발에 착수하며 문산-봉동 간 철도화물수송을 시작하고, 통행, 통신, 통관 문제를 비롯한 제반 제도적 보장조치들을 조속히 완비해 나가기로 하였다.

남과 북은 개성-신의주 철도와 개성-평양 고속도로를 공동으로 이용하기 위해 개보수 문제를 협의·추진해 가기로 하였다.

남과 북은 안변과 남포에 조선협력단지를 건설하며 농업, 보건의료, 환경보호 등 여러 분야에서의 협력사업을 진행해 나가기로 하였다.

남과 북은 남북 경제협력사업의 원활한 추진을 위해 현재의 '남북경제협력추진위원회'를 부총리급 '남북경제협력공동위원회'로 격상하기로 하였다.

6. 남과 북은 민족의 유구한 역사와 우수한 문화를 빛내기 위해 역사, 언어, 교육, 과학기술, 문화예술, 체육 등 사회문화 분야의 교류와 협력을 발전시켜 나가기로 하였다.

남과 북은 백두산관광을 실시하며 이를 위해 백두산-서울 직항로를 개설하기로 하였다.

남과 북은 2008년 북경 올림픽경기대회에 남북응원단이 경의선 열차를 처음으로 이용하여 참가하기로 하였다.

7. 남과 북은 인도주의 협력 사업을 적극 추진해 나가기로 하였다.

남과 북은 흩어진 가족과 친척들의 상봉을 확대하며 영상 편지 교환사업을 추진하기로 하였다.

이를 위해 금강산면회소가 완공되는 데 따라 쌍방 대표를 상주시키고 흩어진 가족과 친척의 상봉을 상시적으로 진행하기로 하였다.

남과 북은 자연재해를 비롯하여 재난이 발생하는 경우 동포애와 인도주의, 상부상조의 원칙에 따라 적극 협력해 나가기로 하였다.

8. 남과 북은 국제무대에서 민족의 이익과 해외 동포들의 권리와 이익을 위한 협력을 강화해 나가기로 하였다.

남과 북은 이 선언의 이행을 위하여 남북총리회담을 개최하기로 하고, 제1차 회의를 금년 11월 중 서울에서 갖기로 하였다.

남과 북은 남북관계 발전을 위해 정상들이 수시로 만나 현안 문제들을 협의하기로 하였다.

2007년 10월 4일 평 양

대 한 민 국 대 통 령	조선민주주의인민공화국 국 방 위 원 장
노무현	김정일

참고 문헌

1. 국내 단행본

김도태, 『재야 통일안 연구』, 민족통일연구원, 1991.

김영래·이정희 외, 『NGO와 한국 정치』, 아르케, 2004.

김우택·김지희 편, 『한국사회 신뢰와 불신의 구조: 미시적 접근』, 소화, 2002.

김지형 외, 『그래 통일은 됐어- 젊은 현대사 연구가가 엮은 문익환 목사의 통일 역정』, 지성사, 1994.

노중선, 『남북한의 통일정책과 통일운동 50년』 〈연표〉, 사계절, 1996.

동아일보사·경실련통일협회, 『통일을 준비하는 한국의 민간단체: 통일운동의 현주소』, 동아일보사, 1995.

문익환, 『하나가 되는 것은 더욱 커지는 것입니다』, 삼민사, 1991.

민경우, 『통일운동사』, 통일뉴스, 2006.

박덕기, 『NGO와 남북한 평화통일론』, 청문각, 2006.

박상필, 『NGO학: 자율·참여·연대의 동학』, 아르케, 2011.

박현채·조희연, 『한국 사회 구성체 논쟁 IV』, 죽산, 1996.

배한동, 『민주 시민 교육론』, 경북대학교출판부, 2007.

_____, 『새로운 통일 교육론』, 경북대학교출판부, 2009.

손기웅·김영윤·김수암, 『한반도 통일 대비 NGOs의 역할 및 발전 방향』, 경제인문사회연구회 협동연구총서(07-10-02), 통일연구원, 2007. 12.

시민의신문, 『21세기 NGO의 대동여지도』 한국민간단체총람출판기념회 배포자료, 2003.

_________, 『한국민간단체총람』, 2000.

신범철·백승주, 『국방 관련 NGO 현황 및 대응정책 방향』, 한국국방연구원, 2002.

유팔무·김정훈 편, 『시민사회와 시민운동2』, 한울, 2001.

임혁백, 『세계화 시대의 민주주의』, 서울, 나남출판사, 2000.

전봉근, 『동북아 NGO백서』, 통일연구원, 2005,

정수복, 『참여민주주의를 위한 시민단체의 역할과 정책 과제』, 박영률출판사, 1996.

정용석 외, 『통일 어떻게 할 것인가』, 한국자유총연맹, 1992.

조 민, 『통일과정에서의 민간단체의 역할』 연구보고서 96-10, 민족통일연구원, 1996.

조한범, 『동북아 NGO연구 총서』, 통일연구원, 2005.

_____, 『비정부기구를 통한 남북한 교류협력 증진방안 연구』, 통일연구원. 2000.

_____, 『한반도 평화를 위한 국내 평화 NGO의 기능과 역할』, 통일연구원, 2006.

조희연 편, 『한국 민주주의와 사회운동의 동학』, 나눔의 집, 2001.

주성수, 『시민사회와 제3섹터』, 한양대 출판부, 1999.

최봉수, 『통일·통일·통일』, 심학당, 1994.

통일부, 『통일백서 2009』, 『통일백서 2012』, 『통일백서 2012』.
통일연구원, 『한반도 평화번영 거버넌스의 실태조사』, 2004.
통일학회, 『동양철학에 입각한 한민족 통일교재』(제2호), 심학당, 1995.
한국해외원조단체협의회, 『국제 협력 NGO의 행동 규범』, 2007.
허만호, 『북한의 개혁·개방과 인권』, 명인문화사, 2009.

2. 국내 논문

강정인, 「한국 보수주의의 딜레마」, 『사상』 가을호, 2001,
강현민, 「이른바 '민중적 통일 방안'에 관한 비판」, 『현실과 과학』 제7호, 1990. 10.
권혁범, 「촛불 시위이야기에 대한 몇 가지 생각」, 『시민과 세계』 제3호, 2003.
길병옥·라미경, 「한반도 평화통일 논의와 비정부기구(NGO)의 역할」, 『정치정보연구』 제8권 제1호, 2005.
김광용, 「남북관계 진전과 통일운동 과정에서의 NGO의 역할: 평가와 전망」, 『한국비영리연구』 제1권, 제2회 학술논문, 2002.
김남식, 「민간 통일운동에서의 이념갈등과 전망」, 한국 국제 정치 학회 영남지회, 연말학술회의 논문집, 1995. 12.
김동춘, 「통일과정에서의 한국 NGO의 역할 연구」, 경북대학교 교육대학원 석사학위 논문, 1998.
김두현, 「민주화 이후 대구 경북 지역의 민간 통일운동」, 영남대학교 대학원 정치외교학과 석사학위 논문, 2007.
김병로, 「기독교 대북 NGO의 분화와 지형 분석」, 『기독교와 통일』 제2권, 2008.
김병조, 「인도주의적 통일론과 정부 및 NGO의 대북 인도적 지원」, 『국제고려학회 서울지회 논문집』 제2호, 2000.
김명옥 외, 「한반도 평화통일 논의와 비정부기구의 역할」, 『정치·정보연구』 제8권 제1호, 한국정치정보학회, 2005.
김선미, 「평화·통일운동과 NGO의 역할」, 흥익문화통일협회, 2001.
김영래, 「남북화해 시대와 NGO 역할」, 『통일문제연구』 제14집 제17호, 조선대학교 통일문제연구소, 2001.
김영호, 「민간 통일운동의 변천과정과 현황연구: 통일 NGO들의 성장과정과 특징 분석을 중심으로」, 통일부 신진학자연구 논문집, 2003.
김인춘, 「비영리영역과 NGOs: 정의, 분류 및 연구방법」, 『동서연구』 제9집 제2호, 1997.
김종갑, 「대북 지원의 효율성 제고 방안」, 『통일정책연구』 제14권 제2호, 2005.
김호진, 「재·학생 통일논의와 통일정책 정향」, 동아일보사, 『통일 어떻게 할 것인가』 남북한 통일방안 심포지엄, 1989.
노중선, 「민족 통일운동의 전개과정과 발전 방향」, 『통일샘』, 자주 평화통일 민족회의, 1995년 7월호.
라미경, 「비정부기구와 정부의 상호작용을 통한 남북한 관계 개선 방향」, 『21세기정치학회보』 제11집, 2001.
민주주의 민족 통일 전국연합, [민], 1999. 2. 1호, 2호, 특집호.
________________________, 주간 전국연합통신(1993년 1-60호) 자료집.
민족회의, 「자주 평화 통일 민족회의 창립대회 선언문」, 1994. 7. 2.
박명규, 「한반도 통일과 비정부기구의 역할」, 『21세기 민족화해와 번영의 길』, 크리스찬서적, 2000.
박재영, 『국제 관계와 NGO』, 법문사, 2003.
박희봉, 「NGO와 사회자본」, 김영래·이정희 외, 『NGO와 한국정치』, 아르케, 2004.
배한동, 「1990년대 민간 통일운동의 성격과 과제」, 『정치외교사학회보』 제20집, 1999.
_____, 「민간 통일운동과 그 극복과제」, 『영남정치학회보』 제6집, 1997.
_____, 「한국의 통일 관련 NGO의 역할평가와 과제 설정」, 『대한정치학회보』 제17집 제2호, 2009.
_____, 「통일 NGO의 조직 평가를 통한 역량 강화 방안」, 『대한정치학회보』 제19집 제2호, 2011.

백승대, 「대구시민의 통일의식과 통일운동의 과제」, 『국민의 정부 대북정책과 민간통일운동의 진로』, 통일문제연구협의회, 1999.
범민족연합, 범민족대회자료집, 〈조국통일범민족연합강령〉, 1992. 2.
범청학련, 제8차 범청학련 실행위원회 합의문, 1998.
서경석, 「남남 갈등 극복의 길: 대북 지원 NGO의 입장에서」, 한국 NGO학회 주최 학술회의(11월 5~6일), 2002.
신범철·백승주, 「국방 관련 NGO 현황 및 대응정책 방향」, 한국국방연구원, 2002.
신용석, 「남북관광 교류협력을 통한 남북경제협력방안」, 민주평통 62차 경제위원회 발표자료, 2007.
안득기, 「대북 지원 NGO의 기능과 역할에 관한 연구」, 『북한연구학회보』 제12권 제2호 겨울, 2008.
안성호, 「남북통일과 NGO 역할」, 『북한연구학회보』, 제6권 제2호, 북한연구학회, 2002.
양용희, 「시민단체의 모금 및 회원 관리 방식의 개선 방안」, 『시민단체의 안정적 재정 확보 및 활성화 방안』, 아시아민주사회운동연구원, 1998.
오현미, 「통일방안에 담길 주요 내용에 관한 검토」, 주간 전국연합통신, 제49호, 1995. 4. 17.
우리민족서로돕기 기획조정실, 「대북 인도적 지원운동의 성격과 전개」, 홈페이지, 2001.
유팔무, 「한국 시민운동에 대한 평가와 나아갈 길」, 한국NGO지도자협의회 주최세미나. 「한국NGO 운동의 과제와 방향은 무엇인가?」 (7.9), 2001.
윤대규, 「남북 화해시대 국가적 과제 – 대북정책에 관한 국민적 합의 도출 문제를 중심으로」, 한국언론재단, 『남북화해시대의 국민적인 과제와 언론의 역할』, 커뮤니케이션북스, 2000.
윤민재, 「통일과 민족문제 관련 사회단체의 조직적 특성과 성격」, 평화문제연구소, 『통일문제연구』 제17권 제2호, 2005.
이교덕, 『대북정책에 대한 국민적인 합의 기반 조성방안』, 통일연구원 연구총서 2000-08호, 2000.
이금순, 「대북 인도적 지원 개선방안: 개발구호를 중심으로」, 통일연구원, 2000.
______, 「대북 인도적 지원의 실효성 연구: 평가지표와 과제」, 『통일정책연구』 제14권 제2호, 2005.
이기범, 「대북협력 NGO 활동 10년의 평가와 과제」, 『북한연구학회보』 제8권 제2호, 2004.
______, 「인도적 지원 및 교류·협력 사업을 통한 남북관계의 발전적 전망」, 『평화나눔센터 자료집』, 우리민족서로돕기운동 평화나눔센터, 2004.
이승환, 「90년대 통일운동의 반성과 과제」, 『통일샘』 통권 제36호, 통일샘사, 1998.
이용선 「남북정상회담과 향후 민간운동 전망과 과제」, 창립 4주년기념 토론회 발표문, 2000. 7. 7.
이우영, 「2000년 이후 남북관계 의제에 대한 시민사회의 활동 평가」, 이화여자대학교 통일학연구원, 「남북관계에 있어서 시민사회의 역할과 진로 모색」 학술 토론회 자료집, 2008.
이우영·최수영, 「한국 NGO 통일운동의 실태와 한계」, 한국행정연구원 인문사회협동총서, 2002.
이장희, 「해방 후 민간 통일운동과 정부의 통일정책」, 『통일경제』 9, 1998.
이정희, 「통일 관련 사회단체의 이념적 차별성 연구: 남북관계와 대북정책의 인식을 중심으로」, 『국제정치논총』 제42집 제4호, 2002.
_____, 「한국사회 단체의 이념적 차별성과 갈등구조」, 김영래·이정희 외, 『NGO와 한국 정치』, 아르케, 2004.
이종무, 「대북 인도지원 시스템의 발전 방안 연구」, 경남대 북한대학원 석사학위논문, 2005.
_____, 「민간단체의 대북 농업협력 현황과 향후 과제」, WTO협상 부산시민연대 개최 『남북한 농수산업 교류·협력의 과제와 NGO의 역할』, 2000.
이현출, 「거버넌스와 NGOs: 의약분업 사례를 중심으로」, 『한국정치학회보』 제35집 제3호, 2001.
임승빈, 「민주 공동체 실천사업 심포지엄」, 국정홍보처 민주 공동체 실천사업 자료집, 2000.
임학순, 「준정부조직의 성장원인에 관한 이론적 논의」, 『한국사회와 행정연구』 제4권, 2000. 8.
장영권, 「한반도 통일을 위한 통일 NGO의 역할과 개선 방향-통일 거버넌스 형성을 중심으로」, 『북한연구학회보』, 제12권

제2호, 2008.
전국연합 통일 소위원회, 「기간 통일운동의 평가」 자료, 1995.
전효관, 「통일 관련 시민단체의 역할과 방향 모색」, 연세대학교 통일연구원 학술회의 논문, 1998.
정연정, 「남북관계와 통일 NGO: NGO의 활동 유형과 발전 방향」, 『국제정치논총』 제40집 제4호, 2000.
_____, 「민주화와 통일의 역동성과 시민사회의 발전」, 이화여자대학교 통일학연구원, 『남북관계에 있어서 시민사회의 역할과 진로 모색』 학술 토론회 자료집, 2008.
정영철, 「민주화와 통일의 역동성과 시민사회의 발전」, 이화여자대학교 통일학연구원, 『남북관계에 있어서 시민사회의 역할과 진로 모색』 학술 토론회 자료집, 2008.
_____, 「통일 NGO 10년의 평가와 과제」, 우리겨레하나되기운동본부 겨레하나 1차 포럼, 『남북 교류 10년의 과제와 향후 과제』, 2004.
정영태, 「정부의 대북 포용정책과 민간단체의 통일운동」, 통일문제연구협의회, 『국민의 정부 대북정책과 민간 통일운동의 진로』, 1998.
정영태 외, 「한반도 평화형성을 위한 국내 NGO 교류협력 활성화 및 인프라 구축방안」, 『동북아 지역 내 NGO 교류협력 활성화 및 인프라 구축방안』, 통일연구원, 2006.
조국통일 범민족연합 남측본부 결성 자료집, 1995. 2. 25.
조민, 「통일과정에서 민간단체의 역할」, 민족통일연구원 연구보고서, 1996.
조성범, 「통일운동의 이해를 위하여」, 주간 전국연합통신 제58호, 1995. 6. 19.
조성우, 「95년 통일운동을 바라보는 몇 가지 단상」, 주간 전국연합통신 제40호, 1995. 2. 13.
조한범 외, 「비정부기구(NGO)를 통한 남북한 교류협력 증진 방안연구」, 통일연구원, 2000.
최철영, 「대북 지원 NGO의 공동 행동 규범에 대한 의식 분석」, 『북한연구학회보』 제11권 제2호, 2006.
한종기, 「햇볕정책의 정치동향」, 『세종정책연구』, 세종연구소, 2001.
황태연, 「90년대 운동의 이념적 좌표」, 주간 전국연합통신 제46호, 1995. 3. 27.

3. 인터넷 자료

http://cafe.naver.com/reuini.cafe?iframe_url=/ArticleRead.nhn%3Farticleid=140,(검색일 2010. 11. 9.) 김병로, 「기독교 대북 NGO의 분화와 지형 분석」, 기독교 통일학회.
http://www.krf.or.kr, 학술진흥재단 홈페이지 자료실, 김광용, 「통일운동에서의 NGO와 지식인의 역할」
http://www.icf.or.kr/ 국제옥수수 재단 홈페이지
http://www.koreadigitalnews.com/board/view.php?&bbs_id=sub_03&doc_num=5448, '대법 6·15실천연대는 이적단체', 2011. 11.
http://www.ksm.or.kr, 서경석, 「남북한 민간교류의 현황과 활성화 방안」, 우리민족서로돕기운동 홈페이지
http://www.ksm.or.kr, 우리민족서로돕기기획조정실
http://www.goodfriends.or.kr/ 좋은 벗들
http://www.unikorea.go.kr, 인도적 대북 지원 현황, 통일부 홈페이지
http://www.tongil-i.net, '조국통일범민족연합 남측본부', 2011. 11.
www.koreascope.org, 분단국의 통일유형, 코리아 스코프 홈페이지
http://enc.daum.net/dic100/contents.do?query1=10XXX61147, '조국통일범민족연합(DAUM백과사전)', 2011. 11.
http://www.spark946.org/renew/prog/index.php '평화와통일을여는사람들', 2011. 11.

http://www.kcrc.or.kr/?doc=bbs/gnuboard.php&bo_table=intro&page=1&wr_id=2, 민족화해협력범국민협의회(소개 등), 2011. 11.

http://www.ksm.or.kr, 우리민족서로돕기운동, 2011. 11.

http://www.peace21.net, 평화통일시민연대, 2011. 11.

http://www.cubs-korea.org/korean/sub5a.asp, 바른사회시민회의(소개 등), 2011. 11.

http://www.nknet.org/index.php 북한민주화네트워크(소개 등), 2011. 11.

http://enc.daum.net/dic100/contents.do?query1=10XX483113, 북한민주화네트워크(위키백과), 2011. 11.

http://enc.daum.net/dic100/contents.do?query1=b24h2754a, 한국자유총연맹(DAUM백과사전), 2010. 11.

http://www.koreaff.or.kr/intro/introduction.html, 한국자유총연맹(소개 등), 2010. 11.

http://enc.daum.net/dic100/contents.do?query1=17XXXX2328, 전국연합(DAUM백과사전)', 2011. 11.

http://www.unikorea.go.kr. 통일부 홈페이지 자료실. 2012. 02. 20.

http://rose0.kyungpook.ac.kr/~z971554/archiv/modern/note/ge-uni.htm - '독일의 통일'

http://altair.chonnam.ac.kr/%7Egerman/unification/6.htm - '독일통일의 성격과 통일요인'

http://www.hunger.peacenet.or.kr, 평화 센터

http://cafe.naver.com/reuini.cafe?iframe_url=/ArticleRead.nhn%3Farticleid=140 기독교통일학회. 검색일 2010. 11. 09.

http://cafe.naver.com/taejo.cafe?iframe_url=/ArticleRead.nhn%3Farticleid=79 태조포럼. 검색일 2010. 11. 16.

4. 국외 문헌

Bunalum, Norman and Majorie Childers, *The American Student Movement*, Julian Nagel(ed.), student power, London: Merlin Press, 1969.

Cohen, Jean L. & Andrew Arato, *Civil Society and Political Theory*, MIT Press, 1992.

Fulbrook, Mary, *Aspects of Society and Identity in the New Germany*, Daedalus, vol. 123, no.1(Winter), 1994.

Gordenker, Leon and Thomas G. Weiss. eds., *NGOs, the UN and Global Governance*, Bouldder, Co: Lynne Reinner, 1996.

Keniston, Kenneth, *Young Radicals*, New York: Harcourt, Brace and World, Inc., 1968.

Krut, Riva, *Globalization and Civil Society: NGO Influence in International Decision-making*, Geneva: UN Research Institute for Social Development, 1997.

Lloyd Robert, *The Role of NGO Self - Regulation in Increasing Stakeholder*, London, One World Trust, 2005.

Linz, Juan and Alfred Stepan, "Consolidating New Democracies", *Journal of Democracy*, Vol. 7, No. 2. Linz and Stepan, 1996b.

Lipset, Seymour Martin, *Rebellion in the University*, Chicago, Illinois: The University of Chicago Press, 1976.

Otto, Dianne, "Non governmental organizations in the United Nations system: The emerging role of international civil society", *Human Right Quartely*, Vol. 18, 1996.

Peter Bowden, "NGOs in Asia: Issues in Development" *Public Administration & Development*, Vol. 10, 1990.

Salamon, Lester M., and Helmut K. Anheier, *Defining the Nonprofit Sector: A Cross-national Analysis*, Manchester: Manchester University Press, 1997.

Smith, Jackie, et. al. eds., *Transnational Social Movements and Global Politics*, Syracuse: Syracuse University Press, 1997.

Schmitter, Philippe, "Dangers and Dilemmas of Democracy" *Journal of Democracy* 5, 1994.